kosmos Naturführer

Markus Flück

Welcher Pilz ist das?

Franckh-Kosmos

Hutunterseite mit Lamellen - Lamellen hell oder dunkel; Stiel deutlich beringt.

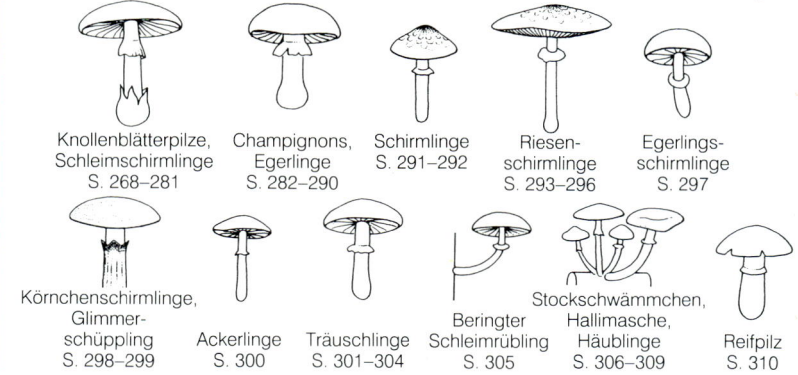

Knollenblätterpilze, Schleimschirmlinge
S. 268–281

Champignons, Egerlinge
S. 282–290

Schirmlinge
S. 291–292

Riesenschirmlinge
S. 293–296

Egerlingsschirmlinge
S. 297

Körnchenschirmlinge, Glimmerschüppling
S. 298–299

Ackerlinge
S. 300

Träuschlinge
S. 301–304

Beringter Schleimrübling
S. 305

Stockschwämmchen, Hallimasche, Häublinge
S. 306–309

Reifpilz
S. 310

Hutunterseite mit Lamellen - Lamellen meist dunkel, bei einigen Arten jung hell, dann dunkel gefärbt; Stiel ohne oder nur mit schwach angedeuteter Ringzone.

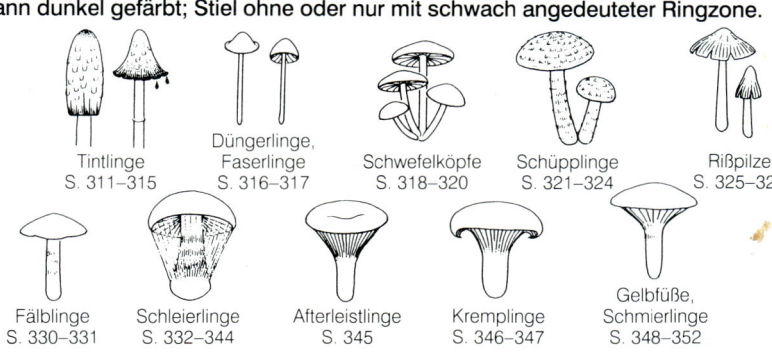

Tintlinge
S. 311–315

Düngerlinge, Faserlinge
S. 316–317

Schwefelköpfe
S. 318–320

Schüpplinge
S. 321–324

Rißpilze
S. 325–329

Fälblinge
S. 330–331

Schleierlinge
S. 332–344

Afterleistlinge
S. 345

Kremplinge
S. 346–347

Gelbfüße, Schmierlinge
S. 348–352

Pilze, die nicht in die vorangegangenen Gruppen einzuordnen sind.

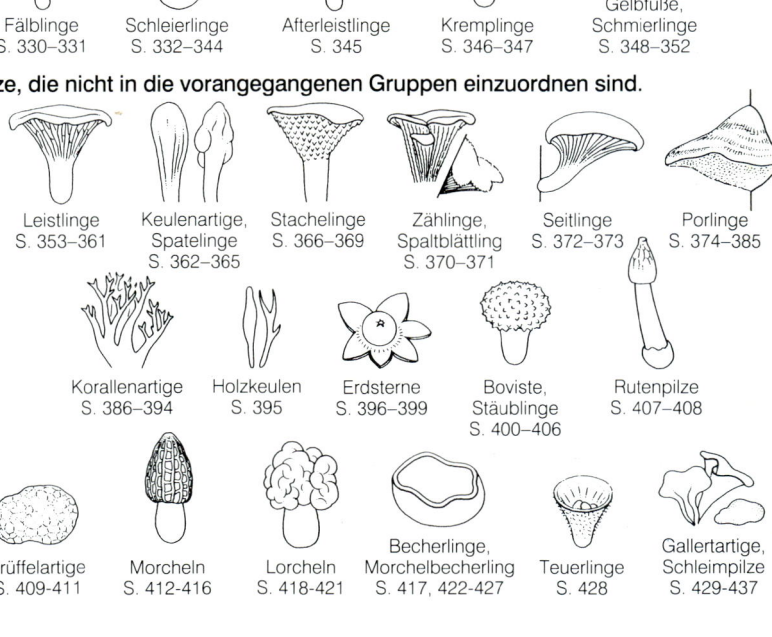

Leistlinge
S. 353–361

Keulenartige, Spatelinge
S. 362–365

Stachelinge
S. 366–369

Zählinge, Spaltblättling
S. 370–371

Seitlinge
S. 372–373

Porlinge
S. 374–385

Korallenartige
S. 386–394

Holzkeulen
S. 395

Erdsterne
S. 396–399

Boviste, Stäublinge
S. 400–406

Rutenpilze
S. 407–408

Trüffelartige
S. 409-411

Morcheln
S. 412-416

Lorcheln
S. 418-421

Becherlinge, Morchelbecherling
S. 417, 422-427

Teuerlinge
S. 428

Gallertartige, Schleimpilze
S. 429-437

Markus Flück

Welcher Pilz ist das?

erkennen, sammeln, verwenden

Mit 496 Farbfotos von Josef Breitenbach
(S. 76, S. 77, S. 78 beide, S. 175, S. 259, S. 325),
Uwe Höch (S. 85 u.), Albert Römmel (S. 12, S. 13,
S. 14), Heinz Schrempp (S. 87) und dem Verfas-
ser (alle übrigen)
152 Zeichnungen und 12 Symbolzeichnungen
auf den Bestimmungsseiten von Wolfgang Lang

Umschlag von Jürgen Reichert, Stuttgart, unter
Verwendung einer Aufnahme des Verfassers.
Die Aufnahme zeigt Fliegenpilze *(Amanita muscaria)*.

Das Foto auf den Seiten 2 und 3 zeigt Stockschwämmchen *(Pholiota mutabilis)*

Die Deutsche Bibliothek –
CIP-Einheitsaufnahme

Flück, Markus:
Welcher Pilz ist das? : Erkennen, Sammeln,
Verwenden / Markus Flück. –
Stuttgart : Franckh-Kosmos, 1995.
(Kosmos-Naturführer)
ISBN 3-440-06706-8
NE: HST

Auch die ausführlichste Diagnose in einem Pilzbestimmungsbuch kann nicht die umfassende Erfahrung ersetzen, die ein Pilzsammler erst im Laufe der Zeit erwirbt. Lassen Sie deshalb selbstbestimmte Pilze beim geringsten Zweifel an der Diagnose vorsichtshalber von einem Fachmann nachbestimmen (Pilzberatungsstellen, anerkannte Pilzberater). Im Zweifelsfall sollten Sie eine fragliche Art nicht verwenden. Mit Ausnahme des Rötlichen Gallerttrichters *(Tremiscus helvelloides)* und des Eispilzes *(Pseudohydnum gelatinosum)* Pilze nie roh essen!

© 1995, Franckh-Kosmos Verlags-GmbH & Co.,
Stuttgart
Alle Rechte vorbehalten
ISBN 3-440-06706-8
Lektorat: Marion Sieche und Rainer Gerstle
Herstellung: Lilo Pabel
Printed in Germany
Satz: Steffen Hahn GmbH, Kornwestheim
Druck und buchbinderische Verarbeitung:
Westermann Druck Zwickau GmbH

Welcher Pilz ist das?

Vorwort

In diesem Buch stelle ich dem Natur- und Pilzliebhaber über 300 der häufigsten Pilzarten Mitteleuropas vor. Für Pilzsammler sind viele eßbare Arten abgebildet und beschrieben, außerdem findet man Hinweise auf giftige Doppelgänger. Aber auch die häufigsten giftigen und ungenießbaren Pilze werden dargestellt. Anfängern vermittelt dieses Buch die nötigen Grundkenntnisse zum sicheren und schnellen Bestimmen der Funde. Geübtere und Fortgeschrittene haben die Möglichkeit, auch einige seltenere Arten mit Hilfe dieses Buches zu bestimmen. In der Einführung wird ausführlich auf das richtige Sammeln und Zubereiten der Pilze eingegangen, mit Rezeptvorschlägen und Tips zur Konservierung. Ein ausführliches Kapitel vermittelt die nötigen Sachkenntnisse für die Pilzzucht im eigenen Garten.

Pilze nehmen eine wichtige Stellung im Naturkreislauf ein. Einige sind lebenswichtige Partner bestimmter Pflanzen, wie zum Beispiel vieler Bäume, andere sorgen als Fäulnisbewohner für den Abbau von totem organischem Material und die Rückführung der Ausgangsstoffe in den Naturkreislauf oder leben als Schmarotzer. In der Einführung und in der Rubrik „Bemerkungen" wird ausführlich auf diese interessanten ökologischen Zusammenhänge und weitere Besonderheiten eingegangen. Die Lebensweise jeder Pilzart wird im Bestimmungsteil durch ein entsprechendes Symbol dargestellt. Das Wissen um Bäume und ihre jeweiligen Pilzpartner kann beim Bestimmen eine große Hilfe sein. Deswegen werden in diesem Buch Bestimmungshilfen für die häufigsten Baumarten gegeben und ihre entsprechenden Pilzpartner vorgestellt.

Sämtliche Aufnahmen im Bestimmungsteil und die meisten im allgemeinen Textteil sind in der freien Natur am jeweiligen Standort aufgenommen worden. Ausgewählt wurden möglichst typische Exemplare. Damit ist zusammen mit der Beschreibung ein leichtes Bestimmen möglich. Doch sollte man beachten, daß die Erscheinungsformen der Pilzfruchtkörper je nach Wuchsstadium und Witterungsverhältnissen unterschiedlich sein können.

Durch die von den Menschen verursachte Umweltbelastung sind Wälder mit den in ihnen lebenden Pilzarten stark in Mitleidenschaft gezogen worden. Die gegenseitigen ökologischen Beziehungen sind oft gestört oder sogar völlig unterbunden worden. Viele Lebensräume fallen auch der intensiven Land- und Forstwirtschaft zum Opfer. Magerwiesen werden oft gedüngt, und Moorgebiete werden durch die landwirtschaftliche Nutzung angrenzender Gebiete überdüngt. Eine intensive Waldbewirtschaftung mit stetigem Holzschlag ohne Berücksichtigung einer mehrjährigen Ruhepause fördert oft ungewollt verschiedene parasitische Pilzarten, nimmt aber den immer seltener gewordenen Pilzpartnern der Bäume ihre Lebensräume. Seltene Pilzarten, auch diejenigen, die als Speisepilze gelten, sollten deshalb wenigstens vom Pilzsammler ihren wohlverdienten Schutz erhalten und stehengelassen werden. Diese sind im Bestimmungsteil ausdrücklich mit der Bezeichnung „schonenswert" versehen. In vielen europäischen Ländern werden sie in einer roten Liste aufgeführt. Langfristig aber muß die Erhaltung von Lebensräumen angestrebt werden, denn letztendlich kann nur dies die Vielfalt der Arten erhalten.

Für die spontane Übernahme der Durchsicht dieses Werkes möchte ich Herrn J. Breitenbach, Luzern, herzlich

Bärtiger Ritterling *(Tricholoma vaccinum).*

danken. Die mikroskopischen Aufnahmen auf den Seiten 14, 15, 17 und 19 wurden mit den Stereomikroskopen der Firma Leica AG (WILD M3B und WILD M3C, Photoausrüstung MPS 48/52) gemacht. Die Geräte und die entsprechende Unterstützung wurden mir freundlicherweise von der Leica AG unentgeltlich zur Verfügung gestellt. Für dieses Entgegenkommen möchte ich mich herzlich bedanken. Herr A. Römmel, Atelier für Fachfotografie, Oensingen, hat mich fotografisch beraten und einige Studioaufnahmen gemacht, auch ihm möchte ich meinen Dank aussprechen. Weiterhin danke ich meiner Frau Susanne und unserem Sohn für ihr Verständnis. Abschließend danke ich allen, die mich bei meiner Arbeit unterstützt haben.

Markus Flück

Zum Gebrauch dieses Buches

Mit Hilfe des Schlüssels am Anfang des Buches (auf dem Vorsatz) können Sie den gefundenen Pilz grob charakterisieren. Die Pilze sind nach Fruchtkörperformen und gut erkennbaren Merkmalen in sieben Hauptgruppen eingeteilt. Diese sind durch einen Farbcode gekennzeichnet. Durch die Beschreibung allgemeiner Merkmale und Umrißzeichnungen ist eine leichte Einordnung möglich. Innerhalb der Hauptgruppen kann der Pilz mit Hilfe der Umrißzeichnungen weiteren Gruppen (mit Verweis auf die Seitenzahl) zugeordnet werden.

Alle Merkmale des gefundenen Pilzes müssen mit dem Bestimmungstext und dem Foto übereinstimmen. Im Kapitel „Bau und Bestimmungsmerkmale von Pilzfruchtkörpern" sowie am Ende des Buches (auf dem Nachsatz) sind diese in Fotos und Zeichnungen dargestellt und werden ausführlich erläutert.

Auch die ausführlichste Diagnose in einem Pilzbestimmungsbuch kann jedoch nicht die umfassende Erfahrung ersetzen, die ein Pilzsammler erst im Laufe der Zeit erwirbt. Lassen Sie deshalb selbstbestimmte Pilze beim geringsten Zweifel an der Diagnose von einem Fachmann nachbestimmen (Pilzberatungsstellen, anerkannte Pilzberater). Im Zweifelsfall sollten Sie eine fragliche Art nicht verwenden.

Neben der Seitenzahl ist vermerkt, zu welcher Gruppe der Pilz gehört.

In der Symbolleiste und unter der Rubrik „Wert" finden S e zu jedem Pilz Angaben über den Speisewert. Nur wirklich gut verträgliche Pilze wurden als eßbar eingestuft. In der Gruppe „Kein Speisepilz" sind auch giftverdächtige Pilze eingeordnet. Die Angaben beziehen sich, wenn es nicht ausdrücklich anders vermerkt ist, nur auf ausreichend erhitzte Pilze.

In der Symbolleiste, neben jeder Pilzbeschreibung, steht zuoberst das Symbol für den Speisewert:

Eßbar

Kein Speisepilz

Giftig

Tödlich giftig

Die verschiedenen Standortansprüche sind durch drei Symbole dargestellt. Der zutreffende Lebensraum ist farbig unterlegt, wobei ein Pilz auch in mehreren Lebensräumen vorkommen kann.

Bei Laubbäumen oder auf Laubholz

Bei Nadelbäumen oder auf Nadelholz

Auf Wiesen und Weiden (nicht auf Bäume angewiesen)

Weiter Informationen erhält man über die Lebensweise der Pilze. Wir unterscheiden zwischen Pilzen, die eine Lebensgemeinschaft mit Pflanzen eingehen (Mykorrhizapilze), Fäulnisbewohnern (Saprophyten) und parasitisch lebenden Pilzen. Im untersten Kästchen wird die Farbe des Sporenpulvers angegeben.

Lebensweise:

Partnerpilz von
Pflanzen
(Mykorrhiza-Pilz)

Moderpilz
(Saprophyt)

Schmarotzer
(Parasit)

Farbe des Sporenpulvers:

Weiß, weißlich

Cremefarben,
gelblich,
blaßocker

Rosa

Ocker,
oliv-, grau-, rotbraun

Purpurbraun,
violett, schwarz

Informationen über das Verhalten bei Vergiftungsverdacht oder Vergiftungsfällen und Adressen von Informationszentralen für Notfälle finden Sie auf S. 115 und S. 438–439.

Bau und Bestimmungsmerkmale von Pilzfruchtkörpern

Hauptsächlich im Herbst kann man im Wald die verschiedensten Pilzfruchtkörper der Großpilze (Macromyceten) entdecken. Diese Fruchtkörper werden allerdings nur für kurze Zeit gebildet. Der eigentliche Pilzkörper besteht aus einem ausgedehnten unterirdischen Pilzgeflecht (Mycel) aus einzelnen Pilzfäden (Hyphen). Auch die Fruchtkörper sind aus miteinander verflochtenen Pilzfäden aufgebaut. Sie sind für die Bildung und Verbreitung der Sporen, mit denen sich der Pilz vermehrt, verantwortlich. In der Regel entstehen aus dem Mycel einmal im Jahr die Fruchtkörper, an denen die Art bestimmt werden kann. Sind die entsprechenden klimatischen Voraussetzungen infolge von Trockenheit oder Kälte nicht gegeben, können die Fruchtkörper über Jahre hin ausbleiben. Das Mycel wird dabei nicht beeinträchtigt.

Die Fruchtkörper von Großpilzen, die in diesem Buch beschrieben werden, sind mit bloßem Auge erkennbar. Für Sammler und Pilzfreunde sind sie von besonderem Interesse. Die meisten Fruchtkörper sind charakteristisch pilzförmig, also in Hut und Stiel gegliedert, diese gehören bis auf wenige Ausnah-

Gut sichtbares Pilzgeflecht in einer Champignonkultur. Normalerweise wächst das Mycel unterirdisch; da aber die Zucht im Dunkeln erfolgt, sieht man es hier auf der Substratoberfläche.

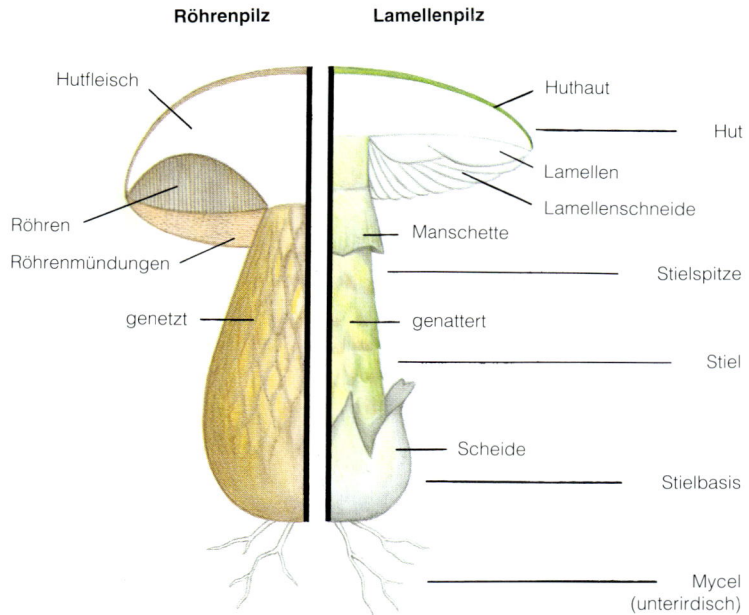

Röhrenpilz   **Lamellenpilz**

Hutfleisch

Huthaut

Hut

Röhren

Lamellen

Röhrenmündungen

Lamellenschneide

Manschette

Stielspitze

genetzt

genattert

Stiel

Scheide

Stielbasis

Mycel
(unterirdisch)

Schema eines Röhrenpilzes (hier: Gallenröhrling, *Tylopilus felleus*) und eines Lamellenpilzes (hier: Grüner Knollenblätterpilz, *Amanita phalloides*). Achtung, nicht immer sind die verschiedenen Merkmale so prägnant ausgebildet und ersichtlich wie in diesen Beispielen. Auch die Farben variieren in Wirklichkeit.

men zur Klasse der Ständerpilze *(Basidiomycetes)*, s. S. 12. An der Hutunterseite findet man die sporenbildende Fruchtschicht. Andere Vertreter der Ständerpilze, wie zum Beispiel Korallen *(Ramaria)*, Glucken *(Sparassis)*, Stachelpilze *(Thelephoraceae)*, Gallertpilze *(Tremellales)*, Bovistartige *(Lycoperdales)*, Erdsterne *(Geastraceae)* und Keulenpilze *(Clavulinaceae)*, sind wegen ihrer ausgefallen geformten Fruchtkörper wesentlich einfacher als die Hutpilze zu bestimmen. Dies gilt auch für die Klasse

der Schlauchpilze *(Ascomycetes)*. Unter ihnen findet man Becherlinge *(Peziza, Aleuria)*, Morcheln *(Morchella)*, Lorcheln *(Gyromitra, Helvella)*, Echte Trüffel *(Tuberales)* und die Holzkeulenartigen *(Xylariaceae)*, s. S. 13.

Für die Bestimmung der Hutpilze ist es wichtig, vor allem auf die verschiedenen Formen des Hutes und des Stieles zu achten. Weitere wichtige Bestimmungsmerkmale sind Geruch und Geschmack, die bei einigen Pilzen sehr stark ausgeprägt sein können. Die Farben der Hüte und Stiele sind als Merkmale nur bedingt geeignet, da sie sich bei vielen Arten während der kurzen Wachstumsphase ständig verändern. Hingegen sind die Farben von Lamellenschneide, Röhrenmündung, Ring und Stielnetz aussagekräftiger, da sie meist konstant bleiben oder sich erst im Alter verändern. Das Fleisch und die Milch

verfärben sich oft, sobald sie der Luft ausgesetzt sind. Sie gelten als recht zuverlässige Merkmale. Zur sicheren Bestimmung müssen die einzelnen Erkennungsmerkmale genau beobachtet werden und mit allen beschriebenen übereinstimmen. Oft kann ein eßbarer von einem giftigen Pilz nur aufgrund weniger Merkmale unterschieden werden. Der Bau der Fruchtkörper wird im folgenden durch Farbfotos, Zeichnungen und Beschreibungen verständlich gemacht. Weitere Zeichnungen zu wichtigen Bestimmungsmerkmalen finden Sie am Ende des Buches (auf dem Nachsatz).

Charakteristisch pilzförmige, in Hut und Stiel gegliederte Fruchtkörper: 1 Nebelkappe *(Clitocybe nebularis)*, **2** Veilchenritterling *(Lepista irina)*, **3** Milder Milchling *(Lactarius mitissimus*, nicht beschrieben)*, **4** Stockschwämmchen *(Pholiota mutabilis)*, **5** Rötlicher Holzritterling *(Tricholomopsis rutilans)*, **6** Violetter Lacktrichterling *(Laccaria amethystea)*, **7** Grüner Schleierling *(Cortinarius venetus)*, **8** Fuchsiger Trichterling *(Lepista inversa*, nicht beschrieben)*, **9** Orangeroter Ritterling *(Tricholoma aurantium)*, **10** Mönchskopf *(Clitocybe geotropa)*.

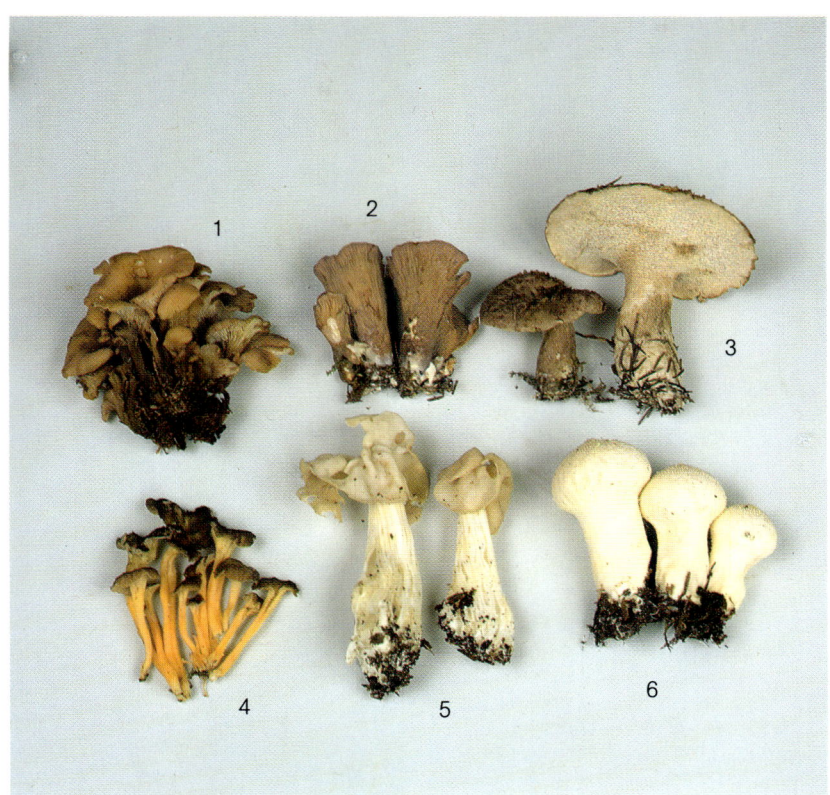

Ausgefallene Fruchtkörperformen: 1 büschelig wachsender, trompetenförmiger Hutpilz mit
weit herablaufenden Lamellen (Aniszählung,
Lentinellus cochleatus), **2** breit keulenförmiger
Pilz mit dicken Leisten (Schweinsohr, *Gomphus
clavatus*), **3** Hutpilz mit Stacheln (Habichtspilz,
Sarcodon imbricatus), **4** geselliger, tief trichter-
förmiger, durchbohrter Hutpilz mit krausem Hutrand (Gelbe Kraterelle, *Cantharellus xanthopus*),
5 bizarre Form (Herbstlorchel, *Helvella crispa*),
6 Bauchpilz (Flaschenstäubling, *Lycoperdon
perlatum*).

Der Hut

Ausbildung der Hutunterseite

An der Hutunterseite von Hutpilzen
entdeckt man häufig Röhren, Poren,
Lamellen, Leisten oder Stacheln, die von
der Fruchtschicht überzogen werden.
Damit wird die Oberfläche der Fruchtschicht vergrößert, so daß diese möglichst viele Sporen produzieren kann.

Röhren und Poren

Gut überschaubar ist die Familie der
Röhrlinge *(Boletaceae)* und der Düste-
ren Röhrenpilze *(Strobilomycetaceae)*.
Geschützt auf der Hutunterseite findet

man bei diesen Pilzen senkrecht angeordnete, aneinandergereihte Röhren. In
den Röhren reift eine große Anzahl von
Sporen heran. Die Röhrenschicht ist entweder am Stiel breit oder etwas herablaufend angewachsen, setzt sich mit
einer deutlichen Ausbuchtung von diesem ab oder ist fast frei. Junge, unreife
Fruchtkörper haben im Querschnitt oft
weißlich gefärbte Röhren. Mit zunehmendem Alter verfärben sie sich als
Folge der Sporenreife je nach Art in
Gelb, Graubraun oder Grün. Die
gesamte Röhrenschicht kann vom Hut
leicht abgelöst werden. Die Röhrenmündungen sind oft rund, aber auch wabenartig oder vieleckig geformt und oft
abweichend von der übrigen Röhrenschicht gefärbt. Am häufigsten sieht
man gelbe, gefolgt von roten, orangefarbenen, beigen und olivfarbenen Mündungen. Nur bei wenigen Arten sind sie
dunkelbraun oder grau gefärbt. Eine rote
und rosafarbene Färbung kann bei ausgewachsenen Dickröhrlingen *(Boletus)*
als Warnfarbe bezeichnet werden. Diese
sind giftig oder zumindest ungenießbar.
Bei Blätterpilzen *(Agaricales)*, Porlingsartigen *(Polyporaceae)* und anderen Pilzgruppen gibt es keine solche Regel.
Viele Röhrenmündungen verfärben sich
auf Druck blau bis grün, einige sogar
auch braun.

Sämtliche Porlinge bilden ebenfalls
Röhren aus. Diese sind allerdings eher
korkig und zäh. Die meisten Porlinge
sind ungestielt und sitzen dem Substrat
direkt auf. Viele fruchten dachziegelartig
in verschiedenen Lagen übereinander.
Im Gegensatz zu den Röhren der Röhrlinge sind die der Porlinge meist kürzer
und fast immer mit dem Hutfleisch verwachsen, so daß sie sich nicht vom Hutfleisch ablösen lassen. Oft sind die Röhren sehr eng gestellt, manchmal
erscheinen sie jedoch weitmaschig und
wabenartig. Die Röhrenmündungen der
Porlinge werden als Poren bezeichnet.

Oben: Leisten (Trompetenpfifferling, *Cantharellus tubaeformis*), ca. 2fach vergrößert.

Mitte: Brüchige Stacheln (Habichtspilz, *Sarcodon imbricatus*), ca. 5fach vergrößert.

Unten: Gallertartige Stacheln (Eispilz, *Pseudohydnum gelatinosum*), ca. 5fach vergrößert.

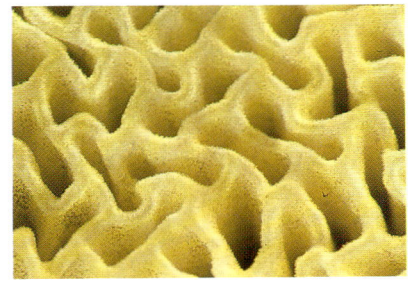

Oben: Runde und gleichmäßige Röhrenmündungen (Steinpilz, *Boletus edulis*), ca. 2fach vergrößert.

Unten: Wie ein Labyrinth, Röhrenmündungen des Rotfußröhrlings *(Xerocomus chrysenteron)*, ca. 8fach vergrößert.

Oben: Röhren fast herablaufend, Mündungen schwach wabenartig (Pfefferröhrling, *Boletus piperatus*).

Mitte: Röhren am Stiel ausgebuchtet, Mündungen rund und klein (Weinroter Purpurröhrling, *Boletus rhodopurpureus*), etwa natürliche Größe.

Unten: Röhren am Stiel breit angewachsen, Mündungen unregelmäßig vieleckig (Grauer Lärchenröhrling, *Suillus viscidus*), ca. 3fach vergrößert.

Sie weisen dieselbe Formenvielfalt auf wie die der Röhrlinge. Die Größe der einzelnen Poren kann 0,1 bis 2 mm betragen. Nur sehr wenige Arten sind als Speisepilze geeignet.

Lamellen

Die weitaus größte Anzahl der Hutpilze bildet blattartige Lamellen. Diese befinden sich wie die Röhren auf der Unterseite des Hutes. Eine gründliche Unterscheidung der verschiedenen Lamellenteile ist besonders wichtig.

Farbe

Lamellen besitzen die unterschiedlichsten Farben. Da jedoch auf den Lamellen die zahlreichen Sporen gebildet werden, können dunkel gefärbte Sporen im Laufe der Entwicklung die Eigenfarbe der Lamellen völlig überdecken. Der Erdblättrige Rißpilz (*Inocybe geophylla*) zum Beispiel hat jung weißliche Lamellen, die sich durch die reifen Sporen deutlich bräunlich verfärben. Bei Pilzen mit weißen Sporen, wie zum Beispiel bei Wulstlingen (*Amanita*) und Ritterlingen (*Tricholoma*), kann die Eigenfarbe der Lamellen auch bei alten Fruchtkörpern noch erkannt werden.

Haltung

Die Art des Anschlusses der Lamellen an den Stiel bezeichnet man als deren Haltung. Sie ist zur Bestimmung von vielen Blätterpilzen wichtig. Folgende Formen werden dabei hauptsächlich unterschieden: frei, gerade angewachsen, ausgebuchtet angewachsen und herablaufend. Sämtliche Wulstlinge (*Amanita*) sind sogenannte Freiblättler. Der Grüne Knollenblätterpilz (*Amanita phalloides*) zum Beispiel unterscheidet sich durch seine freie Lamellenhaltung von Ritterlingen (*Tricholoma*), Rüblingen (*Collybia*) und Täublingen (*Russula*), die alle angewachsene Lamellen aufweisen.

Form

Wie die Haltung ist auch die Form der Lamellen zur Bestimmung der Pilze wichtig. Man unterscheidet breite und schmale sowie dicke und dünne Lamellen. Besonders dicke Lamellen besitzt der Dickblättrige Schwärztäubling (*Russula nigricans*). Den Lamellenrand nennt man Schneide. Meistens ist sie glatt, gesägt, gekerbt oder gewimpert. Die Lamellen sind entweder gedrängt oder entfernt stehend angeordnet. Sämtliche Schnecklinge und Saftlinge (*Hygropho-*

raceae) weisen zum Beispiel sehr entfernt stehende Lamellen auf. Die Lamellen können entweder alle gleich lang, mit Zwischenlamellen versehen (untermischt), gegabelt oder durch Queradern miteinander verbunden (anastomosierend) sein. Die Fruchtschicht der Leistlinge (*Cantharellaceae*), wie zum Beispiel des bekannten Pfifferlings (*Cantharellus cibarius*), ist immer anastomosierend.

Interessant ist die Familie der Sprödblättler (*Russulaceae*), zu der Täublinge (*Russula*) und Milchlinge (*Lactarius*) gehören. Durch eine nestweise Anhäufung kugeliger Zellen zwischen den gestreckten Hyphen ist das Fleisch dieser Arten sehr mürbe und brüchig. Fährt man mit dem Finger quer über die Lamellen, um die Festigkeit zu prüfen, so zersplittern sie dabei. Eine Ausnahme bilden der Frauentäubling (*Russula cyanoxantha*) und seine nahen Verwandten, die wie alle übrigen Blätterpilze mehr oder weniger elastische Lamellen aufweisen.

Hutform

Im Laufe des oft erstaunlich schnellen Wachstums der Fruchtkörper ändert sich die Hutform ständig. Oft sind die jungen Hüte halbkugelig, dann gewölbt und später fast flach, wie beispielsweise bei den meisten Röhrlingen (*Boletaceae*). Aus den jungen paukenschlegelförmigen Fruchtkörpern der Riesenschirmlinge (*Macrolepiota*) entwickeln sich erst glockenförmige, dann große gewölbte bis flache Hüte, die in der Mitte mehr oder weniger spitz gebuckelt sind. Aus den anfangs flach gewölbten bis ausgebreiteten Hüten der Trichterlinge (*Clitocybe*) entstehen schon früh die im Alter so charakteristischen Trichter. Bei der Gelben Kraterelle (*Cantharellus xanthopus*) und der Herbsttrompete (*Craterellus cornucopioides*) ist der Trichter bis in den Stiel erweitert. Dies

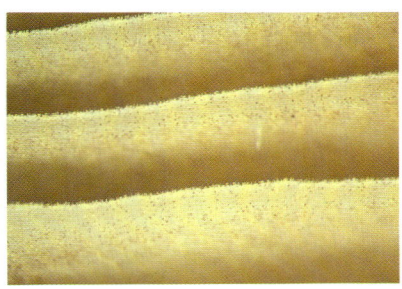

Oben: Lamellen mit weißen Schneiden (Grün-spanträuschling, *Stropharia aeruginosa*).

Mitte: Dicke Lamellen, am Stiel breit angewachsen (junger Rötlicher Holzritterling, *Tricholomopsis rutilans*).

Unten: Lamellen mit glatten Schneiden, ausgebuchtet angewachsen (Violetter Rötelritterling, *Lepista nuda*), ca. 5fach vergrößert.

Oben: Untermischte Lamellen mit glatten Schneiden, breit angewachsen (Kirschroter Saftling, *Hygrocybe coccinea*), ca. 3fach vergrößert.

Mitte: Glatte Schneiden in einer starken Vergrößerung, die Sporenanlagen sind schwach sichtbar (Kahler Krempling, *Paxillus involutus*), ca. 8fach vergrößert.

Unten: Gekerbte und gesägte Schneiden (Harziger Sägeblättling, *Lentinus adhaerens*), ca. 8fach vergrößert.

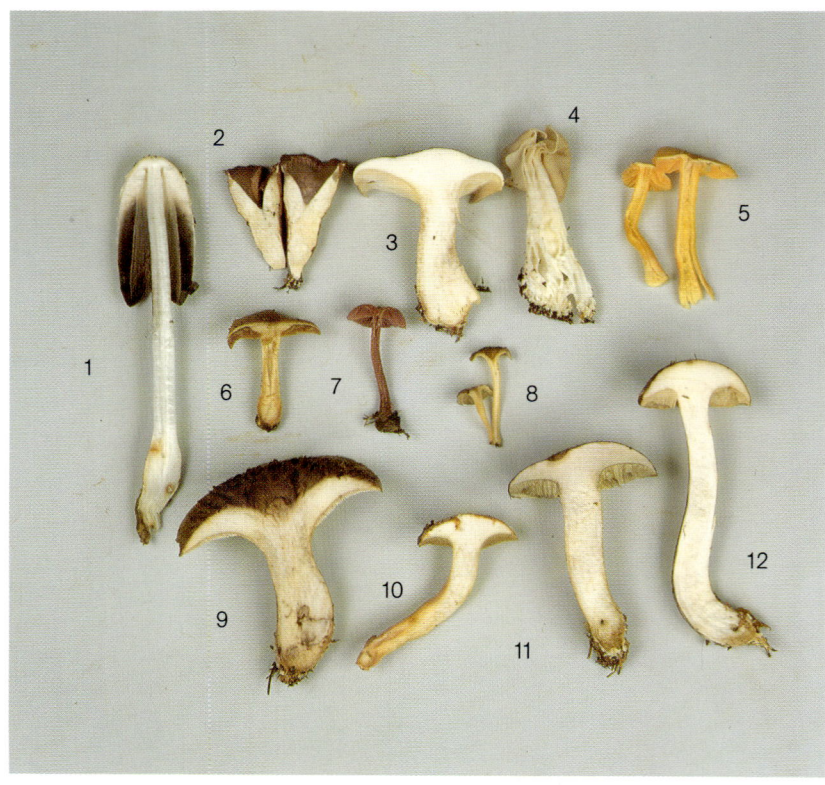

nennt man durchbohrt. Die Hüte der Rißpilze *(Inocybe)* sind jung stets kegelig;
einige Arten behalten diese Form bis ins
Alter, andere hingegen verflachen, aber
stets bleibt ein Buckel zurück. Die meisten Hüte der Helmlinge *(Mycena)*
haben eine glockige bis kegelige Form.
Typisch glockenförmig von der Jugend
bis ins Alter ist der Hut des Glockendüngerlings *(Panaeolus papilionaceus)*.
Der einzigartige walzenförmige Hut des
Schopftintlings *(Coprinus comatus)*
öffnet sich nie. Erst durch den Zersetzungsprozeß bleibt eine runde, flache
Scheibe zurück, die einem ausgebreiteten Hut ähnelt. Aus diesen Beispielen ist
ersichtlich, daß mit einigen gut abgrenz-

Hutformen: 1 walzenförmig (Schopftintling,
Coprinus comatus), **2** ganzer Fruchtkörper trichterig vertieft (Schweinsohr, *Gomphus clavatus*),
3 gewölbt, Rand heruntergebogen (junge
Nebelkappe, *Clitocybe nebularis*), **4** unregelmäßig wellig, kraus (Herbstlorchel, *Helvella crispa*),
5 abgeflacht (Schnürsporiger Saftling, *Hygrocybe obrussea*), **6** stumpf gebuckelt (Grüner
Schleierling, *Cortinarius venetus*), **7** etwas
genabelt (Violetter Lacktrichterling, *Laccaria
amethystea*), **8** tief trichterförmig bis durchbohrt
(Gelbe Kraterelle, *Cantharellus xanthopus*),
9 genabelt (Habichtspilz, *Sarcodon imbricatus*),
10 gewölbt (junger Kuhröhrling, *Suillus bovinus*), **11** gewölbt bis abgeflacht (Maronenröhrling, *Xerocomus badius*), **12** stark gewölbt
(Gemeiner Birkenpilz, *Leccinum scabrum*).

baren Hutformen schon eine grobe Einteilung vorgenommen werden kann. In einigen Fällen kann damit sogar die Gattung bestimmt werden.

Hutfarbe

Die Farbpalette der Hüte reicht von Weiß über Gelb, Orange, Rot, Blau, Grün, Braun bis hin zu Schwarz. Bei einigen Lamellenpilzen sind äußerst attraktive Hüte bekannt. Immer wieder bewundernswert ist der Hut des Fliegenpilzes *(Amanita muscaria)* mit seinen weißen flockigen Hüllresten (s. S. 31 ff.) auf rotem Grund, s. unten. Der Grünspanträuschling *(Stropharia aeruginosa)* fällt durch seine blaugrüne Farbe auf, die im Pilzreich selten ist. Er hat eine schleimige Huthaut, die jung mit weißen Hüllresten besetzt ist. Die intensive Färbung des jungen Violetten Lacktrichterlings *(Laccaria amethystea)* ist einzigartig. Durch Sonneneinstrahlung wird die Hutoberfläche aber schon bald ausgebleicht. Die meist grell gefärbten Saftlinge *(Hygrocybe)* erinnern uns an Leuchtstoffarben von Filzschreibern. Sie sind mit wenigen Ausnahmen die einzigen Pilze, die in Hut, Lamellen und Stiel, ausgenommen einiger Nuancen, dieselbe kräftige Farbe aufweisen. Ihre Pracht hält nur bei trockener Witterung, denn starke Regenfälle waschen ihre Farbe aus, so daß sie nur noch fad und unauffällig erscheinen. Die Farbe der Hüte von Täublingen *(Russula)* variiert innerhalb der einzelnen Arten sehr stark. Man nennt dies wechselfarbig. Der Hut des Rotstieligen Ledertäublings *(Russula olivacea)* kann von olivfarben bis grün, braun oder rot variieren. Auffallend ist das satte Rot des Kirschroten Speitäublings *(Russula emetica)*. Es gibt Pilzhüte, die bei feuchter Witterung durch die Aufnahme von Wasser eine dunklere Farbe annehmen. Sobald sie wieder von der Sonne beschienen werden, erscheinen sie plötzlich zweifarbig,

hell und dunkel. Durch die Wärme verdunstet ein Teil des Wassers, so daß die Hutspitze zuerst ausbleicht, während im unteren Drittel gegen den Rand hin immer noch Flüssigkeit gespeichert ist und dieser dadurch dunkler erscheint. Dies nennt man hygrophan. Das büschelig wachsende Stockschwämmchen *(Pholiota mutabilis)*, das mit dem tödlich giftigen Nadelholzhäubling *(Galerina marginata)* verwechselt werden kann, ist durch seine hygrophanen Hüte bekannt. Witterungseinflüsse wie Wind und Regen, Wärme und Kälte können die Farben beträchtlich verändern. Die oft kräftigen Farben der Hüte von jungen Pilzfruchtkörpern werden im Alter zunehmend ausgebleicht.

Oberfläche und Haut

Die Hutoberfläche und Huthaut kann oft typisch für die einzelnen Arten sein. Verschiedenen Wulstlingen *(Amanita)* haften die Hüllreste (s. S. 31 ff.) in Form von Punkten oder Fetzen auf der Huthaut. Bei einigen Milchlingsarten, besonders Edelreizker *(Lactarius deliciosus)*, Birkenmilchling *(Lactarius tor-*

Weiße Flocken auf rotem Grund kennzeichnen den schönen Hut des Fliegenpilzes *(Amanita muscaria)*, ca. 4fach vergrößert.

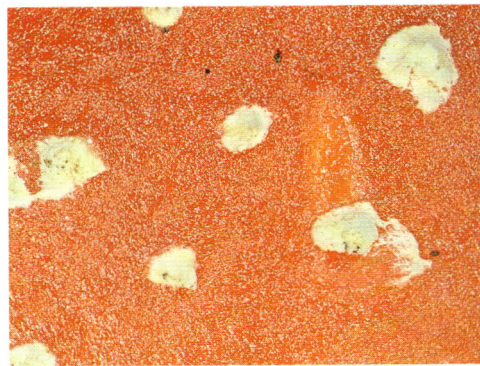

minosus) und Grubiger Milchling *(Lactarius scrobiculatus)*, ist die Hutoberfläche konzentrisch gezont. Bei allen Scheidenstreiflingen fällt die Riefung am Hutrand auf. Der Kahle Krempling *(Paxillus involutus)* und der Samtfußkrempling *(Paxillus atrotomentosus)* besitzen jung einen eingerollten Hutrand. Der Hutrand beim Fransigen Wulstling *(Amanita strobiliformis)* ist bei ausgewachsenen Exemplaren von Resten der Gesamthülle (s. S. 31 f.) deutlich behangen. Der Hut des Safranschirmlings *(Macrolepiota rachodes)* ist dachziegelartig geschuppt. Die Huthaut des Kuhmauls *(Gomphidius glutinosus)* ist mit einer durchsichtigen, abziehbaren Schleimschicht überzogen.

In der Regel kann man folgende Hauttypen unterscheiden: trocken, schmierig, matt, glänzend, samtig, glatt oder getropft. Die Haut läßt sich teilweise oder sogar ganz abziehen. Schmierröhrlinge *(Suillus)* besitzen eine stark klebrige, Filzröhrlinge *(Xerocomus)* eine außerordentlich filzige Huthaut. Die Haut sämtlicher Schnecklinge *(Hygrophorus)* ist schleimig, aber nicht unbedingt klebrig. Bei feuchter Witterung ist die Haut verschiedener Reizker aus der Gattung der Milchlinge *(Lactarius)* feucht und klebrig. Täublinge *(Russula)*, die in vielen Arten vorkommen, haben eine trockene, schwach wachsige Haut. Eine radialfasrige und meist trockene Huthaut ist uns vom Grünen Knollenblätterpilz *(Amanita phalloides)* und von einem großen Teil der Rißpilze *(Inocybe)* bekannt. Vielen Rotfußröhrlingen *(Xerocomus chrysenteron)*, die im Sommer Fruchtkörper bilden, wird die Huthaut bei starker Sonneneinstrahlung feldrig aufgerissen. Auch beim Sommersteinpilz *(Boletus reticulatus)* kann dies häufig beobachtet werden.

Der Stiel

Form

Wie die Hüte können auch die Stiele unterschiedlich geformt sein. Dabei kommen zentrisch und exzentrisch zum Hut verlaufende Stiele vor. Folgende Hauptformen werden unterschieden: bauchig, keulig, zylindrisch, wurzelnd, verdreht, mit Längsrillen versehen, gekniet und an der Spitze verjüngt. Die dicksten und bauchigsten Stiele sämtlicher Großpilze besitzen sicher die Dickröhrlinge *(Boletus)*. Dazu gehören unter anderem der bekannte wohlschmeckende Steinpilz *(Boletus edulis)* und der giftige Satansröhrling *(Boletus satanas)*. Die Rauhstielröhrlinge *(Leccinum)* weisen eher lange, schlanke, bisweilen schwach bauchige und dunkel geschuppte Stiele auf. Die längsfasrigen Stiele der Rüblinge *(Collybia)* sind häufig verdreht. Der verglichen mit seiner Größe eher dünne und sehr lange, holzige Stiel des Parasolpilzes *(Macrolepiota procera)* ist an der Basis keulig bis zwiebelig verdickt. Ein durch Äste oder Steine beeinträchtigtes Wachstum kann zu eigentümlichen Verformungen der Stiele oder der ganzen Fruchtkörper führen.

Längsschnitt

Einige Pilzarten weisen typische Merkmale auf, wenn ihr Stiel längs durchgeschnitten wird. Beim Kornblumenröhrling *(Gyroporus cyanescens*, s. S. 22 unten) und Hasenröhrling *(Gyroporus castaneus)* findet man eine mehrfache arttypische Kammerung vor. Ähnliche, aber wattig ausgestopfte Stiele haben einige Arten der Täublinge *(Russula)*. Die Morcheln *(Morchella*, s. S. 22 oben) und Lorcheln *(Gyromitra, Helvella)* sind im Stiel und Hut völlig hohl. Dadurch ist es ihnen möglich, solch eigenartige Formen hervorzubringen. Die wabenartige, dünne Haut stützt den

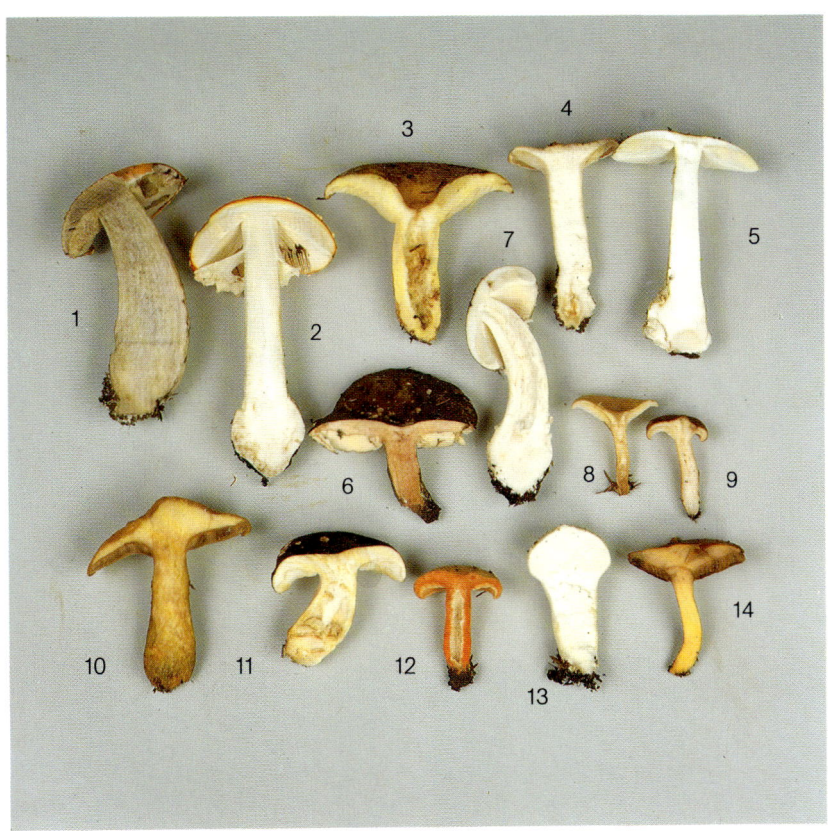

Stielformen und Stiellängsschnitte: 1 mit schwärzlich verfärbendem Fleisch (Espen-Rotkappe, *Leccinum rufum*), **2** weiß, mit knolliger Basis (Fliegenpilz, *Amanita muscaria*), **3** hohl (Grubiger Milchling, *Lactarius scrobiculatus*), **4** weiß, voll (Mönchskopf, *Clitocybe geotropa*), **5** reinweiß, mit knolliger Basis (Grüner Knollenblätterpilz, *Amanita phalloides*), **6** lachsrosa anlaufend (Dickblättriger Schwärztäubling, *Russula nigricans*), **7** hohl (Pantherpilz, *Amanita pantherina*), **8** und **9** zylindrisch, voll (Fuchsiger Trichterling, *Lepista inversa*, nicht beschrieben; Milder Milchling, *Lactarius mitissimus*, nicht beschrieben), **10** gelb, Basis verdickt (Goldröhrling, *Suillus grevillei*), **11** schwach gekammert (Flammstiel-Täubling, *Russula rhodopus*, nicht beschrieben), **12** durch die Milch orangerot gefärbt, hohl (Fichtenreizker, *Lactarius deterrimus*), **13** weiß (junger Flaschenstäubling, *Lycoperdon perlatum*), **14** mit gelbem Stielfleisch, zylindrisch (Pfefferröhrling, *Boletus piperatus*).

Fruchtkörper wie ein Außenskelett. Das Gewicht ist dadurch sehr gering, hundert frische Spitzmorcheln ergeben ca. 1 Kilogramm.

Oben: Im Längsschnitt wird sichtbar, daß Morcheln hohl sind (hier: Gemeine Morchel, *Morchella esculenta* var. *vulgaris*).

Links: Der Kornblumenröhrling *(Gyroporus cyanescens)* ist im Stiellängsschnitt zellig gekammert bis wattig ausgestopft.

Farbe und Oberfläche

Die Stiele der Röhrlinge *(Boletaceae)* weisen die interessantesten Farben und Oberflächenstrukturen auf. Viele Stiele der Dickröhrlinge *(Boletus)* ziert auf einer weißlichen, gelblichen oder rötlichen Grundfarbe eine feine, längsmaschige und farbige Netzzeichnung. So ist der gelbliche Stiel des Netzstieligen Hexenröhrlings *(Boletus luridus)* mit einem rötlichen und der cremefarbene Stiel des Gallenröhrlings *(Tylopilus felleus)* mit einem derben braunen Netz überzogen. Der Steinpilz *(Boletus edu-*

Verschiedene Stieloberflächen: links oben
mit grobem, langgezogenem, dunklem Netz
(Gallenröhrling, *Tylopilus felleus*), **rechts oben**
mit feinem, länglichem Netz (Schönfußröhrling,
Boletus calopus), **rechts unten** flockig-fein-
schuppig, mit unterschiedlichen Rottönen
(Rotfußröhrling, *Xerocomus chrysenteron*).

lis) hingegen trägt ein feines weißliches
Netz auf weißem oder hellbraunem Hin-
tergrund. Einige Schmierröhrlinge *(Suillus)* sondern an der Stielspitze Wassertropfen (Guttationstropfen) ab. Die samtigen Stiele des eßbaren, im Winter
fruchtenden Samtfußrüblings *(Flammulina velutipes)* und des Samtfußkremp-
lings *(Paxillus atrotomentosus)* sind mit
feinen schwarzen Haaren dicht besetzt.
Beide Pilzarten wachsen auf totem Holz.
Die einer Schlangenhaut gleichenden
Stiele vieler Wulstlinge *(Amanitaceae)*
nennt man genattert. Bei Stielen der

Schnecklinge *(Hygrophoraceae)* erscheint die Spitze wie mit Rauhreif überzogen. Diese sogenannte Bereifung hält in der Regel nicht lange an und kann bei älteren Exemplaren oft nicht mehr festgestellt werden. Schüpplinge *(Pholiota)*, der Parasolpilz *(Macrolepiota procera)* sowie einige andere Arten haben schuppige Stiele. Die Stiele einiger Milchlinge *(Lactarius)* weisen grubige, tropfenförmige Vertiefungen auf, die durch eine kräftigere Färbung auffallen und dem Stiel ein gesprenkeltes Aussehen verleihen.

Ring, Manschette, Ringzone

Manche Fruchtkörper tragen am Stiel einen Ring, wobei hängende Ringe oft als Manschette bezeichnet werden. Bei Schleierlingen *(Cortinarius)* spricht man von Ringzonen, s. rechts oben. Die verschiedenen Ringarten entstehen durch das Platzen der Teilhülle, einer Schutzhülle, die von den jungen Fruchtkörpern gebildet wird (s. S. 32). Bei vielen Arten bestehen diese Ringe aus besonders dünner Haut, so daß sie schon nach wenigen Stunden bei entsprechender Witterung nicht mehr sichtbar sein können. Solche zarten Ringe oder Manschetten werden als vergänglich bezeichnet. Man unterscheidet folgende unterschiedlich ausgebildete Ringe: herabhängend und nach oben abziehbar, aufsteigend, doppelt, mit gezähntem Rand oder gerieft. Bis auf die Scheidenstreiflinge sind alle Wulstlinge *(Amanita)* beringt. Einige Wulstlinge sind mit einer gerieften Manschette versehen. Die Riefung ist nichts anderes als der Abdruck der Lamellenstruktur auf die Teilhülle. Den Grauen Wulstling *(Amanita excelsa,* siehe rechts unten) unterscheidet die geriefte Manschette zum Beispiel deutlich vom Pantherpilz *(Amanita pantherina)*. Die Riesenschirmlinge *(Macrolepiota)* besitzen einen doppelten Ring. Da er nicht direkt mit dem Stiel verbun-

Oben: Der Stiel des Spitzgebuckelten Rauhkopfs *(Cortinarius rubellus)* ist mit Velumresten gegürtelt, diese Ringzonen sind typisch für Schleierlinge.

Unten: Die Riefung auf der Manschette ist nichts anderes als der Abdruck der Lamellenstruktur, hier beim Grauen Wulstling *(Amanita excelsa)*.

den ist, läßt er sich nach oben und unten verschieben. Einen häutigen, aufsteigenden und trichterförmigen Ring hat der seltene Glimmerschüppling *(Phaeolepiota aurea)*. Unter den Schmierröhrlingen ist besonders der Butterpilz *(Suillus luteus)* bekannt, der eine kaum vergängliche, häutige und weißliche bis violette Manschette trägt. Bei verschiedenen Champignonarten *(Agaricus)* ist die arttypische zarte Manschette bei ausgewachsenen Exemplaren oft nicht mehr völlig intakt.

Basis

Die Stielbasen der Pilze können die verschiedensten Formen aufweisen. So gibt es wurzelnde, zuspitzende, abgerundete, knollige und vom Mycelfilz umsponnene Basen. Viele Rüblinge *(Collybia)*, wie zum Beispiel der Brennende Rübling *(Collybia peronata)*, weisen an der Basis einen weißlichen bis

Verschiedene Stielbasen: links Basis von Scheide umgeben (Rotbrauner Scheidenstreifling, *Amanita fulva*), **rechts oben** knollige Basis, mit Scheide (Grüner Knollenblätterpilz, *Amanita phalloides*), **unten** keulige bis knollige Basis, ohne Scheide (Perlpilz, *Amanita rubescens*).

gelblichen Mycelfilz auf. Die Stielbasis des häufigen, meist einzeln stehenden Wurzelnden Schleimrüblings *(Xerula radicata)* wurzelt wie eine Pfahlwurzel tief im Boden. Besonders keulig bis knollig sind die Stielbasen der Schleimköpfe und Klumpfüße (*Cortinarius* Untergattung *Phlegmacium*). Ein bekannter Vertreter ist der größte Schleierling, die Schleiereule *(Cortinarius (Phlegmacium) praestans)*.

Pilze, die jung eine Gesamthülle (s. S. 31 f.) ausbilden, tragen an den verdickten oder knollenartigen Stielbasen noch erkennbare Reste davon. Man unterscheidet dann zwischen folgenden Haupttypen: lappige Scheide, Stiel in Knolle eingepfropft, warzig gegürtelte Knolle, zwiebelig abgesetzte Knolle und rübenförmige Basis. Sämtliche Wulstlinge *(Amanita)* haben eine besonders ausgebildete Stielbasis. Durch ihre Verschiedenartigkeit ist sie oft ein wichtiges Unterscheidungsmerkmal zwischen eßbaren und giftigen Wulstlingsarten. So ist zum Beispiel der giftige Pantherpilz *(Amanita pantherina)* an seiner eingepfropften, darüber ringförmig gegürtelten Stielbasis erkennbar. Die Stielbasis des Fliegenpilzes *(Amanita muscaria)* ist knollig und warzig gegürtelt, die des eßbaren Perlpilzes *(Amanita rubescens)* ausgesprochen keulig bis knollig ohne Warzengürtel.

Sporen

Die für die Vermehrung der Pilze wichtigen Sporen werden auf der Fruchtschicht (Hymenium) gebildet. Die Größe der Sporen beträgt im Mittel 2 bis 20 Tausendstelmillimeter. Die Größe und Gestalt ist von Art zu Art verschieden, kann aber mit bloßem Auge nicht erkannt werden. Da die Sporen jedoch millionen-, teilweise sogar milliardenfach pro Fruchtkörper produziert werden, ist es möglich, die Sporenpulverfarbe

(s. Tabelle rechts) festzustellen. Dies kann mit den sogenannten Abwurfpräparaten geschehen. Dazu legt man den entstielten Pilz mit dem Hymenium nach unten auf einen weißen Bogen Papier. Zum Schutz vor Luftzügen stülpt man ein Glas darüber und läßt das Ganze einige Zeit, am besten über Nacht, stehen. Die Farbe des Sporenpulvers ist nun deutlich ersichtlich. Außerdem erhält man einen Abdruck der entsprechenden Lamellen- oder Röhrenstruktur (s. unten). Bei büschelig wachsenden Fruchtkörpern fallen die Sporen auf die tiefer liegenden Hüte. Auf diesen überpuderten Hüten kann man bisweilen die Sporenpulverfarbe erkennen.

Der Abdruck der Lamellenstruktur und die Farbe des Sporenpulvers sind bei einem Abwurfpräparat deutlich erkennbar (hier: Riesenschirmling, *Macrolepiota procera*).

Das Fleisch

Struktur

Das Fleisch (Trama) der meisten Pilzfruchtkörper ist längsfaserig. Der Stiel läßt sich nur mit einem Messer durchschneiden und nicht sauber entzweibrechen. Das Fleisch von Täublingen *(Russula)* und Milchlingen *(Lactarius)* hingegen ist mürbe und brüchig, ähnlich dem

Sporenpulverfarbe	Pilzgruppe	
	deutscher Name	wissenschaftlicher Name
weiß	Wulstlinge	*Amanita*
	Saftlinge	*Hygrocybe*
	Ritterlinge	*Tricholoma*
	Raslinge	*Lyophyllum*
	Schnecklinge	*Hygrophorus*
	Helmlinge	*Mycena*
weiß bis cremefarben	Riesenschirmlinge	*Macrolepiota*
	Schirmlinge	*Lepiota*
	Rüblinge	*Collybia*
	Trichterlinge	*Clitocybe*
	Hallimasche	*Armillaria*
weiß, cremefarben bis dottergelb	Täublinge	*Russula*
	Milchlinge	*Lactarius*
rosa bis rosabräunlich	Rötlinge	*Entoloma*
	Dachpilze	*Pluteus*
hell- bis olivbraun	Röhrlinge	*Boletaceae*
rostbraun	Schleierlinge	*Cortinarius*
	Mistpilze	*Bolbitius*
	Kremplinge	*Paxillus*
	Schüpplinge	*Pholiota*
purpurfarben, violett, dunkelbraun bis schwarz	Champignons	*Agaricus*
	Tintlinge	*Coprinus*
	Träuschlinge	*Stropharia*
	Gelbfußpilze	*Gomphidiaceae*

Verschiedene Pilzgruppen, geordnet nach ihrer Sporenpulverfarbe.

eines reifen Apfels. Dies kommt durch die Anhäufung kugeliger Zellen zwischen den gestreckten Hyphen zustande. Die Stiele solcher Pilze lassen sich leicht in alle Richtungen entzweibrechen. Mit einigen Ausnahmen ist das Fleisch von bodenbewohnenden Pilzarten eher weich. Das Fleisch der auf Holz wachsenden Porlingsartigen *(Polyporaceae)*, wie das des häufigen Schwefelporlings *(Laetiporus sulphureus)*, ist jung sehr weich, ausgewachsen aber hart und korkig.

Verfärbungen

Oft kann man vor allem nach dem Anschneiden von Fruchtkörpern oder bei Druck eine Anfärbung des Fleisches beobachten. Die Entstehung dieser Farben ist meist noch ungeklärt, sicher ist nur, daß die Verfärbungen durch eine Reaktion mit Sauerstoff entstehen.

Immer wieder beeindruckend ist das blaue Anlaufen verschiedener Röhrlinge *(Boletaceae)*. Schon die Röhrenmündungen sowie die Stieloberfläche verfärben sich bei Druck. Beim Zerschneiden der Pilzkörper kann die Verfärbung, die in wenigen Sekunden entsteht, mit bloßem Auge mitverfolgt werden.

Der Schwarzblauende Röhrling *(Boletus pulve-rulentus)* hält, was sein Name verspricht.

Der Schwarzblauende Röhrling *(Boletus pulverulentus,* s. oben) nimmt eine tief schwarzblaue Farbe an. Folgende Arten laufen in einem kräftigen Blau an: Netzstieliger Hexenröhrling *(Boletus luridus),* Flockenstieliger Hexenröhrling *(Boletus luridiformis)* und Maronenröhrling *(Xerocomus badius).* Eher schwach blau werden der Rotfuß-röhrling *(Xerocomus chrysenteron),* der Blutrote Röhrling *(Xerocomus rubellus),* der Schönfußröhrling *(Boletus calopus),* der Wurzelnde Bitterröhrling *(Boletus radicans)* und der Satansröhrling *(Boletus satanas).*

Auffallend schön verfärbt sich das Fleisch des seltenen Sommerröhrlings *(Boletus fechtneri,* s. rechts oben). Bei einem Längsschnitt wird der Hut himmelblau, während die Stielbasis rosa erscheint. Das Fleisch der Espen-Rotkappe *(Leccinum rufum)* verfärbt sich an der Stielbasis grünlich, das übrige Fleisch nimmt eine schwärzliche Farbe an. Die Röhrenmündungen des Goldröhrlings *(Suillus grevillei)* verfärben sich bei Druck bräunlich. Bemerkenswert ist, daß sich das Fleisch und die Röhren aller „Steinpilze" hingegen nicht verfärben. Für die Bestimmung von Röhrlingen ist es sehr wichtig, die Anfärbung zu beobachten.

Auch bei anderen Pilzen kann man Verfärbungen entdecken. Der Schwärzende Saftling *(Hygrocybe conica)* zum Beispiel verfärbt sich im Alter von Rotorange nach Schwarz. Bei den Champignons *(Agaricus)* werden gilbende und rötende Arten unterschieden. Das Fleisch des Safranschirmlings *(Macrolepiota rachodes)* verfärbt sich im Schnitt oder bei Druck safranrot.

Himmelblauer Hut und rosa Stielbasis: der Sommerröhrling *(Boletus fechtneri)* im Längsschnitt.

Milch

Ein weiteres interessantes Phänomen sind die milchenden Pilzarten. Wie der Name schon sagt, gehören sämtliche Milchlinge *(Lactarius)* dazu. Bei diesen Arten ist hauptsächlich das Hutfleisch mit Gefäßen (Milchsafthyphen) durchzogen, die bei Verletzung eine milchartige Flüssigkeit absondern. Die meisten Pilze dieser Gattung sind weiß milchend. Die Milch verfärbt sich beim Eintrocknen oft bräunlich, gelblich oder grünlich. Geschmacklich unterscheidet man milde sowie etwas kratzende, scharfe und brennend scharfe Milch. Der giftige Grubige Milchling *(Lactarius scrobiculatus,* s. rechts unten) entläßt eine schwefelgelbe Milch. Die Milch des seltenen Violettmilchenden Zottenreizkers *(Lacta-*

Die Milch des giftigen Grubigen Milchlings *(Lactarius scrobiculatus)* ist schwefelgelb.

rius repraesentaneus) ist violett. Nur sehr schwer bestimmbar sind die verschiedenen rotmilchenden Reizker, eine Hilfe bietet die Farbe der frischen und eintrocknenden Milch. Die frische Milch des Edelreizkers *(Lactarius deliciosus)* ist orangerot und verfärbt sich nach graugrün. Ebenfalls orangerot milchend sind der Lachsreizker *(Lactarius salmonicolor*, s. unten) und der Fichtenreizker *(Lactarius deterrimus)*, bei diesen Arten verfärbt sich die Milch nach Weinrot bis Orangebraun. Der Blutreizker *(Lactarius sanguifluus)* entläßt eine weinrote Milch,

Der Lachsreizker *(Lactarius salmonicolor)* gehört zu den rotmilchenden Milchlingen.

während die Milch des Gemeinen Reizkers *(Lactarius semisanguifluus)* erst nach drei bis zehn Minuten eine weinrote Färbung annimmt.

Auch unter den Helmlingen kann man einige wenige milchende Arten finden, wie den Gelbmilchenden Helmling *(Mycena crocata)*, den rotmilchenden Purpurschneidigen Helmling *(Mycena sanguinolenta)* und Bluthelmling *(Mycena haematopoda)* sowie den Weißmilchenden Helmling *(Mycena galopus)*.

Geruch

Der Geruch des Fleisches ist ein weiteres wesentliches Bestimmungsmerkmal. Dieser kann bei manchen Pilzarten besonders stark ausgeprägt sein. Die ausgewachsen stark nach Aas riechende Stinkmorchel *(Phallus impudi-*

cus) kann aufgrund ihres Geruches schon auf weite Distanz ausgemacht werden. Auch der Lästige Ritterling *(Tricholoma inamoenum)* sowie der Seifenritterling *(Tricholoma saponaceum)* sind an ihrem aufdringlichen Geruch erkennbar. Das Riechen an einem Schwefelritterling *(Tricholoma sulphureum)* sollte eher vorsichtig erfolgen, da er einen beißenden schwefelartigen Geruch verbreitet. Einen angenehmen Duft, der bei günstiger Windrichtung über einige Meter wahrgenommen werden kann, verbreitet der Aniszähling *(Lentinellus cochleatus)*. Dieser Holzbewohner ist ein guter Würzpilz, wenn er dem Pilzgericht in kleinen Mengen zugegeben wird. Die Anischampignons *Agaricus arvensis* und *Agaricus silvicola* besitzen denselben, allerdings schwächeren Duft. Der Wohlriechende Schneckling *(Hygrophorus agathosmus)* aus der Familie der Wachsblättler duftet nach Marzipan. Wenn man an dem Kleinen Duftmilchling *(Lactarius glyciosmus)* schnuppert, sehnt man sich nach südlichen Breiten, seine Milch riecht nach Kokosnuß. Der Stachelbeertäubling *(Lactarius queletii)* riecht nach Stachelbeeren, schmeckt jedoch brennend scharf.

Geschmack

Eine Geschmacksprobe bei Täublingen *(Russula)*, Milchlingen *(Lactarius)*, Röhrlingen *(Boletaceae)* und anderen Pilzen wurde früher bedenkenlos durchgeführt. Heute ist man allerdings etwas vorsichtiger geworden. Seit einigen Jahren ist bekannt, daß dabei ein geringes Risiko besteht, sich mit den Eiern des Fuchsbandwurmes zu infizieren. Deswegen sollten Geschmacksproben auf ein Minimum reduziert und in besonders gefährdeten Gebieten unterlassen werden. Nur bei einwandfreien und sauberen Fruchtkörpern sollte eine solche Probe vorgenommen werden. Das

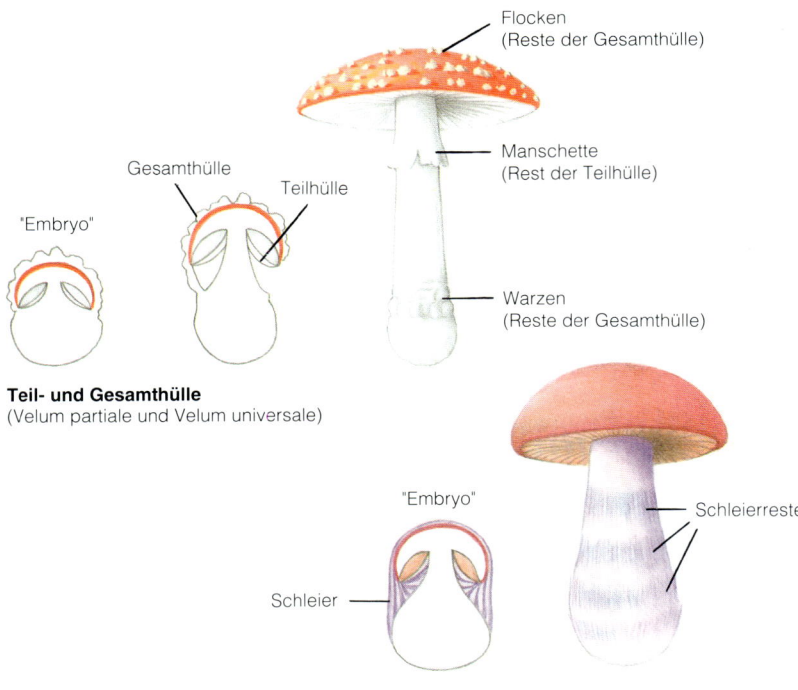

Flocken
(Reste der Gesamthülle)

Manschette
(Rest der Teilhülle)

Gesamthülle

Teilhülle

Warzen
(Reste der Gesamthülle)

"Embryo"

Teil- und Gesamthülle
(Velum partiale und Velum universale)

"Embryo"

Schleierreste

Schleier

Schleier (Cortina)

Schutzhüllen bei jungen Pilzen; die Reste sind bei ausgewachsenen Fruchtkörpern gut erkennbar. **Oben:** Entwicklung der Teil- und Gesamthülle beim Fliegenpilz *(Amanita muscaria)*. **Unten:** Entwicklung des Schleiers bei der Schleiereule *(Cortinarius praestans)*.

Fleisch einiger Täublinge und Milchlinge ist sehr scharf und nachhaltig brennend. Deswegen sollte, erst nachdem man an den Lamellen oder der Milch mit der Zungenspitze den Geschmack festgestellt hat, bei nicht besonders scharf schmeckenden Arten ein kleines Stück Fleisch gekaut werden. Nach einigen Sekunden muß die gesamte Kostprobe wieder ausgespuckt werden, sie darf keinesfalls geschluckt werden. Achtung,

selbst das Verschlucken kleinster Mengen kann bei giftigen Pilzen gesundheitsgefährdend sein. Geschmacksproben dürfen keinesfalls bei tödlich giftigen Pilzen erfolgen.

Schutzhüllen von jungen Pilzen

Um die junge, unreife Fruchtschicht vor Erdpartikeln, gefräßigen Käfern und Schnecken zu schützen, bilden junge Ständerpilze *(Basidiomycetes)* häufig Schutzhüllen, die als Velum bezeichnet werden. Dabei lassen sich die zwei folgenden Formen unterscheiden:

Gesamthülle

Die dünne, hautartige Gesamthülle (Velum universale) umschließt den jun-

Die Reste der Gesamthülle sind an der Stielbasis als Scheide erkennbar (hier: Rotbrauner
Scheidenstreifling, *Amanita fulva*).

gen Fruchtkörper ganz. Im Verlauf des
weiteren Wachstums des Fruchtkörpers
zerreißt diese Gesamthülle. Auf der
Hutoberfläche bleiben oft Hautfetzen
in Form von rundlich flachen, warzigen,
seltener pyramidenförmigen Flocken
zurück. Diese sind meist abwaschbar,
und nach einem Platzregen erscheint
die Huthaut plötzlich verwirrend kahl. In
der Regel sind die Velumreste weißlich
oder gräulich, seltener gelblich gefärbt.
Beim Fliegenpilz *(Amanita muscaria)*
zum Beispiel heben sich die weißen,
warzigen Flocken auffällig von der roten
Huthaut ab. Die Reste der Gesamthülle
sind aber nicht nur auf dem Hut ersichtlich, sondern immer auch an der Stielbasis. Diese kann bei der Bestimmung von

Pilzen mit Gesamthülle dadurch wichtige
Unterscheidungsmerkmale liefern.
Sämtliche Wulstlinge *(Amanita)* sind
jung von einem Velum universale umschlossen. Solange diese Gesamthülle
intakt ist, kann man die Wulstlinge kaum
voneinander unterscheiden und Verwechslungen mit Bovisten *(Bovista)* sind
durchaus denkbar.

Teilhülle

Die Teilhülle verbindet den Hutrand
mit der Stielmitte und wird auch als
Velum partiale bezeichnet. Der Ring am
Stiel und der oft mit Fetzen behangene
Hutrand sind deutliche Überbleibsel der
beim Aufschirmen des Hutes zerreißen-
den Teilhülle. Bei Riesenschirmlingen
(Macrolepiota) mit ihrem dickhäutigen,
bei einigen Arten verschiebbaren Ring
und dem meist behangenen Hutrand
sind diese besonders deutlich zu erkennen. Bei einigen Pilzarten kann man eine
Riefung auf der Manschette feststellen.
Diese entsteht durch den Druck der jungen Lamellen auf die Teilhülle und ist
sozusagen ein Negativabdruck der
Lamellen auf der Teilhülle. Beim Perlpilz
(Amanita rubescens) zum Beispiel kann
man dieses Muster deutlich auf der
Manschette erkennen. Die meisten
Wulstlingsarten *(Amanita)* außer den
Scheidenstreiflingen bilden zusätzlich
zum Velum universale ein Velum partiale
aus.

Die Cortina ist nicht hautartig, sondern besteht aus Fäden. Sie ist meist
eine spezielle Form des Velums partiale,
seltener des Velums universale und tritt
hauptsächlich bei der großen Familie der
Haarschleierpilze *(Cortinariaceae)* auf.
Dieser zarte, spinnwebenartige Schleier
ist beim jungen Fruchtkörper zwischen
Hutrand und Stiel ausgespannt. Die
Farbe des Schleiers variiert von Weiß
über Bläulich, Orange, Gelblich, Grünlich
bis Bräunlich. Reißen die Fäden beim
Wachsen der Fruchtkörper und Ausbrei-

Oben: Die Teilhülle verbindet den Hutrand mit dem Stiel und schützt so die jungen Lamellen (hier: Voreilender Ackerling, *Agrocybe praecox*).

Links: Die Cortina ist ein zarter, spinnwebenartiger Schleier (hier: Schleiereule, *Cortinarius praestans*).

ten der Hüte, so bleiben am Stiel zarte Reste der Cortina zurück. Nicht selten werden die Stiele von diesem fadenartigen Velum deutlich gegürtelt. Oft werden diese Ringe von den Sporen rostbraun gefärbt. Der größte Schleierling ist die eßbare, aber schützenswerte Schleiereule (*Cortinarius praestans*, s. links) mit einer weißbläulichen Cortina.

Pilze richtig sammeln

Für eine kurze Zeit im Jahr erwacht die phantastische Pilzwelt, die uns mit ihrer Formen- und Farbenvielfalt jedesmal von neuem begeistert. Viele Pilze werden wegen ihrer verschiedenen köstlichen Aromastoffe hoch geschätzt. Deshalb ist das Sammeln von Speisepilzen sehr beliebt. Leider gibt es immer wieder Unfälle mit giftigen und sogar tödlich giftigen Pilzen, die meistens auf Unwissenheit und Unvorsichtigkeit beruhen. Achtung, die kleinste Unachtsamkeit beim Bestimmen der Pilze kann schwerwiegende Folgen haben! Eine Pilzvergiftung durch einen der giftigsten Pilze kann zu irreparablen Organschäden oder im schlimmsten Fall sogar zum Tode führen. Anfänger können die notwendigen Kenntnisse durch die Teilnahme an Kursen erwerben oder zumindest vor dem ersten selbstgesammelten Pilzgericht ein geeignetes Pilzbuch eingehend studieren.

Durch die steigende Umweltbelastung sind die Wälder mit ihrem Tier- und Pflanzenbestand stark in Mitleidenschaft gezogen worden. Die Lebensbedingungen vieler Pilze haben sich verschlechtert. Viele Arten sind seltener geworden oder ganz ausgeblieben. Für viele Pflanzen sind jedoch ihre Pilzpartner lebenswichtig. Gerade die Pilzfruchtkörper tragen mit ihrer Sporenproduktion wesentlich zur Arterhaltung bei. Als Pilzsammler verpflichtet man sich deshalb, die Beeinträchtigung des Naturhaushaltes möglichst gering zu halten und entsprechende Verhaltensmaßregeln zu befolgen.

Um zu verhindern, daß wirklicher Raubbau – von einigen wenigen, unverantwortlichen Menschen – an eßbaren Pilzen betrieben wird, wurden in einigen Ländern wie zum Beispiel in der Schweiz und Teilen Österreichs

Gewichtsbeschränkungen sowie zeitlich beschränkte Pflückverbote erlassen. In Naturschutzgebieten ist das Pflücken von Pilzen völlig untersagt. Bevor man zum Pilzesammeln aufbricht, sollte man sich über die örtlichen Beschränkungen informieren.

Wie sammle ich?

Als Sammelbehältnis sollte man ausschließlich luftdurchlässige Körbe aus Weide, Bast oder gleichwertigen Materialien verwenden. Papiertüten sind ungeeignet, Plastiktüten sogar gefährlich. Da die gepflückten Fruchtkörper noch weiterleben, also einem Stoffwechsel unterliegen, kommt es in luftundurchlässigen Plastiktüten schnell zu einem Wärme- und Feuchtigkeitsstau. Außerdem werden die Fruchtkörper beim Tragen zerdrückt. Der Zersetzungsprozeß des Pilzgewebes wird stark beschleunigt. Der Verzehr solcher Pilze kann schwere Lebensmittelvergiftungen hervorrufen. Deshalb auf gar keinen Fall Plastiktüten verwenden!

An regnerischen Tagen lohnt es sich nicht, Pilze zu sammeln. Meist trifft man nur noch auf völlig durchnäßte, alte Exemplare. Wenige Tage danach, wenn durch die Sonnenstrahlen der Boden etwas abgetrocknet ist, macht das Sammeln besonderen Spaß. Die Voraussetzungen für ein üppiges Pilzwachstum sind gut, und man kann in der Regel viele frische Fruchtkörper entdecken.

Wir sammeln nur die Pilze, die wir sicher erkennen und bestimmen können. Ungenießbare und giftige Pilze sollten stehengelassen und nicht mutwillig zerstört werden. Auch seltene und schützenswerte Arten läßt man stehen und erfreut sich an ihrer Eigenart und Schönheit. Wenn man eßbare Pilze zum

Ernten entdeckt hat, dreht man sie mit dem Stiel vorsichtig aus dem Boden. Um ein Vertrocknen des meist sichtbaren Mycels zu verhindern, wird das entstandene Loch mit Laub oder Erde zugedeckt. Die weitläufige Meinung, daß Pilze mit dem Messer abgeschnitten werden müßten, um dem Mycel nicht zu schaden, hat sich nicht bestätigt. Zusätzlich können bei ausgedrehten Fruchtkörpern die wichtigen Bestimmungsmerkmale der Stielbasis erkannt werden. Bei alten Exemplaren wird, bevor man sie pflückt, mit einem Schnitt durch den Hut geprüft, ob sie zum Essen noch geeignet sind. Wenn sie schwammig oder stark von Maden befallen sind, läßt man diese Fruchtkörper stehen. Auch junge Exemplare sollte man nicht sammeln. Wenn wir diese Regeln einhalten, beeinträchtigen wir die Pilzflora kaum. Bei jungen Fruchtkörpern fehlen außerdem die wichtigsten Bestimmungsmerkmale oder sind noch nicht ausgeprägt; sie können deswegen nicht eindeutig bestimmt werden.

Die geernteten Pilze werden am besten mit einem Messer an Ort und Stelle von Erde, Nadeln, Laub und Schnecken befreit. Auch schleimige Huthaut kann man gleich entfernen. Man sollte allerdings darauf achten, daß besondere Merkmale, wie eine knollige oder wurzelnde Stielbasis oder eine bewegliche oder häutige Manschette, dabei nicht verletzt werden. Diese Teile des Pilzes können für eine sichere Nachbestimmung außerordentlich wichtig sein.

Ein Korb ist der richtige Sammelbehälter.

Pilze als Überträger von Krankheiten?

Der Fuchsbandwurm

In den letzten Jahren machte der Kleine Fuchsbandwurm (Echinococcus multilocularis) vermehrt Schlagzeilen. In einigen Gebieten können bis zu 50 %

der Füchse von diesem Bandwurm befallen sein. Aber nicht nur Füchse, sondern auch Hunde oder Katzen sind als sogenannte Endwirte bekannt. Diese Tierarten infizieren sich, indem sie Feldmäuse, Schermäuse und andere Kleinsäuger fressen, die Tausende von Larven beherbergen können. Daraus entwickeln sich im Darm der Endwirte die bis zu 3 mm großen Bandwürmer, deren Eier dann mit dem Kot in die Umwelt gelangen. Die Eier sind mit bloßem Auge nicht sichtbar, da sie nur einen Durchmesser von ca. 1/30 mm erreichen. Die Kleinsäuger infizieren sich mit den Eiern und werden zum Zwischenwirt. In ihrer Leber entwickelt sich die tumorartig wuchernde Larvenmasse. Dadurch werden die Tiere so geschwächt, daß sie den Füchsen leichter zur Beute fallen. Aber auch der Mensch kann sich als sogenannter Fehlwirt über die Aufnahme von Bandwurmeiern über den Mund infizieren. Ob dies durch anhaftende Eier an Waldbeeren und Pilzen oder auf anderem Weg erfolgen kann, ist unklar. Die gefürchtete Erkrankung, bei der die Larvenstadien des Bandwurms die Leber tumorartig durchwuchern, kann bei unbehandelten Personen tödlich verlaufen. Symptome, zum Beispiel Gelbsucht, treten häufig erst nach 10 bis 15 Jahren in einem sehr späten, nicht selten inoperablen Stadium auf. Das Risiko einer Infektion ist jedoch für den einzelnen sehr gering. Da der Mensch als extremer Fehlwirt gilt, können sich die Bandwurmlarven im Menschen nur selten entwickeln. Es ist dennoch ratsam, vor allem in Gebieten mit befallenen Füchsen, folgende Vorsichtsmaßnahmen einzuhalten:

● Nach jedem Waldgang die Hände gründlich waschen.
● Keine Pilze und bodennahe Beeren wie Erdbeeren und Heidelbeeren roh verzehren. Den Rötlichen Gallerttrichter *(Tremiscus helvelloides)* und den Eispilz *(Pseudohydnum gelatinosum)*, die nur roh schmecken, läßt man besser stehen.
● Beim Kochen oder Backen werden die Eier bei ca. 60 °C minutenschnell abgetötet, so daß bei warmen Pilzgerichten keine Ansteckungsgefahr mehr besteht.
● Das Einfrieren bei -18 °C in den üblichen Tiefkühlgeräten reicht für die Abtötung der Eier des Fuchsbandwurmes nicht aus, diese sterben erst bei -80 °C ab.

Tollwut

Wie beim Fuchsbandwurm spielt der Fuchs auch bei der Tollwut eine wesentliche Rolle. Die Tollwutviren werden von infizierten Tieren durch Biß oder Speichel, der in eine offene Wunde oder Hautverletzung gelangt, auf den Menschen übertragen. Eine Infektion über die Aufnahme mit dem Mund spielt praktisch keine Rolle. Zudem sind die Tollwutviren nicht hitzeresistent. Über Pilzmahlzeiten kann demnach keine Ansteckung erfolgen.

Zecken

Obwohl dieses Thema direkt mit Pilzen nichts zu tun hat, taucht diese Frage bei Pilzsammlern, die sich viel im Wald aufhalten, immer wieder auf. Da Zecken wichtige Krankheitsüberträger sind, kann ein Zeckenstich wesentliche Gesundheitsrisiken bergen. Krankheitserreger können durch den Stich der Zecke in die menschliche Blutbahn gelangen. Seit einigen Jahren ist in Mitteleuropa hauptsächlich der Gemeine Holzbock *(Ixodes ricinus)* für die Übertragung der folgenden zwei Krankheiten bekannt:

● Frühsommer-Hirnhautentzündung (FSME).
● Lyme-Borreliose oder Wanderröte.

Die Frühsommer-Hirnhautentzündung führt häufig zu bleibenden Gehirnschäden und Lähmungen und geht zu etwa einem Prozent tödlich aus. Es besteht die Möglichkeit, sich durch eine vorbeugende Impfung, die in der Regel in drei Teilen verabreicht wird und drei Jahre wirksam bleibt, vor einer Erkrankung zu schützen. Bei ungeimpften Personen kann maximal vier Tage nach dem Stich noch eine passive Immunisierung erfolgen. Mit den Erregern infizierte Zecken sind zur Zeit glücklicherweise nur regional verbreitet, so daß eine Ansteckung nur in bestimmten Gebieten möglich ist.

Die durch Bakterien verursachte weitverbreitete Lyme-Borreliose kann Lähmungen, Hirnhautentzündung, Rheuma, Hauterkrankungen und Herzbeschwerden auslösen. Tritt nach einem Zeckenstich eine Hautrötung auf, sollte sofort ein Arzt aufgesucht werden, der nur im frühen Stadium in der Lage ist, mit den entsprechenden Antibiotika eine erfolgreiche Heilung einzuleiten.

Entfernen der Zecke

Achtung, alle früher verbreiteten Empfehlungen sind inzwischen überholt! Die Entfernung sollte nur mechanisch erfolgen, ohne Zusatz von Öl, Alkohol, Nagellackentferner usw. Falsch ist es auch, die Zecke gegen den Uhrzeigersinn aus der Haut zu schrauben, da auf diese Art und Weise der Kopf leicht abreißt. Da die Wahrscheinlichkeit einer Infektion mit der Dauer des Saugaktes zunimmt, ist es vorteilhaft, wenn die in der Haut festsitzende Zecke möglichst früh erkannt und entfernt wird. Eine spezielle Zeckenpinzette, die in Apotheken angeboten wird, eignet sich dazu besonders gut und ist empfehlenswert. Mit der Pinzette werden die mit Widerhaken und Zähnchen versehenen Mundwerkzeuge direkt über der Haut erfaßt und nach hinten-oben aus der Stichwunde herausgezogen. Sehr wichtig ist, daß der Zeckenleib dabei weder gequetscht noch beschädigt wird, damit die Erreger nicht durch diese Aktion in die Wunde gelangen.

Vorbeugen

In Mitteleuropa kommen Zecken bis auf eine Höhe von 1000 m vor. In alpinen Lagen ist man demnach vor Zecken sicher. Sie sind vom Frühling bis in den Herbst aktiv. Eine Luftfeuchtigkeit von über 80 % und mildes Wetter werden von Zecken bevorzugt. In heißen und trockenen Sommern ist die Stechlust minimal. Am späten Vormittag und am frühen Abend gelten sie als besonders aggressiv. Sie halten sich mit Vorliebe im Unterwuchs, in der Krautschicht, an Waldrändern, im Gras, auf Farnen und Büschen auf. Meist sitzen sie auf der Unterseite von Blättern, von denen sie sich auf einen vorbeikommenden Wirt fallen lassen.

Keinen Schutz vor Zecken bieten kurze Hosen und T-Shirts. Besser schützt eine eng anschließende Bekleidung mit Jacke und langer Hose, gutes Schuhwerk sowie eine Kopfbedeckung. Nach einem Waldgang sollte man die Kleider zu Hause nach Zecken absuchen.

Lebensweisen

Nur die kurzlebigen Pilzfruchtkörper sind die für uns sichtbaren Teile des hauptsächlich aus einem ausgedehnten unterirdischen Geflecht (Mycel) aus Pilzfäden (Hyphen) bestehenden Pilzkörpers. Durch dieses stark verästelte, watteartige Mycel werden die notwendigen Nährstoffe aufgenommen. Im Gegensatz zu den Pflanzen besitzen Pilze kein Blattgrün (Chlorophyll) und sind nicht in der Lage, die Sonnenenergie zum Aufbau von organischen Substanzen zu nutzen. Sie müssen deshalb organische Substanzen aus ihrer Umgebung aufnehmen. Als Nahrungsquelle dienen ihnen lebende oder tote tierische oder pflanzliche Organismen. Folgende Lebensweisen können dabei voneinander unterschieden werden.

Pilze als Symbionten

Die Wurzeln einer Vielzahl der höheren Pflanzen gehen mit Pilzen eine enge Lebensgemeinschaft (Symbiose) ein.

Oft ein Partner von Fichten: Rotfußröhrling *(Xerocomus chrysenteron).*

Diese Erscheinung wird als Mykorrhiza bezeichnet. So umspinnen zum Beispiel bei den meisten unserer Waldbäume Pilzfäden die Enden der Feinwurzeln mit einem dichten Geflecht und dringen in die obersten Zellschichten der Wurzel ein. Diese Symbiose ist für beide Partner vorteilhaft. Es kommt zu einem gegenseitigen Stoffaustausch. Die Pilze werden von den Pflanzenwurzeln mit organischen Stoffen versorgt, die diese mit Hilfe ihres Blattgrüns aufbauen können. Der Pilz wiederum erweitert die zur Stoffaufnahme befähigte Oberfläche im Wurzelbereich und verbessert die Mineralstoff- und Wasserversorgung der Pflanze. Außerdem wird die Pflanze vor einem Eindringen von Schädlingen geschützt. Man unterscheidet hauptsächlich zwei verschiedene Mykorrhizatypen:

Die sogenannten „ektotrophen Mykorrhizen" bilden die Wurzeln der meisten unserer Waldbäume hauptsächlich mit Ständerpilzen *(Basidiomycetes),* seltener mit Schlauchpilzen *(Ascomycetes).* Viele Waldpilze sind Mykorrhizabildner, darunter viele beliebte und qualitativ hervorragende Speisepilze. Es wird geschätzt, daß sich beispielsweise in der Gruppe der Röhrlinge und Blätterpilze insgesamt über 1000 Arten auf eine solche Partnerschaft spezialisiert haben. Bei dieser Form der Mykorrhiza hüllen Pilzhyphen die Pflanzenwurzel ein und dringen bis in die äußeren Zellschichten der Wurzel vor, wachsen aber lediglich in den Zellzwischenräumen. Vor allem bei ungünstigen Bodenverhältnissen werden die Bäume ohne ihre jeweiligen Pilzpartner in ihrem Wachstum stark gehemmt. Oft leben die Pilze nur mit bestimmten Bäumen zusammen, wie zum Beispiel der Goldröhrling *(Suillus grevillei),* der

Rostrote Lärchenröhrling (Suillus tridentinus) und der Graue Lärchenröhrling (Suillus aeruginascens) nur mit Lärchen. Der Birkenmilchling (Lactarius torminosus) fruchtet nur bei Birken. Der besonders scharf schmeckende, unauffällig braungefärbte Beißende Milchling (Lactarius pyrogalus) bevorzugt den Haselstrauch als Partner. Den Kahlen Krempling (Paxillus involutus) hingegen findet man in verschiedenen Waldgesellschaften. Für Naturfreunde und besonders Pilzsammler ist die Kenntnis dieser Partnerschaften sehr nützlich. Deswegen werden in diesem Buch die wichtigsten Waldbäume und ihre verschiedenen Pilzpartner vorgestellt (S. 41 ff.).

Im Falle der „endotrophen Mykorrhiza" fehlt eine die Wurzel umgebende Hyphenhülle. Die Pilzhyphen dringen tiefer in die Wurzel ein und wachsen auch in den einzelnen Zellen. Dieser Mykorrhizatyp findet sich bei Kräutern, Stauden, Gräsern, Halbsträuchern und selten auch bei Bäumen. Fast alle Orchideen sind zum Beispiel auf eine solche Partnerschaft angewiesen. Deren winzige Samen sind zur Keimung völlig von dem Pilzpartner abhängig. Nur wenige dieser Pilzpartner sind bis heute bekannt. Die meisten von ihnen sind niedere Arten, die in der Regel keine Fruchtkörper ausbilden.

Waldbäume und Pilze sind also aufeinander angewiesen. Stirbt der Wald, sind auch die Pilze betroffen, und umgekehrt. Für das Waldsterben ist eine Fülle von Faktoren verantwortlich, die auf die unterschiedlichste Art und Weise in das Ökosystem Wald eingreifen. Hierzu werden vor allem die verschiedenen Luftschadstoffe (Schwefeldioxid, Stickoxide, Ozon) gezählt, die Blätter und Nadeln der Bäume schädigen. Dies hat eine verringerte Zuckerproduktion zur Folge. Daraus können sich Sekundärschäden, wie eine Störung der Mykorrhizabildung, entwickeln. Auch der erhöhte Stickstoffeintrag in das Waldökosystem wirkt sich negativ auf die Mykorrhizabildung aus. Die Wasser- und Mineralstoffaufnahme der Bäume wird dadurch empfindlich gestört, dies führt zu einer fortlaufend stärkeren Schädigung der Bäume. Die Pflanzen werden infolgedessen anfälliger gegen verschiedene Schädlinge, zum Beispiel parasitische Pilze.

Es sind noch weitere Pilz-Symbiosen bekannt. Eine besonders enge Partnerschaft gehen Pilze mit Algen ein. Diese Lebensgemeinschaft führt die beiden Partner zu einem Doppelwesen zusammen, das äußerlich als Einheit erscheint und als Flechte bezeichnet wird.

Auch von Tieren mit Pilzen sind die unterschiedlichsten Symbiosen bekannt. So ermöglichen Pilze im Verdauungstrakt von holzfressenden Insekten ihren Wirten den Aufschluß ihrer Nahrung. Tropische Blattschneiderameisen kultivieren in ihren unterirdischen Bauten bestimmte Pilze auf einem Substrat aus zerkauten Blattstücken. Die verdickten, nährstoffreichen Hyphenenden der Pilze dienen ihnen als Nahrung.

Pilze als Saprophyten

Saprophytische Pilze ernähren sich von pflanzlichen oder tierischen Rückständen. Gäbe es keine saprophytischen Pilze, so würde der Wald in seinen eigenen Abfallprodukten ersticken. Alle anfallenden toten organischen Substanzen werden laufend von saprophytischen Pilzen und Bakterien in ihre anorganischen Ausgangsstoffe zerlegt und wieder in den Naturkreislauf zurückgeführt. Einzig die für eine kurze Zeit sichtbaren Fruchtkörper der Pilze zeugen von diesem phantastischen Werk.

Das Mycel von bodenbewohnenden saprophytischen Pilzen zersetzt Blätter, Nadeln, Zapfen und weitere organische Substanzen, die den Waldboden bedecken. Ein typischer Vertreter dieser Pilze

Recycling-Spezialist im Wald: Schmetterlings-tramete *(Trametes versicolor)*.

ist der Fichtenzapfenrübling *(Strobilurus esculentus)*, der sich im Frühjahr mit seinen kleinen Fruchtkörpern auf zerrotteten Fichtenzapfen als einer der ersten Pilze im Jahr präsentiert. Einen größeren Fruchtkörper besitzt der bekannte Parasolpilz *(Macrolepiota procera)*, der sich auf Laubstreu und kalkhaltigen Böden wohl fühlt. Andere Bodenansprüche stellt der Safranschirmling *(Macrolepiota rachodes)*, der auf Nadelstreu Fruchtkörper bildet.

Unter den auf totem Holz saprophytisch lebenden Pilzen findet man vor allem die Porlingsartigen *(Polyporaceae)* mit ihren hartfleischigen, oft mehrjährigen Fruchtkörpern. Sie durchziehen mit ihrem Mycel ganze abgestorbene Baumstämme und Äste. Aber auch Seitlinge und wenige Blätterpilzarten gedeihen auf diesem massiven Substrat. Diese holzbewohnenden Arten fruchten vom Spätherbst über den Winter bis in den Frühling. In milden Wintern können besonders viele Fruchtkörper gefunden werden. Ein typischer eßbarer Winterpilz ist der Samtfußrübling *(Flammulina velu-*

tipes). Er ist einer der wenigen zentrisch gestielten Lamellenpilze, die Fröste überstehen. Liegen die Temperaturen unter dem Gefrierpunkt, verzeichnen die Fruchtkörper einen Wachstumsstillstand. Sobald die Temperaturen steigen, beginnen sie erneut zu wachsen. Viele dieser saprophytischen Pilze wachsen nur auf bestimmten Holzarten. Es ist durchaus möglich, daß mehrere Pilzarten gleichzeitig auf einem Baumstamm Fruchtkörper bilden. Die auf Holz saprophytisch lebenden Pilze können ihr Substrat in seine Ausgangsstoffe zerlegen und diese wieder in den Naturkreislauf zurückführen.

Coprophile Pilze haben sich auf den Dung von verschiedenen pflanzen- und auch fleischfressenden Tierarten spezialisiert. Der Goldmistpilz *(Bolbitius vitellinus)*, ein sehr zerbrechlicher Pilz, entwickelt sich auf diesem Substrat wie die Sammethäubchen *(Conocybe)*, Träuschlinge *(Stropharia)* und Düngerlinge *(Panaeolus)*.

Pilze als Parasiten

Parasitische Pilze beziehen ihre Nährstoffe aus einem lebenden Wirt. Meist ist mit dem Parasitismus (Schmarotzertum) eine direkte Schädigung des Wirtes verbunden. Der überwiegende Teil der parasitisch lebenden Pilze ist auf Holz spezialisiert. Vor allem alte, kranke oder beschädigte Bäume werden befallen. Meist dringen die Pilze durch Verletzungen der Rinde in das Holz ein, wo sie Cellulose oder Lignin abbauen. Wenn die Pilze Cellulose abbauen, spricht man von der Braunfäule, hier wird das braune Lignin nicht angegriffen. Die Weißfäule entsteht durch den Abbau des Lignins, das zersetzte Holz nimmt eine weiße Farbe an. Eine strenge Trennung von parasitischen und saprophytischen Pilzen ist nicht immer möglich. Viele Parasiten verhalten sich nach dem Absterben

Das Werk eines parasitischen Pilzes: Fäule bei Fichten durch den Wurzelschwamm *(Heterobasidion annosum)*.

der Wirtspflanze in der zweiten Phase noch als Saprophyten, wie zum Beispiel der vorwiegend auf Nadelbäumen parasitierende Hallimasch *(Armillaria mellea)*. Aber auch auf anderen Pflanzen und Organismen, wie zum Beispiel Mensch und Tier, können Pilze parasitieren.

Pilze und Bäume, eine Partnerschaft

Die Wurzeln vieler höherer Pflanzen gehen mit Pilzen eine enge Lebensgemeinschaft ein, die als Mykorrhiza bezeichnet wird. Diese bringt beiden Partnern Vorteile. Das Mycel der Pilze versorgt die Pflanze mit Mineralstoffen und Wasser, während der Pilz von der Pflanze die für sein Wachstum benötigten organischen Stoffe erhält (s. auch S. 38 f.). Fast alle Bäume unserer Wälder sind auf diese Partnerschaft angewiesen. Unter den Mykorrhizapilzen findet man viele bekannte Speisepilze. Oft sind die Pilze auf bestimmte Arten von Bäumen spezialisiert. Auch abgestorbene, tote Hölzer werden, meist nach Holzart getrennt, von den jeweiligen spezialisierten Pilzarten, den sogenannten Saprophyten, durchwachsen und zersetzt. So bringt es dem Pilzsammler und Naturfreund große Vorteile und ein besseres Verständnis, wenn er über diese Beziehungen Bescheid weiß. Auf den nächsten Seiten werden deswegen die wichtigsten Waldbäume und ihre jeweiligen Pilzpartner vorgestellt.

Der Pfirsichtäubling *(Russula violeipes)*, ein Mykorrhizapilz von Laub- und Nadelbäumen, bevorzugt Buchen, Eichen und Kiefern.

Fichte, Rottanne
(Picea abies)

Die Fichte erreicht eine Höhe von bis zu 50 m. Die Krone ist gleichmäßig, spitz und kegelförmig. Im Gegensatz zur Tanne sind die Äste quirlständig und etwas herabhängend. Die 10–15 cm langen, braunen Zapfen sind an den obersten Zweigen hängend angeordnet. Im Herbst bei Reife der Samen fallen die ganzen Zapfen auf den Boden. Die grünen, steifen Nadeln sind am Zweig dicht seitlich, aufwärts und nur wenig abwärts stehend angeordnet. Der kerzengerade Stamm weist eine rotbraune Borke auf. Die Fichte ist als ausgesprochener Flachwurzler auf eine ausreichende Wasserversorgung angewiesen. In Mitteleuropa bildet sie natürliche geschlossene Bestände in den Mittelgebirgen und Alpen auf Höhen von 800–2000 m. Außerhalb ihres Verbreitungsgebietes

wird sie seit dem letzten Jahrhundert als gewinnbringendes Nutzholz angepflanzt. Dies warf in den letzten Jahrzehnten vermehrt Probleme auf, da diese nicht an ihrem ursprünglichen Standort und meist in Monokulturen angepflanzten Bestände anfälliger gegenüber Krankheiten und Schädlingen sind. Das Holz der Fichte kann zur Papierherstellung oder als vielfältiges Baumaterial genutzt werden. Seit einigen Jahren weisen Fichtenbestände je nach Standort mehr oder weniger starke Schäden auf, die auf die zunehmende Umweltverschmutzung zurückzuführen sind. Aber auch andere Baumarten wie Tanne, Kiefer und viele Laubholzarten werden in Mitleidenschaft gezogen.

Die Fichte hat eine Vielzahl von Pilzen als Partner. Darunter findet man einen großen Teil der Wulstlinge *(Amanita)*. Der giftige Fliegenpilz *(Amanita muscaria)*, der tödlich giftige Spitzhütige Knol-

Perlpilz *(Amanita rubescens).*

lenblätterpilz *(Amanita virosa)*, der
eßbare Perlpilz *(Amanita rubescens,*
s. Foto)*, der giftige Gelbe Knollenblätterpilz *(Amanita citrina)*, der nicht eßbare
Graue Wulstling *(Amanita excelsa)* und
der schwach giftige Narzissengelbe
Wulstling *(Amanita gemmata)* sind
einige wenige Beispiele. Aber auch
Röhrlinge *(Boletaceae)* findet man unter
den Fichten, darunter bekannte und
beliebte eßbare Arten wie den Steinpilz
(Boletus edulis), den Maronenröhrling
(Xerocomus badius), die Ziegenlippe
(Xerocomus subtomentosus) und den
häufigen Rotfußröhrling *(Xerocomus
chrysenteron)*. Giftige Röhrlinge wie der
Gallenröhrling *(Tylopilus felleus)* und der
Schönfußröhrling *(Boletus calopus)* sind
ebenfalls Fichtenbegleiter. Auch viele
Täublingsarten *(Russula)* zählen zu den
Mykorrhizapartnern. Sehr häufig ist der

sind, schimmern sie auf der Unterseite etwas weißlich. Im Gegensatz zur Fichte stehen die Zapfen der Weißtanne wie Kerzen aufrecht in den Wipfeln. Nach der Reife zerfallen sie bereits auf dem Baum. Einen Tannenzapfen bekommt man deshalb auf dem Boden höchst selten zu Gesicht. Die Weißtanne bevorzugt nährstoffreiche, tiefgründige Böden, die kalkreich, aber auch kalkarm sein

Ockertäubling *(Russula ochroleuca)* mit seinem bitteren, zum Verzehr ungeeigneten Fleisch. Schon ab Mai bis in den späten Herbst sind die Fruchtkörper dieses Pilzes hauptsächlich im Flachland in bodensauren Fichtenbeständen sichtbar. Den tödlich giftigen Nadelholzhäubling *(Galerina marginata)* findet man als Saprophyt vor allem auf den Schnittflächen von totem Fichten- und Tannenholz.

Weißtanne
(Abies alba)

Die Weißtanne erreicht eine Höhe von bis zu 50 m. Die Krone ist jung kegelförmig, später abgeflacht und leicht zerzaust. Der walzenförmige Stamm ist kerzengerade. Die Rinde ist silbergrau und feinrissig. Die Nadeln stehen meist deutlich zweireihig am Ast. Während sie auf der Oberseite dunkelgrün gefärbt

können. In den Gebirgen Mittel- und Südeuropas ist sie bis zu einer Höhe von 1600 m weit verbreitet. Sie ist tiefwurzelnd und eine ausgesprochene Schattenbaumart. Die Weißtanne liefert beliebtes Nutzholz, das verhältnismäßig weich, aber auch äußerst widerstandsfähig ist.

Auch bei der Weißtanne findet man verschiedene Mykorrhizapilze, wie zum Beispiel den Lachsreizker *(Lactarius salmonicolor*, s. Pilzfoto rechts unten) mit seinen orangerot milchenden Fruchtkörpern oder den auch bei Fichten fruchtenden Anisklumpfuß *(Cortinarius (Phlegmacium) odorifer*, s. Pilzfoto rechts oben). Die Breitblättrige Glucke *(Sparassis brevipes)* findet man mit viel Glück im Tannenwald am Fuße der Stämme oder auf morschen Strünken. Hauptsächlich kommt sie jedoch bei Laubbäumen vor.

Oben: Anisklumpfuß *(Cortinarius odorifer)*.

Unten: Lachsreizker *(Lactarius salmonicolor)*.

fer ist sehr tief wurzelnd und dadurch windfest. Dieser anspruchslose Nadelbaum kommt vom Flachland bis ins Gebirge auf 2100 m Höhe vor. Er ist frosthart und unempfindlich gegen Trockenheit und besiedelt dadurch vor allem steinige und felsige Trockenstandorte. Die Waldkiefer liefert gutes Nutzholz und wird forstwirtschaftlich angebaut.

Trotz ihrer oft recht trockenen Stand-

Waldkiefer, Föhre
(Pinus sylvestris)

Die Waldkiefer erreicht eine Höhe von bis zu 40 m. Junge Pflanzen haben eine kegelförmige Krone, die im Verlauf des Wachstums meist vielgestaltige Formen annimmt. Die 3–7 cm langen Nadeln stehen zu zweien, also paarweise an Kurztrieben. Bei der Reife fallen die eiförmigen, 3–7 cm langen Zapfen als Ganzes ab. Der Stamm der Waldkiefer ist meist etwas gewunden und im Bereich der Krone mit starken Astgabelungen versehen. In großen Beständen und auf guten Böden sind die Stämme lang und die Kronen kurz. Die Rinde ist im oberen Stammbereich fuchsrot und feinschuppig. Bei älteren Bäumen weist die Rinde im unteren Teil des Stammes eine dunkelgraue oder rotbraune Plattenborke auf, die fast so dick, aber brüchiger als die Rinde der Korkeiche ist. Die Waldkie-

orte gibt es einige Mykorrhizapilze, die mit der Waldkiefer eine Partnerschaft eingehen. Der Körnchenröhrling (*Suillus granulatus*, s. Pilzfoto rechts oben) und der Kupferrote Gelbfuß (*Gomphidius rutilus*, s. Pilzfoto rechts unten), die beide eßbar sind, fruchten meist zur selben Zeit bei ihr. Der Butterpilz (*Suillus luteus*) ist ein typischer Nadelbaumpartner, meistens kommt er bei der Waldkiefer vor. Auch den Edelreizker (*Lactarius deliciosus*), einen orangerot milchenden, eßbaren Milchling, findet man dort. Der Rosa Schmierling (*Gomphidius roseus*) ist eng mit dem Kuhröhrling (*Suillus bovinus*) vergesellschaftet, beide sind Mykorrhizapilze der Waldkiefer. Weitere Partner sind die Gelbe Kraterelle (*Cantharellus xanthopus*) und der ausgesprochen seltene, mit einem rosafarbenen Mycel ausgestattete Ringlose Butterpilz (*Suillus fluryi*).

Oben: Körnchenröhrling *(Suillus granulatus).*

Unten: Kupferroter Gelbfuß *(Gomphidius ruti-lus).*

Arve, Zirbelkiefer
(Pinus cembra)

Die Arve erreicht eine Höhe von bis zu 25 m. Junge Bäume sind kegelförmig, mit auffallend dichtem Nadelkleid, und die Äste reichen fast bis zum Boden. Später nehmen die Bäume eine abgerundete, breite Form an. Die 5–8 cm langen, ziemlich steifen, grünen Nadeln stehen zu fünft an den Kurztrieben. Diese Anordnung findet man nur bei sehr wenigen Kiefernarten, zum Beispiel auch bei der aus Nordamerika stammenden Weymouths-Kiefer. Der Stamm der Arve besitzt eine graubraune, schuppige Borke. Erst nach 50 Jahren werden die aufrecht stehenden Zapfen ausgebildet. Sie erreichen eine Länge von 5–8 cm, sind eiförmig, unreif violett und später braun gefärbt. Die Arve ist nicht sehr häufig. Man findet diese frost-

harte Kiefernart hauptsächlich in den Zentralalpen zwischen 1800 und 2400 m in der sogenannten Kampfzone, zusammen mit der Europäischen Lärche und der Legföhre (Latsche). Einzelstehende Arven, die noch höher hinaufklettern, sind vom Wetter gezeichnet, und es entstehen einzigartige, bizarre Formen. Auch mit nur 70 Tagen Vegetationszeit kann sie überleben.

Bei der Arve findet man eher seltene Pilze wie den Arven- oder Zirbenröhrling (Suillus plorans). Der Elfenbeinröhrling (Suillus placidus, s. Foto) und der Helvetische Körnchenröhrling (Suillus sibiricus var. helveticus) gehen außer mit der Arve auch mit der Weymouths-Kiefer eine Partnerschaft ein.

Elfenbeinröhrling (Suillus placidus).

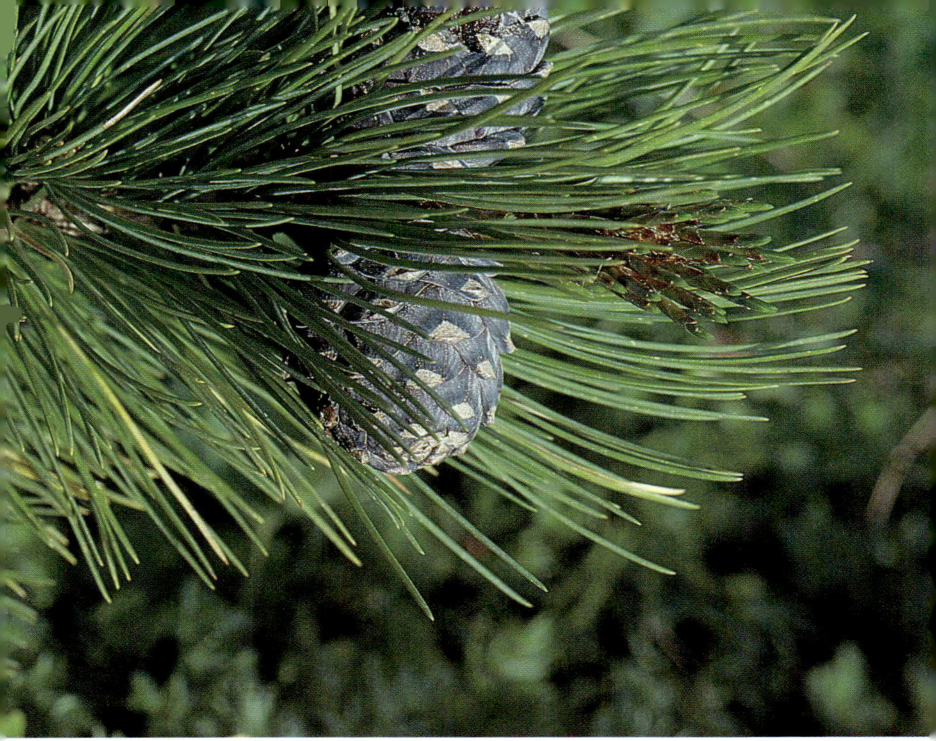

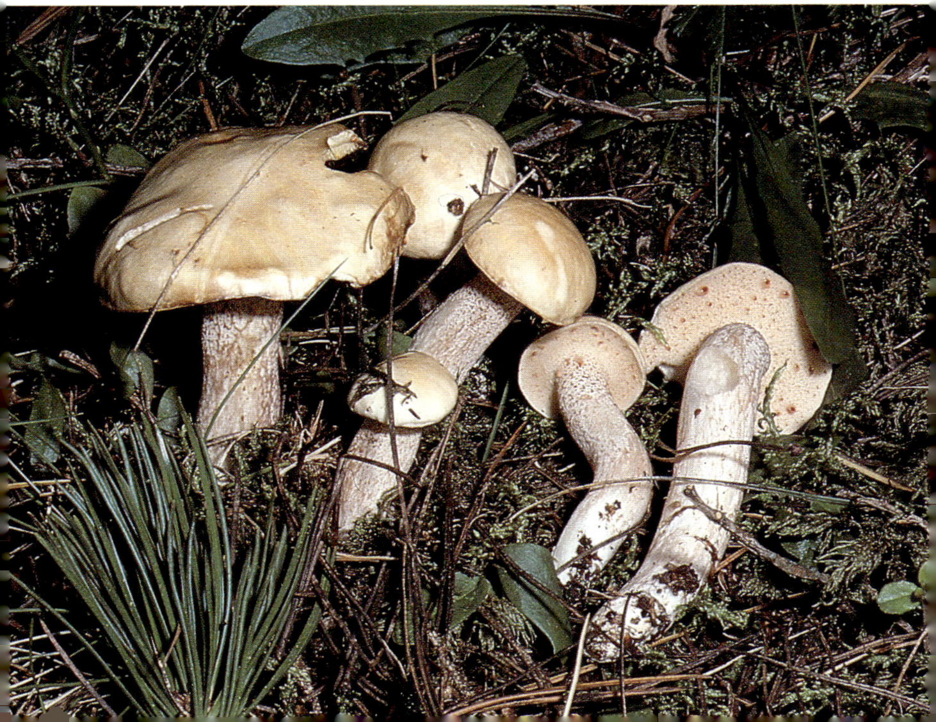

Europäische Lärche
(Larix decidua)

Die tiefwurzelnde Lärche erreicht
eine Höhe von bis zu 50 m. Als einziger
Nadelbaum verliert sie ihre sich im
Herbst von grün nach gelb verfärbenden
Nadeln. Ihre Krone ist in der Jugend
kegelig, später oft breit mit abgeflach-
tem Wipfel. An den tonnenförmigen
Kurztrieben sind jeweils 30 bis 40 hell-
grüne, weiche, 2–3 cm lange Nadeln
angeordnet. Die männlichen Blüten sind
gelb, unscheinbar und nach unten
gerichtet. Die weiblichen Blüten sind die
erst lebhaft rot gefärbten Zäpfchen.
Diese sind 1–3 cm lang und werden zur
Reifezeit hellbraun, später grau. Nach
dem Samenfall verbleiben sie oft noch
Jahre am Baum. Die Rinde ist graubraun,
tief gefurcht und mehrschichtig abblät-
ternd. In den Zentralalpen bildet die Lärche geschlossene Bestände. Sie erträgt
Trockenheit und ist widerstandsfähig
gegen Frost und Wind. In den Niederun-
gen wird sie vielfach forstlich im Nadel-
mischwald angebaut. Unter anderem
durch die geraden, langen Stämme liefert sie wertvolles Nutzholz.

Unter den Lärchen findet man viele
Pilze. Der Hohlfußröhrling (Boletinus
cavipes), der Goldröhrling (Suillus grevillei, s. Foto), der Graue Lärchenröhrling
(Suillus viscidus) und der Rostrote Lärchenröhrling (Suillus tridentinus) sind
Mykorrhizapartner der Lärche. Der Lär-
chenmilchling (Lactarius porninsis), ein
scharf schmeckender Pilz, ist ebenfalls
mit ihr vergesellschaftet.

Goldröhrling (Suillus grevillei).

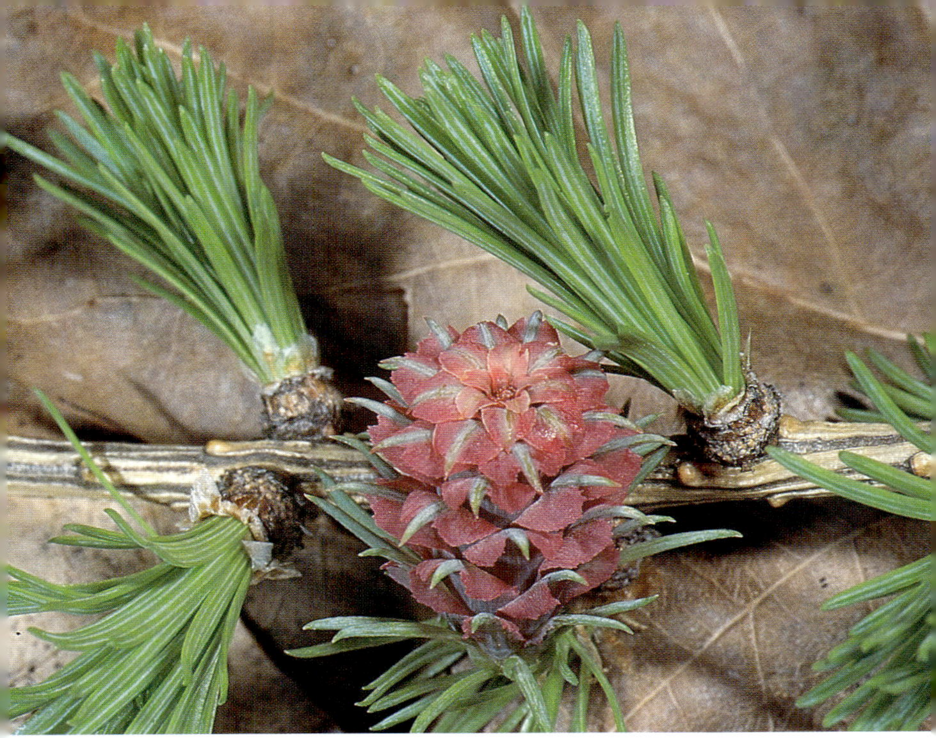

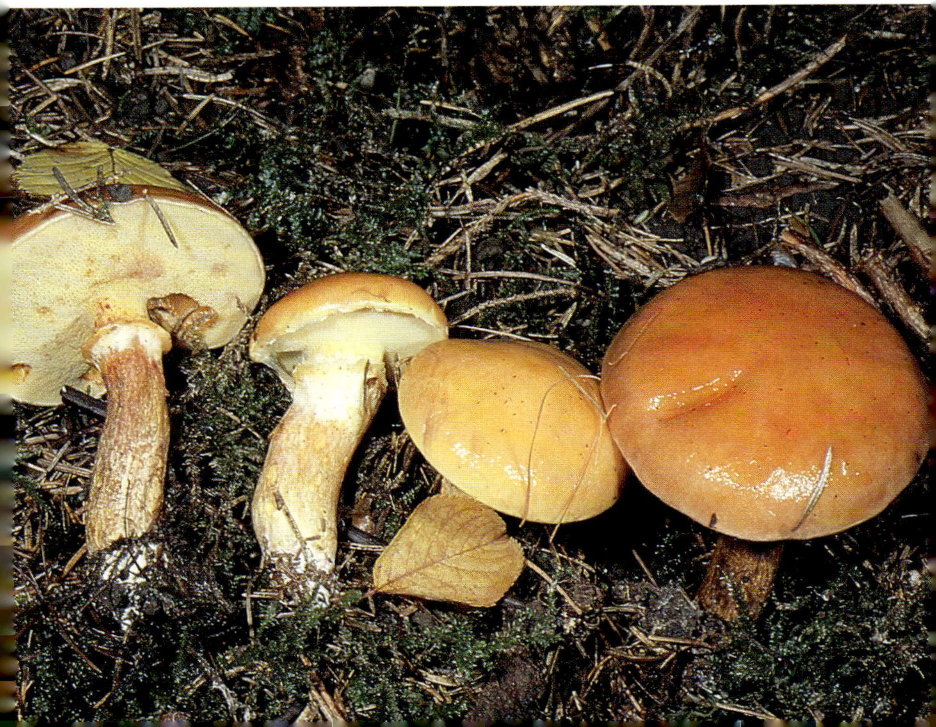

Nach 15 bis 30 Jahren weist der Stamm der Stieleiche eine dicke, längsrissige, graubraune Borke auf. Eichen gehören zu den Lichtbaumarten. Die Stieleiche ist in Laubmischwäldern bis in die unteren Gebirgslagen vertreten. Wie alle Eichen ist sie tief wurzelnd und sturmfest. Auch nasse und gelegentlich überflutete Auenwälder sowie nährstoffarme, saure

Stieleiche
(Quercus robur)

Die Stieleiche erreicht normalerweise eine Höhe von 30–35 m, in Ausnahmefällen von bis zu 60 m. Schon früh gehen vom Stamm starke Äste ab. Dies gibt der Krone die relativ unregelmäßige Form. Wenn die Stieleiche frei steht, wird sie sehr ausladend und wirkt ausgewachsen sehr mächtig. Die 5–15 cm langen dunkelgrünen Blätter sind verkehrt eiförmig, der Rand ist drei bis sechsmal stumpf gelappt. Die Blattstiele der Stieleiche sind mit 2–10 mm Länge im Gegensatz zu denen der Traubeneiche sehr kurz. Die Eicheln sitzen meist zu mehreren an einem 3–5 cm langen Stiel, daher leitet sich der deutsche Name ab. Die Früchte der Traubeneiche dagegen sind praktisch ungestielt, ihre Anordnung ähnelt der von Weintrauben.

Böden werden von ihr besiedelt. Die Traubeneiche hingegen meidet nasse Standorte. Die Stieleiche erreicht ein Alter von 500 Jahren und mehr. Sie liefert wie die anderen Eichenarten hochwertiges Nutzholz. Bei diesen langsam wachsenden Bäumen werden die luftgefüllten Gefäße im reifen Holz verstopft und durch Einlagerungen imprägniert. Diese Harthölzer sind besonders widerstandsfähig und auch dekorativ.

Bei Eichen wachsen bekannte Mykorrhizapilze wie der Wurzelnde Bitterröhrling (Boletus radicans), der auch bei Buchen vorkommt, und der Eichhase (Polyporus umbellatus, s. Pilzfoto rechts oben). Auch der tödlich giftige Grüne Knollenblätterpilz (Amanita phalloides, s. Pilzfoto rechts unten) kann oft unter Eichen entdeckt werden, wie auch ein anderer, ebenfalls gefürchteter Wulstling, der stark giftige Pantherpilz

Oben: Eichhase *(Polyporus umbellatus)*.

Unten: Grüner Knollenblätterpilz *(Amanita phalloides)*.

(Amanita pantherina). Zur Zucht der Shiitake-Pilze *(Lentinula edodes)* ist Eichenholz vorzüglich geeignet.

Rotbuche
(Fagus sylvatica)

Die Rotbuche erreicht eine Höhe von 10–40 m. Sie gehört somit zu den größten einheimischen Laubbäumen. Freistehende Exemplare sind kurzstämmig und haben eine ausgesprochen ausladende Krone. Rotbuchen in geschlossenen Beständen sind lang und astfrei, ihre Kronen kurz und schmal. Die Rinde, die meist bis ins hohe Alter glatt bleibt, ist silbergrau gefärbt. Die Früchte der Rotbuche sind die 1–2 cm langen, dreikantigen Bucheckern, die zu zweien in einen stacheligen Fruchtbecher eingebettet sind, der sich bei Reife vierlappig öffnet. Sie ist bis zu einer Höhe von 1600 m weit verbreitet. Trotz ihrer Mächtigkeit ist die Rotbuche empfindlich gegen Dürre, Staunässe und extreme Winterfröste. Sie bevorzugt deshalb luftfeuchte und wintermilde Lagen. Als Nutzholz ist sie nicht mehr so gefragt wie früher, im Spielwarensektor ist das Holz dennoch beliebt. Die Blutbuche ist eine von ihren zahlreichen Abarten.

Zahlreiche Pilzarten findet man bei Rotbuchen. Der Sommersteinpilz (*Boletus reticulatus*, s. Foto) geht außer mit der Rotbuche auch mit anderen Laubbäumen eine Partnerschaft ein. Der seltene Sommerröhrling (*Boletus fechtneri*) jedoch bildet nur bei der Rotbuche Fruchtkörper. Nicht selten ist der tödlich giftige Grüne Knollenblätterpilz (*Amanita phalloides*) mit der Rotbuche vergesellschaftet wie auch der bekannte Gewürzpilz, die Herbsttrompete (*Craterellus cornucopioides*). Häufig kann man den eßbaren, saprophytisch lebenden Parasolpilz (*Macrolepiota procera*) im Laubstreu der Rotbuche antreffen.

Sommersteinpilz *(Boletus reticulatus).*

Hainbuche
(*Carpinus betulus*)

Die Hainbuche erreicht eine Höhe von 5–25 m. Ihr Name ist irreführend, denn sie gehört nicht zu den Buchen-, sondern zu den Birkengewächsen. Die Stämme der Hainbuche sind nicht gerade, sondern meist etwas gekrümmt und verdreht. Der mit Längsfurchen und Wülsten überzogene Stamm hat eine glatte, hellgraue Rinde. Diese reißt erst im hohen Alter etwas auf, bildet aber keine eigentliche Borke. Die Blätter sind wechselständig, zweizeilig angeordnet, an der Basis eiförmig abgerundet und laufen bauchig in einen Spitz aus. Mit dem Laubaustrieb bilden sich die Blüten; schlaff hängende, 4–7 cm lange Kätzchen. Im Herbst sieht man dann die abgeflachten, eiförmigen Nüßchen, die in hängenden, bis zu 15 cm langen Fruchtständen eingebettet sind. Über 800 m wird die Hainbuche selten angetroffen. Sie bevorzugt tiefgründige, nährstoffreiche und feuchte Böden. Im Wald ist sie als Halbschattenbaum gerne mit Eichen vergesellschaftet. Die Hainbuche wird häufig als Hecke gepflanzt, da sie Schnitt gut erträgt, ohne dabei ihre Austriebsfreudigkeit zu verlieren. Das Hartholz der Hainbuche, das von besonderer Festigkeit ist, hat seine frühere Bedeutung als Werkholz durch die Einführung der Kunststoffe weitgehend verloren.

Der Hainbuchen-Rauhfuß (*Leccinum griseum*, s. Foto) ist ein Mykorrhizapilz der Hainbuche. Er ist ein eßbarer und wohlschmeckender, aber nicht sehr häufiger Pilz.

Hainbuchen-Rauhfuß (*Leccinum griseum*).

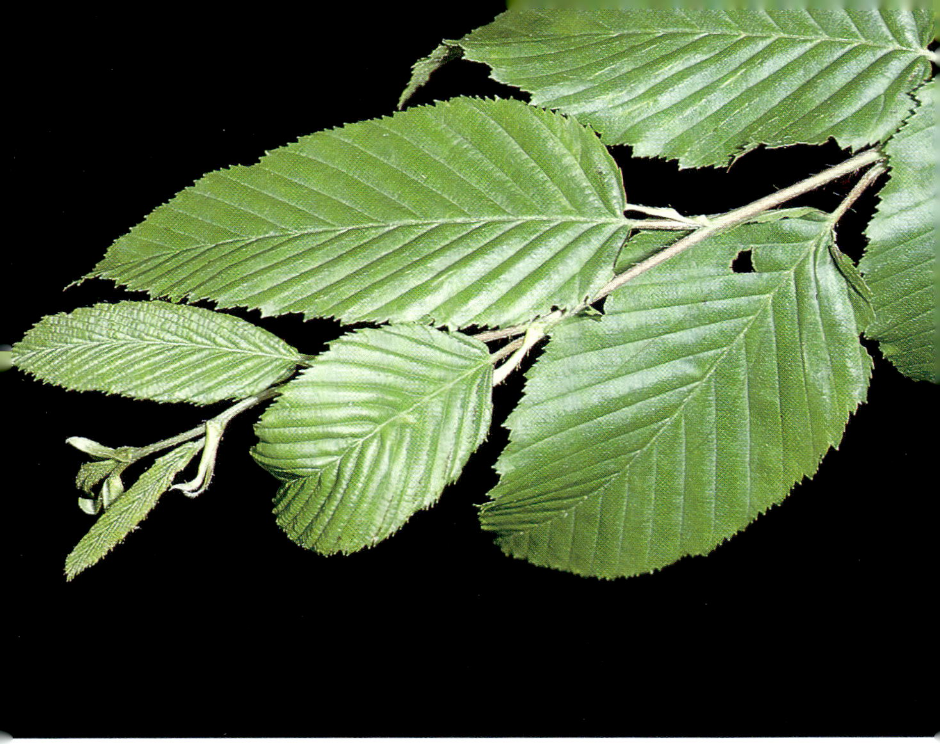

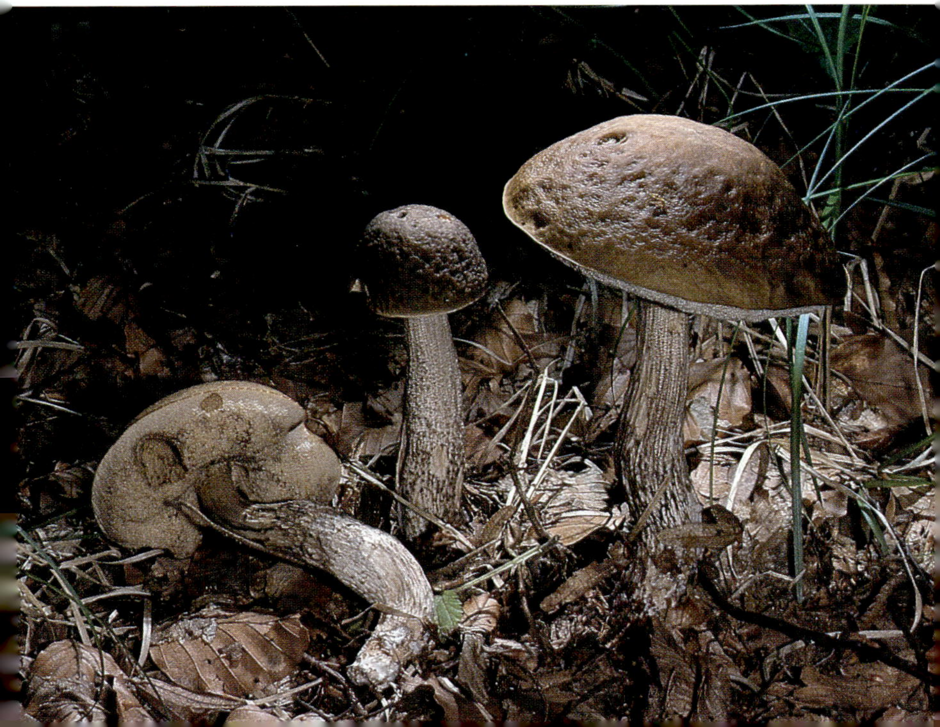

Gewöhnliche Esche
(Fraxinus excelsior)

Die Esche erreicht eine Höhe von 15–35 m und kann bis zu 300 Jahre alt werden. Junge Pflanzen sind schnurgerade und stehen oft dicht gedrängt. Die Esche bildet sowohl runde als auch ovale Kronen aus. Die Blätter sind gegenständig gefiedert, schmalelliptisch und spitz. Der Blattrand ist deutlich fein gesägt. Die Früchte hängen in Büscheln. Sie sind zungenförmig und geflügelt. In geschlossenen Baumbeständen ist der Stamm lange astfrei. Jüngere Stämme haben eine glatte Rinde, die sich später zu einer dichten, längsrissigen Borke entwickelt. Der Laubaustrieb erfolgt erst nach der Blütezeit. Lange nach den anderen Laubbäumen treibt die Esche als eine der letzten Bäume ihre Blätter aus. Dieser späte Austrieb geschieht

aus Schutz vor Spätfrösten, die ein Erfrieren der frostempfindlichen Triebe der Esche zur Folge haben können. Als Standort liebt diese tiefwurzelnde Baumart nährstoffreiche und feuchte Böden. Die Esche gedeiht in Laubmisch- und Auenwäldern an Flüssen, Bächen und in Schluchten.

Die Fruchtkörper der Gemeinen Morchel (Morchella esculenta var. vulgaris, s. Pilzfoto unten links) und der Maimorchel (Morchella esculenta, s. Pilzfoto unten rechts) findet man im Frühling oft bei der Esche. Sie erscheinen mit dem Austrieb der ersten Blätter. Durch die waldbodenähnliche Färbung der Fruchtkörper sind diese vorzüglichen Speisepilze nur schwer zu entdecken.

Links: Gemeine Morchel (Morchella esculenta var. vulgaris).
Rechts: Maimorchel (Morchella esculenta).

Hänge-Birke
(Betula pendula)

Die schnellwüchsige Hänge-Birke erreicht eine Höhe von bis zu 30 m. Die Krone dieses Laubbaumes ist etwas oval. Die Blätter sind dreieckig-oval, zugespitzt und doppelt gesägt. Typisch für diese Birkenart sind die mehr oder weniger schlaff herabhängenden Zweigspitzen, was an die Gestalt der Trauerweide erinnert. Wegen ihrer weißen, auffälligen Rinde und ihrer attraktiven Form wird sie häufig in Garten- und Parkanlagen als Ziergehölz angepflanzt. Die besonders robuste Hänge-Birke, die selbst schwere Fröste erträgt, hat in klimatisch rauhen Gegenden Vorteile gegenüber anderen Baumarten. In den Alpen kommt sie zwar nicht häufig, aber bis auf 1800 m Höhe vor. Sie ist nicht besonders tief wurzelnd, besiedelt aber durch ihre Anspruchslosigkeit jeden Bodentyp. In Laub- und Nadelwäldern findet man vereinzelt Birken. Häufiger tritt sie an Waldrändern, in Mooren und auf Weiden, oft als Einzelbaum oder in kleinen Gruppen auf.

Bei Birken findet man bekannte Pilze wie den Gemeinen Birkenpilz (Leccinum scabrum, s. Pilzfoto rechts unten) sowie andere ebenfalls eßbare, aber seltenere Rauhstielröhrlinge (Leccinum). Der attraktive Fliegenpilz (Amanita muscaria, s. Pilzfoto rechts oben) kommt ebenfalls häufig bei Birken vor. Der weißmilchende, giftige Birkenmilchling (Lactarius torminosus) mit seinen zottigen, gezonten und im Alter trichterigen Fruchtkörpern ist eng mit der Birke vergesellschaftet. Ein später Herbstpilz, bei dem der Standort zur Bestimmung eine wichtige Rolle spielt, ist der eßbare Birkenschneckling (Hygrophorus hedrychii) mit seinen weißen Fruchtkörpern.

Oben: Fliegenpilz *(Amanita muscaria)*.

Unten: Gemeiner Birkenpilz *(Leccinum scabrum)*.

Zitterpappel, Espe
(Populus tremula)

Die Zitterpappel ist ein schnellwüchsiger, bis zu 30 m hoher Laubbaum mit breiter, lockerer Krone. Die Blätter erscheinen erst nach der Blüte, sind auf der Rückseite mehlig bis silbrig gefärbt und sind mit langen Stielen versehen. Bereits ein leichter Windhauch, der das besonnte Blätterdach streift, läßt die Blätter „wie Espenlaub zittern". Die wärme- und lichtliebende, tiefwurzelnde Zitterpappel ist ausgesprochen standorttolerant, bevorzugt jedoch etwas feuchtere Böden. Sie besiedelt häufig lichte Wälder und Waldränder. Obwohl die Zitterpappel als Nutzholz keinen besonderen Wert besitzt, gewinnt dieser Überlebenskünstler vermehrt an Bedeutung. Sie gedeiht sogar auf unbefestigten Böden, wo sie durch ihre Schnellwüchsigkeit innerhalb kurzer Zeit zur

Stabilisierung beiträgt. Als robuste und industriefeste Baumart wird sie immer mehr in Städten angepflanzt.

Als Mykorrhizapartner ist die Zitterpappel für einige Pilzarten von Bedeutung. Die Espen-Rotkappe (Leccinum rufum, s. Foto) mit ihrem orangeroten Hut, der Pappel-Rauhfuß (Leccinum duriusculum) und der Pappelritterling (Tricholoma populinum) sind drei ihrer Begleiter. Die Espen-Rotkappe gehört zu den Rauhstielröhrlingen (Leccinum) und gilt als guter Speisepilz, ist jedoch in den letzten Jahren eher seltener geworden. Der ebenfalls eßbare Pappel-Rauhfuß kommt weniger häufig als die Espen-Rotkappe vor. Erst seit kurzer Zeit ist bekannt, daß der Pappelritterling Inhaltsstoffe enthält, die medizinisch genutzt werden können.

Espen-Rotkappe (Leccinum rufum).

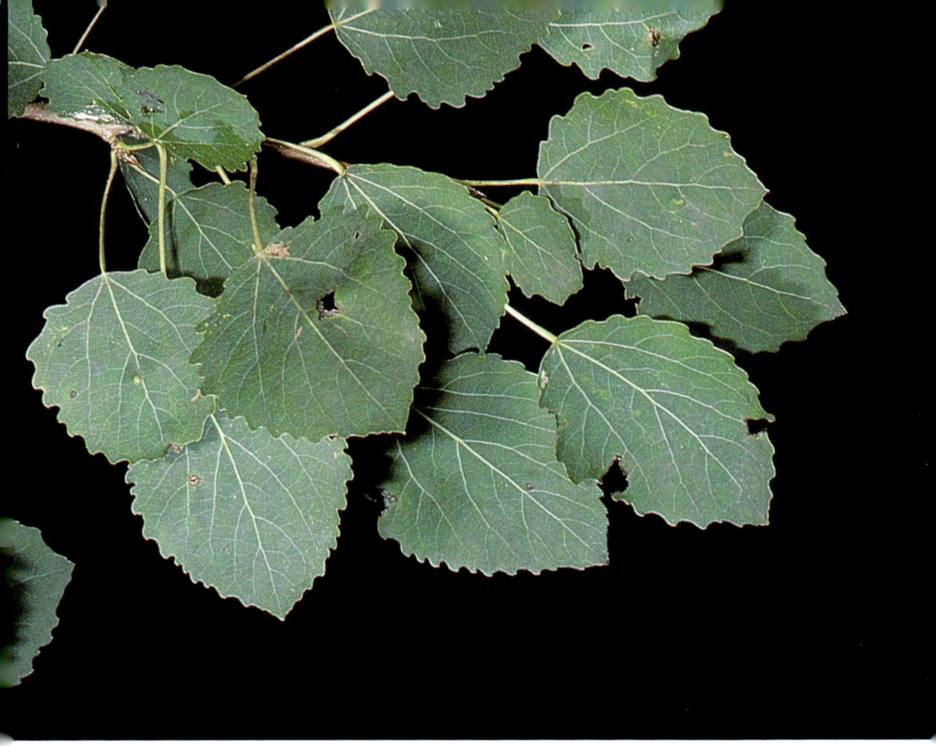

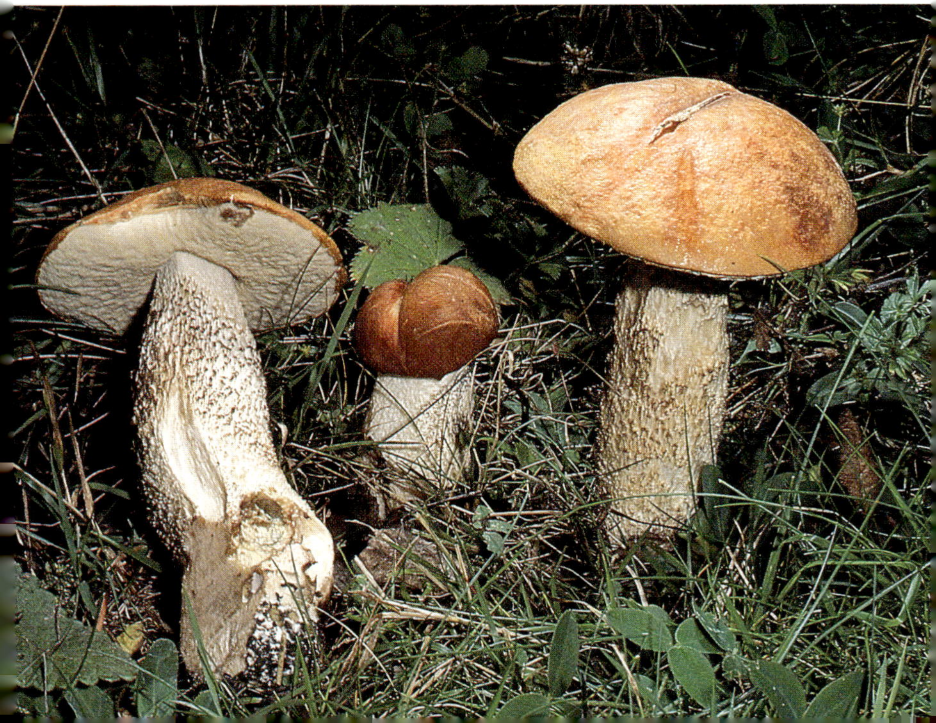

Wo findet man Pilze? – Pilzbiotope

Überall dort, wo Samenpflanzen gedeihen, sind auch Großpilze (Macromyceten) mit ihrem ausgedehnten unterirdischen Hyphengeflecht, dem Mycel, am Werk. Nur für die arterhaltende Sporenproduktion treten sie mit den vielfältigsten Fruchtkörpern für eine kurze Zeit ans Tageslicht. Da Pilze in ihrer Ernährung auf andere Organismen angewiesen sind, also nicht wie die Pflanzen mit Hilfe des Blattgrüns und Sonnenlichts Zucker aufbauen können, benötigen sie für ihr Wachstum nur beschränkt direktes Sonnenlicht. Einige Pilze können bei Temperaturen bis zu 60 °C und andere bei extremer Kälte überleben. Pilze gedeihen in allen Klimaten dieser Erde. Von den salzigen Dünen der Küstenregionen über Wälder und Wiesen bis zu den Gletscherregionen der Alpen werden alle Lebensräume von Pilzen besiedelt. Jede Pilzart stellt spezifische Ansprüche an die Temperatur und die durch Niederschläge entstehende Feuchte. Besonders windgeschützte Orte mit vielfältiger Vegetation sind reich an den verschiedensten Pilzarten.

Herbstlicher Mischwald.

Natürliche Standorte

Den größten Artenreichtum an Großpilzen findet man in unseren Wäldern. Eine große Anzahl der Pilzarten lebt mit den Wurzeln von Bäumen in einer Symbiose (Mykorrhiza). In dieser Gemeinschaft gedeihen außer giftigen Pilzen auch begehrte Speisepilze. Dabei sind viele Pilze auf bestimmte Baumarten angewiesen. So werden die unterschiedlichen „Steinpilzarten" unter anderem durch ihre Standorte bei verschiedenen Baumarten wie zum Beispiel Fichten, Eichen, Kiefern und Buchen unterschieden. Der wohl häufigste „Steinpilz", *Boletus edulis*, wird oft in unmittelbarer Nähe des Fliegenpilzes *(Amanita muscaria)* gefunden. Beide Pilze haben die Fichte als Baumpartner und bilden zur selben Jahreszeit Fruchtkörper. Saprophytische Pilze wachsen auf Nadelstreu, Fallaub, Früchten und totem Holz. Der Samtfußrübling *(Flammulina velutipes)* kommt in milden Wintern häufig in Büscheln auf totem Laubholz vor. Der Fichtenzapfenrübling *(Strobilurus esculentus)* erscheint unmittelbar nach der Schneeschmelze. Er gedeiht nur auf Fichtenzapfen, die meist etwas in der Erde vergraben sind.

Die ungewöhnlichen Lebensbedingungen der Moore lassen nur spezialisierte Pflanzen gedeihen und überleben. Deshalb ist es nicht verwunderlich, daß sich auch außergewöhnliche Pilzarten in diesen Biotopen angesiedelt haben. Ein Vertreter ist der Moor-Hallimasch *(Armillaria ectypa)*, der nicht auf Holz wächst, sondern sich im Torfmoos in sehr nassen Mooren wohl fühlt. Der Moorröhrling *(Suillus flavidus)* erscheint bei Kiefern. Auch viele Schlauchpilze *(Ascomycetes)* wachsen in Mooren. Durch die landwirtschaftliche Nutzung angrenzender

Gebiete und die daraus folgende Über-
düngung der Moore sind diese Biotope
jedoch stark gefährdet. Dadurch ist ein
großer Artenrückgang zu erwarten.

In den Alpen kommt bis über 2000 m
der Arven- oder Zirbenröhrling *(Suillus
plorans)* und der Helvetische Körnchenröhrling *(Suillus sibiricus* var. *helveticus)*
vor. Beide leben in Symbiose mit der
Arve, die in den Alpen teilweise geschlossene Bestände bildet. Auch der
auffällig hell gefärbte Elfenbeinröhrling
(Suillus placidus) mit seinem jung weißen, später elfenbeinfarbenen Hut ist ein
Mykorrhizapilz der Arve.

Nadelwald.

Durch die Tätigkeit des Menschen entstandene Lebensräume

Auf Magerwiesen mit ihrem Reichtum
an Gräsern und Kräutern wachsen oft
Saftlinge *(Hygrocybe)* und Ellerlinge
(Camarophyllus). Auf extensiven Schaf-,
aber auch Kuhweiden trifft man auf
Rötelritterlinge *(Lepista)*, Weichritterlinge
(Melanoleuca) und Rötlinge *(Entoloma)*.
Champignons *(Agaricus)* und Träuschlinge *(Stropharia)*, die meist in großen
Massen auftauchen, lieben mit Kuh-
oder Pferdemist gedüngte Böden. Auch
der Großsporige Riesenchampignon
(Agaricus macrosporus) und der Riesenbovist *(Langermannia gigantea)*
wachsen auf Wiesen. Sie bilden riesige
Fruchtkörper, die eine Größe von über
30 cm erreichen können. Beide Arten
kommen gerne in Hexenringen oder
halbkreisförmiger Anordnung vor. Nicht
selten findet man Gruppen von eßbaren
Wiesenchampignons *(Agaricus campestris)* und giftigen Karbolegerlingen
(Agaricus xanthoderma) Seite an Seite.
Der mit seinen gelben Fruchtkörpern
auffallende Schwefelporling *(Laetiporus
sulphureus)* parasitiert hauptsächlich auf
alten Kirsch- und anderen Obstbäumen.
Da er nur die äußeren Holzschichten

(Splint) befällt, können die Bäume oft
Jahrzehnte überleben.

Hauptsächlich in nicht standortge-
recht und als Monokultur angepflanzten
Fichtenwäldern, jedoch auch in anderen
angeschlagenen Baumbeständen breiten sich parasitische Pilze wie der Hallimasch *(Armillaria mellea)* oder der Wurzelschwamm *(Heterobasidion annosum)* besonders aus. Der Hallimasch
besitzt die Fähigkeit, Überdauerungs-
mycelien, sogenannte Rhizomorphen,
zu bilden. Das sind Hyphenbündel von
erheblichem Durchmesser, die Längen
von mehreren Metern erreichen können.
Beim Wegebau oder beim Holzschlag
können diese Rhizomorphen durch das
Aufreißen der oberen Waldbodenschicht
durchtrennt werden. An den entstandenen Schnittstellen bilden sich bis zu 20
neue Stränge. Damit kann sich der Hallimasch ungewollt um so mehr ausbreiten. Gut geschützt gegen solche parasitischen Pilze sind nur die Bäume, die in
einer engen Symbiose mit ihren entsprechenden Mykorrhiza-Pilzen leben.

Biotopveränderungen

Viele Waldpilze werden durch die
Umforstung naturnaher Laubwälder in

Weide mit Mischwald.

einseitige Fichtenforste und durch Entwässerungsmaßnahmen gefährdet. Durch die Ausmerzung von sogenannten unwirtschaftlichen Laubbäumen wie Birken, Weiden, Hainbuchen und Espen werden deren Begleitpilze immer seltener. Der Verlust an Laubholzpilzen wird durch den vermehrten Anbau von Nadelbäumen nicht wettgemacht, da die meisten Pilze in Gebirgsnadelwäldern der Fichte nicht in tiefere Lagen folgen. Da in den Fichtenmonokulturen dann einige wenige Pilzarten in Massen auftreten, wird der Verlust an Artenvielfalt leicht unterschätzt und schlicht übersehen.

Pilzreiche Magerwiesen, moorige Wiesen und Viehweiden, die durch die Tätigkeit des Menschen entstanden sind, sind auf den Fortbestand der jeweiligen Maßnahmen angewiesen. Werden diese Biotope stärker gedüngt, zu Äckern umgebrochen oder nicht mehr bewirtschaftet und damit bebuscht und bewaldet, verschwinden die Magerwiesenpilze.

Schutzmaßnahmen

Um die Artenvielfalt der Pilze zu schützen, müssen Pilzbiotope erhalten und nach Möglichkeit neue geschaffen werden. Standortgerechte Baumbepflanzung in Wäldern ist anzustreben. Stehende oder liegende abgestorbene Stämme sind im Wald zu belassen, damit für saprophytische Pilzarten Lebensraum geschaffen wird. Der Wald sollte nicht zu intensiv forstwirtschaftlich genutzt werden. Extensive Wiesen und Weiden sind durch eine weiterführende Bewirtschaftung zu erhalten. Pilzsammler sollten seltene Arten, die strengen Schutz verdienen, stehenlassen. So wird die Pilzvielfalt erhalten, und auch die kommende Generation kann sich an ihrer Schönheit erfreuen.

Übersicht über das Pilzreich

Traditionsgemäß werden Pilze dem Pflanzenreich zugeordnet. Doch trotz Parallelen sowohl zum Pflanzen- als auch zum Tierreich nehmen Pilze eine Sonderstellung ein und werden in einer eigenen Gruppe zusammengefaßt. Pflanzen können mit Hilfe ihres Blattgrüns (Chlorophyll) die Sonnenenergie in für sie nutzbare Energie umwandeln, indem sie Zucker aufbauen. Diesen lebensnotwendigen Vorgang nennt man Photosynthese. Wie die Tiere besitzen Pilze kein Blattgrün und sind in ihrer Ernährung auf andere Organismen angewiesen. Sie können deshalb auch ohne direktes Sonnenlicht wachsen. Andererseits sind die Pilze wiederum wie die Pflanzen an ihren Standort gebunden. Mit Ausnahme der Schleimpilze *(Myxomycota)* sind sie nicht in der Lage, ihren Standort zu wechseln. Zusammen mit den Algen und einzelligen Tieren besitzen die Pilze gemeinsame Vorfahren. Die überwiegend an das Landleben angepaßten Schlauchpilze *(Ascomycetes)* und Ständerpilze *(Basidiomycetes)* werden zu den höherentwickelten, abgeleiteten Formen gerechnet. Diese interessieren uns besonders, da sie die uns bekannten charakteristischen Pilzfruchtkörper ausbilden.

In der folgenden Übersicht über das System der Pilze (in Anlehnung an Müller/Loeffler: Mykologie, 5. Auflage, 1992) sind nur die in dem Bestimmungsteil behandelten Schleimpilze, Schlauchpilze und Ständerpilze aufgeführt, jedoch nicht vollständig. Es werden nur interessante und bekannte Pilzgruppen erwähnt.

Schleimpilze *(Myxomycota)*

Die in ihrer Form und Lebensweise sehr eigentümlichen Schleimpilze (ca. 600 Arten) haben viele Merkmale mit den einzelligen Tieren gemeinsam. In einigen zoologischen Lehrbüchern werden sie deshalb auch dem Tierreich zugeordnet. Von den Pilzen *(Fungi)* grenzen sie sich deutlich ab und können als pilzähnliche Einzeller verstanden werden. Ein sehr auffälliger Vertreter ist die Gelbe Lohblüte *(Fuligo septica,* s. unten), die man häufig auf faulendem Holz oder auf dem Waldboden entdecken kann, wo sie sich von Bakterien ernährt.

Gelbe Lohblüte *(Fuligo septica).*

Pilze *(Fungi)*

Abteilung: Schlauchpilzartige *(Ascomycota)*

Zu dieser Abteilung zählen etwas weniger als die Hälfte aller bekannten Pilzarten. Sie besitzen ein gemeinsames Merkmal, den Ascus (Schlauch), in dem die Sporen gebildet werden. Es werden

zwei Klassen unterschieden, die Klasse der *Endomycetes*, die wegen der in ihr vertretenen Hefen eine besondere wirtschaftliche Bedeutung besitzt, und die Klasse der *Ascomycetes*. In der folgenden Übersicht werden nur die Ascomyceten behandelt.

Der Zinnoberrote Prachtbecherling (*Sarcoscypha coccinea*, **links**) gehört wie die Spitzmorchel (*Morchella conica*, **rechts**) zu den *Pezizales*.

Klasse: Schlauchpilze (*Ascomycetes*)

Von wenigen Ausnahmen abgesehen bilden die Schlauchpilze Fruchtkörper. Diese sind meist sehr klein und im Substrat versteckt. Die Klasse der Schlauchpilze wird in drei Unterklassen eingeteilt, von denen die der *Ascomycetidae* die für uns interessanteste ist.

Unterklasse: *Ascomycetidae*

Ordnung: *Eurotiales*

Zu dieser Ordnung zählen die Gattungen *Aspergillus* und *Penicillium*.

Unter ihnen findet man sowohl Produzenten von Antibiotika als auch Erreger von Infektionskrankheiten bei Mensch und Tier und häufige Schimmelpilze. *Penicillium roqueforti* und *Penicillium camemberti* werden für die Herstellung bestimmter Käsesorten genutzt.

Ordnung: *Onygenales*

Zu dieser Ordnung zählen Pilze, die Hauterkrankungen bei Mensch und Tier verursachen.

Ordnung: *Pezizales*

Die Schlauchpilze mit den größten, oft lebhaft gefärbten Fruchtkörpern zählen mit wenigen Ausnahmen zu den

Pezizales. Diese Pilze fruchten häufig nicht im Herbst, sondern im Frühling. Folgende Pilzgruppen gehören zu dieser Ordnung: Becherlinge *(Peziza, Aleuria)*, Verpeln *(Verpa)*, Lorcheln *(Helvella, Gyromitra)* und die von Feinschmeckern begehrten Morcheln (*Morchella*, s. linke Seite oben rechts). Auch die Echten Trüffel *(Tuberales)* gehören zu dieser Ordnung. Bei ihnen entstehen die knolligen Fruchtkörper unter der Bodenoberfläche. Besonders die Weiße Piemont-Trüffel *(Tuber magnatum)*, die Winter-Trüffel *(Tuber brumale)*, die Périgord-Trüffel *(Tuber melanosporum)* und die Sommer-Trüffel *(Tuber aestivum)* sind als Delikatessen weltweit bekannt und werden zu hohen Preisen gehandelt.

Ordnung: *Erysiphales*

Die einzige Familie dieser Ordnung *(Erysiphaceae)* umfaßt ca. 500 Arten. Die Pilze leben parasitisch als „Echte Mehltaupilze" auf ihren jeweiligen pflanzlichen Wirten, die dann wie mit Mehl bestäubt aussehen. Befallen werden oft viele Kulturgewächse, wie z. B. die Weinrebe von *Uncinula necator*.

Ordnung: *Leotiales*

In diese Ordnung gehört beispielsweise die bodenbewohnende Familie der Erdzungen *(Geoglossaceae)*. Aus der Familie *Sclerotiniaceae* ist der auf Buschwindröschen parasitierende Anemonenbecherling *(Dumontinia tuberosa)* bekannt.

Ordnung: *Lecanorales*

In Flechten *(Lichenes)* bilden Pilze und Algen eine solch enge Lebensgemeinschaft, daß sie als eine neue Organisationsform mit eigenen Merkmalen betrachtet werden. Viele Flechten sind sehr empfindlich gegen Luftschadstoffe und können deshalb als Bioindikatoren für Luftverunreinigungen dienen. Unter den Pilzpartnern findet man hauptsächlich Schlauchpilze, aber auch wenige Ständerpilze. Von diesen können einige in Ordnungen gestellt werden, die auch Pilzarten umfassen, die keine solche Lebensgemeinschaft eingehen. Andere Ordnungen wie die *Lecanorales*, die mit mehr als 10 000 Arten die größte unter den Schlauchpilzen ist, enthalten nur Flechtenpilze.

Ordnung: *Sphaeriales*

Früher als „roter Brotschimmel" sehr gefürchtet waren *Neurospora sitophila* und *Neurospora crassa*. Die Sporen dieser Pilze können Temperaturen bis zu 75 °C überleben. Auch die Holzkeulen *(Xylaria)* sind Vertreter dieser Ordnung. Sie leben saprophytisch auf totem Holz und fallen durch die einige Zentimeter hohen aufrechten, gabelförmigen Sammelfruchtkörper auf, deren Fleisch sehr zäh ist.

Ordnung: *Clavicipitales*

Der Mutterkornpilz *(Claviceps purpurea)* wächst parasitisch auf Gräsern, zum Beispiel Roggen. Aus dem Mycel bilden sich weit aus den Ähren ragende, hornartige Gebilde (Mutterkörner), die auf den Boden fallen und dort überwintern. Als Verunreinigung im Brotgetreide kann dieser Pilz schwere Vergiftungserscheinungen hervorrufen, die in früheren Zeiten gefürchtet waren und als „Kribbelkrankheit" oder „heiliges Feuer" bezeichnet wurden. Heute treten praktisch keine Mutterkornvergiftungen mehr auf, da das Getreide gereinigt wird und vermehrt Pilzbekämpfungsmittel eingesetzt werden.

Abteilung: Ständerpilzartige (*Basidiomycota*)

30 % aller bekannten Pilzarten gehören zu dieser Abteilung. Das gemeinsame Merkmal dieser Pilze sind flaschenförmige Zellen, die Basidien genannt werden. An der Oberfläche die-

Maisbeulenbrand *(Ustilago maydis)*.

ser Zellen kommt es zur Ausbildung der Sporen. Die folgenden zwei Klassen werden unterschieden:

Klasse: *Ustomycetes*

Zu den Ustomyceten gehören die Brandpilze *(Ustilaginales)*, die wichtige Pflanzenkrankheiten verursachen. Von diesen fruchtkörperlosen Pilzen sind 500 Arten bekannt. Ein häufiger Vertreter ist der Maisbeulenbrand *(Ustilago maydis,* s. oben), der auf den Kolben von Maispflanzen die charakteristischen Brandbeulen erzeugt.

Klasse: Ständerpilze *(Basidiomycetes)*

Die systematische Einteilung ist hier sehr kompliziert und wird ständig geändert.

Ordnung: *Exobasidiales*

Pilze dieser Ordnung leben als Parasiten auf Blütenpflanzen und sind für die Ausbildung der sogenannten Narrentaschen und Hexenbesen verantwortlich.

Ordnung: *Dacrymycetales*

In dieser Ordnung sind die Hörnlinge *(Calocera)* vertreten. Der Klebrige Hörnling *(Calocera viscosa)* bringt auf mor-

schem Holz seine korallenartigen, intensiv gelb bis orange gefärbten Fruchtkörper hervor.

Ordnung: Nichtblätterpilze *(Aphyllophorales)*

In der Gruppe der Nichtblätterpilze kommt eine Vielzahl von unterschiedlichen Fruchtkörperformen vor. Es werden konsolen-, keulen-, trompeten-, korallen- und hutförmige Fruchtkörper sowie zentral und exzentrisch gestielte Arten unterschieden. Die Fruchtschicht (Hymenium) ist entweder glatt oder mit Röhren, Stacheln, Lamellen oder Leisten versehen. Die folgenden Familien sind für den Pilzsammler von Interesse:

Familie: Leistlinge *(Cantharellaceae)*

Aus der Familie der Leistlinge ist besonders der Pfifferling *(Cantharellus cibarius)* ein überall bekannter und beliebter Speisepilz. Aber auch die Herbsttrompete *(Craterellus cornucopioides)* und der Trompetenpfifferling *(Cantharellus tubaeformis)* sind hervorragende Speisepilze. Die Gelbe Kraterelle *(Cantharellus xanthopus)* gilt wegen ihres Dufts und Geschmacks als besondere Spezialität.

Familie: Schweinsohrpilze *(Gomphaceae)*

In Europa kommt das Schweinsohr *(Gomphus clavatus,* s. rechte Seite) als einziger Vertreter dieser Familie vor. In den letzten Jahren ist dieser eßbare Pilz, der besonders als junger Pilz mit seiner prächtigen violetten Färbung auffällt, immer seltener geworden.

Familie: Stoppelpilze *(Hydnaceae)*

Ein Vertreter dieser Familie, der Semmelstoppelpilz *(Hydnum repandum)*, ist mit seinen Stacheln und der unregelmäßigen Hutform ein recht eigentümlicher, aber guter Speisepilz. Durch sein kompaktes Fleisch eignet er sich für viele Gerichte.

Familie: Stachelpilze
(Thelephoraceae)
Der Habichtspilz *(Sarcodon imbricatus)* ist ein bekannter Würzpilz, der, in kleinen Mengen verwendet, den Speisen ein kräftiges Aroma verleiht. Er ist der einzige eßbare Pilz aus dieser Familie. Wie der Semmelstoppelpilz bildet er Stacheln aus.

Familie: Keulenpilze
(Clavariadelphaceae)
Die Herkuleskeule *(Clavariadelphus pistillaris)* und die Abgestutzte Keule *(Clavariadelphus truncatus)* sind die wichtigsten Vertreter dieser Familie. Sie haben weder Röhren, Leisten noch Stoppeln. Ihre Fruchtschicht sitzt fast unsichtbar der Außenhaut der Keule auf. Da sie zähes, längsfaseriges Fleisch besitzen, sind sie als Speisepilze nicht empfehlenswert.

Familie: Korallenpilze
(Ramariaceae)
Pilze dieser Familie bilden korallenartige Fruchtkörper aus. Die Bauchwehkoralle *(Ramaria pallida)* ist ein giftiger Pilz mit schlechtem Ruf, der nach dem Verzehr mittlere bis schwere Magenverstimmungen verursacht (Name!).

Familie: Gluckenpilze
(Sparassidaceae)
Bekannt ist die Krause Glucke *(Sparassis crispa)* und die eher seltene Breitblättrige Glucke *(Sparassis brevipes)*. Beide Arten sind eßbar und parasitieren auf den Wurzeln verschiedener Baumarten.

Familie: Porlingsartige
(Polyporaceae)
Die Pilze dieser Familie bilden Frucht-

körper aus, die jung charakteristisch fleischig sind, später aber oft zäh, häufig sogar holzig werden. Im Winterhalbjahr findet man den Harzigen Sägeblättling *(Lentinus adhaerens)* und im Frühling den Schuppigen Porling *(Polyporus squamosus)*, beide wachsen auf Holz. Auch der aus China stammende Shiitake *(Lentinula edodes)* und der Austernseitling *(Pleurotus ostreatus)* sind solche Holzpilze. Diese beiden Arten werden mittlerweile mit Erfolg gezüchtet und als Speisepilze vermarktet.

Ordnung: Blätterpilze
(Agaricales)
Im Gegensatz zu den Nichtblätterpilzen ist die Formenvielfalt der Fruchtkörper in dieser Gruppe relativ gering. Typisch ist der meist zentral gestielte Hut mit radiär verlaufenden Lamellen oder dicht gedrängten Röhren. Diese Ordnung ist für den Pilzsammler die interessanteste, da sie viele eßbare, aber auch giftige Pilze enthält.

Lamellenförmige Fruchtschicht:

Familie: Wachsblätterpilze
(Hygrophoraceae)
Zu dieser Familie gehören die

Schweinsohr *(Gomphus clavatus)*.

Samtfußrübling *(Flammulina velutipes)*.

Schnecklinge *(Hygrophorus)* und die farbenfrohen Saftlinge *(Hygrocybe)*. Die meisten Arten der Saftlinge fruktifizieren im Herbst auf Wiesen und Weiden. Durch den vermehrten Einsatz von Düngemittel in der Landwirtschaft trifft man sie jedoch immer seltener an, da sie nur auf ungedüngten, höchstens beweideten Wiesen überleben können.

Familie: Ritterpilze
(Tricholomataceae)
Diese Familie ist eine der umfangreichsten der Blätterpilze. Sie enthält eine Vielzahl von Gattungen wie Lacktrichterlinge *(Laccaria)*, Trichterlinge *(Clitocybe)*, Rötelritterlinge *(Lepista)*, Ritterlinge *(Tricholoma)*, Hallimasche *(Armillaria)*, Raslinge *(Lyophyllum)*, Schönköpfe *(Calocybe)*, Weichritterlinge *(Melanoleuca)*, Rüblinge *(Collybia)*, Muschelseitlinge *(Panellus)*, Schleimrüblinge *(Oudemansiella)*, Zapfenrüb-

linge *(Strobilurus)*, Helmlinge *(Mycena)* und Samtfußrüblinge *(Flammulina, s. links)*.

Familie: Rotblätterpilze
(Entolomataceae)
Die wichtigsten Vertreter dieser Familie sind die Rötlinge *(Entoloma)*. Sie zeichnen sich durch rosa- oder fleischfarbenen Sporenstaub aus. Die meisten Arten sind schwer bestimmbar und giftig. Der bekannteste unter ihnen ist der Riesenrötling *(Entoloma sinuatum)*, ein gefährlicher Giftpilz.

Familie: Dachpilze
(Pluteaceae)
Diese Familie umfaßt Scheidlinge *(Volvariella)* und Dachpilze *(Pluteus)*. Dachpilze bevorzugen als Substrat vermodertes Holz. Man kann sie vom Frühling bis in den späten Herbst antreffen.

Familie: Knollenblätterpilze
(Amanitaceae)
Die bekanntesten und wichtigsten Vertreter sind die Wulstlinge *(Amanita)*. Hierzu zählen der tödlich giftige Grüne Knollenblätterpilz *(Amanita phalloides)*, der weiße Spitzhütige Knollenblätterpilz *(Amanita virosa)* sowie der bekannte Fliegenpilz *(Amanita muscaria)*. Die zarten Scheidenstreiflinge sind ebenfalls Wulstlinge.

Familie: Edelpilze
(Agaricaceae)
Zur Familie der Edelpilze gehören folgende Pilze: Champignons *(Agaricus)*, Schirmlinge *(Lepiota)*, Riesenschirmlinge *(Macrolepiota)*, Egerlingsschirmlinge *(Leucoagaricus)* und der Glimmerschüppling *(Phaeolepiota aurea)*.

Familie: Tintenpilze
(Coprinaceae)
Zur Zeit der Sporenreife zerfließt der ganze Fruchtkörper von Pilzen der Gat-

tung Tintlinge *(Coprinus)* zu einer tinten-artigen Masse. Der einzig wirklich eß-bare und äußerst zarte Pilz dieser Gat-tung ist der Schopftintling *(Coprinus comatus)*. Auch Düngerlinge *(Panae-olus)* und Faserlinge *(Psathyrella)* sind Pilze aus dieser Familie.

Familie: Mistpilze
(Bolbitiaceae)
Mistpilze *(Bolbitius)* und Samthäub-chen *(Conocybe)* sind Pilze dieser Familie. Deren Fruchtkörper sind über-wiegend zierlich bis sehr klein. Viele Arten wachsen außerhalb des Waldes, beispielsweise auf Mist oder Wiesen und Äckern.

Familie: Schuppenpilze
(Strophariaceae)
Träuschlinge *(Stropharia)*, Schwefel-köpfe *(Hypholoma)* und Schüpplinge *(Pholiota)* sind Vertreter dieser Familie. Der Riesenträuschling *(Stropharia rugo-soannulata)* und das Stockschwämm-chen *(Pholiota mutabilis)* sind kultivier-bar, die entsprechende Pilzbrut wird im Handel angeboten.

Familie: Haarschleierpilze
(Cortinariaceae)
Die Arten folgender Gattungen sind meist nur schwer bestimmbar: Rißpilze *(Inocybe)*, Fälblinge *(Hebeloma)*, Flämmlinge *(Gymnopilus)* und die unendlich große Gattung der Schleier-linge *(Cortinarius)*. Bis auf die Schleier-eule *(Cortinarius praestans)* sind die Schleierlinge als Speisepilze nicht geeignet. Viele von ihnen sind stark oder sogar tödlich giftig.

Familie: Sprödblättler
(Russulaceae)
Täublinge *(Russula)* und Milchlinge *(Lactarius)* sind aufgrund einiger unver-wechselbarer gemeinsamer Merkmale wie der Anhäufung kugeliger Zellen zwi-

schen den gestreckten Hyphen in einer Familie zusammengefaßt. Dadurch ist das Fleisch der Fruchtkörper nicht längs-faserig. In beiden Gattungen sind scharf bis brennend, aber auch mild schmek-kende Arten enthalten. Letztere gelten als gute Speisepilze.

Familie: Krempenpilze
(Paxillaceae)
Kremplinge *(Paxillus)* und Afterleist-linge *(Hygrophoropsis)* sind die wichtig-sten Vertreter dieser Familie. Die Frucht-körper der Kremplinge sind sehr flei-schig, aber dennoch für die Küche nicht geeignet. Diese und die folgende Fami-lie sind entwicklungsgeschichtlich sehr eng mit den Röhrenpilzen verwandt.

Familie: Gelbfußpilze
(Gomphidiaceae)
Zu der Gattung Gomphidius gehören die Schmierlinge und Gelbfüße. Alle Pilze dieser Gattung sind eßbar.

Röhrenförmige Fruchtschicht:

Familie: Düstere Röhrenpilze
(Strobilomycetaceae)
Die Strubbelkopfröhrlinge *(Strobilo-myces)* und die Porphyrröhrlinge *(Por-phyrellus)* gehören zu dieser Familie. Die Pilze beider Gattungen sind nicht als Speisepilze geeignet.

Familie: Röhrlinge
(Boletaceae)
Folgende Gattungen sind in dieser Familie vertreten: Blaßsporröhrlinge *(Gyroporus)*, Hohlfußröhrlinge *(Boleti-nus)*, Schmierröhrlinge *(Suillus)*, Filzröhr-linge *(Xerocomus)*, Dickröhrlinge *(Bole-tus*, s. S. 74 oben), Rauhstielröhrlinge *(Leccinum)*, der Gallenröhrling *(Tylopilus felleus)* und das Goldblatt *(Phylloporus pelletieri)*. Viele dieser Pilze sind wert-volle Speisepilze.

Oben: Flockenstieliger Hexenröhrling *(Boletus luridiformis).*

Unten: Flaschenstäubling *(Lycoperdon perlatum).*

Ordnung: Bovistartige *(Lycoperdales)*

Zu dieser Ordnung zählen die Boviste *(Bovista)*, Hasenboviste *(Calvatia)*, Riesenboviste *(Langermannia)* und Stäublinge *(Lycoperdon,* s. links unten). Alle Boviste mit weißem Fleisch sind eßbar. Auch die Erdsterne *(Geastrum)* werden hier eingeordnet. Der häufigste ist der Gewimperte Erdstern *(Geastrum fimbriatum).*

Ordnung: Kartoffelbovistartige *(Sclerodermatales)*

Hier werden hauptsächlich die Gattungen Kartoffelboviste *(Scleroderma)* und Erbsenstreulinge *(Pisolithus)* hingestellt. Beide Gattungen enthalten keine Speisepilze.

Ordnung: Nestpilze *(Nidulariales)*

Dort findet man die Gattungen *Cyathus, Crucibulum* und *Nidularia.* Häufig ist der Gestreifte Teuerling *(Cyathus striatus).*

Ordnung: Rutenpilze *(Phallales)*

Nur wenige Rutenpilze, wie zum Beispiel die Stinkmorchel *(Phallus impudicus)* und die Hundsrute *(Mutinus caninus),* sind in Europa heimisch. Die meisten Arten kommen in den Tropen vor.

Ordnung: Gallertpilze *(Tremellales)*

Das Fleisch der Gallertpilze ist von gallertartiger Konsistenz. Zwei häufige und bemerkenswerte Pilze sind der Rötliche Gallerttrichter *(Tremiscus helvelloides)* und der Eispilz *(Pseudohydnum gelatinosum).* Wegen ihres gelatinösen Fleisches sind sie nicht zum Kochen geeignet, aber als Rohkost eßbar. Sie sind übrigens die beiden einzigen Pilzarten, die roh genossen werden können.

Ordnung: Ohrlappenpilze (Auriculariales)

Das Judasohr (*Auricularia auriculaju-dae*, s. rechts unten) wächst in Europa meist auf abgestorbenen Teilen von Holundersträuchern an Flußufern in milden Lagen. In Japan und China ist dieser gallertartige Speisepilz beliebt und findet in vielen Gerichten Verwendung. Um den Bedarf an Pilzen zu decken, wird er in diesen Ländern in großen Mengen gezüchtet. Er gelangt auch als Importpilz nach Europa, wo er in fernöstlichen Gerichten oder fertigen Gemüsemischungen unter dem Namen „Chinesischer Pilz" angeboten wird.

Ordnung: Rostpilze (Uredinales)

Rostpilze leben parasitisch auf Blütenpflanzen. Der weitverbreitete Schwarzrost *(Puccinia graminis)* verursacht beträchtlichen wirtschaftlichen Schaden im Getreideanbau. Ein weiterer gefährlicher Krankheitserreger des Getreides ist der Gelbrost *(Puccinia striaeformis)*. Der Birnengitterrost *(Gymnosporangium sabinae)* parasitiert auf Birnbaum-Blättern.

Judasohr *(Auricularia auriculajudae).*

Vermehrung der Pilze

Die der Vermehrung dienenden Mechanismen sind bei den verschiedenen Pilzarten äußerst mannigfaltig und können hier nur in vereinfachter und abgekürzter Form dargestellt werden.

Es gibt sowohl eine geschlechtliche als auch eine ungeschlechtliche Form der Vermehrung. Die meisten Pilze können sich auf beide Arten vermehren. Die geschlechtliche Vermehrung basiert auf der Vereinigung von zwei Zellkernen und einer anschließenden Teilung des Erbguts. Bei den von den Fruchtkörpern gebildeten Sporen gibt es bei vielen Pilzarten zwei verschiedengeschlechtige Sporen, die man als Plus- und Minuszelle bezeichnet. Diese werden verbreitet und keimen bei günstigen Bedingungen aus. Zelle für Zelle reiht sich nun zu einem Pilzfaden (Hyphe) aneinander, aus diesem entsteht durch weitere Teilungen und Abzweigungen ein sich nach allen Richtungen ausbreitendes und verzweigtes Hyphengeflecht, das sogenannte Primärmycel.

Dieses ist jedoch nicht in der Lage, Fruchtkörper hervorzubringen. Dazu müssen erst zwei verschiedengeschlechtige Primärmycelien derselben Pilzart mit ihren Hyphenenden aufeinandertreffen und verschmelzen. Aus zwei Zellen entsteht eine, die dann statt mit einem mit zwei verschiedengeschlechtigen Kernen besetzt ist. Dieser vom Zufall abhängige Vorgang rechtfertigt die enorme Menge an produzierten Sporen. Es entsteht ein Sekundär- oder Paarkernmycel, das nach einer genügend langen Wachstumsphase in der Lage ist, unter günstigen Umweltbedingungen Fruchtkörper auszubilden.

Nahe der Substrat- oder Erdoberfläche bilden sich dichte Hyphenknäuel, die sich rasch vergrößern. Erst treten kugelige bis halbkugelige Gebilde ans Tageslicht, die schnell zu den individuellen Fruchtkörpern heranwachsen, anhand derer die Art bestimmt werden kann. Dabei entstehen die unterschiedlichsten Formen wie ungestielte kugelige, konsolenförmige oder korallenförmige Körper sowie gestielte Fruchtkörper mit kegeligen, glockigen, geschirmten oder trichterförmigen Hüten. Während die einen blasse Farben aufweisen, sind die anderen grell gefärbt. Nur für die arterhaltende Sporenproduktion werden die Fruchtkörper für eine kurze Zeit gebildet. Erst in den Endzellen der Fruchtkörper verschmelzen die beiden Zellkerne zu einem Kern. Der Kernverschmelzung folgt die Halbierung des Erbguts. Die Erbgutträger und Verbreitungseinheiten sind die Sporen, die in ungeheurer Zahl produziert werden. Ein mittelgroßer Pilz wie der Wiesenchampignon *(Agaricus campestris)* setzt pro Stunde bis zu 40 Millionen Sporen frei.

Bei der ungeschlechtlichen Vermehrung kommt es zu keinen Kernverschmelzungen. Die Mehrzahl der Pilze, darunter jedoch nur wenige Großpilze,

In schlauchartigen Fortpflanzungsorganen entstehen die Sporen der Schlauchpilze; ca. 850fach vergrößert.

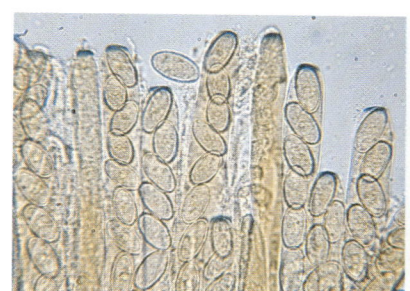

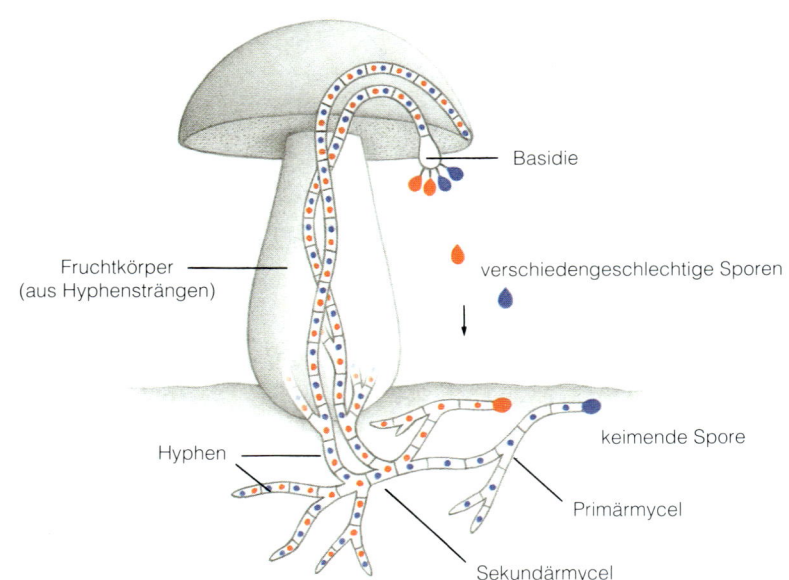

Basidie

verschiedengeschlechtige Sporen

Fruchtkörper
(aus Hyphensträngen)

keimende Spore

Hyphen

Primärmycel

Sekundärmycel

Entwicklungszyklus eines Ständerpilzes *(Basidiomycetes)*.

schnürt an den Enden speziell ausgebildeter Hyphenäste Verbreitungseinheiten, die sogenannten Konidien, ab. Aus diesen kann ein neues Mycel entstehen.

Die Sporen der Ständerpilze werden von kurzen, endständigen Zellen nach außen abgeschnürt; ca. 800fach vergrößert.

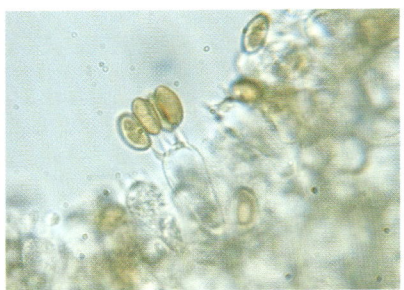

Sporenbildung bei Schlauch- und Ständerpilzen

Die Sporen der Schlauchpilze *(Ascomycetes)* werden in schlauchartigen Fortpflanzungsorganen (Asci) gebildet, dabei entstehen in jedem Ascus meist acht Sporen. Die Asci sind überwiegend in einer Fruchtschicht (Hymenium) angeordnet. Diese ist nicht mit Lamellen oder Röhren wie bei den Ständerpilzen *(Basidiomycetes)* ausgestattet, sondern glatt. Sie befindet sich auf der Außenhaut, beispielsweise bei den Becherlingen *(Peziza, Aleuria)* auf der Oberseite im Becher, bei den Morcheln *(Morchella)* und Lorcheln *(Gyromitra, Helvella)* in den Gruben und Rippen und bei den Holzkeulenartigen *(Xylariaceae)* um die Spitze verteilt.

Das charakteristische Fortpflanzungsorgan der Ständerpilze *(Basidiomycetes)* ist die Basidie, eine kurze, flaschenförmige und endständige Zelle. Von dieser Zelle werden meist vier Sporen nach außen abgeschnürt. Die Basidien sind in einer Fruchtschicht angeordnet, die sich bei Pilzen, die in Hut und Stiel gegliedert sind, auf der geschützten Hutunterseite befindet. Oft liegt die Fruchtschicht Lamellen, Röhren, Leisten oder Stacheln und nur selten anderen Trägern auf.

Sporenvielfalt

Nicht nur die Menge der Sporen ist beeindruckend, sondern auch die Vielfalt in Größe, Farbe und Form. Einzelne Sporen können jedoch mit dem bloßen Auge nicht wahrgenommen werden, da die Größe meist nur 2 bis 20 Tausendstelmillimeter beträgt. Erst unter dem

Die Oberfläche von Sporen ist äußerst vielfältig (hier: Rißpilzsporen, *Inocybe*): von glatt (**oben**) bis höckerig (**unten**); ca. 500fach vergrößert.

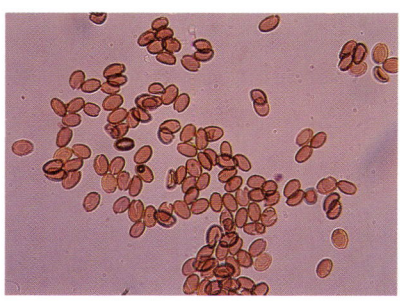

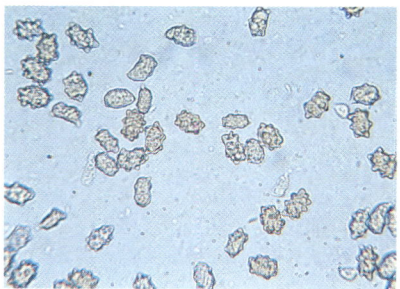

Mikroskop kann die Vielfältigkeit der attraktiven Sporen entdeckt werden. Von rund über oval, mandelförmig, bananenförmig bis eckig sind alle erdenklichen Formen vorhanden. Die Oberfläche der Sporen ist nicht immer glatt. Sie kann netzig ornamentiert, genoppt, warzig und stumpf- oder spitzstachelig sein. Rosa, blau bis violett, dunkelviolett bis fast schwarz, weißlich, gelb, hell- bis dunkelbraun und auch oliv gefärbte Sporen können unterschieden werden. Die Farbe des Sporenpulvers, bei dem Tausende von Sporen übereinander zu liegen kommen, ist jedoch immer kräftiger als die einzelner Sporen unter dem Mikroskop. Aus weißem Sporenpulver entnommene Sporen erscheinen unter dem Mikroskop in der Regel durchsichtig (hyalin).

Verbreitung der Sporen

Pilze bedienen sich der unterschiedlichsten Mechanismen zur Freisetzung und Verbreitung der reifen Sporen. Viele Schlauchpilze *(Ascomycetes)*, wie Becherlinge *(Peziza, Aleuria)*, Morcheln *(Morchella)*, Lorcheln *(Gyromitra, Helvella)* und Holzkeulenartige *(Xylariaceae)*, haben regelrechte Abschußvorrichtungen entwickelt. An der Spitze der Schläuche befindet sich ein Öffnungsmechanismus. Bei Berührung oder starker Erwärmung öffnen sich die Deckel der Schläuche, und die Sporen werden zu Hunderttausenden explosionsartig hinausgeschossen. Auch die Echten Trüffel *(Tuberales)* gehören zu den Schlauchpilzen. Da sie aber unterirdisch wachsen und heranreifen, haben sie sich für die Verbreitung ihrer Sporen etwas anderes einfallen lassen. Ihr aufdringlicher Geruch und Geschmack ziehen bestimmte Tiere, hauptsächlich Wildschweine, Rehe und Hirsche an. Diese graben die stark duftenden, knollenartigen Gebilde aus, verspeisen sie

und tragen damit zur Verbreitung der Sporen bei.

Bei den Ständerpilzen *(Basidiomycetes)* werden die reifen Sporen meist der Reihe nach abgeschleudert und durch Wind verbreitet. Erdsterne *(Geastrum)* brauchen jedoch eine fremde Erschütte-

Rechts oben: Millionen von Sporen werden durch Druck frei (hier: Birnenstäubling, *Lycoperdon pyriforme*).

rung, wie zum Beispiel durch Regentropfen, um ihre Sporen aus der bei reifen Exemplaren entstandenen Öffnung (Porus) freizusetzen. Auch reife Boviste und Stäublinge *(Lycoperdaceae*, s. rechts oben) warten auf Regentropfen. Der Druck eines Tropfens auf die pergamentartige Hüllwand eines ausgereiften Exemplares läßt Hunderttausende von Sporen durch die Öffnung in die Luft frei. Auch bei feuchter Witterung verkleben

Insekten werden durch den aasartigen Gestank von Stinkmorcheln *(Phallus impudicus)* angezogen (**links oben**) und weiden die dunkelgrüne Sporenmasse regelrecht ab, so daß nur ein wabenartiges Gerippe übrigbleibt (**links unten**).

Lamellen und Hut lösen sich auf und zerfließen in eine tintenartige, durch die Sporen schwarz gefärbte Flüssigkeit: Verbreitung der Sporen bei Tintlingen (hier: Schopftintling, *Coprinus comatus*).

die einzelnen Sporen im Innern des Behälters erstaunlicherweise nicht miteinander. Dies verhindern die haarigen Strukturen, die zwischen den Sporen angeordnet sind.

Regentropfen sind auch für die Teuerlinge *(Cyathus)* zur Verbreitung der Sporen wichtig. Die Sporenbehälter sind im trichterförmigen Fruchtkörper wie Eier in einem Nest angeordnet. Deshalb werden sie auch Nestpilze genannt. Diese bis zu zwei Millimeter großen, linsenförmigen Sporenpäckchen werden durch einen Federmechanismus, der durch Regentropfen ausgelöst wird, regelrecht aus dem Trichter geschleudert. Dabei entrollt sich ein am Sporenpäckchen befestigter langer Faden, der sich um den nächsten Grashalm wickeln kann. Bei Reife platzt das Paket, und die Spo-

ren werden frei. Es besteht aber auch die Möglichkeit, daß die Sporenpäckchen von Tieren gefressen werden, den Verdauungstrakt passieren und auf den Fäkalien auskeimen. Damit sind eine Verbreitung über eine weite Distanz und ein üppiger Nährboden gesichert.

Die Stinkmorchel (*Phallus impudicus*, s. S. 79 links) vertraut ihre Sporen nicht dem Wind an. Sie wartet auf Insekten, die die Verbreitung der Sporen übernehmen. Um die Insekten anzulocken, geht von der dunkelgrün oder olivgrün gefärbten, kegeligen Spitze ihres Fruchtkörpers ein Aasgeruch wie von verwesendem Fleisch aus, der zehn und mehr Meter weit wahrnehmbar ist. Dadurch werden vor allem Schmeißfliegen, Goldfliegen und Dungfliegen angezogen, die die schleimige Sporenmasse vollständig abtragen und so die Sporenverbreitung gewährleisten. Bald ist nur noch ein gestieltes, weißes, abgenagtes Gerippe sichtbar, das mit seinen wabenartigen Einbuchtungen an eine Morchel erinnert. Auch die Hundsrute *(Mutinus caninus)*, der Tintenfischpilz *(Clathrus archeri)*, der Scharlachrote Gitterling *(Clathrus ruber)* und andere in Mitteleuropa eher seltene Pilzarten sichern auf diese Art und Weise die Verbreitung ihrer Sporen.

Bei den Tintlingen *(Coprinus)* lösen sich Lamellen und Hut im reifen Zustand durch Selbstverdauung völlig auf und zerfließen in eine tintenartige, durch die Sporen schwarz gefärbte Flüssigkeit, s. links oben. Erst kurz bevor der Fruchtkörper gänzlich zerfließt, schirmt sich der Hut auf. Der Beginn der Auflösung ist beim Schopftintling *(Coprinus comatus)* besonders gut an den sich rotviolett verfärbenden Lamellenenden sichtbar. Nach wenigen Stunden zeugt nur noch eine schwarze Lache von diesem eigenartigen Vorgang.

Pilzwachstum

Nicht alle Pilzfruchtkörper wachsen gleich schnell heran. Während die einen buchstäblich über Nacht aus dem Erdboden schießen, brauchen die anderen für dieselbe Wachstumsphase etwas mehr Zeit.

Die Stinkmorchel *(Phallus impudicus)* bringt zuerst die sogenannten Hexeneier zutage. Diese weißen, eiförmigen Gebilde können durchaus mehrere Tage und Wochen in diesem Zustand verbleiben, ohne sich weiterzuentwickeln. An milden, sonnigen Tagen sind die Bedingungen besonders günstig, und sie beginnen, sich zu strecken. Das eiförmige Gebilde platzt, und mit der kegeligen, grünen Spitze voraus entwickelt sich der weiße Stiel innerhalb einer Stunde. Dieses schnelle Wachstum kann sonst nur noch bei nahen Verwandten wie der Hundsrute *(Mutinus caninus)*, der in Mitteleuropa eher seltenen tropischen Schleierdame *(Phallus dictyophora)*, dem vermutlich aus Neuseeland eingeschleppten Tintenfischpilz *(Clathrus archeri)* und dem aus Südeuropa stammenden Roten Gitterling *(Clathrus ruber)* beobachtet werden.

Die Fruchtkörper der Leistlinge *(Cantharellaceae)* wachsen im Vergleich zu denen anderer Pilzarten langsam. Sie besitzen festes, im Alter eher zähes Fleisch und können mehrere Tage, teilweise sogar mehr als zwei Wochen alt werden, ohne zu verderben. Im Sommer, bei geringer Feuchtigkeit, tritt oft ein Wachstumsstillstand ein. Dann kann man schmächtige Fruchtkörper, wie z. B. von der Gelben Kraterelle *(Cantharellus xanthopus)*, finden. Zu diesen Pilzen zählen beliebte Speisepilze wie der Pfifferling *(Cantharellus cibarius)*, der Trompetenpfifferling *(Cantharellus tubaeformis)* und die Herbsttrompete *(Craterellus cornucopioides)*.

In einem Kreis angeordnete Pilzfruchtkörper werden als Hexenring bezeichnet. Dieser Begriff stammt aus dem Mittelalter. Pilze wurden zu dieser Zeit als übernatürliche Erscheinungen und Teufelswerk angesehen und mit

Oben: Dunkelgrüne Kreise in der Wiese verraten einen Hexenring.

Unten: Die Fruchtkörper des Gefleckten Rüblings *(Collybia maculata)*, zum Hexenring formiert.

Ungewöhnliche Formen, durch Wachstumsstö-
rungen entstanden (**links oben** Breitblättriger
Rübling, *Megacollybia platyphylla*; **rechts oben**
Spitzmorchel, *Morchella conica*; **links unten**
Grubiger Milchling, *Lactarius scrobiculatus*).

Blitz und Donner, Hexen und Dämonen
zusammengebracht. In Kreisen wachsende Pilze galten als schwarze Magie
und Hexenwerk. Jedermann versuchte,
diesen Erscheinungen möglichst fern zu
bleiben. Heute kann man das Entstehen
eines solchen Hexenrings sehr einfach

erklären: Das Mycel vieler Pilze breitet
sich, um an Nährstoffe zu gelangen,
nach allen Seiten gleichmäßig aus. In
den Innenbezirken findet das Mycel
keine Nahrung mehr und stirbt ab. Wenn
sich keine Hindernisse in den Weg stellen, bleibt ein Mycelring übrig, der sich
Jahr für Jahr ausweitet und bei geeigneten Umweltbedingungen seine Fruchtkörper ausbildet. Diese Ringe erreichen
einen Durchmesser von 30 Metern und
mehr und können über hundert Jahre alt
werden. Dunkelgrüne Flecken oder
Kreise in Wiesen machen uns bereits
früh darauf aufmerksam, daß Pilze am
Werk sind, da im Randbereich des
Mycels das Pflanzenwachstum gefördert
wird. Besonders häufig bilden Rötelritterlinge *(Lepista)*, Trichterlinge *(Clitocybe)*,
Champignons *(Agaricus)* und Riesenschirmlinge *(Macrolepiota)* solche
Hexenringe aus. Aber auch Ringe von
Fliegenpilzen *(Amanita muscaria)* und
Steinpilzen *(Boletus edulis)* können
angetroffen werden.

Wie bei Pflanzen richtet sich auch

das Wachstum der Pilze nach der Schwerkraft. Der Hut wird immer so ausgerichtet, daß die Sporen senkrecht auf die Erde fallen können. Ändert sich die Lage des Substrats, zum Beispiel beim Umfallen eines Baumes, ändert sich auch die Ausrichtung der Pilzfruchtkörper. Bei mehrjährigen Porlingsartigen *(Polyporaceae)* entstehen dabei interessante Formen, die Rückschlüsse auf die verschiedenen Lagen des Substrats zulassen. Dieses Phänomen kann man durchaus auch in einem Experiment nachvollziehen. Am besten pflückt man hierfür einen jungen Wulstling *(Amanita)* mit noch nicht ganz geöffnetem Hut. Scheidenstreiflinge eignen sich besonders gut. Diesen Fruchtkörper legt man längs auf ein Stück Papier und fixiert den Stiel im unteren Bereich mit einem Klebeband. Nach ungefähr einer Stunde wird sich der Hut rechtwinklig zum Stiel nach oben gedreht haben und sich öffnen.

Mißbildungen sind bei Pilzen selten, kommen aber dennoch vor. Am häufigsten sieht man Seite an Seite aneinandergewachsene Fruchtkörper. Seltener sind doppelstöckige Pilzfruchtkörper. Auf dem Hut eines Pilzes entwickelt sich dabei von der gleichen Art ein normaler, meist etwas kleinerer Fruchtkörper mit Stiel und Hut. Andere Wachstumsstörungen rufen völlig ungewöhnliche Formen hervor, die an Morcheln oder Verpeln erinnern. Auch dem versierten Pilzkenner können diese Mißbildungen bei der Bestimmung der Art große Mühe bereiten.

Intensive Sonneneinstrahlung läßt die Huthaut vieler Pilze feldrig aufreißen, dabei entsteht meist ein eigenartiges Muster. Dem Anfänger geben diese Veränderungen oft unlösbare Rätsel auf. Dabei sind besonders Pilze betroffen, die im späten Frühling oder im Sommer Fruchtkörper bilden. Die aufgeplatzte, filzige Huthaut des Sommersteinpilzes

(Boletus reticulatus) und des Rotfußröhrlings *(Xerocomus chrysenteron)* kann ein sonderbares, schachbrettähnliches Muster aufweisen. Bisweilen reißt auch die Haut von Täublingen *(Russula)*, und es entstehen skurrile Muster.

Im Wachsen begriffene Fruchtkörper der Porlingsartigen *(Polyporaceae)* drängen kleine Hindernisse wie Gräser oder Zweige nicht weg, sondern um-

Oben: Bei intensiver Sonneneinstrahlung entstehen interessante Muster (hier: Rotstieliger Ledertäubling, *Russula olivacea*).

Unten: Die Zinnoberrote Tramete *(Pycnoporus cinnabarinus)* umwächst Gräser und Zweige.

schließen sie buchstäblich. So findet man häufig beispielsweise die Zinnoberrote Tramete *(Pycnoporus cinnabarinus)*, mit einigen eingewachsenen Grasspitzen auf der Oberfläche.

Kaum zu glauben ist, daß die äußerst weichen, wasserhaltigen Pilzfruchtkörper nicht nur weiches Erdreich, sondern oft auch Steine und Äste beiseite drängen können. Dem Stadtchampignon *(Agaricus bitorquis)* ist es sogar möglich, aus dem Teerbelag von Straßenrändern oder Trottoirs hervorzubrechen.

Um ungünstige Perioden überleben zu können, entwickeln viele Pilze spezielle Überdauerungsorgane. Der Hallimasch *(Armillaria mellea)* bildet dicke Mycelstränge aus, die sogenannten Rhizomorphen. Sie bestehen im Innern aus einem lockeren Hyphengeflecht, umgeben von einer kompakten, schwarzen Rinde. Diese Stränge wachsen meist in 3–30 cm Tiefe mit einer jährlichen Zuwachsrate von bis zu einem Meter. Dank diesen Rhizomorphen kann der Hallimasch am gleichen Strunk oder Substrat bis zu 40 Jahre überleben. Anders geformte Überdauerungsorgane sind feste, knollige Hyphenverbände, sogenannte Sklerotien. Sie werden von verschiedenen Pilzarten gebildet und sind meist rundlich oder oval. Die Größe variiert von weniger als 1 mm bis zu 30 cm Durchmesser. Ein Beispiel für ein solches Sklerotium ist das gefürchtete, äußerst giftige Mutterkorn, das von dem auf Getreide parasitierenden Mutterkornpilz *(Claviceps purpurea)* gebildet wird. Auch der Anemonenbecherling *(Dumontinia tuberosa)*, der auf Buschwindröschen parasitiert, bildet Sklerotien.

Oben: Selbst Asphalt können die Fruchtkörper des Stadtchampignons *(Agaricus bitorquis)* beiseite drängen.

Unten: Spezielle Überdauerungsorgane des Hallimasch *(Armillaria mellea)*: dicke Mycelstränge mit einer schwarzen Rinde.

Bedeutung der Pilze für den Menschen

Pilze nehmen in der Natur eine bedeutende Stellung ein und erfüllen wichtige ökologische Aufgaben. Sie haben einen wesentlichen Anteil an den ständig stattfindenden Umsetzungen. Nur in bezug auf den Menschen können sie als Nützlinge oder Schädlinge bezeichnet werden.

Neben den in der Natur gesammelten Speisepilzen erfreuen sich Zuchtpilze einer immer größeren Beliebtheit. Der bekannteste ist bei uns der Zuchtchampignon (Champignon de Paris). Erstmals wurde er um 1650 in Frankreich erwähnt, und heute wird er weltweit in großen Kulturen angebaut. Das Angebot an Zuchtpilzen wurde in den letzten Jahren in Europa erweitert, so daß nun auch vermehrt frische Shiitake *(Lentinula edodes)* und Austernseitlinge *(Pleurotus ostreatus)* vermarktet werden.

Die Bedeutung der Pilze für den Menschen geht jedoch weit über den Verzehr von Speisepilzen hinaus. Viele Käsesorten erhalten erst durch den Zusatz von Pilzen ihr besonderes Aroma. *Penicillium roqueforti* und *Penicillium camemberti* sind zwei bekannte Beispiele. Aber auch die verschiedenen Hefen, die als Trieb- und Lockerungsmittel beim Backen oder zur Bier- und Weinherstellung genutzt werden, sind Pilze. Dabei vergären die Hefen den im Malz beziehungsweise Most vorhandenen Zucker in Alkohol. Schon jahrhundertelang weiß der Mensch diese Hefepilze zu seinem Vorteil zu nutzen.

Als „Schimmelpilze" sind Pilze an Lebensmitteln weniger gern gesehen. Einige von ihnen scheiden Stoffe aus, die schon in kleinen Mengen für Menschen und auch Tiere äußerst gefährlich sein können. Am bekanntesten sind die von *Aspergillus flavus* (s. rechts unten) gebildeten Aflatoxine.

Beträchtliche wirtschaftliche Schäden können Pilze als Parasiten von Nutzpflanzen anrichten. Unter den auf Bäu-

Oben: Champignon-Zucht in großem Maßstab.

Unten: Auch ein verschimmeltes Brot ist das Werk von Pilzen (hier: *Aspergillus flavus*).

men parasitierenden Pilzen ist neben dem Hallimasch *(Armillaria mellea)* der parasitische Wurzelschwamm *(Heterobasidion annosum)* besonders gefürchtet. Der eine Rotfäule verursachende Pilz ist in manchen Gegenden stark verbreitet. Schon junge Fichten können von ihm befallen werden. Dabei kommt es zu charakteristischen Harzausflüssen und bei älteren Bäumen zu Verdickungen an der Stammbasis. Besonders betroffen sind alte Bestände und Monokulturen.

Auch in der Landwirtschaft können parasitierende Pilze zu großen Ernteverlusten führen. 1846 konnte sich der Kartoffelschimmel *(Phytophthora infestans)* in Irland aufgrund eines kühlen und feuchten Sommers enorm ausbreiten. Die ganze Kartofferlernte wurde vernichtet, und eine Hungersnot war die Folge. Die ländliche Bevölkerung verlor ihre Existenzgrundlage, viele sahen sich zur Auswanderung nach Amerika gezwungen. Heute wird durch den Einsatz von großen Mengen an Pilzbekämpfungsmitteln versucht, den Schaden möglichst gering zu halten.

Der Birnengitterrost *(Gymnosporangium sabinae, s. rechts)* parasitiert auf Birnbäumen. Er gehört zu den wirtswechselnden Rostpilzen, wobei sich sein Entwicklungszyklus teils auf den Blättern des Birnbaumes und teils auf Wacholderarten *(Juniperus)* abspielt. Im April oder Mai bilden sich auf den Ästen von befallenen Wacholderarten dunkelbraune Wärzchen, die bei feuchter Witterung zu gallertartigen, rostroten, 1–2 cm langen Zäpfchen aufquellen. Darin sind riesige Mengen an Sporen enthalten, die vom Wind über große Distanzen verbreitet werden. Bei trockener Witterung verkümmern die zapfenartigen Sporenbehälter und trocknen aus. Gelangt eine vom Wind verfrachtete Spore auf das Blatt eines Birnbaumes, erscheinen nach drei bis vier Wochen auf der Blattoberseite kleine, gelbe Tupfen, die sich im Sommer zu bis zu 10 mm großen Flecken erweitern. Ein starker Befall der Blätter führt zu einer verminderten Photosyntheseleistung. Bei wiederholtem Befall über mehrere Jahre tragen die Birnbäume fast oder überhaupt keine Früchte mehr. Im Extremfall sterben sie sogar ab. Der einheimische Wacholder *(Juniperus communis)* wird allerdings nicht von diesem Rostpilz befallen. Nur Zierarten sind anfällig und meist schon beim Anpflanzen vom Pilz infiziert. Das vermehrte Anpflanzen dieser exotischen Sträucher in öffentlichen Anlagen und privaten Gär-

Der Birnengitterrost *(Gymnosporangium sabinae)* erscheint in unterschiedlicher Gestalt auf seinen beiden Wirtspflanzen: **oben** dunkelbraune Zäpfchen auf Wacholder; **unten** auf Blättern von Birnbäumen verursacht er gelbe Flecken.

Ein giftiges, schwarzes Mutterkorn *(Claviceps purpurea)*.

deckt, die auf den Menschen in geringen Mengen eine heilende, sonst eine giftige Wirkung zeigen. Ein bekanntes Beispiel ist der Mutterkornpilz *(Claviceps purpurea)*. An den vom Mutterkornpilz infizierten Gräsern und Getreidepflanzen erkennt man anstelle von gesunden Körnern schwarze, gebogene, aus verfestigtem Mycel bestehende Mutterkörner (Sklerotien), die eine Reihe von giftigen Stoffen enthalten. Ganze Landstriche sind in früheren Jahrhunderten durch den Verzehr von mutterkornhaltigem Getreide entvölkert worden. Die Inhaltsstoffe können in geringen Dosen jedoch medizinisch genutzt werden, früher als Wehenmittel, heute vor allem zur Behandlung von Migräneanfällen. Zur Gewinnung der Mutterkornpräparate werden ganze Getreidefelder mit dem Pilz infiziert. Das riesige Potential an von den verschiedensten Pilzen produzierten Wirkstoffen bedarf noch eingehender Untersuchungen. Vielleicht wird sich schon bald der eine oder andere isolierte Stoff in der Medizin als besonders nützlich erweisen.

ten führt deshalb zu einer Verbreitung des Birnengitterrostes.

Aber auch in anderen Bereichen spielen Pilze eine wichtige Rolle. 1928 führte eine zufällige Beobachtung von Alexander Fleming zur Entdeckung des von einem Pilz produzierten Antibiotikums Penicillin. Durch diese Entdeckung wurden in der Behandlung von durch Bakterien verursachten Infektionskrankheiten neue Dimensionen eröffnet. Heute noch liegt die weltweite Produktion bei 20 000 Tonnen pro Jahr.

„Nichts ist ohne Gift. Allein die Dosis macht, daß ein Ding kein Gift sei." Dies sind die Worte des großen Paracelsus, Naturforscher, Arzt und Erneuerer der Medizin (um 1494–1541). Bis in unsere Zeit haben seine Worte nichts an ihrer Richtigkeit verloren. Aus unzähligen Giftpflanzen wurden nach diesem Grundsatz medizinisch wertvolle Stoffe gewonnen. In Pilzen wurden in den letzten 40 Jahren über 1000 Substanzen ent-

Auch Tiere und Menschen können von Pilzen befallen werden. Meistens sind diese als Mykosen bezeichneten Krankheiten ansteckend. Die Urheber sind in der Regel mikroskopisch kleine Pilze aus der Gruppe der Deuteromyceten. Besonders gefürchtet ist eine Lungenmykose, die nicht selten tödlich verläuft.

Unser Müllproblem könnte teilweise mit Pilzen gelöst werden. Organische Stoffe wie Holz, Karton und Papier können von spezialisierten Pilzen in ihre Ausgangsstoffe zerlegt werden. Der Einsatz von Pilzen bei Kompostieranlagen liefert wertvollen Dünger.

Pilze und Tiere

Die Fruchtkörper mancher Pilze schmecken nicht nur dem Menschen, sondern dienen auch verschiedenen Tieren als Nahrung. Dabei können sie jedoch auf Giftstoffe völlig anders reagieren. So verzehren Nacktschnecken den für uns tödlich giftigen Grünen Knollenblätterpilz (Amanita phalloides) und den Spitzhütigen Knollenblätterpilz

Oben: Der für uns tödlich giftige Spitzhütige Knollenblätterpilz *(Amanita virosa)* wird von Schnecken sehr geschätzt.

Unten: Von Larven durchlöcherter Perlpilz *(Amanita rubescens).*

(Amanita virosa, s. links oben) mit Vorliebe, ohne dabei Schaden zu nehmen. Es wäre also völlig falsch und sehr gefährlich, von Schnecken und anderen Tieren angefressene Pilze grundsätzlich für eßbar zu halten. Die Nacktschnecke verträgt in der Tat im Vergleich zum Menschen etwa die tausendfache Giftdosis.

Pilze sind wichtige Nahrung für Fliegen- und Mückenlarven. Es sind über 200 verschiedene Fliegen- und Mückenarten bekannt, die ihre Eier in Pilzfruchtkörper legen und so ihrem Nachwuchs die Nahrungsgrundlage sichern. Viele Arten benötigen für ihre Eiablage junge, frische Pilzfruchtkörper. Dies trifft beispielsweise für die meisten Schnaken, Pilzmücken und Blumenfliegen zu. Andere Arten, wie Stubenfliegen, Schmetterlingsmücken und Dungfliegen, bevorzugen reife, schon fast zerfallene Fruchtkörper und beschleunigen deren Abbau.

Die meisten Fliegen und Mücken beschränken sich auf eine oder einige wenige Pilzarten. Andere sind jedoch weniger wählerisch und haben ein breiteres Wirtsspektrum. Einige bevorzugen eher zähe, andere eher weiche Fruchtkörper zur Eiablage. Die einen beschränken sich eher auf Pilze, die auf Holz gedeihen, andere wiederum auf Fruchtkörper auf dem Erdboden. Die gefräßigen Larven fressen sich vom Stiel bis zum Hut vor und durchwandern einen beachtlichen Teil des Fruchtkörpers, der dabei oft wie ein Käse durchlöchert wird. Die Pilze dienen jedoch nicht nur als Nahrungslieferanten, sondern ziehen aus dem Insektenbefall auch Nutzen. Nachdem sich die Insekten im Boden nahe dem Pilzfruchtkörper verpuppt haben, streut dieser seine Sporen aus, belädt die schlüpfenden Insekten damit und sichert sich so eine weite Verbrei-

tung. Bei warmer Witterung werden Pilze zum Ärger der Sammler besonders oft von Insekten befallen, während sie in der kühleren Jahreszeit, im späten Herbst, nicht mehr besonders aktiv sind.

Auch Wirbeltiere wie Mäuse, Eichhörnchen, Hasen, Rehe, Hirsche und Wildschweine verzehren bisweilen Pilze. Rehe, Hirsche und Hasen suchen oft mit ihrem ausgeprägten Geruchsinn die unter der Erde versteckten Warzigen Hirschtrüffel *(Elaphomyces granulatus)*. Wildschweine bevorzugen Trüffelarten wie die Weiß-Trüffel *(Choiromyces meandriformis)*, die Magnaten-Trüffel *(Tuber magnatum)* und andere stark riechende Arten. Auch diese Verhaltensweisen dienen der Verbreitung der Pilze (s. auch S. 78 ff.).

Auch Nagetieren schmecken Pilze, hier ein angenagter Flockenstieliger Hexenröhrling *(Boletus luridiformis)*.

Pilze, eine kulinarische Bereicherung

Zweifellos sind Pilze schon lange als Nahrungsmittel bekannt. Der Kaiserling *(Amanita caesarea)* und verschiedene Trüffelarten *(Tuber)* galten bereits im Römischen Reich als besondere Spezialitäten. Im Mittelalter waren diese Leckerbissen meist nur den Adligen vorbehalten.

Als Folge der Lebensmittelknappheit zur Zeit der beiden Weltkriege waren Pilze für jedermann eine willkommene Zusatznahrung geworden. Durch Unerfahrenheit und Unkenntnis mit Giftpilzen sowie durch verdorbenes Sammelgut gab es viele tragische Vergiftungen. Todesfälle waren nicht selten. Die Behörden der meisten europäischen Länder erließen deshalb Vorschriften über den Handel mit Speisepilzen. Zur Zeit werden alle im Handel angepriesenen Zucht- und besonders die wildwachsenden Importpilze von Lebensmittelämtern überwacht. Für den Pilzsammler stehen in größeren Ortschaften während der Pilzsaison meist Pilzkontroll- oder Pilzberatungsstellen zur Verfügung.

Nährwert

Es ist heute bekannt, daß der Nährwert der Pilze nicht, wie früher irrtümlicherweise angenommen, dem des

Fleisches entspricht, sondern eher dem Nährwert von Gemüse. Pilze besitzen mit 80–93 % einen ähnlich hohen Wassergehalt wie Milch. Ihr Eiweißgehalt, der von 2,6 % beim Pfifferling *(Cantharellus cibarius)* bis über 5,5 % beim Steinpilz *(Boletus edulis)* und Parasolpilz *(Macrolepiota procera)* reichen kann, ist verglichen mit dem Eiweißgehalt von Grundnahrungsmitteln wie Milch (3,5 %) und Roggenbrot (6,1 %) beachtlich. Der menschliche Körper kann jedoch nur einen geringen Teil davon aufnehmen und verwerten. Grund dafür sind die unverdaulichen Zellwände der Speisepilze, die als Gerüstsubstanz Chitin enthalten, denselben Baustoff, aus dem die Panzer der Insekten bestehen. Um möglichst viel Eiweiß aufnehmen zu können, müssen die Pilze gut zerkleinert und gekocht werden. Das unverdauliche Chitin ist höchstens als Ballaststoff für den Menschen von Wert. Der Gehalt an verwertbaren Kohlenhydraten (3–6 %) ist beachtlich. Relativ hoch ist der Anteil an Mineralstoffen (ca. 1 %), vor allem Kalium und Phosphat, Mangan und Eisen. Etwa gleich hoch ist der Anteil an Rohfaser. Die Pilze sind außerdem besonders reich an den wertvollen Vitaminen D, B1, B2 sowie teilweise A und C. Die Fettwerte hingegen sind sehr gering (0,2–0,8 %). Der Nährwert von Pilzen ist also nicht besonders hoch, doch im Mineralstoff- und Vitamingehalt sind sie den üblichen Gemüsen ebenbürtig. Mit ihren Geschmacks- und Aromastoffen stellen sie jedoch eine Besonderheit dar.

Anreicherung von Schadstoffen in Pilzen

Schwermetalle

Pilze nehmen artspezifisch in viel stärkerem Maße als grüne Pflanzen Schwermetalle wie Quecksilber, Blei und Cadmium auf und reichern sie in ihren Fruchtkörpern an. Diese sind als Spurenelemente in sehr geringen Mengen für den Menschen unentbehrlich, in hohen Dosen jedoch gesundheitsgefährdend und giftig. Die höchsten Cadmiumwerte sind bei den beiden Riesenchampignons *Agaricus macrosporus* und *Agaricus augustus* sowie anderen nach Anis riechenden Champignons- oder Egerlingsarten *(Agaricus)* zu verzeichnen. Auch der Zigeuner *(Rozites caperata)* ist mit verhältnismäßig hohen Dosen belastet. Der Cadmiumgehalt ist jedoch standortunabhängig. In unbelasteten Gegenden weisen die Pilze ähnlich hohe Cadmiumwerte auf wie auch getrocknete Pilze aus wissenschaftlichen Sammlungen aus dem vorigen Jahrhundert. Das läßt darauf schließen, daß der größte Teil des Cadmiumgehalts natürlichen Ursprungs ist und nicht auf die steigende Umweltbelastung zurückgeführt werden kann.

Der Blei- und Quecksilbergehalt wird jedoch zweifelsfrei durch die Umweltbelastung bestimmt. Entlang befahrener Straßen ist der Bleigehalt bei vielen Pilzarten deutlich erhöht. In Industriegegenden ist mit einem erhöhten Quecksilbergehalt zu rechnen. Saprophytische Pilzarten scheinen tendenziell mehr Quecksilber anzureichern als Pilze, die eine Symbiose eingehen.

Folgende Maßnahmen können die Belastung durch Schwermetalle in Grenzen halten: Entlang von befahrenen Straßen, in Industriegegenden und auf mit Klärschlamm gedüngten Böden kann das Sammeln von Speisepilzen nicht empfohlen werden. Außerdem sollten keine großen Mengen von hoch belasteten Pilzarten verzehrt werden. Die Weltgesundheitsorganisation (WHO) empfiehlt, auch im Hinblick auf die Anreicherung radioaktiver Substanzen, nicht mehr als 250 Gramm Pilze pro Person und Woche zu sich zu nehmen.

Radioaktivität

Nach dem Reaktorunfall in Tschernobyl im April 1986 wurden in ganz Europa in Lebensmitteln erhöhte Werte an radioaktivem Cäsium festgestellt. Auch Wildpilze waren davon betroffen und zwar in stärkerem Maße als erst angenommen worden war. Da das radioaktive Cäsium in den oberen Humusschichten verbleibt und viele Pilze mit ihrem ausgedehnten, oft mehrere Quadratmeter großen Mycel gerade diese Schichten durchziehen, reichern Pilze artspezifisch diese Stoffe an. Viele Pilzsammler fragten sich daher, ob sie weiterhin selbstgesammelte Pilze essen können, ohne sich hohen radioaktiven Belastungen auszusetzen. Inzwischen sind die meisten Fachleute der Meinung, daß Wildpilze ohne Gesundheitsrisiko gegessen werden können, sofern nicht gerade hoch belastete Arten in großen Mengen verzehrt werden. Zu diesen zählen begehrte Speisepilze wie der Maronenröhrling (*Xerocomus badius*, s. rechts oben), der auch in alpinen Lagen vorkommende Zigeuner oder Reifpilz (*Rozites caperata*) und der durch die geringe Größe seines Fruchtkörpers als Speisepilz eher unbedeutende Violette Lacktrichterling (*Laccaria amethystea*). Erheblich belastet ist auch der Rotfußröhrling (*Xerocomus chrysenteron*). Täublinge (*Russula*) und Milchlinge (*Lactarius*) sowie der Goldröhrling (*Suillus grevillei*) und der Gemeine Birkenpilz (*Leccinum scabrum*) sind ebenfalls belastet, während der Steinpilz (*Boletus edulis*) nur wenig radioaktives Caesium anreichert. Nahezu unbelastet sind Schirmlinge (*Lepiota*), Pfifferlinge (*Cantharellus*), der Schopftintling (*Coprinus comatus*), der Hallimasch (*Armillaria mellea*), Rötelritterlinge (*Lepista*), Champignons (*Agaricus*), der Mönchskopf (*Clitocybe geotropa*), das Stockschwämmchen (*Pholiota mutabilis*) und die Espen-Rotkappe (*Leccinum rufum*). Der Gehalt an radioaktivem Cäsium ist

Der Maronenröhrling (*Xerocomus badius*) gehört zu den mit radioaktivem Cäsium hoch belasteten Arten.

jedoch nicht nur artspezifisch verschieden, sondern variiert stark je nach Standort. Es hat sich gezeigt, daß die Cäsiumkonzentration in Pilzfruchtkörpern außerdem beträchtlich reduziert werden kann, wenn die Zellstruktur der Pilze durch sorgfältiges Zerkleinern oder Tiefgefrieren von zuvor in Stücke geschnittenen Pilzen zerstört wird und diese Stücke anschließend stundenlang gewässert werden. Durch diese Behandlung wird allerdings der Geschmack stark beeinträchtigt.

Durch die Eigenschaft der Pilze, Schadstoffe anzureichern, aber auch im Hinblick auf die relative Schwerverdaulichkeit empfiehlt es sich, kleinere Pilzportionen großen Pilzmenüs vorzuziehen. Viel wichtiger als die Menge sind die einzigartigen Aromastoffe der Pilze, die sie zu einer wertvollen Bereicherung unseres Speiseplans machen.

Pilze zubereiten

Um Pilzvergiftungen auszuschließen, sollte vor der Zubereitung gesammelter Pilze folgendes beachtet werden:

- Wir verwenden nur Pilze, die wir vollkommen sicher erkennen können und die nach der neuesten Literatur als eßbar gelten.
- Beim geringsten Zweifel sollten wir eine Pilzkontroll- oder Pilzberatungsstelle aufsuchen, bei der nicht nur ein einzelner Fruchtkörper, sondern das gesamte Sammelgut zur Überprüfung vorgelegt werden sollte.
- Wir sollten nur frische und unverdorbene Pilze verwenden.
- Die meisten eßbaren Pilze sind roh giftig. Sämtliche Speisepilze, ob aus einer Zucht oder aus dem Wald, sind deshalb mindestens 10–15 min zu garen.

Die im Wald vorgereinigten Pilze werden zu Hause geputzt. Zähe Stiele werden weggeschnitten und schleimige Huthaut, die beim Sammeln noch nicht entfernt wurde, wird abgezogen. Beim Habichtspilz *(Sarcodon imbricatus)* entfernt man die besonders bitter schmeckenden Hutschuppen. Röhren, Lamellen und Stacheln werden in der Regel nicht weggeschnitten, da sie den größten Anteil an Nährwerten enthalten. Nur bei alten, schwammigen und verklebten Röhren empfiehlt es sich, diese zu entfernen. Um das Innere der Fruchtkörper begutachten zu können, halbiert man diese längs mit einem Schnitt vom Hut bis zum Stiel. Kommen dabei trotz sorgfältiger Auslese im Wald dennoch madige Stellen zutage, so werden diese weggeschnitten. Danach kann man die halbierten Pilze in Scheiben schneiden und wenn nötig kurz waschen.

Zum Braten geeignete Pilze wie die zu den Milchlingen *(Lactarius)* gehörenden Reizker und Brätlinge sowie der Parasolpilz *(Macrolepiota procera)* werden nicht gewaschen. Um sie zu säubern, ist eine Bürste, ein Pinsel oder ein Lappen geeignet. Der Stiel wird entfernt, die Hüte läßt man unzerkleinert.

Die Nebelkappe *(Clitocybe nebularis)*, den Rötlichen Holzritterling *(Tricholomopsis rutilans)*, den Hallimasch *(Armillaria mellea)* u. a. sollte man folgendermaßen abbrühen: Fünf Minuten im Wasser kochen lassen, danach das gesamte heiße Wasser weggießen und normal fertigkochen. Beim Hallimasch eignen sich nur auf Nadelholz wachsende Exemplare als Speisepilze, da auf Laubholz fruchtende Formen leicht giftig sind und nicht vertragen werden.

Pilze sind ähnlich wie Fisch rasch verderbliche Lebensmittel. Das Pilzeiweiß zersetzt sich schnell und kann zu schweren Lebensmittelvergiftungen führen. Sorgfältig geputztes, unzerkleinertes Sammelgut sowie Reste von Pilzgerichten sollte man deshalb nur etwa einen halben Tag gut gekühlt aufbewahren. Dazu sind keine Aluminiumgefäße zu verwenden. Tintlinge *(Coprinus)* und Milchlinge *(Lactarius)* sollten allerdings so rasch wie möglich verwertet werden.

Mit den folgenden Grundrezepten möchte ich einige Anregungen und Tips geben. Der Phantasie sind hier jedoch keine Grenzen gesetzt, und mit verschieden gemischten Speisepilzen stehen für Gerichte enorme Variationsmöglichkeiten offen. Um das Aroma nicht zu

Geputztes und zerkleinertes Sammelgut.

beeinträchtigen, ist ein zurückhaltendes Würzen zu empfehlen.

Pilzrezepte

Pilzgemüse

Für Pilzgemüse eignen sich, neben frischem Sammelgut, konservierte Pilze (s. S. 94 ff.). Tiefgefrorene Pilze werden ohne vorheriges Auftauen direkt in die Pfanne gegeben, während Trockenware zuvor in Wasser eingelegt werden muß.

Die zerkleinerten und gewaschenen Pilze werden nach Belieben mit Zwiebeln, Tomaten oder Peperoni kurz in etwas Fett angedämpft und mit Weiß- oder Rotwein abgelöscht. Auf mittlerer Hitze etwa 10 bis 20 Minuten schmoren lassen. Mit Streuwürze und verschiedenen Gewürzen abschmecken und nach Bedarf mit etwas Wasser verdünnen. Noch einmal aufkochen, mit etwas Petersilie verfeinern und anrichten.

Pilzsoße

Die Pilze werden nach dem Rezept für Pilzgemüse gekocht. Anschließend wird das Pilzgemüse mit einem üblichen Soßenbinder verdickt. Mit Sauerrahm verfeinert, kann diese vorzügliche Soße sofort angerichtet werden.

Pilze eignen sich aber auch hervorragend für süß-saure Soßen, die anstatt mit Soßenbinder mit Zitronensaft und Bananen verdickt werden. Mit anderen Früchten, es müssen nicht einmal Exoten sein, erhält man ebenfalls interessante Geschmacksnoten.

Pilzsuppe

Besonders für eine Suppe geeignet sind die Hüte des Stockschwämmchens *(Pholiota mutabilis)* und Nelkenschwindlings *(Marasmius oreades)* sowie getrocknete Steinpilze *(Boletus edulis)*. Die vorbereiteten und zerkleinerten Pilze werden nach Belieben mit Zwiebeln, Petersilie und Schnittlauch in Fett ge-

dämpft und mit der gewünschten Menge an Wasser abgelöscht. Die Suppe wird mit Streuwürze und anderen Gewürzen abgeschmeckt und etwa eine halbe Stunde leicht gekocht. Mit einer Prise Petersilie verfeinert wird die Pilzsuppe serviert.

Pilze gebraten

Reizker und Brätling

Bereits das Sammeln dieser zu den Milchlingen *(Lactarius)* gehörenden Pilze sollte mit der nötigen Sorgfalt erfolgen, um ein Ausbluten der Fruchtkörper zu verhindern. Dabei werden die Pilzfruchtkörper aus dem Boden gedreht und nicht mit dem Messer abgeschnitten. Beim Transport im Pilzkörbchen ist darauf zu achten, daß nicht große und schwere Pilzfruchtkörper auf die druckempfindlichen Milchlinge zu liegen kommen. Das Anschneiden der Fruchtkörper mit dem Messer im Wald, um unansehnliche Teile wegzuschneiden, sollte man besser unterlassen. Bereits länger angeschnittene Exemplare, bei denen der Milchsaft durch die Wunde fast gänzlich ausgetreten ist, schmecken bitter. Da die Milch sehr schnell eintrocknet, sollte man die geernteten Pilze möglichst bald verwerten. Frische junge Milchlinge, die sorgfältig behandelt wurden, schmecken als Bratpilze delikat.

Da sich gewaschene Pilze zum Braten nicht eignen, sollten sie trocken mit einem angefeuchteten Lappen, einem Pinsel oder einer Bürste gereinigt werden. Kurz bevor man mit dem Braten beginnt, werden die ungeeigneten Stiele entfernt. Die Hüte werden etwas mit Mehl bestäubt, nach Belieben gewürzt und in Butter beidseitig gebraten.

Parasol und Riesenbovist

Schnitzel aus Pilzen sind bekannt und beliebt. Der Parasolpilz *(Macrolepiota procera)* mit seinem riesigen Hut ist dafür bestens geeignet. Die Pilzfruchtkörper werden trocken gereinigt, und die holzigen Stiele werden weggeschnitten. Besonders der Zustand der Hüte muß beachtet werden. Sind sie alt und wäßrig, eignen sie sich nicht mehr für ein Gericht. Nach Verzehr von alten Exemplare kann es zu Magenbeschwerden kommen.

Riesenboviste *(Langermannia gigantea)* eignen sich ebenfalls für die Zubereitung feiner Schnitzel, die Kalbfleisch sehr nahe kommen. Mit einem Schnitt durch den gesamten Fruchtkörper kann man sich vergewissern, ob das Fleisch für den Verzehr noch geeignet ist. Reife Fruchtkörper haben gelblich gefärbtes Fleisch und sind nicht mehr eßbar. Für die Küche sollten ausschließlich Riesenboviste mit einwandfreiem, weißem Fleisch verwendet werden. Dies gilt übrigens auch für die kleinen Bovistarten. Der ganze Bovist wird in etwa 1,5 cm dicke Scheiben geschnitten.

Die zum Braten vorbereiteten Hüte der Riesenboviste oder Parasolpilze werden paniert oder in Bierteig gewendet. Anschließend werden sie wie Wiener Schnitzel in Butter etwa 10 bis 15 Minuten beidseitig gut durchgebraten. Der Parasolpilz eignet sich auch als Mischpilz in Pilzgemüse oder Soßen, während der Riesenbovist nur als Schnitzel Verwendung findet.

Pilzsalat

Für Pilzsalat eignen sich besonders festfleischige Arten wie Pfifferlinge *(Cantharellus cibarius)*, Semmelstoppelpilze *(Hydnum repandum)*, Mönchsköpfe *(Clitocybe geotropa)*, Champignons *(Agaricus)*, Steinpilze *(Boletus edulis)*, Espen-Rotkappen *(Leccinum rufum)*, Täublinge *(Russula)* und Rötelritterlinge *(Lepista)*. Die vorbereiteten, geschnittenen Pilze werden in Salzwasser gekocht und danach mit kaltem Wasser abgeschreckt. Die erkalteten Pilze werden mit einer beliebigen Salatsoße angerichtet. Um ein optimales Aroma zu erhalten, sollte der Salat vor dem Servieren etwa eine halbe Stunde durchziehen.

In älteren Kochbüchern wird Salat mit rohen Pilzen beschrieben. Inzwischen ist bekannt, daß sogar der Zuchtchampignon roh Substanzen enthält, die für den menschlichen Körper schädlich sein können. Abgesehen davon sind die meisten Wildpilze roh giftig. Deswegen sollten Pilze immer gekocht werden. Nur der Eispilz *(Pseudohydnum gelatinosum)* und der Rötliche Gallerttrichter *(Tremiscus helvelloides)* können roh genossen werden. Hier muß auf die Gefahr einer Infektion durch die Eier des Fuchsbandwurmes hingewiesen werden. Besonders in gefährdeten Gebieten sollte man diese Pilzarten besser stehenlassen.

Pilze konservieren

Pilze tiefgefrieren

Bis auf den Rötlichen Gallerttrichter *(Tremiscus helvelloides)*, den Eispilz *(Pseudohydnum gelatinosum)* und den Riesenbovist *(Langermannia gigantea*, wird bitter)* eignen sich alle Pilzarten zum Einfrieren in Tiefkühlgeräten. Vergleicht man den Arbeitsaufwand beim Tiefgefrieren mit dem beim Trocknen, so ist das Tiefgefrieren die schnellste Konservierungsart. Beim Trocknen entwickeln einige Arten jedoch ein intensiveres Aroma.

Die zum Tiefgefrieren geeigneten Pilzfruchtkörper werden gereinigt und nach Bedarf gewaschen. Danach schneidet man sie in grobe Stücke. Sie sollten möglichst roh eingefroren werden. Ein vorheriges Blanchieren spart zwar Platz, hat aber einen Qualitätsverlust zur Folge. Bitte achten Sie darauf, daß die Pilze frisch eingefroren werden! Das Einfrieren sollte möglichst schnell erfolgen, deswegen sollte einige Zeit zuvor das Tiefkühlgerät auf die höchste Stufe gestellt werden. Große Mengen sind in Raten einzufrieren. Achtung! Das Gefrierfach des Kühlschranks ist zum Tiefgefrieren völlig ungeeignet und sollte auf keinen Fall dafür verwendet werden.

Die Pilze können in einem üblichen Haushaltstiefkühlgerät bei mindestens -18 °C bis zu sechs Monate gelagert werden. Vor der Zubereitung werden die Pilze nicht aufgetaut, sondern tiefgefroren in die Pfanne gegeben. Frieren Sie keinesfalls Pilzgerichte oder aufgetaute Pilzpäckchen wieder ein, da sich das Pilzeiweiß sehr rasch zersetzt und zu einer akuten Lebensmittelvergiftung führen kann. Wenn Sie diese Maßnahmen beachten, werden Sie in der Winterzeit an einem Pilzgericht aus Ihrem Vorrat viel Freude haben.

Pilze trocknen

Bei einigen Pilzarten trägt das Trocknen zu einer wesentlichen Verbesserung des Aromas bei. Folgende Pilze sind dazu besonders geeignet: Morcheln *(Morchella)*, Morchelbecherlinge *(Disciotis venosa)*, Steinpilze *(Boletus edulis)*, Maronenröhrlinge *(Xerocomus badius)*, Rotfußröhrlinge *(Xerocomus chrysenteron)*, Trompetenpfifferlinge *(Cantharellus tubaeformis)*, Gelbe Kraterellen *(Cantharellus xanthopus)*, Herbsttrompeten

Steinpilze *(Boletus edulis)*, bereit zum Trocknen.

(Craterellus cornucopioides) und Habichtspilze *(Sarcodon imbricatus)*. Gut geeignet sind alle übrigen Röhrlinge *(Boletaceae)*, Trichterlinge *(Clitocybe)*, Ritterlinge *(Tricholoma)*, Schirmlinge *(Lepiota)* und Champignons *(Agaricus)* sowie das Stockschwämmchen *(Pholiota mutabilis)* und der Hallimasch *(Armillaria mellea)*. Bitte beachten Sie, daß folgende Pilze völlig ungeeignet zum Trocknen sind: Täublinge *(Russula)*, Milchlinge *(Lactarius)*, Boviste *(Bovista)* und Tintlinge *(Coprinus)* sowie der Pfifferling *(Cantharellus cibarius)*, Mairitterling *(Calocybe gambosa)*, Märzschneckling *(Hygrophorus marzuolus)*, Semmelstoppelpilz *(Hydnum repandum)*, Rötliche Gallerttrichter *(Tremiscus helvelloides)* und Eispilz *(Pseudohydnum gelatinosum)*.

Zuerst reinigt man die zum Trocknen geeigneten Pilze sorgfältig und schneidet sie danach längs in etwa 2–3 mm dicke Scheiben. Achtung, bei dieser Konservierungsart dürfen die Fruchtkörper nicht gewaschen werden, da sich wäßrige Pilzteile nicht mehr trocknen lassen. Empfehlenswert zum Trocknen der Pilzfruchtkörper sind die sogenannten „Dörrex"-Geräte, die bei richtiger Verwendung ideal sind. Eine andere Möglichkeit bietet der Backofen. Es ist darauf zu achten, daß die Ofentür ein wenig geöffnet bleibt und die eingestellte Temperatur 70 °C nicht übersteigt. Leider ist diese Konservierungsart nicht unbedingt zu empfehlen, da das Dörrgut meist schwarz und hart wird. Steht kein „Dörrex"-Gerät oder Backofen zur Verfügung, können die Pilze auch an der Luft getrocknet werden. Man fädelt die in dünne Scheiben geschnittenen Pilze auf einer Schnur auf oder legt sie auf ein Tuch und bewahrt sie an einem warmen, luftigen Ort auf, zum Beispiel auf dem Dachboden oder in der Nähe eines Ofens. Dabei sollte immer wieder geprüft werden, ob das Dörrgut nicht infolge von

Wärmemangel oder fehlender Belüftung verdirbt. Die Pilzstückchen sind trocken, wenn sie sich wie Papier anfühlen und beim Umbiegen keine Feuchtigkeit mehr austritt.

Zum Aufbewahren der getrockneten Pilze empfehle ich Ihnen, das Dörrgut in Gläser mit einem guten Verschluß zu füllen und diese an einen dunklen, trockenen Ort zu stellen. Achten Sie darauf, daß alle Pilzstückchen trocken sind. Feuchte Stückchen können ein ganzes Glas zum Verschimmeln bringen. Wenn Sie einen gut durchlüfteten Dachboden besitzen, können Sie das Dörrgut auch in einem Stoffsäckchen an der Decke aufhängen. Allerdings kann es hier von Schimmelpilzen oder Schädlingen wie Insekten befallen werden.

Vor der Zubereitung müssen die Dörrpilze für etwa zwei Stunden in kaltes Wasser eingelegt werden. Das Einlegewasser kann, dem Gericht beigegeben, für zusätzliches Aroma sorgen.

Pilze im eigenen Saft einmachen

Auch diese Methode ist durch die Möglichkeit des Tiefgefrierens etwas in Vergessenheit geraten. Geeignet sind besonders festfleischige Pilzarten wie Trichterlinge (Clitocybe), Ritterlinge (Tricholoma), Champignons (Agaricus), das Stockschwämmchen (Pholiota mutabilis), der Hallimasch (Armillaria mellea), Täublinge (Russula), Milchlinge (Lactarius), Leistlinge (Cantharellaceae), der Mairitterling (Calocybe gambosa), Schnecklinge (Hygrophorus), Riesenschirmlinge (Macrolepiota), der Semmelstoppelpilz (Hydrum repandum), der Habichtspilz (Sarcodon imbricatus) und verschiedene Röhrlinge (Boletaceae). Geeignet sind junge, frische Exemplare, die man reinigt, in grobe Stücke schneidet und mit kaltem oder lauwarmem Wasser etwas abspült. Danach gibt man die zerkleinerten Pilze in die Pfanne, würzt sie leicht und dünstet sie 15 bis

20 Minuten. Wasser wird nach Bedarf zugegeben. Die Pilze werden mitsamt dem Saft heiß in die vorgewärmten Weckgläser abgefüllt und diese mit Gummi und Deckel verschlossen. Anschließend sind die Gläser 60 Minuten bei 95 °C im Wasserbad zu sterilisieren. Man läßt sie langsam abkühlen und prüft nach einigen Tagen, ob die Gläser wirklich gut verschlossen sind. Lagern Sie die Gläser an einem kühlen Ort, am besten im Keller. Entfernen und vernichten Sie nicht einwandfreie Ware, die Sie bei einem Kontrollgang entdeckt haben, denn verdorbene Pilze sind bei Verzehr gesundheitsgefährdend. Der Arbeitsaufwand ist bei dieser Konservierungsart groß, aber für festfleischige Pilze lohnend.

Pilze in Essig

Dazu eignen sich Champignons (Agaricus) sowie der Pfifferling (Cantharellus cibarius), Mönchskopf (Clitocybe geotropa) und besonders die zu den Milchlingen (Lactarius) gehörenden Reizker. Verwenden Sie nur kleine, noch nicht völlig ausgewachsene Exemplare. Die gereinigten, zerkleinerten und gewaschenen Pilze werden in Salzwasser (ein Teelöffel Salz pro Liter Wasser) mit einem Schuß Essig etwa 15 Minuten gekocht. Danach werden sie in nicht allzu große Gläser gefüllt. Der bereits vorbereitete Sud, bestehend aus Weinessig mit Senf- und Pfefferkörnern, der je nach Geschmack mit Nelken, Wacholderbeeren, Tomaten, Peperoni, Karotten, Zwiebeln, Estragon und Dill verfeinert werden kann, wird aufgekocht und nach Belieben gewürzt. Die erkaltete Soße wird nun über die noch warmen Pilze gegossen. Die Gläser werden gut verschlossen. An einem kühlen Ort aufbewahrt, sind diese Leckerbissen über längere Zeit haltbar. An einem kalten Winterabend können sie zum Beispiel zu Raclette sehr gut schmecken.

Pilze selber kultivieren

Schon die Römer und Griechen versuchten, Pilze anzubauen. Eine einfache Methode führte dabei oft zum Ziel. Reife Pilzfruchtkörper legte man zur Absporung auf saubere Schnittflächen der entsprechenden Holzart und überließ sie anschließend sich selbst. Bedingt durch das warme Klima in den südlichen Breiten, konnte mit dieser Methode oft ein üppiges Pilzwachstum erreicht werden. In rauheren Gegenden wäre dieses Unterfangen mit Sicherheit zum Scheitern verurteilt gewesen.

Die ersten Champignonkulturen entstanden Anfang des 20. Jahrhunderts in Frankreich. Heute ist dieser Pilz weltweit bekannt und kaum noch von der Speisekarte wegzudenken. Obwohl schon zur Zeit der ersten Champignonkulturen bekannt war, daß auch Stockschwämmchen *(Pholiota mutabilis)*, Violette Rötelritterlinge *(Lepista nuda)*, Samtfußrüblinge *(Flammulina velutipes)* und Austernseitlinge *(Pleurotus ostreatus)* relativ einfach gezüchtet werden können, setzte sich damals eine Kultivierung dieser Arten nicht durch. Seit einigen Jahren ist es jedoch möglich, diese Pilze im eigenen Garten zu züchten. Ein Wunschtraum von manchem Hobbygärtner und Pilzliebhaber hat sich damit erfüllt. Gartencenter sowie Samenhandlungen bieten verschiedene Pilzarten in Fertigkulturen oder Pilzbruten an. Pilzbruten sind etwa einen Liter umfassende, ca. 500 g schwere Einheiten von sterilem Nährboden aus Stroh oder Getreidekörnern, die mit dem weißen Mycel völlig durchwachsen sind. Da diese Pilzbruten bei Wärme rasch von Schimmelpilzen befallen und zerstört werden, empfiehlt es sich, sie im Kühlschrank zu lagern. Zur Zeit ist es nur möglich, saprophytische Pilzarten anzubauen. Die Kultivierung von besonders beliebten Speisepilzen wie Steinpilzen

(Boletus edulis), Pfifferlingen *(Cantharellus cibarius)* und Morcheln *(Morchella)* wurde bis jetzt vergeblich versucht. Diese Arten können nur in enger Lebensgemeinschaft mit bestimmten Pflanzen leben und Fruchtkörper hervorbringen.

Heimkulturen

Der Zuchtchampignon *(Agaricus bisporus)* mit seiner weißen und braunen Varietät sowie der Austernseitling *(Pleurotus ostreatus)* werden im Handel in fertigen Kulturen angeboten. Damit schon nach kurzer Zeit die ersten Fruchtkörper geerntet werden können, ist der Nährboden beim Kauf bereits vom Mycel durchwachsen. Bei entsprechender Feuchte erscheinen die Pilzfruchtkörper innerhalb weniger Wochen. Diese anspruchslosen Kulturen werden immer beliebter. Beide Varietäten des Zuchtchampignons können gut in der Wohnung kultiviert werden. Wie Zimmerpflanzen nehmen sie nur wenig Platz ein. Kulturen von Austernseitlingen können auf dem Balkon, im Garten oder im Keller an einem schattigen Ort bei 14–22 °C untergebracht werden. Die Ernte in den eigenen vier Wänden macht viel Freude, außerdem vergehen von der Ernte bis zum Kochtopf nur wenige Minuten. Frischere Pilze können Sie nicht bekommen!

Pilzzucht im Garten

Anbaumethode auf Holz

Auf Holz kultivierte Pilze tragen über mehrere Jahre Fruchtkörper. Sämtliche Arten, die zur Zeit im Handel als Brut für Holzsubstrat angeboten werden, wachsen ausschließlich auf Laubholz. Für ein Beimpfen mit Pilzbrut sind Hölzer geeignet, die nach dem Schlagen nicht älter als drei bis fünf Monate sind. Frisches Holz ist für die Kultivierung ungeeignet, da das Pilzmycel nicht in der Lage ist, gesundes Holz zu durchwachsen. In vertrockneten und dadurch rissig gewordenen Stämmen und Ästen steht wiederum dem Mycel die nötige Feuchte nicht mehr zur Verfügung.

Bei den Hölzern unterscheidet man zwischen Hart- und Weichhölzern. Zum Hartholz zählen beispielsweise das Holz der Eiche, der Rotbuche, der Hainbuche, der Esche, des Ahorns und des Apfel- und Birnbaums, während das Holz der Birke, Linde, Weide, Erle oder Pappel zum Weichholz gerechnet wird. Auf Weichhölzern kultivierte Pilze bringen in der Regel schneller Fruchtkörper hervor als solche auf Harthölzern. Oft erntet man auf Weichholz noch im selben, sicher aber im folgenden Jahr nach dem Beimpfen; die Kultur bleibt etwa drei Jahre aktiv. Auf Hartholz kann oft erst nach einem Jahr geerntet werden, während die Kultur fünf bis sieben Jahre Fruchtkörper hervorbringt.

Damit die heikle Pilzbrut nicht unnötig lange im Kühlschrank aufbewahrt werden muß, wird sie erst kurz vor dem Beimpfen eingekauft. Die benötigten Laubholzklötze sollten im Durchmesser etwa 15–50 cm und in der Länge 30–50 cm groß sein. Nur der aus China und Japan stammende Shiitake *(Lentinula edodes)* benötigt 8–15 cm dicke und 90–120 cm lange Stämme oder Äste. Es gibt verschiedene Möglichkeiten, die Stämme zu beimpfen. Einmal können mehrere Löcher von mehr als 1 cm Durchmesser gebohrt, dann mit der entsprechenden Brut gefüllt und mit Holz- oder Korkzapfen verschlossen werden. Hauptsächlich bei Klötzen ist die folgende Methode geeignet: Von dem Klotz wird eine 2–5 cm dicke Scheibe abgesägt. Auf der Schnittfläche des stehenden Rundholzes wird die Brut 1 cm dick aufgetragen. Die abgesägte

Scheibe wird nun wieder aufgelegt und vorsichtig mit einem Nagel befestigt. Damit keine Schimmelpilze, Mäuse oder Schnecken eindringen und die Brut zerstören oder fressen können, sollte die Schnittstelle mit Plastik und Klebeband gut abgedichtet werden. Sehr einfach und erfolgreich ist die folgende Methode: Ein 2 cm breiter, quer verlaufender Schnitt wird am besten mit einer Motorsäge in der Mitte des Stammes angebracht. Dabei wird der Stamm ungefähr bis in die Mitte eingeschnitten. Der dabei entstandene Hohlraum wird mit der Brut sorgfältig aufgefüllt. Mit Plastik und Klebestreifen wird rundum gut abgedichtet. Beim Einimpfen ist auf äußerste Sauberkeit zu achten, da die Brut sonst verderben kann. Die Körnerbrut wird, um sie nicht unnötig mit den Händen zu berühren, am besten mit einem Eßlöffel aufgetragen.

Nun ist die erste und heikelste Arbeit abgeschlossen. Die Durchwachsphase kann beginnen. Die beimpften Hölzer werden an einem schattigen Ort aufgeschichtet. Um sie feucht zu halten, werden sie mit nassen Jutesäcken oder noch besser mit nassem Stroh abgedeckt. Darüber kommt eine gelochte Folie, die den Luftaustausch noch gewährleisten sollte. Diese wird mit Steinen oder Hölzern beschwert. Von Zeit zu Zeit sollte die Feuchtigkeit überprüft und gegebenenfalls vorsichtig Wasser nachgegossen werden. Temperaturen über 30 °C bringen das Mycel zum Absterben. Ein Schattendach kann dies verhindern. Optimal ist eine Temperatur von 20 °C.

Nach etwa zwei Monaten hat das Pilzmycel das Substrat durchwachsen. Im Frühling oder Sommer beimpfte Stämme werden im August, im August und September beimpfte Stämme im November ausgepackt. Stämme, die mit Shiitake-Pilzen *(Lentinula edodes)* beimpft wurden, sollten an einem schat-

Pilzzucht auf Holz: In einen Stamm wird ein Schnitt angebracht. Der Hohlraum wird mit Pilzbrut aufgefüllt (**links oben**) und mit Klebestreifen gut abgedichtet (**rechts oben**). Die Hölzer werden an einem schattigen Ort aufgeschichtet und, um sie feucht zu halten, mit nassem Stroh abgedeckt (**links unten**). Nach einigen Monaten hat das Mycel das Holz durchwachsen (**rechts unten**). Die Stämme können nun ausgepackt werden, und je nach Pilzart wird entsprechend weiterverfahren.

tigen, windgeschützten Ort aufgestellt werden. Mit Austernseitlingen *(Pleurotus ostreatus)*, Samtfußrüblingen *(Flammulina velutipes)*, Stockschwämmchen *(Pholiota mutabilis)* und Südlichen Schüpplingen *(Agrocybe cylindracea)* beimpfte Stämme sollten ebenfalls an einem schattigen Ort etwa 20 cm tief in die Erde vergraben werden, da diese Pilzarten den Erdkontakt brauchen, um gedeihen zu können. Sie entziehen dem

Boden die nötigen Substanzen, hauptsächlich Wasser. Bei längeren Trockenperioden sollte zurückhaltend gewässert werden. Der Ertrag dieser Kulturen beträgt je nach Holz- und Pilzart 15–20 % des Holzgewichts.

Anbaumethode auf Stroh

Der Riesenträuschling *(Stropharia rugosoannulata)* und der Austernseitling *(Pleurotus ostreatus)* können direkt auf hartgepreßten Strohballen gezogen werden. Hierfür ist Gersten-, Weizen- oder Roggenstroh geeignet. Die Ballen kann man bei fast jedem Bauern günstig kaufen. Es muß jedoch darauf geachtet werden, daß beim Getreideanbau keine Pilzbekämpfungsmittel eingesetzt worden sind. Dies würde das Wachstum des Mycels verhindern. Ebenfalls ist darauf zu achten, daß keine weiteren Pflanzenschutzmittel verwendet wurden, da die Pilze diese Stoffe in ihren Fruchtkörpern anreichern.

Bevor beimpft werden kann, muß der Strohballen gründlich gewässert werden. Dazu werden die Strohballen entweder in einem genügend großen Gefäß wie einer Tonne oder einer alten Badewanne zwei Tage völlig unter Wasser gesetzt oder mit dem Rasensprenger mehrere Tage bewässert. Da die Strohhalme mit einer wasserabstoßenden Wachsschicht überzogen sind, dauert es einige Tage, bis die Ballen richtig mit Wasser vollgesogen sind. Sie können dann mehr als 50 kg wiegen. Bevor man mit dem Beimpfen beginnt, muß der wassergetränkte Ballen einen Tag lang abtropfen.

Nun kann mit dem eigentlichen Beimpfen begonnen werden. Mit einem Pflanzensetzholz oder einem Stock werden die für die Pilzbrut benötigten Löcher gebohrt. Wichtig ist ein besonders sauberes Arbeiten. Hände und Arbeitsgeräte sollten vorher sorgfältig gereinigt werden. Pro Seite werden etwa acht Löcher mit ca. 10 cm Tiefe gebohrt,

Pilzzucht auf Stroh: Der gründlich gewässerte Strohballen wird beimpft (**links oben**). Nach zwei bis drei Monaten kommen die ersten jungen Pilzfruchtkörper zum Vorschein (**rechts oben**). Bald ist der Strohballen mit Fruchtkörpern übersät und reif zum Ernten (**links** und **rechts unten**) – in diesem Fall mit Riesenträuschlingen (*Stropharia rugosoannulata*).

in die man jeweils ein Stückchen der Pilzbrut legt. Die Löcher werden dann durch Festtreten verschlossen. Zum Durchwachsen wird der beimpfte Strohballen an einen halbschattigen und windgeschützten Platz mit Erdkontakt gebracht. Um optimale Voraussetzungen zu schaffen, sollte der Strohballen mit nassen Jutesäcken und einer Lochfolie abgedeckt werden. Dabei sollte zum Luftaustausch seitlich eine größere Fläche unbedeckt bleiben. Bei Temperaturen zwischen 5 und 25 °C wächst das

Mycel heran. Nach etwa zwei Monaten wird die Folie entfernt. Acht bis zwölf Wochen nach dem Beimpfen erscheinen die ersten Pilzfruchtkörper.

Anbaumethode auf Spezialkompost

Für den Zuchtchampignon *(Agaricus bisporus)*, Schopftintling *(Coprinus comatus)* und Violetten Rötelritterling *(Lepista nuda)* wird sogenannter Champignonkompost im Handel in Säcken abgepackt angeboten. Damit kann man sich die recht komplizierte Herstellung dieses Substrats sparen. Meist wird zum Kompost auch noch die entsprechende Menge Deckerde geliefert.

Bevor man mit dem Beimpfen des Substrats beginnt, prüft man zuerst den Spezialkompost auf Feuchtigkeit. Ist er zu trocken, so gibt man 1–2 l lauwarmes Wasser dazu. Man sollte besonders darauf achten, daß der Kompost durch die Zugabe des Wassers noch kompakt bleibt. Nun kann man mit der Beimpfung beginnen. Am besten leert man den ganzen Sack mit dem Kompost in einen Kunststoffbehälter (50 l). Sauberkeit ist dabei das erste Gebot. Hände, Behälter und eventuell benötigte Werkzeuge müssen vorher gewaschen und gereinigt werden. Die aus dem Kühlschrank entnommene Brut wird nun mit dem Kompost im Behälter gemischt. Anschließend wird das Gemisch wieder in den Plastiksack zurückgeschüttet. Der Sack wird verschlossen, und für eine ausreichende Luftzufuhr werden einige Schlitze eingeschnitten. Im Keller, auf dem Balkon oder im Freien durchwächst das Pilzmycel das Substrat bei konstanter Feuchtigkeit in zwei bis drei Wochen. Optimale Bedingungen herrschen bei Temperaturen zwischen 20 und 23 °C. Bei Temperaturen über 30 °C stirbt das Mycel ab. Nach drei Wochen wird der Sack geöffnet und oben zurückgestülpt, damit eine freie Fläche entsteht. Die mitgelieferte Deckerde wird befeuchtet,

möglichst gleichmäßig über die Kultur ausgebreitet und etwas angedrückt. Nach weiteren zwei Wochen sind die ersten Pilzfäden in der Deckerde sichtbar. Außer beim Anbau des Violetten Rötelritterlings sollte man nun, um die Bildung der Fruchtkörper anzuregen, mit einer Drahtbürste die Oberfläche der Deckerde sorgfältig aufrauhen. Die Kultur wird in einem Raum oder im Garten an einem schattigen, windgeschützten Ort bei 16–18 °C plaziert. Champignons können ohne weiteres in einem dunklen Keller ohne Licht gedeihen, während Schopftintlinge und Violette Rötelritterlinge etwas Helligkeit brauchen.

Unter guten Voraussetzungen kann nach zwei bis drei Wochen geerntet werden. In mehreren Schüben mit Pausen von wenigen Tagen sprießen die Fruchtkörper aus dem Substrat. Um die Kultur feucht zu halten, kann während der Wachstumspausen vorsichtig etwas Wasser nachgegossen werden. Beim Ernten sollten sämtliche Pilzreste entfernt werden, um kein Ungeziefer anzulocken. Erschöpfte Kulturen können, wenn sie für die Pilzzucht keine Verwendung mehr finden, im Garten als guter Kompost dienen.

Kulturpilze

Ausschließlich auf Holz kultivierbar:

Shiitake
(Lentinula edodes)

Der Shiitake-Pilz (s. S. 102 oben) ist einer der ältesten Kulturpilze der Welt. Schon seit mehr als 2000 Jahren wird er in China und Japan als etwas Besonderes, sogar als Lebenselixier, beschrieben und verzehrt. Neuere Forschungsergebnisse bestätigen, daß frische Shiitake-Pilze eine starke Senkung des Cholesterinspiegels im Blut bewirken. Auch getrocknete Shiitake-Pilze senken den Cholesterinspiegel, aber in etwas gerin-

Standort: Halbschattig, im Freien und in geschlossenen Räumen.
Nährboden: Ausschließlich auf Laubholzstämmen oder Ästen von Hainbuche, Buche, Eiche oder Birke mit einem Durchmesser von 8–15 cm und einer Länge von 90–120 cm.
Anbauzeit: Februar bis Juni und August bis November.
Ernte: Erste Ernte meist erst im folgenden Frühling.

Samtfußrübling
(Flammulina velutipes)

Der Samtfußrübling (s. links unten) fruchtet als einer von wenigen Pilzen im Winter. Wildwachsend kann er bei uns angetroffen werden. Da er jedoch außerhalb der Pilzsaison Fruchtkörper bildet, wird er meist übersehen. Bei Temperaturen über dem Gefrierpunkt von 2–14 °C wachsen die Fruchtkörper auch unter der Schneedecke heran. Kenner schätzen ihn als besondere Abwechslung im winterlichen Speiseplan. Auch ihm wird nachgesagt, daß er krebshemmende Stoffe enthält.

Standort: Halbschattig und windgeschützt.
Nährboden: Ausschließlich auf Laubholzklötzen von Buche, Esche, Pappel, Weide, Birke, Linde und Eiche mit einem Durchmesser von 15–50 cm und einer Länge von 30–50 cm.
Anbauzeit: Februar bis Juni und August bis November.
Ernte: Erste Ernte bei Frühjahrsbeimpfung oft schon im folgenden Herbst und Winter.

Stockschwämmchen
(Pholiota mutabilis)

Die Fruchtkörper des wildwachsenden Stockschwämmchens (s. rechte Seite) trifft man bei uns vom Frühling bis in den Herbst hinein in Büscheln auf Laubholzstrünken an. Wildwachsende

Oben: Shiitake *(Lentinula edodes).*

Unten: Samtfußrübling *(Flammulina velutipes).*

gerem Maße. Zusätzlich wurden krebshemmende Stoffe in diesen Pilzen nachgewiesen.

Stockschwämmchen können mit den tödlich giftigen Nadelholzhäublingen *(Galerina marginata)* verwechselt werden. Deshalb sollten gesammelte wildwachsende Stockschwämmchen bei einer Pilzberatungsstelle überprüft werden. Bei selbstgezüchteten Pilzen entgeht man dieser Verwechslungsgefahr. Die Fruchtkörper des Stockschwämmchens sind sehr wohlschmeckend und zart. Als Suppeneinlage, Soße oder Pilzgemüse schmeckt dieser einheimische Speisepilz vorzüglich.

Standort: Halbschattig und windgeschützt.
Nährboden: Ausschließlich auf Laubholzklötzen von Rotbuche, Hainbuche, Esche, Erle, Espe, Pappel, Weide, Birke und Eiche mit einem Durchmesser von 15–50 cm und einer Länge von 30–50 cm.
Anbauzeit: Februar bis Juni und August bis November.
Ernte: Erste Ernte bei Frühjahrsbeimpfung oft nach einem Jahr.

Südlicher Schüppling
(Agrocybe cylindracea)

Wie der Shiitake zählt auch der Südliche Schüppling zu den ältesten Kulturpilzen. Die Römer, die als Feinschmecker Pilze als Leckerbissen schätzten, machten die ersten Kulturversuche mit diesem aromatischen Pilz. Noch heute wird er in Süditalien angebaut. Da er hohe Temperaturen benötigt, gestaltet sich der Anbau bei uns etwas schwierig. In Gewächshäusern bei entsprechender Feuchte kann er jedoch erfolgreich kultiviert werden.

Standort: Halbschattig und windgeschützt.
Nährboden: Ausschließlich auf Laubholzklötzen von Pappel und Weide mit einem Durchmesser von 15–50 cm und einer Länge von 30–50 cm.

Anbauzeit: April bis September.
Ernte: Erste Ernte bei Frühjahrsbeimpfung oft schon im folgenden Herbst.

Auf Holz und Stroh kultivierbar:

Austernseitling
(Pleurotus ostreatus)

Dieser seitlich gestielte Holzbewohner (s. S. 104) wird unter dem Namen

Stockschwämmchen *(Pholiota mutabilis)*.

„Austernpilz", manchmal sogar etwas übertrieben als „Kalbfleischpilz" vermarktet. Wegen seines hohen, leicht verwertbaren Eiweißgehalts und seines Gehalts an B-Vitaminen wird er sehr geschätzt. Fruchtkörper von wildwachsenden Austernseitlingen findet man im Spätherbst oder in milden Wintern an diversen toten Laubhölzern.

Der Austernseitling kann sowohl auf Holz wie auch auf Stroh kultiviert werden. Drei Typen werden unterschieden: der Wintertyp, der nur unter 15 °C fruktifiziert, der Sommertyp, der 15–25 °C benötigt, und der Ganzjahrestyp, der bei Temperaturen zwischen 6 und 28 °C Fruchtkörper bildet. Die im Handel angebotenen Bruten enthalten meist den Ganzjahrestyp.

Standort: Halb- bis vollschattig, windgeschützt und möglichst bei hoher Luftfeuchtigkeit.

Nährboden: Gesundes Getreidestroh, das nicht mit Fungiziden behandelt worden ist, oder Laubholzklötze von Buche, Eiche, Birke, Pappel, Weide und Obstbäumen mit einem Durchmesser von 15–50 cm und einer Länge von 30–50 cm.

Anbauzeit: Ganzjährig.

Ernte: Bei Kultur auf Stroh erste Ernte nach drei bis fünf Monaten, auf Holz meist erst im folgenden Jahr.

Ausschließlich auf Stroh kultivierbar:

Riesenträuschling
(Stropharia rugosoannulata)

Im Handel wird dieser dunkelsporige Pilz als Braunkappe bezeichnet. Wildwachsend findet man ihn eher selten. Er bevorzugt als Substrat verrottete pflanzliche Abfälle. Obwohl dieser Pilz auf Stroh einfach kultivierbar ist, wurde erst Anfang der 60er Jahre damit begonnen. Sein Fleisch ist recht zart und wohlschmeckend.

Austernseitling (Pleurotus ostreatus).

Standort: Halbschattig, windgeschützt.

Nährboden: Gesundes Getreidestroh, das nicht mit Fungiziden behandelt worden ist.

Anbauzeit: Februar bis Juni und August bis November.

Ernte: Je nach Jahreszeit zwischen acht bis zwölf Wochen und fünf Monaten.

Auf Spezialkompost kultivierbar:

Schopftintling
(Coprinus comatus)

Der Schopftintling (s. rechte Seite oben) ist einer der zartesten Speisepilze. Nicht selten kann man seine Fruchtkörper wildwachsend schon im Frühling bei Flußläufen in Auenwäldern antreffen. Die meisten findet man jedoch im Herbst.

Wissenschaftliche Untersuchungen haben gezeigt, daß Fruchtkörper von Schopftintlingen blutzuckersenkende Wirkstoffe enthalten, wobei der Gehalt in wildwachsenden Fruchtkörpern größer ist als in kultivierten. Geerntete Fruchtkörper sollten sofort verwertet werden, da sie innerhalb weniger Stunden zu einer schwarzen, tintenartigen Flüssigkeit zerfließen.

Standort: Im Freien oder in Scheunen, in Kellern, auf dem Balkon und in Gewächshäusern.

Nährboden: Champignonkompost.

Anbauzeit: Im Freien von Mai bis August, in Räumen ganzjährig.

Ernte: Nach acht bis zehn Wochen.

Zuchtchampignon
(Agaricus bisporus)

Der Zuchtchampignon (s. unten) hat als Speisepilz dank der französischen Küche die ganze Welt erobert. Dieser wohlschmeckende Pilz wird als weiße oder braune Varietät angeboten. Üblicherweise werden nur geschlossene, noch nicht zur Sporenreife gelangte Fruchtkörper geerntet und verkauft. Da reife Exemplare ebenfalls eßbar und sogar aromatischer sind, kann man durchaus auch größere, ausgewachsene Pilzfruchtkörper ernten. Obwohl dieser professionell gezogene Pilz an jeder Ecke gekauft werden kann, ist die vereinfachte Anbaumethode mit speziellem Champignonkompost dennoch beliebt und macht dem Hobbyanbauer besonderen Spaß.

Links: Schopftintling (Coprinus comatus).
Unten: Zuchtchampignon (Agaricus bisporus).

Standort: In Scheunen, Kellern, Garagen, Waschräumen oder auf dem Balkon und in Gewächshäusern.
Nährboden: Champignonkompost.
Anbauzeit: Ganzjähr g.
Ernte: Zwischen drei bis vier und zwölf Wochen nach Beimpfen.

Violetter Rötelritterling
(Lepista nuda)

Im Herbst, wenn d e Nächte kühler werden, kann man die Fruchtkörper dieses Pilzes, der auch als „Violetter Ritterling" vermarktet wird, wildwachsend in unseren Wäldern finden (s. oben). Mit seinen hell- und dunkelvioletten

Violetter Rötelritterling *(Lepista nuda)*.

Farben fällt er besonders auf. Er ist ein schmackhafter Pilz, der Soßen und Suppen mit seinem Aroma verzaubert.

Standort: Im Freien oder in kühlen Räumen wie Scheunen und Kellern.
Nährboden: Champignonkompost.
Anbauzeit: Bei Anbau im Freien Mai oder Herbst, in kühlen Räumen ganzjährig.
Ernte: Nach sechs bis zehn Wochen.

Pilze, die nahezu mit Gold aufgewogen werden

Die Aromastoffe vieler Speisepilze werden von Feinschmeckern nicht nur hoch geschätzt, sondern auch entsprechend bezahlt. Zu diesen kostbaren Delikatessen zählen die unterirdisch wachsenden Echten Trüffel *(Tuber)*, die wie die bekannten Morcheln *(Morchella)* zu den Schlauchpilzen *(Ascomycetes)* gehören. Die Trüffelkultur steckt voller Geheimnisse. Um wachsen zu können, stellen Trüffel besondere Ansprüche: Sie benötigen ein mildes Klima, kalkreiche Böden, geeignete Baumpartner, Sonnenschein und vorwiegend Trockenheit mit Gewittergüssen zur rechten Zeit. Erst nach acht bis zehn Jahren Mycelwachstum werden die ersten Fruchtkörper gebildet. Nach 20 bis 30 Jahren ist das Pilzmycel erschöpft, so daß zur Ernte andere Plätze gefunden werden müssen.

Die knolligen Fruchtkörper sind bekanntlich wie Kartoffeln 3–30 cm tief in der Erde vergraben. Wie werden sie gefunden? Schweine, die durch den durchdringenden Duft reifer Exemplare angezogen werden, finden diese Kleinode auf Anhieb. Deshalb wurden diese Tiere als willkommene und erfolgreiche Trüffelschnüffler eingesetzt. Der Trüffelsucher mußte jedoch ganz besonders auf der Hut sein, damit sein Schwein diese Kostbarkeiten nicht vor seinen Augen verschlang. Heute werden nur noch selten Schweine zur Trüffelernte eingesetzt. Vermehrt werden Hunde abgerichtet, die mit ihrer feinen Nase zur Trüffelsuche ebenso geeignet sind wie die Schweine. Hunde haben den Vorteil, wendiger, unauffälliger und nach Auffinden der Beute weniger gefräßig zu sein. Erfahrene Trüffelsucher führen ihre Hunde während der Erntezeit, meist sogar nachts, an ihre streng geheimgehaltenen Plätze und graben die durch den Hund aufgestöberten Pilzknollen vorsichtig aus dem Boden. Immer wieder werden neue Pilzgründe entdeckt und für spätere Jahre im Gedächtnis behalten. So hat schon manch versierter Trüffelsucher viele Plätze gefunden, was ihm ein Vermögen und Ruhm einbrachte.

Die wohl teuerste unter den Trüffeln ist die Weiße Piemont-Trüffel oder Magnaten-Trüffel *(Tuber magnatum)*, die je nach der wetterabhängigen Ernteausbeute bis über 5000 DM pro Kilogramm kosten kann. Diese besondere, weißlich gefärbte Trüffel, die Königin unter ihnen, kommt in Norditalien bei den Städten Alba und Acqualanga vor. Magnaten-Trüffel sind Mykorrhizapartner der Eiche, gehen aber auch mit Linden und Pappeln eine Partnerschaft ein. Die Erntezeit reicht von Ende September bis Anfang Dezember. Ein Trüffelknollen erreicht normalerweise ein Gewicht von 40 bis 100 Gramm. Wie bei den meisten Trüffelarten wird die nach Knoblauch schmeckende Knolle vorzugsweise als Gewürzpilz verwendet. In feinen Scheiben wird der zuvor gebürstete und auf keinen Fall geschälte Fruchtkörper traditionell roh über warme Nudelgerichte, Polenta und Risottos gehobelt. Ein betörender Duft läßt manchem Feinschmekker das Herz höher schlagen, und mit Genuß wird das einzigartige Gericht verzehrt.

Nicht nur in Italien, sondern auch in Frankreich wächst eine bekannte Art, die Périgord-Trüffel *(Tuber melanosporum)*. Zwischen Clermont-Ferrand und Bordeaux liegt das Städtchen Périgueux. Östlich und südlich davon gedeihen diese echten Schwarzen Trüffel. Mit Hunden, aber auch mit Schweinen wird nach ihnen in den umliegenden Eichenwäldern und vereinzelt bei Haselsträu-

chern gesucht. Jährlich werden von Mitte
November bis Ende März um die zwei
Tonnen geerntet. Auf dem Markt kostet
das Kilogramm bis zu 1500 DM.

Bekannt sind auch die in beiden
Gebieten vorkommenden, ebenfalls
schwarzen Sommer-Trüffel (*Tuber
aestivum*, Erntezeit Juni bis Dezember,
s. rechts) und Winter-Trüffel (*Tuber brumale*, Erntezeit im Winter). Beide sind
eßbar und wohlschmeckend, kommen
aber qualitativ nicht an die Périgord-Trüffel heran. Nicht selten wird die häufige
Schwarze Gekröse-Trüffel *(Tuber
mesentericum)* zusammen mit den
anderen beiden verkauft. Sie gilt aber als
zweitklassig und nicht besonders wohlschmeckend.

Die wohlschmeckende Sommer-Trüffel (*Tuber
aestivum).*

Pilzgifte – Giftpilze

Seit Pilze gesammelt und gegessen
werden, hat es Pilzvergiftungen gegeben. Im Laufe der Zeit hat sich aus
guten und schlechten Erfahrungen ein
Wissen angesammelt, das bis heute
erhalten blieb und laufend durch neue
Erkenntnisse ergänzt wird. Pilzgifte sind
besonders bekannt und gefürchtet. Da
viele eßbare und giftige Pilzarten sehr
ähnliche Fruchtkörper hervorbringen,
sind oft Verwechslungen aufgrund man-
gelhafter Kenntnisse für Vergiftungen
verantwortlich. Nur durch ein sicheres
Erkennen der eßbaren und giftigen Pilzarten ist man vor gefährlichen Vergiftungen geschützt. Dafür gibt es leider keine
allgemeinen Regeln. Nahezu in allen
Pilzfamilien und -gattungen sind Giftpilze vertreten. Keine Farbe oder Form
der Fruchtkörper sagt etwas über die

Giftigkeit aus. Prachtvolle sowie un-
scheinbare Fruchtkörper können sich
durchaus als giftig entpuppen und
umgekehrt. Auch beim Kochen gibt es
keine Methode, mit der man eßbare von
giftigen Pilzfruchtkörpern unterscheiden
kann. Alte Praktiken wie das Mitkochen
von einem silbernen Löffel oder anderen
Gegenständen, die sich bei giftigen
Fruchtkörpern verfärben sollten, erwiesen sich als Irrwege. Solche abergläubi-
schen Experimente sind schon manchem zum Verhängnis geworden.

Trotz aller Warnungen werden jährlich
unzählige, darunter tödlich verlaufende
Pilzvergiftungen gemeldet. Die drei wichtigsten und schwersten Vergiftungen
rufen die Knollenblätterpilze (*Amanitaceae*), die Frühjahrslorchel (*Gyromitra
esculenta*) und verschiedene Schleier-

linge (Cortinarius) hervor. Mangelhafte Kenntnisse und der falsche Stolz, seine Ware nicht bei einer Pilzberatungsstelle kontrollieren zu lassen, können die Ursachen solcher Vergiftungen sein.

Sicherheit hat Vorrang! Wir verwenden nur Pilze, die wir absolut sicher bestimmen können und die nach der neuesten Literatur als eßbar gelten. Treten die geringsten Zweifel auf, sollten wir eine Pilzberatungs- oder Kontrollstelle aufsuchen, der das gesamte Sammelgut zur Überprüfung vorgelegt werden sollte. Auf den folgenden Seiten werden die wichtigsten Pilzgifte und Giftpilze vorgestellt.

Amanitin

Vergiftung durch Knollenblätterpilze (Amanitaceae), kleine Schirmlinge (Lepiota) und den Nadelholzhäubling (Galerina marginata).

Unter den Knollenblätterpilzen findet man die giftigsten Pilzarten. Der Verzehr von Fruchtkörpern des Grünen Knollenblätterpilzes (Amanita phalloides, s. rechts oben), des Spitzkegeligen Knollenblätterpilzes (Amanita virosa) und des Frühlings-Knollenblätterpilzes (Amanita verna) ist für den Menschen ohne frühzeitige Erkennung und sofortige Gegenmaßnahme tödlich. Diese drei Pilzarten enthalten Amatoxine, die zu den gefährlichsten Giftstoffen überhaupt zählen. Amatoxine sind Zellgifte und wirken hauptsächlich auf Leberzellen. Sie sind sehr beständig; durch Kochen, Trocknen oder Wässern wird ihre Wirkung nicht vermindert. Im allgemeinen beträgt bei Erwachsenen die tödliche Dosis 50 g Frischpilz, während bei Kindern, die wesentlich empfindlicher reagieren und von einer Pilzvergiftung besonders schwer betroffen sind, nur 5–10 g tödlich sein können. Dieselben Giftstoffe enthält auch der Nadel-holzhäubling (Galerina marginata, s. rechts unten), der dem eßbaren Stockschwämmchen (Pholiota mutabilis) zum Verwechseln ähnlich sieht. Der Fleischrötliche Giftschirmling (Lepiota brunneoincarnata) und andere kleine Schirmlingsarten enthalten ebenfalls Amatoxine. All diese Giftpilze schmecken, laut Aussagen von Betroffenen, weder bitter noch zäh, sondern sehr gut. Der Geschmack des Pilzgerichts läßt also keinesfalls Rückschlüsse auf die Giftigkeit zu.

In der Regel machen sich die ersten Krankheitszeichen wie Brechdurchfälle zehn bis zwölf Stunden nach der Mahl-

Oben: Grüner Knollenblätterpilz (Amanita phalloides).
Unten: Nadelholzhäubling (Galerina marginata).

zeit bemerkbar, können jedoch auch schon sechs oder erst 24 Stunden nach der Mahlzeit auftreten. Diese lange Latenzzeit ist für Vergiftungen mit Amatoxinen typisch. Eine kürzere Latenzzeit schließt jedoch eine Knollenblätterpilzvergiftung nicht aus, da in einem Mischgericht auch Giftpilze enthalten sein können, die schon nach kurzer Zeit Krankheitszeichen verursachen. Die Brechdurchfälle mit Bauchkoliken halten zwei bis vier Tage an. Gleichzeitig kann es, bedingt durch den Wasserverlust, zu Blutdruckabfall, Pulsanstieg, Wadenkrämpfen, Austrocknung und Schock kommen. Häufig tritt dann eine scheinbare Besserung ein. Später zeigen sich die ersten Anzeichen einer Leberschädigung. Nach vier bis sieben Tagen tritt der Tod durch Leberversagen ein, wenn die aufgenommene Giftmenge groß genug war und nicht frühzeitig mit einer leberschützenden Therape begonnen wurde. Hierfür hat sich seit einigen Jahren der Wirkstoff Silybinin, der aus der Mariendistel *(Silybum marianum)* gewonnen wird, als besonders wirksames Mittel erwiesen.

Die meisten Vergiftungen sind auf den Grünen Knollenblätterpilz *(Amanita phalloides)* zurückzuführen. Die Bezeichnung „Grüner Knollenblätterpilz" ist oft irreführend, da die Hüte nicht nur in verschiedenen Grüntönen erscheinen, sondern auch von oliv über weiß bis gelblich gefärbt sein können. Obwohl Knollenblätterpilze *(Amanitaceae)* im Gegensatz zu Champignons *(Agaricus)* weiße und nicht rosa Lamellen aufweisen, sind Verwechslungen, besonders von jungen Pilzfruchtkörpern, die häufigste Ursache dieser äußerst ernsten Vergiftung.

Gyromitrin

Vergiftung durch die Frühjahrslorchel *(Gyromitra esculenta)* und den Kronenbecherling *(Sarcosphaera coronaria)*.

Die Frühjahrslorchel (s. links unten) galt getrocknet bis vor wenigen Jahren noch als hervorragender Speisepilz und wurde lange Zeit in großen Mengen importiert und im Handel zum Verkauf angeboten. In den letzten Jahren wurde in vielen europäischen Ländern der Verkauf von getrockneten Lorcheln glücklicherweise verboten.

Die Giftigkeit der frischen Pilzfruchtkörper ist zweifellos schon seit langer Zeit bekannt. Der Giftstoff, das Gyromitrin, verflüchtigt sich jedoch durch ein Trocknen der Fruchtkörper fast vollständig. Auch durch mehrmaliges Abbrühen kann man den Giftgehalt stark verringern, so daß nur noch eine kleine Restmenge zurückbleibt. Trotzdem können auch solchermaßen vorbehandelte Pilze schwere Vergiftungen hervorrufen. Außerdem kann beim Abkochen das in den Dampf übergegangene Gift eingeatmet werden. Kinder sind durch ihr geringes Gewicht und ihre erhöhte Empfindlichkeit von einer Vergiftung besonders betroffen. Erwachsene vertragen vergleichsweise die sechsfache Menge.

Erste Krankheitszeichen treten nor-

Frühjahrslorchel *(Gyromitra esculenta*, der Durchmesser des Geldstücks beträgt 3,1 cm).

malerweise 6 bis 24 Stunden nach der Pilzmahlzeit auf (Latenzzeit). Mattigkeit, Kopfschmerzen, heftiges Erbrechen und Bauchkoliken künden die Vergiftung an. Schwere Vergiftungen verursachen einen Zerfall der roten Blutkörperchen oder eine Leberschädigung, die bis zum Tode führen kann.

Häufig sind Verwechslungen mit eßbaren Morcheln *(Morchella)* für Vergiftungen verantwortlich. Ähnliche Vergiftungserscheinungen ruft der Kronenbecherling hervor.

Orellanin

Vergiftung durch den Orangefuchsigen Hautkopf *(Cortinarius orellanus)*, Spitzgebuckelten Rauhkopf *(Cortinarius rubellus)*, Schöngelben Klumpfuß *(Cortinarius splendens)* und andere Schleierlinge *(Cortinarius)*.

Seitdem 1952 in Polen 135 Personen nach dem Genuß von Orangefuchsigen Hautköpfen erkrankten und 19 davon starben, ist bekannt, daß zu den Schleierlingen auch tödliche Giftpilze zählen, die das Nierengift Orellanin enthalten. In den letzten Jahren tauchten vermehrt Berichte über Vergiftungen mit Nierenversagen auf, die dem Spitzgebuckelten Rauhkopf (s. rechts oben) und dem Schöngelben Klumpfuß zugeschrieben werden.

Tage oder erst Wochen nach der Pilzmahlzeit kündigt sich die Erkrankung mit ersten Krankheitszeichen wie Müdigkeit, Durst und Nierenschmerzen an. Diese lange Latenzzeit läßt meist weder Arzt noch Patient vermuten, daß dafür Pilzgifte verantwortlich sind.

Um Vergiftungen mit Schleierlingen zu vermeiden, sollte nur die Schleiereule *(Cortinarius praestans)* als Speisepilz verwendet werden.

Spitzgebuckelter Rauhkopf *(Cortinarius rubellus)*.

Magen-Darm-Gifte

Vergiftung durch den Karbolegerling *(Agaricus xanthoderma)*, Riesenrötling *(Entoloma sinuatum)*, Ölbaumtrichterling *(Omphalotus olearius)*, Kahlen Krempling *(Paxillus involutus)*, Tigerritterling *(Tricholoma pardalotum)*, Satansröhrling *(Boletus satanas)*, Grünblättrigen Schwefelkopf *(Hypholoma fasciculare)*, die Bauchwehkoralle *(Ramaria pallida)*, scharf schmeckende Milchlinge *(Lacta-*

Satansröhrling *(Boletus satanas)*.

rius) und Täublinge *(Russula)* sowie andere.

Unter dieser Gruppe wird eine Vielzahl roh und gekocht giftiger Pilze zusammengefaßt. Der Genuß dieser Pilze führt zu unangenehmen, aber nur selten lebensgefährlichen Magen- und Darmbeschwerden, die in der Regel keine Folgeschäden hinterlassen. Viele verschiedene, zur Zeit meist noch unbekannte Giftstoffe sind für diese Vergiftungen verantwortlich. Die ersten Krankheitszeichen, hauptsächlich Erbrechen und Durchfall, können eine Viertelstunde bis zu vier Stunden nach der Mahlzeit auftreten. Kinder erkranken in der Regel sehr viel schwerer als Erwachsene. In seltenen Fällen kann der Wasser- und Salzverlust tödliche Folgen haben.

Eine große Anzahl der bekannten Giftpilze enthält solche Magen-Darm-Gifte. Gefährlich sind beispielsweise der Riesenrötling und Tigerritterling. Der Riesenrötling bevorzugt warme Standorte. Infolge des milden Klimas in den letzten Jahren trat er gehäuft auf. Wegen einer gewissen Ähnlichkeit und denselben Standortansprüchen kann er mit der in Massen auftretenden Nebelkappe *(Clitocybe nebularis)* verwechselt werden. Der fleischige, grauhütige Tigerritterling liebt kalkhaltige Laubwälder. Er kann leicht mit dem Erdritterling *(Tricholoma terreum)* verwechselt werden. Bereits kleine roh genossene Stückchen des Satansröhrlings (s. S. 111 unten) verursachen starke Vergiftungserscheinungen, während die Wirkung des Giftes gekocht etwas nachläßt. Dieser eher seltene, wärmeliebende Pilz bevorzugt Buchenwälder mit kalkhaltigen Böden und fruchtet bereits schon im Sommer. Seine robusten, großen und schweren Fruchtkörper wirken für eine Pilzmahlzeit sehr einladend. Alte Exemplare riechen widerlich nach Aas und lassen glücklicherweise vom Sammeln Abstand neh-

men. Von unerfahrenen Pilzsammlern wird dieser hellhütige Röhrling wegen seines kräftigen Habitus und der röhrigen Fruchtschicht oft für einen Steinpilz *(Boletus edulis)* gehalten. Noch viele andere Pilze, hauptsächlich die in der Überschrift erwähnten Arten, verursachen mehr oder weniger dieselben unangenehmen Magen- und Darmbeschwerden.

Muscarin

Vergiftung durch Rißpilze *(Inocybe)* und kleine Trichterlinge *(Clitocybe)*.

Eine Vergiftung durch das Nervengift Muscarin äußert sich nach einer Latenzzeit von Minuten bis zu zwei Stunden durch typische Schweißausbrüche, gefolgt von Bauchkoliken und Brechdurchfällen. Weitere Symptome sind Speichelfluß, verlangsamte Herztätigkeit und verengte Pupillen. Schwere Vergiftungen enden mit Lungen- oder Herzversagen. Dieser Giftstoff wurde zuerst im Fliegenpilz *(Amanita muscaria)* entdeckt und auch nach ihm benannt. Die Muscarin-Konzentration im Fliegenpilz ist jedoch, wie sich später herausstellte, sehr gering, während Rißpilze und kleine

Kegeliger Rißpilz *(Inocybe rimosa)*.

Trichterlinge zehn- bis zweihundertfach höhere Konzentrationen enthalten. Bei Vergiftungen durch Muscarin kann ein aus der Tollkirsche gewonnenes Gegengift, Atropin, verabreicht werden, das die Muscarinwirkung weitgehend aufhebt.

Häufig findet man die Fruchtkörper des sehr giftigen ziegelroten Rißpilzes (Inocybe erubescens) zur selben Zeit und an demselben Standort wie die des eßbaren Mairitterlings (Calocybe gambosa). Verwechslungen der beiden weißlichen Fruchtkörper können zu Vergiftungen führen. Der Kegelige Rißpilz (Inocybe rimosa, s. linke Seite) und Seidige Rißpilz (Inocybe geophylla) zählen ebenfalls zu den besonders giftigen Rißpilzen. Die giftigsten Vertreter der kleinen Trichterlinge sind der Bleiweiße Firnißtrichterling (Clitocybe phyllophila), Feldtrichterling (Clitocybe dealbata) und Rinnigbereifte Trichterling (Clitocybe fragrans). Um Verwechslungen zu entgehen, sollten kleine, weiße Pilzfruchtkörper grundsätzlich nicht gesammelt werden.

Ibotensäure und Muscimol

Vergiftung durch den Fliegenpilz (Amanita muscaria) oder den Pantherpilz (Amanita pantherina).

Vergiftungen durch den Fliegenpilz (s. rechts oben) sind eher selten, da schon jedem Kind dieser knallrote, mit weißen Punkten besetzte Giftpilz bekannt ist. Als Droge mit halluzinogenen Eigenschaften findet er in bedenklichem Maße vermehrt Liebhaber. Für eine Vergiftung sind nicht nur die Substanzen Ibotensäure und Muscimol verantwortlich, sondern vermutlich auch weitere Giftstoffe, die noch nicht isoliert werden konnten. Das in kleinen Mengen enthaltene Muscarin ist bei einer Vergiftung nur von nebensächlicher Bedeutung.

Oben: Fliegenpilz (Amanita muscaria).

Unten: Pantherpilz (Amanita pantherina).

Nach einer kurzen Latenzzeit von einer halben Stunde bis zu zwei Stunden treten psychische Veränderungen auf, die sich in Bewußtseinsstörungen, Halluzinationen und Rauschzuständen äußern können. Bei einer starken Vergiftung kann eine Bewußtlosigkeit mit eventuellem Atemstillstand und Kreislaufkollaps eintreten. In der Regel klingt die Vergiftung jedoch nach einem tiefen Schlaf in 10 bis 15 Stunden ab. Eine Vergiftung durch den Pantherpilz (s. rechts unten), der die gleichen Giftstoffe enthält, ruft wesentlich stärkere

Symptome hervor. Immer wieder wird fälschlicherweise behauptet, daß junge Fruchtkörper des Fliegenpilzes durch das Abziehen der Huthaut eßbar werden. Solche Experimente sind absolut nicht empfehlenswert. Tatsache ist, daß Fliegenpilze und Pantherpilze je nach Standort, Witterung und anderen Einflüssen verschieden hohe Giftkonzentrationen aufweisen, so daß ein Verzehr dieser Pilze sehr unberechenbar und deshalb äußerst gefährlich ist.

Psilocybin und Psilocin

Vergiftung durch „Drogenpilze".

Einige Pilzarten enthalten Substanzen, die vor allem auf das Nervensystem wirken und Halluzinationen hervorrufen. Da diese Arten unauffällig klein und für den Sammler, der Pilze zu Speisezwecken erntet, uninteressant sind, kommen unbeabsichtigte Vergiftungen kaum vor. In der europäischen Drogenszene spielen diese Pilze außer in England durch einen schwankenden, häufig sogar sehr geringen Giftstoffgehalt nur

eine Nebenrolle. In den USA finden sie aufgrund höherer Giftstoffkonzentrationen als Droge wesentlich mehr Verwendung. Die halluzinogenen Substanzen sind hauptsächlich Psilocybin und Psilocin. Ihre Wirkung ist am ehesten mit LSD vergleichbar, das ursprünglich aus einer solchen Pilzart isoliert wurde und nun künstlich hergestellt wird. Erste Symptome äußern sich eine Viertelstunde bis zu zwei Stunden nach dem Verzehr. Der Trip dauert einige Stunden und wird glücklicherweise nicht selten als beängstigend empfunden, so daß der erste Konsum von „Drogenpilzen" oft zugleich der letzte ist.

Der auf Wiesen wachsende Spitzkegelige Kahlkopf *(Psilocybe semilanceata)* und Krönchenträuschling *(Stropharia coronilla,* s. unten links) sind Beispiele für bei uns vorkommende „Drogenpilze".

Coprin

Vergiftung durch den Faltentintling *(Coprinus atramentarius)* zusammen mit Alkoholgenuß.

Der Faltentintling (s. unten rechts) enthält einen Substanz namens Coprin, die den Alkoholabbau im menschlichen Körper blockiert. Dieser vorzüglich

Links: Krönchenträuschling *(Stropharia coronilla).*
Rechts: Faltentintling *(Coprinus atramentarius).*

schmeckende Pilz kann nur gegessen werden, wenn ein bis zwei Tage vor und nach sowie während der Mahlzeit kein Tropfen Alkohol getrunken wird. Werden diese Maßnahmen nicht befolgt, tritt eine heftige Kreislaufreaktion ein, die einen bedrohlich wirkenden Verlauf bis hin zu Kollaps und Herzrhythmusstörungen nehmen kann. Ähnliche Vergiftungserscheinungen können der Netzstielige Hexenröhrling *(Boletus luridus)* und der Keulenfüßige Trichterling *(Clitocybe clavipes)* verursachen.

Was tun bei Pilzvergiftungen und Vergiftungsverdacht?

Bei den ersten Anzeichen einer Pilzvergiftung sollte unverzüglich ein Arzt, Krankenhaus oder eine Giftnotrufzentrale benachrichtigt werden. Sofort Brechreiz auslösen und Magen entleeren! Pilzreste und Erbrochenes sicherstellen, um eine Artbestimmung zu ermöglichen und eine entsprechende Therapie einleiten zu können. Bei gefährlichen Vergiftungen ist die Zeit bis zum Auftreten der ersten Krankheitszeichen häufig länger als bei leichten. Eine kurze Latenzzeit schließt jedoch eine Doppelvergiftung mit einem zweiten, gefährlicheren Giftpilz nicht aus! Bei Symptomen, die mehr als vier Stunden nach dem Verzehr eintreten, besteht ein Verdacht auf eine Vergiftung mit dem tödlich giftigen Grünen Knollenblätterpilz *(Amanita phalloides)*. Hier ist sofort die Krankenhauseinweisung aller am Essen beteiligten Personen einzuleiten.

Antikörperreaktion

Vergiftung durch wiederholten Genuß des Kahlen Kremplings *(Paxillus involutus)*.

Kahler Krempling *(Paxillus involutus)*.

Seit wenigen Jahren ist bekannt, daß der Kahle Krempling (s. oben) nach wiederholtem Genuß, meist erst nach Jahren, sehr schwere Vergiftungen hervorrufen kann. Ein noch unbekannter Wirkstoff verursacht eine plötzlich einsetzende Abwehrreaktion, die ein leukämieähnliches Krankheitsbild verursacht und bei der es zu einem Zerfall der roten Blutkörperchen kommt. Nicht selten kann diese ernste Vergiftung tödlich verlaufen. Brechdurchfälle, die direkt nach einem Verzehr auftreten, werden jedoch von Magen-Darm-Giften verursacht (s. S. 111 f.). Obwohl in älteren Büchern der Kahle Krempling als eßbarer und schmackhafter Pilz beschrieben wird, sollte er als Speisepilz keine Verwendung finden.

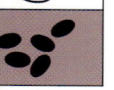

Strubbelkopfröhrling

Strobilomyces strobilaceus (S. floccopus)

Hut: 5–10 cm, Oberfläche mit pyramidenförmigen, abstehenden, braunschwarzen Schuppen bedeckt, dazwischen graubräunlich bis fast weiß, jung halbkugelig, dann gewölbt, Rand unregelmäßig fransig, die Röhren überragend, jung mit hellgrauen Velumresten behangen.

Röhren: Mündungen jung weiß, später graubräunlich mit Olivton, auf Druck bräunend, rundlich bis eckig, Röhren weißlich bis grau, breit angewachsen bis etwas herablaufend.

Stiel: Grobflockig, längsfaserig, mit vergänglicher, watteartiger Ringzone, zylindrisch, gegen die Spitze etwas erweitert, voll.

Fleisch: Weißlich, im Schnitt erst bräunlichrosa, später schwärzlich verfärbend, schwammig, im Stiel holzig, zäh, Geschmack mild, Geruch etwas erdartig.

Sporen: 10–13/9–10 μm, netzig-gratig, Sporenpulver schwärzlich.

Wert: Kein Speisepilz, schmeckt bitter.

Vorkommen: Im Nadel- und Laubwald, meist einzeln, erscheint von Juli bis Oktober.

Bemerkungen: Der düstere und überwiegend grau gefärbte Strubbelkopfröhrling kann mit keinem anderen Röhrling verwechselt werden.

Porphyrröhrling

Porphyrellus porphyrosporus

Hut: 5–12 cm, graubraun bis schwärzlichbraun, bisweilen hellere Flecken, jung halbkugelig, dann gewölbt, Oberfläche fein samtig, Rand bei jungen Exemplaren einge-bogen, dann scharf abgegrenzt und überstehend.

Röhren: Mündungen jung grau, dann graubraun, auf Druck erst grü-nend, dann rötend oder schwär-zend, Röhren gleichfarbig oder hel-ler, am Stiel breit bis ausgebuchtet angewachsen.

Stiel: Hutfarben, zylindrisch bis bauchig, an der Spitze eher etwas schlanker, Oberfläche fein samtig bis längsfaserig, Basis oft weißfilzig.

Fleisch: Weiß oder weißgrau, verfärbt sich manchmal rötlich oder blaugrün, Geschmack mild, etwas erdartig, Geruch unangenehm muffig.

Sporen: 15–18/6–7 µm, glatt, Sporenpulver rotbraun.

Wert: Kein Speisepilz, etwas bit-ter, schonenswert.

Vorkommen: Im Laub- und Nadelwald, eher selten, erscheint von Juni bis Oktober.

Bemerkungen: Manche Autoren unterscheiden zwei Arten, eine Laubwaldform *(P. porphyrosporus)* und eine Nadelwaldform *(P. pseu-doscaber).*

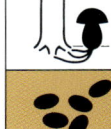

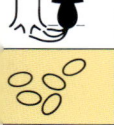

Hasenröhrling

Gyroporus castaneus

Hut: 4–10 cm, erst kastanienbraun, dann zimtbraun, im Alter strohgelb bis ockerlich, jung halbkugelig, dann gewölbt und verflacht, im Alter bisweilen niedergedrückt, dickfleischig, Oberfläche feinfilzig, dann glatt, Rand scharf.

Röhren: Mündungen jung weiß, dann schwach zitronengelb, Röhren gleichfarbig, am Stiel angewachsen oder fast frei.

Stiel: Hutfarben, gebrechlich, zylindrisch, vom Hut leicht abtrennbar, jung voll, dann schwammig bis zellig, Oberfläche erst filzig, dann glatt, Basis oft bauchig bis leicht keulig.

Fleisch: Weiß, im Schnitt unveränderlich weiß bleibend, brüchig, Geruch und Geschmack mild.

Sporen: 7–11,5/4,5–6 µm, glatt, Sporenpulver gelblich.

Wert: Eßbar, aber unbedingt schonenswert.

Vorkommen: Im Laubwald, oft bei Eichen, seltener im Nadelwald, auf sauren, sandigen Böden, selten, erscheint von Juli bis Oktober.

Bemerkungen: Oft ist sein Stiel ähnlich wie, jedoch weniger gekammert als bei seinem nächsten Verwandten, dem Kornblumenröhrling (*G. cyanescens*), s. S. 119. Beide Pilzarten sind sehr selten.

Kornblumenröhrling

Gyroporus cyanescens

Hut: 4–10 cm, strohgelb bis ockerlich, jung halbkugelig, dann gewölbt und abgeflacht, Oberfläche haarig bis filzig, Rand lange eingebogen und die Röhren etwas überragend.

Röhren: Mündungen jung weiß, später hellgelb, bei Druck kornblumenblau anlaufend, Röhren blaßgelb, blauend, am Stiel ausgebuchtet angewachsen.

Stiel: Strohgelblich, bauchig bis keulig, mehrfach gekammert, im Alter wattig ausgestopft bis hohl, Oberfläche filzig, gegen die Basis glatt.

Fleisch: Im Schnitt sofort kornblumenblau verfärbend und schmutzig grauweiß ausblassend, Geruch schwach, Geschmack mild.

Sporen: 8–16/4–8 µm, glatt, Sporenpulver ockergelb.

Wert: Eßbar, aber unbedingt schonenswert.

Vorkommen: Im Nadel- und Laubwald, liebt warme, windgeschützte Orte, selten, erscheint von Juli bis Oktober.

Bemerkungen: Der ebenfalls eßbare sowie seltene und schützenswerte Hasenröhrling *(G. castaneus)*, s. S. 118, unterscheidet sich durch nicht verfärbendes Fleisch und dunklere Farben in Hut und Stiel.

Hohlfußröhrling

Boletinus cavipes

Hut: 6–12 cm, gelb-, gold-, dunkel- bis rotbraun, jung gewölbt bis stumpfkegelig, bald abgeflacht und niedergedrückt, Oberfläche anfangs filzig und bald in Schüppchen aufgerissen, Rand scharf und mit Velumresten behangen.

Röhren: Mündungen gelb bis olivgrün, mit länglicher rechteckartig gezackter Form, gegen den Hutrand engmaschiger, Röhren olivgrün, am Stiel etwas herablaufend angewachsen.

Stiel: Mit einem mehr oder weniger ausgeprägten, hellen, faserhäutigen Ring, darüber gelblich, unter dem Ring gelbbräunlich gefärbt und etwas zugespitzt, zylindrisch, schon jung hohl, gegen die Basis verdickt.

Fleisch: Gelblich, schwammig, keinerlei Verfärbungen, Geruch angenehm pilzartig, Geschmack mild.

Sporen: 7–10,5/3–4 µm, glatt, Sporenpulver olivocker.

Wert: Eßbar, aber schonenswert.

Vorkommen: Lärchenbegleiter, erscheint von August bis Oktober.

Bemerkungen: Mit den vielen eindeutigen Merkmalen wie dem Standort bei Lärchen, der schuppigen Hutoberfläche, dem hohlen Stiel und dem Ring ist er nicht zu verwechseln.

Goldröhrling

Suillus grevillei

Hut: 4–10 cm, fuchsiggelb, orangebraun, gelb, jung halbkugelig, dann gewölbt bis abgeflacht, Oberfläche glatt, trocken klebrig, feucht stark schmierig, Rand glatt, die Röhren etwas überragend, jung mit weißen Velumresten behangen.

Röhren: Mündungen gelb, im Alter zimtfarbig, auf Druck zimtfarbig verfärbend, Röhren zitronengelb, am Stiel angewachsen.

Stiel: Mit einem gelbweißlichen, häutigen, vergänglichen Ring, unterhalb des Rings gegen die Basis hin auf gelbem Grund orangerot netzig, über dem Ring gelblich, Form meist zylindrisch, fleischig, voll, gegen die Basis bisweilen etwas verdickt.

Fleisch: Weißlich, hellgelb bis goldgelb, jung fest, bald schwammig, Geruch und Geschmack steinpilzartig.

Sporen: 8–11/3–5 μm, glatt, Sporenpulver gelblichbraun.

Wert: Eßbar, Huthaut abziehen.

Vorkommen: Lärchenbegleiter, erscheint von Juli bis Oktober.

Bemerkungen: Er kann mit dem Rostroten Lärchenröhrling *(S. tridentinus)*, s. S. 123, und mit dem Körnchenröhrling *(S. granulatus)*, s. S. 128, der nur unter zweinadligen Kiefernarten wächst, verwechselt werden. Beide Arten sind eßbar.

Grauer Lärchenröhrling

Suillus viscidus (S. aeruginascens)

Hut: 4–10 cm, weißgrau bis graubraun, jung halbkugelig, bald gewölbt und später abgeflacht, Oberfläche feucht schmierig und uneben, Rand lange eingerollt und mit weißen Velumresten behangen.

Röhren: Mündungen jung weißlich, später graubraun, auf Druck etwas nachdunkelnd, Röhren gleichfarbig, am Stiel breit angewachsen und etwas herablaufend.

Stiel: An der Spitze mit häutigem, vergänclichem Ring, der jung weißlich und alt bräunlich gefärbt ist, darüber weißlich bis gelblich, glatt, darunter grauweiß bis rotbräunlich, faserig bis schuppig, Form zylindrisch, gegen die Basis bisweilen etwas verdickt.

Fleisch: Weiß oder blaß graugelblich, besonders im Röhrenboden und im Stiel etwas gelb, seltener blaß bläulich oder grünlich verfärbend, Geruch obstartig, Geschmack mild.

Sporen: 10,5–13,5/3,5–6,2 µm, glatt, Sporenpulver grünlichbraun.

Wert: Eßbar.

Vorkommen: Lärchenbegleiter, erscheint von Juli bis Oktober.

Bemerkungen: Betrachtet man die grauen Röhrenmündungen und den Standort bei Lärchen, so ist es kaum möglich, ihn zu verwechseln.

Rostroter Lärchenröhrling

Suillus tridentinus

Hut: 5–10 cm, ockerbräunlich bis orangerötlich, jung halbkugelig, dann gewölbt, schließlich abgeflacht, manchmal etwas kegelig anmutend, Oberfläche jung schmierig, bald faserschuppig, Rand jung mit weißen, häutigen Velumresten behangen, später scharf.

Röhren: Mündungen eckig, jung kräftig orange, dann bräunlichorange, gegen den Stiel hin größer werdend, Röhren grünlichgelb.

Stiel: Mit einem rasch vergänglichen, weißlichen Ring, oberhalb davon glatt und orange gefärbt, gegen die Basis schwach faserig und mit etwas dunkleren Farbtönen,

Form zylindrisch, verbogen, Basis etwas bauchig.

Fleisch: Zitronengelb, im Schnitt langsam rötlich bis bräunlich verfärbend, fest, später schwammig, Geruch schwach fruchtartig, Geschmack mild.

Sporen: 9–13/4–6µm, glatt, Sporenpulver goldbraun.

Wert: Eßbar, aber schonenswert.

Vorkommen: Lärchenbegleiter, auf kalkhaltigen Böden, erscheint von Juli bis Oktober.

Bemerkungen: Ähnlich ist der Goldröhrling *(S. grevillei)*, s. S. 121, dessen Röhrenmündungen jedoch gelb gefärbt sind.

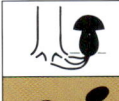

Helvetischer Körnchenröhrling

Suillus sibiricus var. *helveticus*

Hut: 4–8 cm, braun bis stroh-gelb, mit rötlichbraunen Faser-schüppchen, jung halbkugelig, dann gewölbt bis ausgebreitet, Oberflä-che feucht schmierig, trocken kleb-rig, Rand jung mit weißen Velumre-sten behangen.

Röhren: Mündungen eckig, ziemlich groß, gelblich, später auch rötlich, oft mit Guttationströpfchen besetzt, Röhren dunkelgelb, ausge-buchtet angewachsen bis herablau-fend.

Stiel: Hellgelbe Grundfarbe, mit braunrötlichen, klebrigen Drüsen-punkten besetzt, mit weißem, wolli-gem Ring, Form zylindrisch, etwas verbogen, Basis mit rosafarbenem Mycelfilz.

Fleisch: Blaßgelb, im Schnitt etwas bräunlich, Geruch angenehm nach Arvenharz, Geschmack mild.

Sporen: 9–12/3,5–4,5 µm, glatt, Sporenpulver braunoliv.

Wert: Eßbar, aber schonenswert.

Vorkommen: Unter Arven und Weymouths-Kiefern, erscheint von August bis Oktober.

Bemerkungen: Er kommt in den Alpen bis über 2000 m Höhe vor und ist deshalb kaum bekannt. In Nordrußland findet man die Haupt-form *S. sibiricus*. Ähnlich ist der dunklere Arvenröhrling *(S. plorans)*.

Butterpilz

Suillus luteus

Hut: 5–10 cm, dunkelbraun, seltener gelbbraun, Form jung halbkugelig, später gewölbt, im Alter flach, dickfleischig, Oberfläche feucht klebrig und schmierig, trocken seidig und matt, mit eingewachsenen braunen Fasern, Rand scharf und die Röhren überragend.

Röhren: Mündungen jung zitronengelb, später nachdunkelnd, Röhren ebenfalls zitronengelb, am Stiel angewachsen oder herablaufend.

Stiel: Mit häutigem, schwarzviolettem, aufsteigendem Ring, darüber blaßgelb mit bräunlichen Drüsenpunkten, darunter etwas heller weißgelblich mit denselben Punkten,

Form zylindrisch, gegen die Basis etwas verdickt.

Fleisch: Weißgelblich, jung zart, alt schwammig, Geschmack mild.

Sporen: 7–11/2,5–3,5 µm, glatt, Sporenpulver braun bis ockerlich.

Wert: Eßbar, Huthaut entfernen.

Vorkommen: Im Nadelwald, hauptsächlich bei Kiefern, seltener bei Fichten oder Lärchen, erscheint von Juni bis Oktober.

Bemerkungen: Eine Ähnlichkeit besteht zum Körnchenröhrling *(S. granulatus)*, s. S. 128, der meist dieselben Standortansprüche stellt, aber keinen Ring besitzt und einen helleren Hut aufweist.

Elfenbeinröhrling

Suillus placidus

Hut: 3–8 cm, jung elfenbeinweiß, dann gelb bis etwas bräunlich, Form jung halbkugelig, dann gewölbt, später abgeflacht mit stumpfem Buckel, Oberfläche feucht etwas schmierig, trocken klebrig.

Röhren: Mündungen jung weißlich, später gelb bis orangegelb, mit milchigen Guttationströpfchen, Röhren mit denselben Farben, am Stiel angewachsen.

Stiel: Weißer Grund, auf der ganzen Länge mit rotbraunen Drüsenpunkten besetzt, die im Alter allmählich nachdunkeln, Form zylindrisch, Basis etwas verjüngt.

Fleisch: Weiß, weich, im Alter schwammig, Geruch angenehm, Geschmack mild.

Sporen: 7–10,5/2,5–3,5 μm, glatt, Sporenpulver gelboliv.

Wert: Eßbar, aber schonenswert.

Vorkommen: Unter Arven und Weymouths-Kiefern, erscheint von Juni bis Oktober.

Bemerkungen: In Mitteleuropa ist dies der einzige Röhrling mit weißen Farben. Er fruchtet nur bei fünfnadligen Kiefernarten. Meist findet man ihn als Mykorrhiza-Partner der Arve in den Alpen. Aber auch bei angepflanzten nordamerikanischen Weymouths-Kiefern kommt er vereinzelt vor.

Ringloser Butterpilz

Suillus fluryi (S. collinitus)

Hut: 8–11 cm, rotbraun, kastanienbraun, jung halbkugelig, später gewölbt, dann abgeflacht, Oberfläche feucht schmierig bis klebrig, trocken seidig matt, feinfaserig, Rand lange eingerollt.

Röhren: Mündungen jung gelb, später olivgelb, auf Druck bräunend, Röhren mit denselben Farben und am Stiel ausgebuchtet angewachsen.

Stiel: Spitze zitronengelb, darunter bräunlich, voll, Oberfläche nicht klebrig, trocken, Basisteil rosafarben und mit rosafarbenem Mycelfilz.

Fleisch: Blaßgelb, in der Stielbasis schwach rotbraun gefärbt,

Geruch säuerlich, Geschmack mild.

Sporen: 7,5–10/3,5–4,5 μm, glatt, Sporenpulver orangeocker.

Wert: Eßbar, aber schonenswert.

Vorkommen: Unter zweinadligen Kiefernarten, auf kalkhaltigen Böden, selten, erscheint von August bis November.

Bemerkungen: Der seltene Ringlose Butterpilz unterscheidet sich vom Butterpilz *(S. luteus)*, s. S. 125, durch den fehlenden Ring und vom Körnchenröhrling *(S. granulatus)*, s. S. 128, lediglich durch seine rosafarbene Stielbasis. Er fruchtet bevorzugt in warmen Spätherbsten.

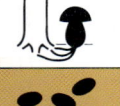

Körnchenröhrling

Suillus granulatus

Hut: 2–9 cm, gelb, ocker oder lederbraun, halbkugelig, später gewölbt, im Alter ausgebreitet, jung mit einer dicken, später verschwindenden Schleimschicht überzogen, Haut leicht abziehbar.

Röhren: Mündungen rundlich bis eckig, sondern jung und bei feuchtem Wetter milchweiße Guttationstropfen ab, die haften bleiben und eintrocknen; Röhren hellgelb, olivgelb bis trüb ocker.

Stiel: Blaßgelblich, sondert an der Spitze ebenfalls Guttationstropfen ab, zylincrisch, voll, fest, Basis etwas zugespitzt.

Fleisch: Weiß bis hellgelb, jung zart und fest, bald aber schwammig.

Sporen: 8–11/3–4,5 µm, glatt, Sporenpulver orangeocker.

Wert: Eßbar, Huthaut abziehen.

Vorkommen: Bei Kiefern, gerne auf Weiden, erscheint von Juni bis Oktober.

Bemerkungen: Eine Verwechslung mit dem Butterpilz *(S. luteus)*, s. S. 125, ist möglich. Dieser aber ist meist etwas größer, besitzt eine vergängliche Manschette sowie eine dunklere Huthaut. Der seltene Ringlose Butterpilz *(S. fluryi)*, s. S. 127, ist noch ähnlicher, hat aber eine rosafarbene Stielbasis. Beide sind eßbar.

Kuhröhrling

Suillus bovinus

Hut: 4–12 cm, dunkelgelblich bis orangebraun, jung gewölbt, dann abgeflacht, Oberfläche glatt, feucht schmierig, trocken klebrig, Rand scharf, mehr oder weniger verbogen.

Röhren: Mündungen weißlich, gelbgrünlich, dann braunoliv, groß, etwas längsgezogen, Röhren kurz, vom Hutfleisch nicht abtrennbar, gelblich, dann ockerlich mit grünem Beiton.

Stiel: Hutfarben, zylindrisch, meist verbogen, elastisch, Basis meist mit rosafarbenem Mycel.

Fleisch: Weißlich, cremefarben, mit schwachen rötlichen Beitönen,

Geruch unbedeutend, Geschmack bitterlich.

Sporen: 7–11/3–5 μm, glatt, Sporenpulver oliv.

Wert: Eßbar, nicht besonders schmackhaft.

Vorkommen: Unter zweinadligen Kiefernarten, erscheint von Juli bis Oktober.

Bemerkungen: Im Gegensatz zu den nah verwandten und ähnlichen Arten wie dem Körnchenröhrling *(S. granulatus)*, s. S. 128, und dem Sandröhrling *(S. variegatus)*, s. S. 130, wächst der Kuhröhrling büschelig und tritt in der Regel in größeren Mengen auf.

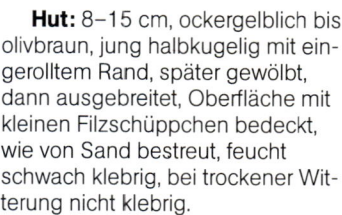

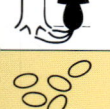

Sandröhrling

Suillus variegatus

Hut: 8–15 cm, ockergelblich bis olivbraun, jung halbkugelig mit eingerolltem Rand, später gewölbt, dann ausgebreitet, Oberfläche mit kleinen Filzschüppchen bedeckt, wie von Sand bestreut, feucht schwach klebrig, bei trockener Witterung nicht klebrig.

Röhren: Mündungen olivgelb, sehr klein, Röhren ockergelblich, im Schnitt schwach blauend.

Stiel: Etwas heller gefärbt als der Hut, zylindrisch, kahl bis schwach filzig.

Fleisch: Gelblich, schwach blauend, Geruch schwach säuerlich, Geschmack mild.

Sporen: 7,5–12/3–4 µm, glatt, Sporenpulver gelblich.

Wert: Eßbar, mittelmäßiger Speisepilz.

Vorkommen: Unter zweinadligen Kiefernarten, erscheint von August bis Oktober.

Bemerkungen: Ähnlich ist der Zirbenröhrling *(S. plorans)*, der aber bei Feuchtigkeit immer einen schmierigen Hut hat und an der Stielbasis durch das Mycel rosa gefärbt ist. Er kommt außerdem ausschließlich bei Arven (fünfnadlige Kiefernart) vor, während der Sandröhrling bei zweinadligen Kiefernarten fruchtet.

Ziegenlippe

Xerocomus subtomentosus

Hut: 3–12 cm, olivgelb, gelbokkerlich bis graubräunlich, jung halbkugelig, dann gewölbt, Oberfläche feinfilzig, matt.

Röhren: Mündungen goldgelb, relativ groß und eckig, Röhren ebenfalls goldgelb, meist ausgebuchtet angewachsen.

Stiel: Gelbocker, besonders an der Spitze rostbraun, bräunlich oder rotbräunlich längspunktiert, zylindrisch, meist etwas verbogen und gegen die Basis hin etwas verdickt.

Fleisch: Weißgelblich, im Stiel deutlich gelb, im Schnitt kaum blauend, Geruch schwach, Geschmack mild.

Sporen: 11–14/4–6 µm, glatt, Sporenpulver olivlich.

Wert: Eßbar, guter Speisepilz.

Vorkommen: Im Nadel- und Laubwald, erscheint von Juli bis Oktober.

Bemerkungen: Ähnlich ist der seltene Braune Filzröhrling *(X. spadiceus)*. Gelegentlich weist die Ziegenlippe braunrosafarbene Hüte auf. Dann kann sie mit dem Rotfußröhrling *(X. chrysenteron)*, s. S. 132, und dem Falschen Rotfußröhrling *(X. truncatus)*, der häufig bei Eichen auf sandigen Böden fruchtet, verwechselt werden. Alle diese Arten sind jedoch eßbar.

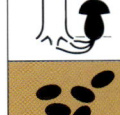

Rotfußröhrling

Xerocomus chrysenteron

Hut: 3–10 cm, gelb- bis dunkelbraun, mit olivfarbenen oder manchmal auch roten Beitönen, an Fraß- oder Rißstellen rötlich gefärbt, jung halbkugelig, dann gewölbt und später abgeflacht, Oberfläche feinfilzig bis samtig, bei Trockenheit oft typisch feldrig aufreißend.

Röhren: Mündungen jung blaßgelb, später olivgelb, relativ groß und eckig, auf Druck fast immer etwas blauend, Röhren hellgelb, am Stiel meist strichförmig herablaufend.

Stiel: Gelblich, mit unterschiedlich starken Rottönen überhaucht, selten auch ohne Rottöne, zylindrisch, bisweilen etwas verbogen, längsfaserig, Basis meist etwas verdickt.

Fleisch: Gelbweißlich, unter der Huthaut rot, schwach blauend, Geruch schwach, Geschmack mild.

Sporen: 10,5–16/4–6,5 µm, glatt, Sporenpulver olivbraun.

Wert: Eßbar, begehrter Speisepilz.

Vorkommen: Im Nadel- und Laubwald, sehr häufig, erscheint von Juli bis November.

Bemerkungen: Zum Verwechseln ähnlich ist der Falsche Rotfußröhrling *(X. truncatus)*, der bei Eichen vorkommt. Andere ähnliche Arten sind der Blutrote Röhrling

(X. rubellus), s. S. 134, die Ziegenlippe (X. subtomentosus), s. S. 131,
und der Braune Filzröhrling (X. spadiceus). Alle diese Arten sind eßbar.
In der kälteren Jahreszeit weisen die
Fruchtkörper des Rotfußröhrlings oft
nicht mehr den typischen rot überhauchten Stiel und die hellbraune
Hutoberfläche auf (rechts oben). Der
Stiel hat vorwiegend nur noch gelbe
und der Hut dunkelbraune Farbtöne.
Das Fleisch dieser Exemplare ist in
der Regel kaum von Insektenlarven
befallen und weniger schwammig.
Öfters sieht man verschimmelte Rotfußröhrlinge (rechts unten). Auch
gepflückte Pilzfruchtkörper können
besonders an warmen Tagen innerhalb kurzer Zeit an den Röhrenmündungen schimmelig werden.

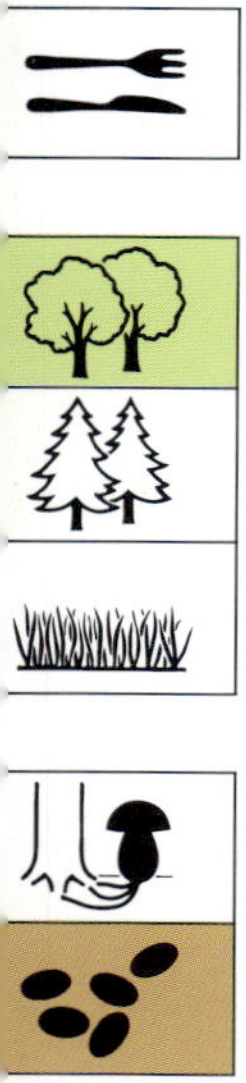

Blutroter Röhrling

Xerocomus rubellus

Hut: 3–7 cm, lebhaft blutrot, im Alter verblassend, etwas glänzend, jung halbkugelig, später flach und ausgebreitet, alt meist sogar etwas wellig verbogen.

Röhren: Mündungen zitronengelb bis goldgelb, später olivlich, Röhren grünlichgelb, am Stiel ausgebuchtet angewachsen.

Stiel: An der Spitze hellgelb punktiert, sonst rötlich wie der Hut, auf Druck leicht blauend, zylindrisch bis keulig, fast wurzelnd.

Fleisch: Gelblich, im Schnitt schwach blauend, Geruch schwach, Geschmack mild.

Sporen: 7–17/4–7 µm, glatt, Sporenpulver gelb- bis olivbraun.

Wert: Eßbar, aber schonenswert.

Vorkommen: Im Laubwald, an besonnten grasigen Stellen, eher selten, erscheint von Juli bis September.

Bemerkungen: Dieser Pilz kommt gerne in Parks und Auenwäldern bei Linden und Eichen vor. Eine Verwechslung mit besonders rot ausgefallenen Exemplaren des Rotfußröhrlings *(X. chrysenteron)*, s. S. 132, ist möglich. Der Blutrote Röhrling unterscheidet sich jedoch in den meisten Fällen deutlich durch seine auffallend blutrote Färbung von Hut und Stiel.

Maronenröhrling

Xerocomus badius

Hut: 3–15 cm, jung oft dunkelbraun bis fast schwarz und halbkugelig, später kastanienbraun, dunkelbraun, gewölbt, dann abgeflacht, schließlich ausgebreitet, trocken filzig-samtig, feucht etwas schmierig.

Röhren: Mündungen jung blaßgelb, dann grüngelb, auf Druck dunkelblau verfärbend, Röhren mit denselben Farben, am Stiel angewachsen und teilweise strichförmig herablaufend.

Stiel: Hellgelber Grund, mit dunkleren, ockerbräunlichen, feinen Längsfasern bedeckt, marmoriert, zylindrisch, Basis oft zugespitzt.

Fleisch: Weißlich, stellenweise gelblich, blauend, jung fest, später weich, Geruch schwach obstartig, Geschmack mild.

Sporen: 11–18/4,5–6 μm, glatt, Sporenpulver olivbraun.

Wert: Eßbar, guter Speisepilz. Da er in manchen Gegenden durch den Reaktorunfall in Tschernobyl mit radioaktivem Cäsium angereichert ist, sollte er nicht in großen Mengen gesammelt werden.

Vorkommen: Im Nadel- und Laubwald, häufig, erscheint von Juni bis November.

Bemerkungen: Durch den ungenetzten Stiel und das blauende Fleisch kaum zu verwechseln.

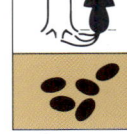

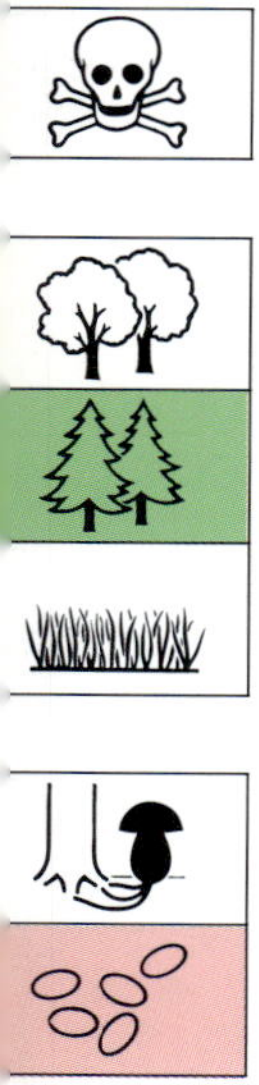

Gallenröhrling
Tylopilus felleus

Hut: 5–12 cm, honiggelb, mehr oder weniger hellbraun mit grauen Tönen, jung halbkugelig, dann gewölbt, später ausgebreitet, Oberfläche matt, filzig, bei feuchtem Wetter schwach schmierig.

Röhren: Mündungen jung weiß, dann schwach- bis braunrosa, auf Druck bräunlich, Röhren mit denselben Farben, relativ lang, am Stiel ausgebuchtet angewachsen.

Stiel: Bis auf die hellere Spitze hutfarben, mit mehr oder weniger deutlichem, meist grobem, braungelbem Netz, Form zylindrisch bis keulig.

Fleisch: Weiß, im Schnitt kaum verfärbend, Geruch angenehm, Geschmack sehr bitter.

Sporen: 11–15/3,5–5 µm, glatt, Sporenpulver rosabraun.

Wert: Giftig.

Vorkommen: Im Nadelwald, auf kalkarmen Böden, erscheint von Juli bis Oktober.

Bemerkungen: Trotz des bitteren Geschmacks, der rosafarbenen Röhrenmündungen und des dunkel genetzten Stiels wird der Gallenröhrling gerne mit dem Steinpilz *(Boletus edulis)*, s. S. 138, verwechselt. In größeren Mengen genossen, kann er heftige Magen-Darm-Beschwerden verursachen.

Sommersteinpilz

Boletus reticulatus (B. aestivalis)

Hut: 8–25 cm, jung dunkelbraun, dann hell milchkaffeebraun, erst halbkugelig, dann gewölbt, schließlich abgeflacht polsterförmig, dickfleischig, Oberfläche feinfilzig, bei Trockenheit und im Alter reißt die Huthaut oft schuppig auf; Rand stumpf.

Röhren: Mündungen jung weiß bis grauweiß, dann grüngelb, schließlich olivgrün, Röhren gleichfarbig, am Stiel ausgebuchtet angewachsen.

Stiel: Hellbraun, graubraun, mit weißem bis bräunlichem Netz, das bis zur Basis reicht, jung bauchig, dann keulig bis zylindrisch.

Fleisch: Weißlich bis cremefarben, unter der Huthaut hellbräunlich, weich, schwammig, Geruch angenehm, Geschmack mild, nußartig.

Sporen: 13,5–17/4–5 µm, glatt, Sporenpulver oliv.

Wert: Eßbar, guter Speisepilz.

Vorkommen: Im Laubwald, auf kalkhaltigen Böden, meist bei Buchen oder Eichen, erscheint schon ab Mai bis Juli.

Bemerkungen: Er fruchtet als einer der ersten Röhrlinge. Vom Steinpilz *(B. edulis),* s. S. 138, unterscheidbar durch die oft schuppig aufgerissene Huthaut und den dunkleren Stiel mit deutlichem Netz.

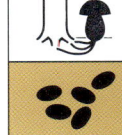

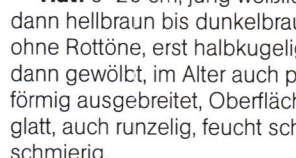

Steinpilz

Fichtensteinpilz, *Boletus edulis*

Hut: 6–20 cm, jung weißlich, dann hellbraun bis dunkelbraun ohne Rottöne, erst halbkugelig, dann gewölbt, im Alter auch polsterförmig ausgebreitet, Oberfläche glatt, auch runzelig, feucht schwach schmierig.

Röhren: Mündungen jung weißlich, dann gelb bis olivgrün, Röhren mit denselben Farben, leicht vom Hut abtrennbar, ausgebuchtet angewachsen.

Stiel: Weiß bis hellbräunlich, im oberen Teil mit einem deutlichen weißen, feinmaschigen Netz, jung meist bauchig, dann keulig, alt eher zylindrisch.

Fleisch: Jung weiß und fest, im Alter unter der Huthaut bräunlich und schwammig, Geruch angenehm, Geschmack nußartig.

Sporen: 14–17/4,5–5,5 µm, glatt, Sporenpulver olivbraun.

Wert: Eßbar, ausgezeichneter Speisepilz.

Vorkommen: In Nadel- und Laubwäldern, auf Lichtungen und an Waldrändern, erscheint von Juli bis November.

Bemerkungen: Ganz junge Exemplare (Embryonen, rechts unten) sind oft mit dem Stiel tief im Boden eingesenkt, so daß nur der bräunliche Hut herausragt. Ausgereifte Exemplare sind durch die gelben bis olivgrünen Röhrenmündungen und den gestreckten Stiel gekennzeichnet (rechts oben). Es gibt noch mehrere „Steinpilzarten", denen das mehr oder weniger ausgeprägte Stielnetz und das nicht verfärbende Fleisch gemeinsam ist: der Kiefernsteinpilz *(B. pinophilus)*, s. S. 140, mit rotbraunen Hut- und Stielfarben, der Sommersteinpilz *(B. reticulatus)*, s. S. 137, mit einer filzigen, meist schuppig aufgerissenen Huthaut und deutlichem Netz sowie der Schwarze Steinpilz *(B. aereus)* mit einem auffallend dunklen, schwärzlichen Hut. Alle diese „Steinpilze" gehören zu den besten und bekanntesten wildwachsenden Speisepilzen.

Kiefernsteinpilz

Boletus pinophilus (B. pinicola)

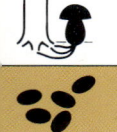

Hut: 6–15 cm, kastanienbraun, dunkel rotbraun, jung halbkugelig, später gewölbt, auffallend regelmäßig, dickfleischig, Oberfläche matt, runzelig, Rand scharf, die Röhren etwas überragend.

Röhren: Mündungen jung weißlich, dann cremefarben, gelbbräunlich, mit olivfarbenem Ton, Röhren blaß, später grünlichgelb, leicht ablösbar.

Stiel: Blaß rotbrauner Grund, mit weißlichem, gegen die Basis rotbraunem Netz, bauchig bis keulig, Basis mit weißlichem Mycel.

Fleisch: Weißlich, unter der Huthaut rötlich, fest bis schwammig, im Schnitt nicht verfärbend.

Sporen: 14–17/4,5–5,5 μm, glatt, Sporenpulver dunkeloliv.

Wert: Eßbar, ausgezeichneter Speisepilz.

Vorkommen: Besonders bei Kiefern, aber auch bei Laubbäumen, nicht häufig, erscheint von Mai bis August.

Bemerkungen: Mit viel Glück kann man ihn meist im Monat Juni in mehreren Exemplaren, ja oft sogar in Scharen finden. Er unterscheidet sich vom Steinpilz *(B. edulis)*, s. S. 138, durch den dunkleren Hut und Stiel und durch das frühe Erscheinen.

Schwarzblauender Röhrling
Boletus pulverulentus

Hut: 4–10 cm, rötlichbraun oder grauolivlich, auf Druck blauend bis schwärzend, jung halbkugelig, dann gewölbt, später abgeflacht, schließlich ausgebreitet mit vertiefter Mitte, Oberfläche glatt, fein samtig.

Röhren: Mündungen jung zitronengelb, dann olivgelb, besonders empfindlich gegen Druck, sofort schwarzblauend, Röhren mit denselben Farben, am Stiel angewachsen.

Stiel: Spitze zitronengelb, gegen die Basis braunrötlich bis purpurrot, Druckstellen ebenfalls schwarzblauend, zylindrisch, gegen die Basis zugespitzt.

Fleisch: Gelb, an der Luft sofort schwarzblauend, ohne besonderen Geruch, Geschmack mild.

Sporen: 10–18/4–7 µm, glatt, Sporenpulver oliv.

Wert: Eßbar.

Vorkommen: Im Nadel- und Laubwald, auf sandigen Böden, erscheint von Juli bis Oktober.

Bemerkungen: Obwohl die Hutoberfläche farblich sehr variiert, ist dieser Pilz durch die leuchtend gelben Röhrenmündungen und die sofortige schwarzblaue Verfärbung in allen Teilen des Fruchtkörpers kaum mit einem anderen Röhrling zu verwechseln.

Satansröhrling

Boletus satanas

Hut: 8–25 cm, weißlich, in Grau übergehend, im Alter mit olivbraunen Flecken, Fraßstellen zuerst gelblich, dann rötlich, jung halbkugelig, dann gewölbt, später etwas abgeflacht, fleischig, Oberfläche glatt, seidenmatt bis etwas glänzend, kahl, Rand scharf.

Röhren: Mündungen klein, rundlich, jung gelb, dann zunehmend in Karminrot übergehend, auf Druck blauend, Röhren lang, gelb bis olivgrün, Röhrenboden gelb.

Stiel: An der Spitze goldgelb, zur Basis mit karminrotem bis rotviolettem, feinem Netz, auf Druck sofort blauend, bauchig bis knollig.

Fleisch: Hellgelb, im Schnitt blauend, kompakt, Geruch unangenehm, reife Fruchtkörper aasartig, Geschmack mild.

Sporen: 10–16/5–7 µm, glatt, Sporenpulver olivbraun.

Wert: Giftig.

Vorkommen: Im Laubwald, auf kalkreichen Böden, bei Buchen, relativ selten, gesellig, erscheint von Juni bis September.

Bemerkungen: Nur unaufmerksame Sammler können ihn mit dem Steinpilz *(B. edulis)*, s. S. 138, verwechseln, von dem er sich deutlich unterscheidet. Er verursacht starke Magen-Darm-Beschwerden.

Wurzelnder Bitterröhrling

Boletus radicans

Hut: 8–20 cm, blaß grauweißlich, alt schmutzig gelbbräunlich, Druckstellen zuerst schwach grünblau, später bräunlich verfärbend, jung halbkugelig, dann gewölbt, später abgeflacht, meist etwas unregelmäßig vertieft.

Röhren: Mündungen zitronen- bis goldgelb, später oliv, bei geringster Berührung sofort schmutzigblau verfärbend, klein, Röhren gleichfarbig, blauend, am Stiel fast frei.

Stiel: Jung hellgelb mit gelblichem Netz, im Alter in Bräunlichgelb übergehend, bisweilen – meist in der Mitte – schwach rot gegürtelt, auf Druck blauend, Form jung knollig, später bauchig, dann keulig.

Fleisch: Weißlich bis hellgelb, im Schnitt sofort blauend, später wieder ausblassend, Geruch säuerlich, Geschmack charakteristisch bitter.

Sporen: 9–16/4–6 µm, glatt, Sporenpulver olivbraun.

Wert: Kein Speisepilz.

Vorkommen: Auf kalkreichen Böden im Laubwald, hauptsächlich bei Buchen, erscheint von Juli bis September.

Bemerkungen: Ähnlich ist der Schönfußröhrling *(B. calopus)*, s. S. 148, der sich durch den roten Stiel, das weniger blauende Fleisch und den Standort unterscheidet.

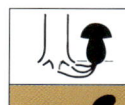

Sommerröhrling

Boletus fechtneri

Hut: 5–15 cm, jung grauweiß, silbergrau, später graubräunlich, auf Druck nach einiger Zeit rotbräunlich fleckend, jung halbkugelig, später gewölbt bis etwas abgeflacht, Oberfläche feinfilzig, nicht schmierig, Rand die Röhren überragend.

Röhren: Mündungen jung zitronengelb, dann rostbräunlich überhaucht, auf Druck blauend, Röhren gleichfarbig, im Alter olivbraun, ebenfalls blauend.

Stiel: Satt gelb, mit feinem, gelbem Netz, das von der Mitte bis zur Basis hin stellenweise karminrötlich überhaucht ist, jung bauchig, später zylindrisch mit keuliger Basis.

Fleisch: Das Hutfleisch verfärbt sich im Schnitt himmelblau, die Stielbasis rosa, sonst ist das Fleisch gelblich, Geruch angenehm, Geschmack mild.

Sporen: 9–16/5–6,5 μm, glatt, Sporenpulver olivbraun.

Wert: Eßbar, aber schonenswert.

Vorkommen: Im Laubwald, besonders unter Buchen, kalk- und wärmeliebend, selten, erscheint von Juli bis September.

Bemerkungen: Ähnlich sind der Satansröhrling *(B. satanas)*, s. S. 142, und der Wurzelnde Bitterröhrling *(B. radicans)*, s. S. 143, die auch im Laubwald vorkommen.

Netzstieliger Hexenröhrling

Boletus luridus

Hut: 6–20 cm, von oliv über orange- bis dunkelbraun, auch rötlich, Schneckenfraßstellen rötlich, halbkugelig, dann polsterförmig gewölbt, Haut feinfilzig wie Wildleder.

Röhren: Mündungen zuerst orangerot, dann orangegelblich, auf Druck stark blauend, Röhren gelb, dann olivgrün, Röhrenboden orangerot.

Stiel: Hellgelb bis orangegelb, fast gänzlich von einem deutlichen langgestreckten, roten Adernetz überzogen, an der Spitze lebhaft rot bereift, jung auf Druck stark blauend, nach kurzer Zeit fast in Schwarzblau übergehend, bauchig.

Fleisch: Blaßgelblich, in der Basis weinrötlich, blauend, Geschmack mild.

Sporen: 9–17/5–7 µm, glatt, Sporenpulver olivbräunlich.

Wert: Giftig.

Vorkommen: Im Laub- und Nadelwald, kalkliebend, gerne auf Lichtungen oder am Waldrand, erscheint von Juni bis Oktober.

Bemerkungen: Der Netzstielige Hexenröhrling ist nach neuesten Erkenntnissen als giftig zu betrachten. Sehr ähnlich ist der Flockenstielige Hexenröhrling *(B. luridiformis)*, s. S. 146, dessen Stiel mit roten Flocken besetzt ist.

Flockenstieliger Hexenröhrling

Boletus luridiformis (B. erythropus)

Hut: 5–15 cm, meist dunkelbraun, bisweilen auch dunkel ziegelrot, jung halbkugelig, dann polsterförmig, alt auch flach, kräftige und fleischige Erscheinung, Haut feinfilzig.

Röhren: Mündungen jung gelblicholiv, bald orange bis blutrot werdend, Mündungen und Röhren sofort blauend, relativ kleinporig, Röhren gelb bis olivgelb, am Stiel ausgebuchtet angewachsen, Röhrenboden gelb.

Stiel: Gelber Grund, flockenartig in Rot fein punktiert, nie netzig, sehr empfindlich auf Druck und sofort blauend, meistens bauchig oder auch leicht keulig, seltener zylindrisch

Fleisch: Gelb, im Schnitt sofort blauend, äußerst kompakt und hart.

Sporen: 11–19/4,5–7 µm, glatt, Sporenpulver olivbräunlich.

Wert: Nur gut gekocht und erhitzt eßbar.

Vorkommen: Im Laub- und Nadelwald, auf kalkfreien, sauren Böden, erscheint von Mai bis November.

Bemerkungen: Er ist auch unter dem Namen Schusterpilz bekannt. Sehr ähnlich ist der giftige Netzstielige Hexenröhrling *(B. luridus)*, s. S. 145, der aber einen netzigen Stiel aufweist.

Weinroter Purpurröhrling
Boletus rhodopurpureus

Hut: 6–15 cm, jung rosabraun, später purpurfarben bis weinrot, frische Fraßstellen auffallend hell weinrot, später aber gelb verfärbend, jung halbkugelig, dann gewölbt bis abgeflacht, Oberfläche matt, feinfilzig, meist etwas runzelig.

Röhren: Mündungen schon jung auffallend blutrot, auf Druck schmutzigblau verfärbend, Röhren gelb, im Schnitt blauend.

Stiel: Gelblicher Grund, mit sehr feinem, purpurrotem Netz, Basis kaum netzig oder flockig und stark dunkelrot flächig gefärbt, Form zylindrisch bis schwach keulig.

Fleisch: Gelb, unter der Huthaut rötlich, im Schnitt rasch, aber eher schwach blauend, Geruch säuerlich, Geschmack mild.

Sporen: 14–18/5,5–6,5 μm, glatt, Sporenpulver gelbbraun.

Wert: Kein Speisepilz, schonenswert.

Vorkommen: Im Laubwald, auf kalkhaltigen Böden und in warmen Lagen, erscheint von Mai bis Juli.

Bemerkungen: Dieser farbenprächtige, seltene Pilz ist nicht immer eindeutig zu bestimmen. Auch die frühe Erscheinungszeit trägt sicherlich zu seiner Unbekanntheit bei. Wie alle rotporigen Röhrlinge ist er nicht eßbar.

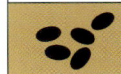

Schönfußröhrling

Boletus calopus

Hut: 6–15 cm, blaß hellbraun, graubraun bis olivlich, jung halbkugelig, dann gewölbt und etwas abgeflacht, Oberfläche meist etwas unregelmäßig wellig, matt, samtig, Rand lange eingerollt.

Röhren: Mündungen stets gelb, bei Berührung blaugrün verfärbend, Röhren ebenfalls gelb, ausgebuchtet angewachsen.

Stiel: Spitze gelblich, darunter bis hin zur Basis purpurrot mit feinem, länglichem Netz, Form keulig bis bauchig, fest und kräftig, an der Basis ist das weiße Mycel zu sehen.

Fleisch: Weißlich, blaß graugelblich, im Schnitt grünbläulich, Geruch unbedeutend, Geschmack bitter.

Sporen: 10–14/4–6 µm, glatt, Sporenpulver braunoliv.

Wert: Giftig.

Vorkommen: In Berg-Nadelwäldern, selten in Laubwäldern, erscheint von Juli bis Oktober.

Bemerkungen: Dieser Pilz wird gerne mit dem Satansröhrling (*B. satanas*), s. S. 142, verwechselt, dessen Röhrenmündungen aber rot gefärbt sind. Ebenfalls ähnlich ist der Wurzelnde Bitterröhrling (*B. radicans*), s. S. 143, der mit dem Schönfußröhrling am nächsten verwandt ist. Beide Doppelgänger findet man im Laubwald unter Buchen.

Pfefferröhrling

Boletus piperatus (Calciporus piperatus)

Hut: 2–8 cm, fuchsig, ockerlich oder etwas heller, jung halbkugelig, dann gewölbt, schon bald ausgebreitet, Oberfläche trocken matt, feucht etwas schmierig.

Röhren: Mündungen rostrot, dunkler als der Hut, relativ groß und eckig, Röhren gleichfarbig, am Stiel breit angewachsen und fast herablaufend.

Stiel: Gelb, fuchsig, an der Basis mit deutlichem gelbem Mycel, Form zylindrisch, dünn, Basis etwas zugespitzt.

Fleisch: Im Stiel lebhaft zitronengelb, im Hut fleischrot bis weinrot, jung fest, später etwas schwammig,

Geruch unbedeutend, Geschmack pfefferartig.

Sporen: 7–12/3–5 µm, glatt, Sporenpulver rötlichbraun.

Wert: Als Gewürzpilz eßbar.

Vorkommen: Im Nadelwald, auf Weiden, meist unter Fichten oder Kiefern, erscheint von Juni bis Oktober.

Bemerkungen: Der Pfefferröhrling kann getrocknet in kleinen Mengen als Gewürzpilz verwendet werden. Der Zwergröhrling *(B. amarellus)* ist ähnlich, jedoch etwas blasser gefärbt und besitzt zart rosafarbene Röhrenmündungen. Er ist weitaus seltener und nicht eßbar.

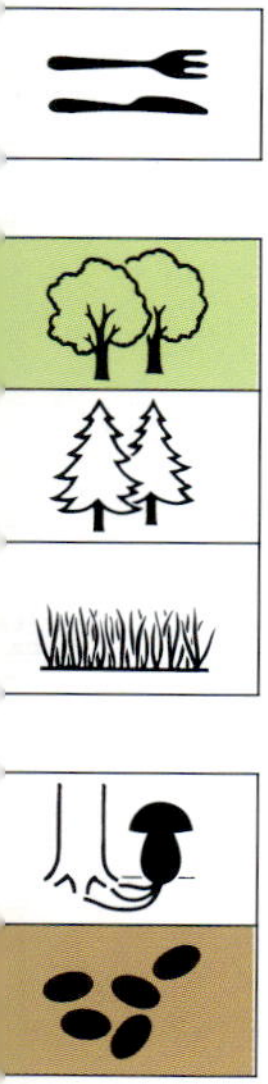

Espen-Rotkappe

Leccinum rufum (L. aurantiacum)

Hut: 6–20 cm, orangerot, fuchsig, jung kugelig, dann halbkugelig, später gewölbt, im Alter ausgebreitet, dickfleischig, Oberfläche glatt, feinfilzig, Rand scharf.

Röhren: Mündungen jung weiß, dann olivgrau, später olivgelblich, Röhren sehr lang, weißlich, ausgebuchtet angewachsen.

Stiel: Weißlich, jung mit weißlichen, dann mit orangefarbenen bis braunroten Schüppchen, zylindrisch, sehr lang, Basis etwas verdickt und bisweilen schwach gekniet.

Fleisch: Weißlich, im Stiel – hauptsächlich in der Basis – holzig, im Schnitt schwärzlich verfärbend, in der Stielbasis beim Anschneiden grünlich verfärbend, Geruch angenehm, Geschmack mild.

Sporen: 13–17/4–5 µm, glatt, Sporenpulver bräunlichocker.

Wert: Eßbar, guter Speisepilz.

Vorkommen: Bei Zitterpappeln (Espen), erscheint von Juli bis November.

Bemerkungen: Die Espen-Rotkappe ist wohl die bekannteste Rotkappe. Verwechslungen sind mit der Föhren-Rotkappe *(L. vulpinum)*, dem Eichen-Rauhfuß *(L. quercinum)* und der Birken-Rotkappe *(L. versipelle)* möglich. Diese Arten sind ebenfalls alle eßbar.

Pappel-Rauhfuß

Leccinum duriusculum

Hut: 6–16 cm, braungrau, Mitte etwas heller, gegen den Rand wie mit Ruß schwärzlich überzogen, jung halbkugelig, dann gewölbt bis abgeflacht, Oberfläche glatt bis fein runzelig, feucht etwas schmierig, trocken matt.

Röhren: Mündungen jung weiß, später gräulich, auf Druck bräunend, Röhren farblich gleich, am Stiel breit angewachsen.

Stiel: Weißlicher Grund, mit gräulichen, fast schwarzen, länglichen Schuppen besetzt, zylindrisch, lang.

Fleisch: Weiß, im Schnitt lachsrosa verfärbend, nicht schwärzend, die verletzte Stielbasis verfärbt sich hellgrün, fest, Geruch angenehm, Geschmack mild.

Sporen: 13–17/5–6 µm, glatt, Sporenpulver gelbbraun.

Wert: Eßbar, guter Speisepilz.

Vorkommen: Bei Zitterpappeln (Espen), erscheint von Juli bis Oktober.

Bemerkungen: Die grünende Stielbasis und das nicht schwärzende Fleisch sind konstante Bestimmungsmerkmale. Ähnlich ist der Gemeine Birkenpilz (*L. scabrum*), s. S. 153, der sich hauptsächlich durch seinen Standort bei Birken unterscheidet.

Hainbuchen-Rauhfuß

Leccinum griseum

Hut: 4–10 cm, gelbbraun bis dunkel graubraun, jung halbkugelig, später polsterförmig bis abgeflacht, Oberfläche meist typisch runzelig.

Röhren: Mündungen jung weiß, später graugelblich, auf Druck schwärzend, Röhren schmutzig-weißlich und schwärzend.

Stiel: Weißgrau, mit kleinen, grauschwarzen Schüppchen besetzt, zylindrisch, lang.

Fleisch: Weißlich, im Schnitt rötlich bis violett verfärbend, später schwärzend, nur jung fest, Geruch angenehm, Geschmack mild.

Sporen: 10–20/4–7 µm, glatt, Sporenpulver dunkelbraun.

Wert: Eßbar.

Vorkommen: Im Laubwald, meist bei Hainbuchen, wärmeliebend, nicht sehr häufig, erscheint von Juni bis Oktober.

Bemerkungen: Da die Hainbuche durch die intensive Forstwirtschaft seltener wird, gehen auch die Bestände ihres Partnerpilzes zurück. Am ehesten kann dieser mit dem ebenfalls eßbaren Gemeinen Birkenpilz *(L. scabrum)*, s. S. 153, verwechselt werden, der sich jedoch durch seinen Standort bei Birken deutlich unterscheidet. Sämtliche Rauhstielröhrlinge *(Leccinum)* gelten als gute Speisepilze.

Gemeiner Birkenpilz

Leccinum scabrum

Hut: 5–12 cm, gelbbraun, graubraun, jung halbkugelig, dann gewölbt, schließlich abgeflacht, Oberfläche glatt, trocken matt, feucht schwach schmierig, Rand scharf, die Röhren etwas überragend.

Röhren: Mündungen jung weißlich, später hellgrau, auf Druck bräunend, Röhren mit denselben Farben, ausgebuchtet angewachsen.

Stiel: Grundfarbe weißlich bis etwas gelblich, mit graubraunen bis schwärzlichen Schüppchen dicht besetzt, oft schlank, Basis etwas verdickt.

Fleisch: Weiß, dann grauweiß, im Schnitt nicht verfärbend, jung fest,

bald schwammig und bei feuchtem Wetter sehr wässerig.

Sporen: 13–20/5–6 µm, glatt, Sporenpulver olivbraun.

Wert: Eßbar, guter Speisepilz.

Vorkommen: Unter Birken, auf trockenen Plätzen, häufig, erscheint von Juni bis Oktober.

Bemerkungen: Ähnlich sind der Schwarze Birkenpilz *(L. melaneum)*, der sehr dunkle Farbtöne aufweist, der Rötende Birkenpilz *(L. oxydabile)* mit hellerem Hut und rötlich verfärbendem Fleisch und der Pappel-Rauhfuß *(L. duriusculum)*, s. S. 151, mit unterschiedlichem Standort und grünender Stielbasis.

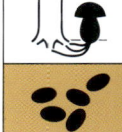

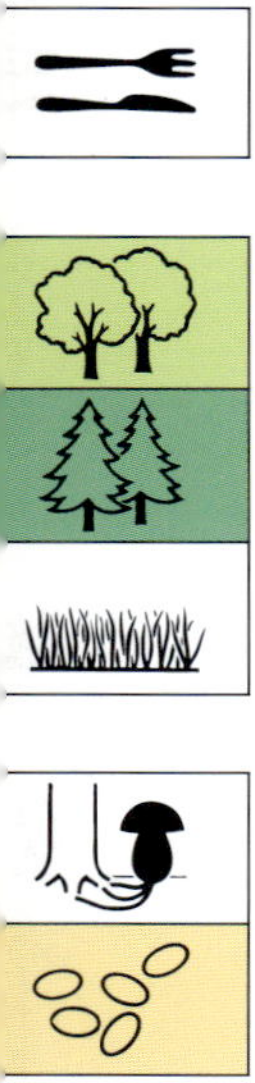

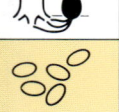

Goldblatt

Phylloporus pelletieri (P. rhodoxanthus)

Hut: 4–8 cm, braunrot, jung halbkugelig, dann ausgebreitet, in der Mitte meist etwas eingedellt, dickfleischig, Oberfläche matt, feinfilzig.

Lamellen: Zitronen- bis goldgelb, entfernt stehend und am Stiel meist weit herablaufend, mit zahlreichen Queradern verbunden.

Stiel: Gelbrötlich bis braungelb, glatt, schwach bereift, zylindrisch, meist gegen die Basis etwas verjüngt, oft verdreht und auch exzentrisch.

Fleisch: Weißlich, unter der Huthaut rötlich, fast geruchlos, Geschmack mild und schwach nußartig.

Sporen: 9,5–14/3–5 µm, glatt, Sporenpulver ockergelb.

Wert: Eßbar, aber schonenswert.

Vorkommen: Im Laub- und Nadelwald, auf sandiger Erde, selten, erscheint von Juli bis September.

Bemerkungen: Trotz seiner lamellenförmigen Fruchtschicht wird das Goldblatt, das eine Art Übergangsform zwischen Röhren- und Lamellenpilzen darstellt, zu den Röhrlingen gestellt. Durch die filzige Hutoberfläche kann es im ersten Moment mit der Ziegenlippe *(Xerocomus subtomentosus)*, s. S. 131, verwechselt werden.

Goldzahnschneckling

Hygrophorus chrysodon

Hut: 3–7 cm, jung weißlich, später gelblich, erst gewölbt, dann abgeflacht und stumpf gebuckelt, Oberfläche stark schleimig, Rand mit lebhaft goldgelben, überhängenden Flocken gezähnelt.

Lamellen: Schneiden bisweilen weiß, oft aber gelbflockig, Lamellen weiß bis cremefarben, etwas entfernt stehend, dicklich, am Stiel angewachsen bis herablaufend.

Stiel: Weiß, an der Stielspitze mit gelblichen Flocken und Tropfen besetzt, schleimig, zylindrisch, voll bis wattig ausgestopft.

Fleisch: Weiß, weich, Geruch angenehm, Geschmack mild.

Sporen: 8–10/4–5 µm, glatt, Sporenpulver weiß.

Wert: Eßbar.

Vorkommen: Im Laub- und Nadelwald, erscheint von August bis November.

Bemerkungen: Dieser Pilz kann mit dem Verfärbenden Schneckling *(H. discoxanthus)* verwechselt werden, der aber eher größere, jung weiße, dann gilbende Fruchtkörper bildet, nach Weidenbohrer-Raupen riecht und besonders bei Buchen vorkommt. Der Verfärbende Schneckling kann wegen seines ausgeprägten Geschmacks nicht als Speisepilz empfohlen werden.

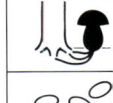

Elfenbeinschneckling

Hygrophorus eburneus

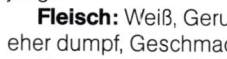

Hut: 3–8 cm, jung weiß, später schwach elfenbeinweiß, halbkugelig bis kegelförmig, alt wellig verbogen, dünnfleischig, Oberfläche stark schleimig, trocken fühlbar fettig bis klebrig.

Lamellen: Weiß, breit, entfernt stehend und herablaufend, mit glatten Schneiden.

Stiel: Weiß, an der Spitze etwas kleiig und trocken, sonst von klebrigem Schleim überzogen, Basis verjüngt.

Fleisch: Weiß, Geruch schwach, eher dumpf, Geschmack mild.

Sporen: 8–9/4,5–5 µm, glatt, Sporenpulver weiß.

Wert: Eßbar.

Vorkommen: In Laubwäldern, hauptsächlich unter Buchen, häufig, erscheint von August bis November.

Bemerkungen: In Buchenwäldern mit kalkhaltigen Böden tritt der Elfenbeinschneckling oft in Massen auf. Der ebenfalls eßbare Fichtenschneckling *(H. piceae)* weist vergleichsweise einen eher weniger schleimigen Stiel auf. Außerdem ist er ein Fichtenbegleiter. Auch eine Verwechslung mit dem ungenießbaren Verfärbenden Schneckling *(H. discoxanthus)* ist nicht auszuschließen. Dieser aber verfärbt sich im Alter gelblich.

Birkenschneckling

Hygrophorus hedrychii (H. melizeus)

Hut: 2–6 cm, jung weiß, später zart ockerfarben bis rosa, fleischrötlich, erst gewölbt, dann abgeflacht und wellig verbogen, dünnfleischig, stark schleimig.

Lamellen: Erst schneeweiß, dann cremefarben, weit entfernt stehend, am Stiel leicht herablaufend.

Stiel: Weißlich bis cremefarben, Spitze bereift, zylindrisch und schlank, stark schmierig.

Fleisch: Weißlich, Geruch bisweilen schwach nach Weidenbohrer-Raupen, Geschmack mild.

Sporen: 6,5–8/4,5–5 µm, glatt, Sporenpulver weiß.

Wert: Eßbar.

Vorkommen: Bei Birken, auf kalkhaltigen Böden, nicht häufig, erscheint von September bis November.

Bemerkungen: Durch seine weißliche Färbung kann er leicht mit dem Verfärbenden Schneckling (*H. discoxanthus*), dem Elfenbeinschneckling (*H. eburneus*), s. S. 156, dem Fichtenschneckling (*H. piceae*) und dem Goldzahnschneckling (*H. chrysodon*), s. S. 155, verwechselt werden. Ähnlich sind auch die sehr giftigen weißen Trichterlinge (*Clitocybe*), die jedoch gedrängt stehende Lamellen aufweisen und meist nach Mehl riechen.

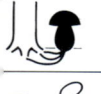

Rasiger Purpurschneckling

Hygrophorus erubescens

Hut: 4–8 cm, weißlicher bis blaß rosafarbener Grund, mit rötlichen bis purpurrosafarbenen Schüppchen oder Fasern besetzt, gegen den Rand eher weißlich bleibend, jung fast halbkugelig, dann gewölbt bis flach, alt auch niedergedrückt.

Lamellen: Weiß, rosa oder rotfleckig, bisweilen auch gilbend, entfernt stehend, am Stiel angewachsen, kaum herablaufend.

Stiel: Hutfarbener Grund, fast auf der ganzen Länge mit rosafarbenen Punkten und Fasern besetzt, zylindrisch, bisweilen verbogen und gilbend.

Fleisch: Weißlich, gilbend, Geruch angenehm, Geschmack bitter.

Sporen: 8–11/4–5 μm, glatt, Sporenpulver weiß.

Wert: Giftig.

Vorkommen: Bei Fichten, auf kalkhaltigen Böden, erscheint von August bis Oktober.

Bemerkungen: Sehr ähnlich ist der Geflecktblättrige Purpurschneckling *(H. russula)*, der aber im Laubwald, besonders bei Eichen, vorkommt. Im Gegensatz zum Rasigen Purpurschneckling gilbt sein Fleisch nicht. Diese beiden rötlichen Schnecklinge *(Hygrophorus)* haben schon leichte Vergiftungen verursacht.

Orangeschneckling

Hygrophorus pudorinus

Hut: 5–15 cm, zart cremeorange, gegen die Mitte gelborange, jung halbkugelig, dann gewölbt bis abgeflacht mit stumpfem Buckel, glatt, kaum schmierig, trocken etwas klebrig, Rand lange eingerollt, dann bisweilen schwach gekerbt.

Lamellen: Weißlich, besonders gegen den Rand mit lachsrosafarbenem Reflex, entfernt stehend, weich, am Stiel angewachsen bis etwas herablaufend.

Stiel: Weiß, bisweilen mit gelblichem bis orangefarbenem Ton, zylindrisch, feucht leicht schleimig, trocken gegen Spitze mehlig bis schuppig, Basis verjüngt.

Fleisch: Weiß, unter der Huthaut typisch orange, Geruch nach Terpentin, Geschmack mild, unangenehm harzig.

Sporen: 8–10/5–6 µm, glatt, Sporenpulver weiß.

Wert: Kein Speisepilz.

Vorkommen: Bei Tannen, auf kalkhaltigen Böden, erscheint von August bis November.

Bemerkungen: Der Orangeschneckling ist einer der größten Schncklinge *(Hygrophorus)*. Mit der orangenen Färbung, dem Standort bei Tannen und dem besonderen Geruch ist er kaum mit einem anderen Pilz zu verwechseln.

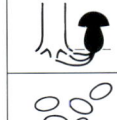

Frostschneckling

Hygrophorus hypothejus

Hut: 3–5 cm, olivbraun, gegen die Mitte meist etwas dunkler, jung gewölbt, später abgeflacht, in der Mitte etwas vertieft und meist stumpf gebuckelt, dickfleischig, Oberfläche stark mit einem dicken Schleim überzogen, Rand lange eingebogen.

Lamellen: Jung weiß, später gelb bis orangegelb, breit, entfernt stehend, weich, herablaufend.

Stiel: Jung weiß, später gelblich, dünn, zylindrisch, durch Velumreste schmierig und schleimig, etwas faserflockig. Basis bisweilen verjüngt.

Fleisch: Weiß, unter der Huthaut gelb, geruchlos, Geschmack mild.

Sporen: 8–9/4–5 µm, glatt, Sporenpulver weiß.

Wert: Eßbar.

Vorkommen: Unter zweinadligen Kiefernarten, gesellig, erscheint von November bis Februar, oft erst nach den ersten Frösten.

Bemerkungen: Da der Frostschneckling erst nach den ersten Frösten im Spätherbst bei Kiefern erscheint, ist er wohl kaum mit einem anderen Pilz zu verwechseln. Die Gattung der Schnecklinge *(Hygrophorus)* umfaßt nahezu 50 Arten. Stark giftige sind nicht bekannt.

Natternstieliger Schneckling

Hygrophorus olivaceoalbus

Hut: 2–5 cm, graubraun mit Olivton, Mitte dunkler, jung halbkugelig bis glockig, dann gewölbt bis ausgebreitet mit stumpfem Buckel, Oberfläche feucht stark schleimig, trocken glänzend, Rand lange eingerollt.

Lamellen: Weiß bis cremeweiß, breit, entfernt stehend, am Stiel herablaufend.

Stiel: Weißlicher Grund, graubraun bis olivlich genattert, schlank und lang, zylindrisch, feucht schleimig bis schmierig, Basis verjüngt oder verdickt.

Fleisch: Weißlich, weich, Geruch schwach, Geschmack mild.

Sporen: 12,5–16/7–8,5 µm, glatt, Sporenpulver weiß.

Wert: Eßbar, guter Speisepilz.

Vorkommen: In sauren Nadelwäldern, hauptsächlich unter Fichten, auf sandigen, kalkfreien Böden, erscheint von September bis November.

Bemerkungen: Dieselben Standortansprüche stellt der gern gesammelte Maronenröhrling *(Xerocomus badius)*, s. S. 135. Ein weiterer beliebter eßbarer Schneckling ist der große, grauhütige Märzschneckling *(H. marzuolus)*, der bereits im Frühling unter der Blätterdecke versteckt fruchtet.

Wohlriechender Schneckling

Hygrophorus agathosmus

Hut: 4–8 cm, grau, olivgrau, gelblichgrau, sehr selten auch weiß, jung halbkugelig, später gewölbt bis flach, mit stumpfem Buckel, Oberfläche feucht schleimig, trocken klebrig, glatt, Rand lange eingebogen.

Lamellen: Weiß bis cremefarben oder gräulich, breit, dicklich, weich, am Stiel herablaufend.

Stiel: Weißlich oder blaßbraun, zylindrisch, voll, kleiig bis flockig, Basis etwas verdickt.

Fleisch: Weiß, zart, Geruch nach Marzipan, Geschmack mild.

Sporen: 8–11/5–6 μm, glatt, Sporenpulver weiß.

Wert: Eßbar.

Vorkommen: In Nadelwäldern und auf Waldwiesen, hauptsächlich bei Fichten, erscheint von September bis Oktober.

Bemerkungen: Dieser Pilz besitzt einen solch ausgeprägten, charakteristischen Geruch, daß er wohl mit keinem anderen verwechselt werden kann. Er ist eßbar, aber durch seinen Geruch nicht jedermanns Sache. Schnecklinge (*Hygrophorus*) werden auch als Wachsblättler bezeichnet. Sie sind durch weitgestellte und herablaufende Lamellen gekennzeichnet, die von einer auffallend wachsartigen Konsistenz sind.

Glasigweißer Ellerling

Camarophyllus virgineus (C. niveus)

Hut: 1,5–4 cm, elfenbeinweiß, bisweilen mit gelblichem Hauch, schwach hygrophan, alt oft glasig, halbkugelig oder glockig, bald flach oder vertieft, Rand durchscheinend gerieft.

Lamellen: Wässerig-weißlich, entfernt stehend, am Stiel weit herablaufend.

Stiel: Weiß, schlank, zylindrisch, voll, später hohl, Basis etwas verschmälert und bisweilen rosa.

Fleisch: Wässerig-weiß, Geruch unbedeutend, Geschmack mild.

Sporen: 7–10/5–6 μm, glatt, Sporenpulver weiß.

Wert: Eßbar, aber schonenswert.

Vorkommen: Hauptsächlich auf Wiesen und Weiden, erscheint von Oktober bis November.

Bemerkungen: Dieser kleine, einfarbige Pilz fruchtet nicht selten sogar in milden Wintermonaten. Sehr ähnlich ist der Juchtenellerling *(C. russocoriaceus)*, der allerdings nach Juchtenleder riecht und deswegen als Speisepilz nicht zu empfehlen ist. Ellerlinge *(Camarophyllus)* wachsen auf Wiesen und Weiden, die kaum oder gar nicht gedüngt sind. Sie leben vermutlich mit Gräsern und Kräutern in einer Symbiose. Unter den über zehn bekannten Arten sind keine Giftpilze bekannt.

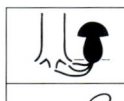

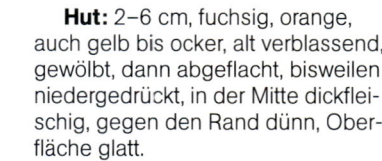

Orangeellerling

Camarophyllus pratensis

Hut: 2–6 cm, fuchsig, orange, auch gelb bis ocker, alt verblassend, gewölbt, dann abgeflacht, bisweilen niedergedrückt, in der Mitte dickfleischig, gegen den Rand dünn, Oberfläche glatt.

Lamellen: Cremeweiß bis orange, breit und entfernt stehend, queraderig miteinander verbunden, am Stiel herablaufend.

Stiel: Jung weißlich bis cremefarben, später eher in Orange übergehend, zylindrisch, trocken und glatt, längsfaserig, Basis etwas verjüngt.

Fleisch: Weißlich bis blaß cremeorange, fest, brüchig, aber dennoch ziemlich faserig, mit angenehmem Geruch und mildem Geschmack.

Sporen: 5–7/4–5 µm, glatt, Sporenpulver weiß.

Wert: Eßbar, aber schonenswert.

Vorkommen: Auf Wiesen und Weiden, erscheint von September bis November.

Bemerkungen: Nicht selten trifft man an demselben Standort auch den Glasigweißen Ellerling *(C. virgineus)*, s. S. 163, an. Der Orangeellerling ähnelt durch seine Färbung dem ebenfalls eßbaren und sehr beliebten Pfifferling *(Cantharellus cibarius)*, s. S. 354, der aber als Partnerpilz von Bäumen nicht auf Wiesen vorkommt.

Papageien-Saftling

Hygrocybe psittacina

Hut: 1,5–4 cm, jung grün, später gelbgrün, grünorange, orange, im Alter durch die herbstliche Witterung gelblich bis weißlich ausblassend, jung glockig, dann gewölbt bis ausgebreitet und stumpf gebuckelt, dünnfleischig, Oberfläche stark schmierig.

Lamellen: Gelblich, gegen die Hutoberfläche grünlich, meist mit Mischfarben, breit und bauchig, am Stiel angewachsen, Schneiden gelblich.

Stiel: Erst grün, dann gelb bis orange verfärbend, zylindrisch, äußerst gebrechlich, hohl und schleimig.

Fleisch: Weiß mit grünlichen, gelblichen und orangenen Farbtönen, geruchlos, Geschmack mild.

Sporen: 8–10/4–5 μm, glatt, Sporenpulver weiß.

Wert: Kein Speisepilz, schonenswert.

Vorkommen: Auf Wiesen und Weiden, erscheint von September bis November.

Bemerkungen: Der Papageien-Saftling ist ein wunderschöner kleiner Pilz, dessen bunte Färbung an das Gefieder von Papageien erinnert. Jung fällt er durch seine grüne Farbe zwischen den Gräsern kaum auf.

Stumpfer Saftling

Hygrocybe chlorophana

Hut: 2–5 cm, jung orangegelb, dann zitronen- bis schwefelgelb, im Alter ausblassend, erst halbkugelig, dann konvex bis abgeflacht mit stumpfem Buckel, dünnfleischig, meist durchscheinend gerieft.

Lamellen: Hellgelb bis zitronengelb, breit, ausgebuchtet angewachsen.

Stiel: Orange bis schwefelgelb, zylindrisch, voll, alt wattig ausgestopft bis hohl.

Fleisch: Blaßgelb, geruchlos, Geschmack mild.

Sporen: 7–9/4–6 µm, glatt, Sporenpulver weiß.

Wert: Giftig.

Vorkommen: Auf Wiesen, an Waldrändern und auf Waldlichtungen, erscheint von September bis November.

Bemerkungen: Trotz der zitronengelben Farbe fällt dieser Pilz zwischen den grünen Gräsern nicht immer sofort auf. Durch seine blaßgelblichen Lamellen unterscheidet er sich eindeutig vom Schnürsporigen Saftling *(H. obrussea)*, s. S. 167. Weitere gelb gefärbte Saftlinge *(Hygrocybe)* sind der Zitronengelbe Saftling *(H. citrina)*, der etwas kleiner ist, und der Gelbe Saftling *(H. flavescens)*, der dem Zitronengelben Saftling sehr ähnelt.

Schnürsporiger Saftling

Hygrocybe obrussea (H. quieta)

Hut: 1,5–4 cm, orange bis gelborange, alt nur leicht ausblassend, Lamellen oft durchscheinend, jung gockig bis kegelig, dann abgeflacht mit stumpfem Buckel, dünnfleischig, Oberfläche feucht, etwas fettig, Rand scharf und bisweilen eingerissen.

Lamellen: Gelborange, etwas dunkler als der Hut, breit, mit Zahn am Stiel herablaufend, Schneiden gelb und glatt.

Stiel: Gelborange bis gelblich, den Lamellen gleichfarbig, elastisch, zylindrisch, hohl, etwas wellig, längsfaserig.

Fleisch: Zitronen- bis orangegelb, Geruch eigenartig nach Wanzen, Geschmack mild.

Sporen: 7–10/4–5 μm, glatt, Sporenpulver weiß.

Wert: Kein Speisepilz, schonenswert.

Vorkommen: Auf Wiesen und Weiden, gerne in der Nähe des Waldes, eher selten, erscheint von September bis November.

Bemerkungen: Wie die meisten Saftlinge *(Hygrocybe)* ist auch der Schnürsporige Saftling mit seinen satten Farbtönen eine Augenweide. Wegen seiner Größe und seiner Seltenheit ist er als Speisepilz nicht geeignet.

Schwärzender Saftling

Hygrocybe conica (H. nigrescens)

Hut: 1,5–5 cm, jung gelb, dann gelb- bis rotorange, schließlich schwarz, besonders bei Berührung und im Alter schwärzend, erst spitz- bis stumpfkegelig, später gewölbt und im Alter oft abgeflacht, radial-faserig.

Lamellen: Weißlich bis gelblich, bei Berührung und im Alter schwärzend, breit und bauchig, am Stiel fast frei.

Stiel: Jung gelb, dann orangerot bis orangegelb, im Alter zunehmend mit schwärzlichen Fasern durchzogen, meist drehwüchsig, zylindrisch, hohl.

Fleisch: Weißlich bis gelblich, im Schnitt schwärzlich verfärbend.

Sporen: 8–9,5/5–6 µm, glatt, Sporenpulver weiß.

Wert: Giftig.

Vorkommen: Auf Wiesen und Weiden, seltener in lichten Wäldern, relativ häufig, erscheint von August bis Oktober.

Bemerkungen: Er ist durch sein schwärzendes Fleisch gut von anderen Saftlingen abgrenzbar und gilt als leicht giftig. Die Gattung der Saftlinge *(Hygrocybe)* umfaßt ca. 55 Arten. Ihre Fruchtkörper sind oft einfarbig, grell gefärbt, klein und zerbrechlich. Meistens kann man sie auf ungedüngten Magerwiesen finden.

Kirschroter Saftling

Hygrocybe coccinea

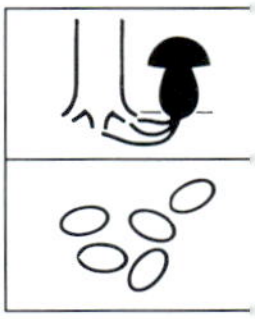

Hut: 2–6 cm, leuchtend kirschrot, im Alter witterungsbedingt ausblassend, dann ockerlich bis strohgelblich, jung halbkugelig, später stumpfkegelig, dünnfleischig, Oberfläche glatt, feucht glänzend.

Lamellen: Rotorange, später gelborange, am Stiel breit angewachsen und bisweilen etwas herablaufend.

Stiel: Kirschrot bis orangerot, zylindrisch, Oberfläche glatt, brüchig und längsfaserig.

Fleisch: Rot bis orange, wässerig, fast geruchlos, Geschmack mild.

Sporen: 7–9/4–5 µm, glatt, Sporenpulver weiß.

Wert: Kein Speisepilz, schonenswert.

Vorkommen: Auf mageren Wiesen und Weiden, an Waldrändern und auf Waldlichtungen, selten, erscheint von September bis November.

Bemerkungen: Jung kann dieser seltene Pilz durch seine sattroten Farbtöne fast nicht übersehen werden. Regen, Sonne und Kälte lassen sein prächtiges Rot schon bald ausblassen, so daß er, strohgelblich gefärbt, plötzlich unauffällig erscheint. Nur noch einzelne rote Flecken am Rand zeugen von seiner ehemaligen Farbenpracht.

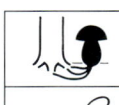

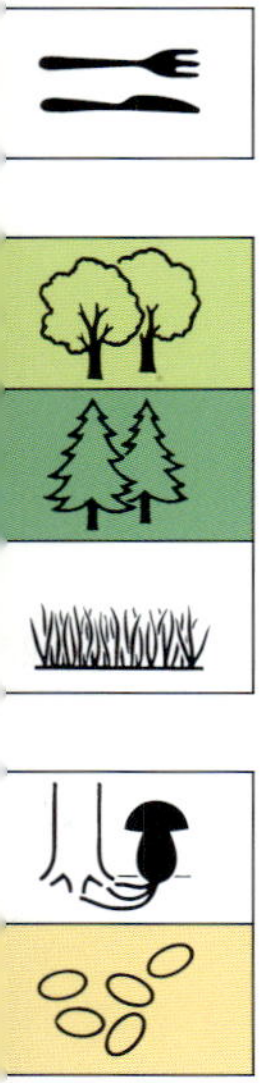

Blaublättriger Weißtäubling

Russula delica

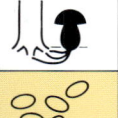

Hut: 5–15 cm, weißlich, oft zart ocker- bis braunfleckig, jung fast kugelig mit eingerolltem Rand, später niedergedrückt bis trichterförmig, trocken und matt, faserig, breitet sich schon im Boden aus, so daß auf der Oberfläche Erdpartikel haften.

Lamellen: Weißlich bis cremefarben, meist mit zarten bläulichen oder grünlichen Tönen, entfernt stehend und breit, ungleich lang, angewachsen bis kurz herablaufend.

Stiel: Weißlich, etwas bräunend, Spitze bisweilen mit bläulich schimmerndem Ring, zylindrisch und kurz, voll, fest.

Fleisch: Weiß, besonders hart und spröde, Geruch obstartig, alt heringsartig, Geschmack mild, Lamellen scharf.

Sporen: 8–11,5/6,5–8,5 µm, kurzstachelig, netzig ornamentiert, Sporenpulver blaß cremefarben.

Wert: Eßbar, nicht wohlschmeckend.

Vorkommen: Im Laub- und Nadelwald, auf kalkhaltigen Böden, erscheint von Juli bis Oktober.

Bemerkungen: Er sieht dem Wolligen Milchling *(Lactarius vellereus)*, s. S. 187, auf den ersten Blick sehr ähnlich. Dieser milcht jedoch weiß und schmeckt scharf.

Dickblättriger Schwärztäubling

Russula nigricans

Hut: 5–15 cm, jung weißgrau, cann schwärzlich, alt einheitlich schwarz, erst kugelig, dann ausgebreitet, später genabelt, Rand jung eingerollt.

Lamellen: Elfenbeinfarben bis schwach gelblich, bei Berührung rötend, dann schwärzend, besonders dick und sehr entfernt stehend, mit Zwischenlamellen, ausgebuchtet angewachsen.

Stiel: Weiß, bei Berührung nach einiger Zeit rötend, später schwärzend, zylindrisch, kurz und dick, fleischig.

Fleisch: Weiß, im Schnitt nach wenigen Minuten lachsrot anlaufend, geruchlos, milder Geschmack.

Sporen: 6–8/6–7 μm, punktförmig warzig, netzig ornamentiert, Sporenpulver weiß.

Wert: Kein Speisepilz.

Vorkommen: Im Laub- und Nadelwald, erscheint von Juli bis Oktober.

Bemerkungen: Er ist durch seine äußerst dicken und entfernt stehenden Lamellen leicht zu erkennen. Seine im Alter völlig schwarzen Fruchtkörper überdauern meist den Winter und sind nicht selten als ausgetrocknete Skelette zu Anfang des darauffolgenden Jahres noch auffindbar.

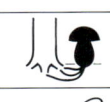

Stinktäubling

Russula foetens

Hut: 5–15 cm, gelbocker, Mitte etwas dunkler, jung kugelig und stark schleimig, dann polsterförmig, alt flach, Rand auffallend stark kammartig gerieft.

Lamellen: Schmutzigweißlich bis blaß cremefarben, jung mit farblosen Tröpfchen besetzt, die beim Eintrocknen bräunen und Flecken hinterlassen, gedrängt stehend, meist mit Querverbindungen, ausgebuchtet angewachsen.

Stiel: Weiß, bei Berührung bräunend, kräftig, mehr oder weniger hohl, gekammert, Basis eher etwas abgerundet.

Fleisch: Weiß bis blaßgelb,

spröde und brüchig, Geruch unangenehm und aufdringlich, leicht alkalisch stinkend, Geschmack ekelhaft, bitter bis scharf.

Sporen: 7–9/7–10 µm, grobwarzig, Sporenpulver weiß.

Wert: Giftig.

Vorkommen: Im Laub- und Nadelwald, erscheint von Juli bis September.

Bemerkungen: Sehr jung kann er im ersten Moment mit jungen Steinpilzen *(Boletus edulis)*, s. S. 138, verwechselt werden. Der auffällige unangenehme Geruch und die jung schleimige Huthaut lassen dies jedoch kaum zu.

Ockertäubling

Russula ochroleuca

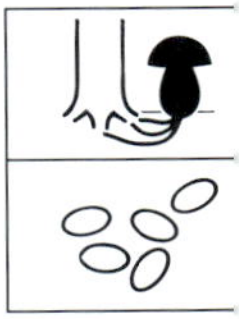

Hut: 4–8 cm, zitronengelb bis ockerlich, jung gewölbt, dann ausgebreitet und später niedergedrückt, Oberfläche glänzend, Haut abziehbar.

Lamellen: Weiß, gedrängt stehend und leicht brechend, gegen den Hutrand oft gegabelt, ausgebuchtet angewachsen.

Stiel: Weiß, alt etwas grauend, zylindrisch, alt schwammig, an der Basis leicht verdickt.

Fleisch: Weiß, Geruch schwach obstartig, Geschmack bisweilen mild, meist aber scharf.

Sporen: 8–8,5/7 µm, warzig bis netzig, Sporenpulver weiß.

Wert: Kein Speisepilz.

Vorkommen: Im Laub-, besonders aber im Nadelwald, sehr häufig, erscheint von Juni bis Oktober.

Bemerkungen: Der Ockertäubling kann durchaus mit dem schwach giftigen Gallentäubling *(R. fellea)* verwechselt werden. Dieser hat aber einen cremefarbenen bis schwach gelblichen Stiel und einen deutlich schärferen Geschmack. Der eßbare Gelbe Graustieltäubling *(R. claroflava)* unterscheidet sich durch einen goldgelben Hut, einen gräulichen Stiel und mildes Fleisch. Er wächst auf sauren Böden, oft in Mooren unter Birken.

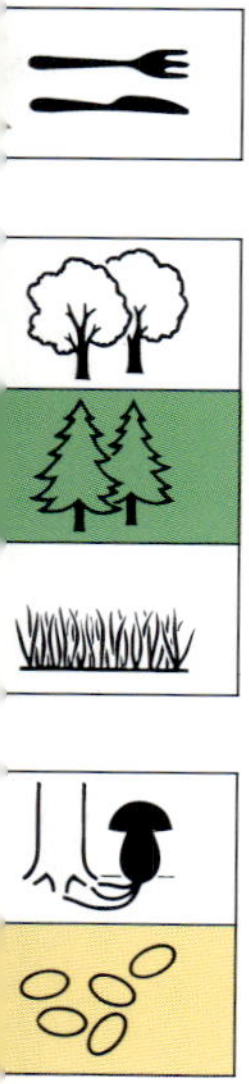

Orangeroter Graustieltäubling

Russula decolorans

Hut: 5–12 cm, orangerot, aber auch blaß ziegelrot, rotbraun, jung kugelig, dann gewölbt bis ausgebreitet, bisweilen leicht genabelt, Haut bei feuchter Witterung etwas schmierig, sonst trocken und matt, halb abziehbar.

Lamellen: Erst weißlich, dann cremegelb, grauend, fast gedrängt stehend, brüchig, ausgebuchtet angewachsen, fast frei.

Stiel: Weißlich, im Alter grau bis schwärzlich werdend, fleischig und kräftig, im Alter schwammig, Basis etwas verdickt.

Fleisch: Weiß, an Bruch- und Schnittstellen grauend, bisweilen zuerst etwas rötend, fast geruchlos, Geschmack eher mild.

Sporen: 10–14/9–12 µm, grobwarzig, Sporenpulver hellocker.

Wert: Eßbar, guter Speisepilz.

Vorkommen: Im Nadelwald, meist bei Heidelbeeren, erscheint von Juli bis Oktober.

Bemerkungen: Dieser gute Speisepilz bevorzugt saure Böden und kommt gerne bei Nadelbäumen in Moorwäldern vor. Am häufigsten findet man ihn im Gebirge. An denselben Standorten trifft man auch auf den auffällig rot gefärbten, giftigen Kirschroten Speitäubling (*R. emetica*), s. S. 184.

Apfeltäubling

Russula paludosa

Hut: 5–15 cm, rötlich, blut- oder braunrot, ockerbraun, bisweilen mit helleren Stellen, jung stark halbkugelig gewölbt, später flacher mit etwas niedergedrückter Mitte, fleischig, kräftige Erscheinung, Haut bis zur Hälfte abziehbar, schmierig, glänzend.

Lamellen: Blaß cremefarben, cremefarben, jung sehr gedrängt, im Alter eher etwas entfernt stehend, bauchig, mit vielen Zwischenlamellen und Gabelungen, ausgebuchtet angewachsen.

Stiel: Weiß, mehr oder weniger rötlich überhaucht, zylindrisch, Spitze etwas verjüngt, voll und fest,

die Oberfläche ist grob gefurcht.

Fleisch: Weiß, fest, ohne besonderen Geruch, Geschmack mild.

Sporen: 8–11/6,5–8,5 µm, warzig, unvollständig netzig ornamentiert, Sporenpulver hellocker.

Wert: Eßbar, guter Speisepilz.

Vorkommen: In moorigen, sauren Nadelwäldern, erscheint von Juni bis September.

Bemerkungen: Sehr ähnlich sieht ihm der Orangerote Graustieltäubling *(R. decolorans)*, s. S. 174, der an fast denselben Standorten fruchtet, jedoch grauendes Fleisch und keinen rot überhauchten Stiel aufweist.

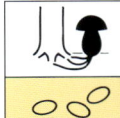

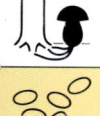

Roter Heringstäubling

Russula xerampelina (R. erythropoda)

Hut: 5–10 cm, kräftig blutrot bis dunkel weinrot, Mitte fast schwarz, halbkugelig, dann gewölbt, schließlich ausgebreitet, Rand glänzend, restliche Oberfläche matt, eher feinkörnig.

Lamellen: Blaßweißlich, dann cremefarben, gedrängt bis entfernt stehend, ausgebuchtet angewachsen.

Stiel: Heller, weißlicher Grund, ganz oder teilweise purpurrot überhaucht, bräunend und stark längsaderig, Spitze etwas verjüngt, dick und kräftig, runzelig.

Fleisch: Weiß, verfärbt sich an der Luft blaßbraun, Geruch allmählich nach Hering, Geschmack mild.

Sporen: 7,5–10,5/7–8,5 μm, grobstachelig, Sporenpulver ockergelb.

Wert: Eßbar.

Vorkommen: Im Nadelwald, erscheint von Juli bis November.

Bemerkungen: Der Geruch dieses Pilzes ist konstant und als Merkmal verläßlich. Eine Verwechslung mit dem giftigen Zedernholztäubling *(R. badia)* ist möglich. Dieser hat jedoch im Gegensatz zum Roten Heringstäubling einen scharfen Geschmack und riecht unangenehm stark nach Zedernholz.

Rotstieliger Ledertäubling

Russula olivacea

Hut: 4–20 cm, sehr verschiedenfarbig: olivgrün, bräunlich, karminrot, weinrot; jung fast halbkugelig, dann ausgebreitet bis niedergedrückt, festfleischig, Oberfläche glatt und matt.

Lamellen: Weiß bis strohfarben, gedrängt stehend, im Stielbereich gabelig geteilt und mit Querverbindungen, ausgebuchtet angewachsen.

Stiel: Weiß oder rosa, hellrosa oder karminrot angelaufen, zylindrisch, fest und hart, alt wattig ausgestopft.

Fleisch: Weiß bis gelblich, besonders hart und fest, Geruch schwach obstartig, Geschmack nußartig mild.

Sporen: 8–12/7–9 µm, langstachelig, Sporenpulver ockergelb.

Wert: Eßbar, mindestens 20 Minuten kochen, ist in seltenen Fällen unverträglich.

Vorkommen: Im Laub- und Nadelwald, gebietsweise nicht selten, erscheint von Juli bis November.

Bemerkungen: Wegen seiner verschiedenfarbigen Hüte ist er nicht immer sofort eindeutig bestimmbar. Doch verraten ihn sein Stiel, der immer einen Hauch von Karminrot hat, und sein festes Fleisch.

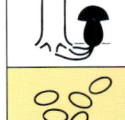

Brauner Ledertäubling

Russula integra

Hut: 6–12 cm, sehr wechselfarbig: weinrot, rotbraun, olivgelbbraun, schokoladenbraun, oft ockerfleckig; halbkugelig, dann gewölbt, schließlich tellerförmig ausgebreitet, in der Mitte mehr oder weniger niedergedrückt, Haut glänzend, Rand nicht deutlich gerieft.

Lamellen: Erst weißlich, dann blaßgelblich, im Alter satt ockergelb, gedrängt stehend, bauchig, bisweilen gegabelt mit wenigen Zwischenlamellen, am Stiel fast frei.

Stiel: Reinweiß, erst im Alter braungelblich, oft längsaderig, zylindrisch, fest und voll.

Fleisch: Weiß, alt weiß bis gelblich, besonders hart und fest, fast geruchlos, Geschmack mild.

Sporen: 8–11/7–9,5 µm, derb spitzstachelig, Sporenpulver gelb.

Wert: Eßbar, guter Speisepilz.

Vorkommen: Im Nadelwald, auf Kalkböden, häufig, erscheint von August bis Oktober.

Bemerkungen: Seine Vielfarbigkeit macht eine Bestimmung nicht immer einfach. Zudem gibt es ähnliche, aber scharf schmeckende Arten, wie hauptsächlich den Zedernholztäubling *(R. badia)* und den Scharfen Glanztäubling *(R. firmula)*. Beide sind als Speisepilze nicht geeignet.

Speisetäubling

Russula vesca

Hut: 5–10 cm, fleischrot bis lila-braun, oft mit rostbraunen Flecken, jung kugelig, dann gewölbt und schließlich ausgebreitet, Haut ca. 1 mm vom Rand zurückgezogen, zur Hälfte abziehbar, Rand alt kammartig gerieft.

Lamellen: Weißlich oder blaßokkerlich, an der Schneide oft rostfleckig werdend, gedrängt stehend, durchgehend und nur wenig gegabelt, ausgebuchtet angewachsen bis fast herablaufend.

Stiel: Weiß, meist rostfleckig, schwach netzig gerunzelt, zylindrisch, Basis etwas zugespitzt.

Fleisch: Weißlich, oft rostfleckig, relativ fest, geruchlos, Geschmack mild, nußartig.

Sporen: 6–8,5/5–6,5 μm, feinwarzig, Sporenpulver weiß.

Wert: Eßbar.

Vorkommen: Im Laub- und Nadelwald, häufig, erscheint von Mai bis September.

Bemerkungen: Eine Verwechslung mit dem ebenfalls eßbaren Frauentäubling *(R. cyanoxantha)*, s. S. 180, dessen Hutfarbe immer einen Hauch von Violett aufweist, ist denkbar. Die Hutfarbe des Speisetäublings besitzt mehr Rottöne, und seine Lamellen sind am Hutrand etwas überstehend.

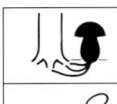

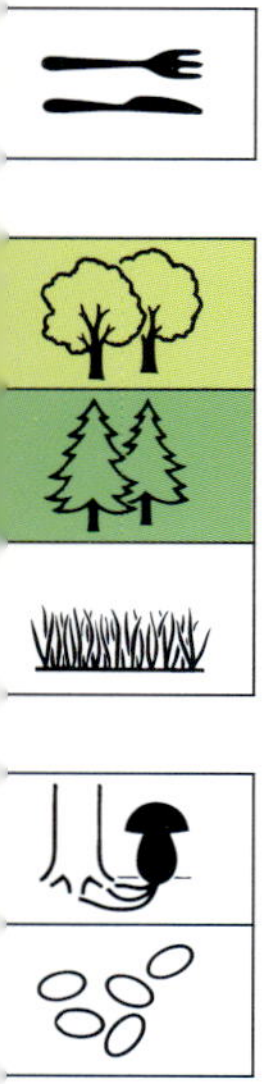

Frauentäubling

Russula cyanoxantha

Hut: 4–15 cm, farblich sehr variabel: meist schwarz-, aber auch hell-, grau- oder grünviolett, mit ockerlichen und auch blauen Tönen; jung halbkugelig, dann gewölbt, alt niedergedrückt bis trichterig, Haut abziehbar, glatt, schwach klebrig.

Lamellen: Weiß, nicht brüchig wie bei den übrigen Täublingen (*Russula*), sondern geschmeidig, gedrängt stehend, oft gegabelt, ausgebuchtet angewachsen bis kurz herablaufend.

Stiel: Reinweiß, selten etwas lila, kräftig, zylindrisch bis etwas bauchig, Basis etwas zugespitzt.

Fleisch: Weiß, fest, geruchlos, mit nußartigem Geschmack.

Sporen: 6,5–10/5,5–6,5 μm, feinwarzig punktiert, Sporenpulver weiß.

Wert: Eßbar, guter Speisepilz.

Vorkommen: Im Laub- und Nadelwald, häufig bei Buchen, erscheint von Juli bis Oktober.

Bemerkungen: Durch seine variable Färbung kann der Frauentäubling sehr unterschiedlich erscheinen (siehe auch rechts). Obwohl bisweilen nur grüne oder blaue Töne vorherrschend sein können, ist doch immer irgendwo ein Hauch Violett zu sehen. Achtung, bei grün

gefärbten Pilzen ist Vorsicht geboten, da die Gefahr einer Verwechslung mit dem tödlich giftigen Grünen Knollenblätterpilz *(Amanita phalloides)*, s. S. 270, besteht! Auffällig sind die elastischen und nicht brüchigen Lamellen des Frauentäublings, die ihn von den meisten anderen Täublingen *(Russula)* unterscheiden. Streicht man kräftig mit dem Finger über die Lamellen, so geben sie dem Druck nach, ohne sich zu lösen und dabei zu zersplittern. Unter den Täublingen ist er einer der besten Speisepilze. Es gibt mehrere ähnliche Arten, wie z. B. den Grasgrünen Täubling *(R. aeruginea)*, der nicht immer vertragen wird und deshalb nur in kleinen Mengen als Mischpilz verwendet werden

kann, und den eßbaren Grauvioletten Täubling *(R. grisea)*.

Die Gattung der Täublinge umfaßt über 150 Arten. Täublinge zeichnen sich größtenteils durch mürbes, brüchiges und nicht längsfaseriges Fleisch aus (Ausnahme: Frauentäubling). Die Hüte sind verschiedenfarbig, die Lamellen sind meist abgerundet angewachsen sowie weiß bis gelb gefärbt, das Sporenpulver ist gleichfarbig und die Stiele sind unberingt, zylindrisch, mit hellen Farbtönen und einer abgerundeten Basis. Mild schmeckende Arten sind eßbar, scharf schmeckende können Vergiftungen verursachen. Sämtliche Täublinge kommen als Mykorrhizabildner nur bei ihren jeweiligen Partnerbäumen vor.

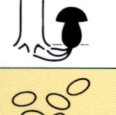

Pfirsichtäubling

Russula violeipes

Hut: 4–8 cm, gelbgrün, olivgelb-lich, mitunter lilapurpurfarben oder weinfarben überlaufen, matt, jung kugelig, dann gewölbt bis ausge-breitet, schließlich niedergedrückt, Haut jung etwas wachsig anfühlend, nicht abziehbar, Rand mehr oder weniger furchig.

Lamellen: Weiß, später stroh-gelb, fühlen sich etwas wachsig bis speckig an, gedrängt stehend, leicht herablaufend.

Stiel: Jung weiß, später violett oder purpurweinfarben überhaucht, zylindrisch, Basis etwas verjüngt.

Fleisch: Weiß, Geruch fein nach Pfirsich, Geschmack mild.

Sporen: 6,5–9/6,5–8 µm, warzig, unvollständig netzig ornamentiert, Sporenpulver blaß cremefarben.

Wert: Eßbar, guter Speisepilz.

Vorkommen: Im Laub- und Nadelwald, erscheint von Juli bis September.

Bemerkungen: Der Pfirsichtäub-ling ist auch unter dem Namen Vio-lettstieliger Täubling bekannt. Er gilt als sehr guter Speisepilz und ist wärmeliebend. Der nicht eßbare Ockertäubling *(R. ochroleuca)*, s. S. 173, unterscheidet sich durch einen nicht violett gefärbten Stiel, außerdem ist sein Fleisch nahezu geruchlos.

Amethysttäubling

Russula amethystina

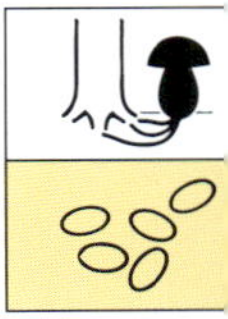

Hut: 4–12 cm, lila, violett, weinrot, gegen die Mitte dunkler, Mitte durch Wassertropfen fleckig gelb entfärbend, jung halbkugelig, schon bald ausgebreitet und etwas niedergedrückt, Oberfläche feucht schmierig, trocken matt und samtig.

Lamellen: Cremefarben, dann hellgelblich, relativ entfernt stehend und breit, ausgebuchtet angewachsen.

Stiel: Weiß, später gelblich bis bräunlich, etwas bauchig, wattig ausgestopft bis hohl.

Fleisch: Weißlich, brüchig, Geruch – hauptsächlich an der Stielbasis – jodoformartig, Geschmack mild.

Sporen: 7–9/5,5–8 µm, warzig, Sporenpulver hellgelb.

Wert: Eßbar.

Vorkommen: Im Nadelwald, erscheint von Juli bis Oktober.

Bemerkungen: Dieser recht kräftig, auffällig gefärbte Täubling *(Russula)* schmeckt mild. Die gelben Flecken auf der Hutmitte, das brüchige Fleisch und der Geruch nach Jodoform sind typisch für ihn. Er bevorzugt hauptsächlich Tannen, aber auch Fichten als Partner. Sehr ähnlich sieht ihm der ebenfalls eßbare Jodoformtäubling *(R. turci)*, der aber keine gelben Flecken auf dem Hut aufweist.

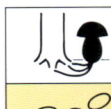

Kirschroter Speitäubling

Russula emetica

Hut: 5–11 cm, lebhaft blut- oder kirschrot, im Alter etwas ausblassend und heller rosafarben, meist mit weißen Fraßstellen, jung fast kugelig, dann gewölbt bis ausgebreitet, schließlich niedergedrückt, Haut schmierig und glänzend, Rand alt kammartig gerieft.

Lamellen: Weiß oder gelblich getönt, entfernt stehend, bauchig, ausgebuchtet angewachsen bis frei.

Stiel: Weiß, brüchig, zylindrisch, jung voll, dann wattig ausgestopft und schwammig.

Fleisch: Weiß, unter der Huthaut rosarot, brüchig, Geruch angenehm obstartig, Geschmack sehr scharf.

Sporen: 7,5–12,5/6–9,5 µm, langwarzig, Sporenpulver weißlich.

Wert: Giftig.

Vorkommen: Im Laub- und Nadelwald, erscheint von Juli bis Oktober.

Bemerkungen: Unter den scharfschmeckenden Täublingen *(Russula)* ist er am auffälligsten gefärbt. Er bevorzugt moosreiche, sumpfige Böden, wo er meist bei Nadel-, seltener bei Laubbäumen vorkommt. Mit ihm kann der eßbare Goldtäubling *(R. aurea)* verwechselt werden. Dieser aber hat gelbe Lamellen und schmeckt mild.

Wechselfarbiger Speitäubling

Russula fragilis

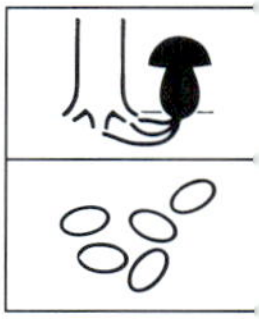

Hut: 3–6 cm, rosa, rosalila, bläulichviolett, Mitte deutlich dunkler grünlichgrau bis schwarzgrau, jung gewölbt, bald aber ausgebreitet und etwas niedergedrückt, Oberfläche schmierig glänzend, durchscheinend (durch die Huthaut Lamellenstruktur sichtbar), Rand deutlich kammartig gerieft.

Lamellen: Weiß, relativ dicklich, durchgehend ohne Zwischenlamellen, beim Hutrand sehr fein gekerbt, ausgebuchtet angewachsen.

Stiel: Weiß, zylindrisch, Spitze etwas verjüngt, brüchig, wattig ausgestopft.

Fleisch: Weiß, brüchig, zart und weich, Geruch angenehm fruchtartig, Geschmack sehr scharf.

Sporen: 7–9/6–7,5 µm, stumpfwarzig, netzig ornamentiert, Sporenpulver weißlich.

Wert: Giftig.

Vorkommen: Im Laub- und Nadelwald, erscheint von Juli bis Oktober.

Bemerkungen: Macht man eine Geschmacksprobe, so kann man ihn sofort als scharfschmeckenden Täubling identifizieren. Er ist leicht giftig. Durch seine veränderliche Färbung kann er mit anderen giftigen Speitäublingen verwechselt werden.

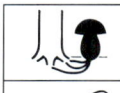

Stachelbeertäubling

Russula queletii

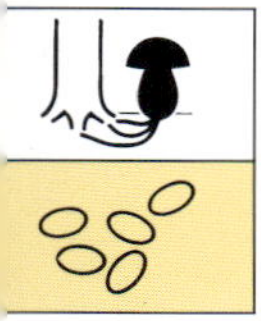

Hut: 5–7 cm, dunkel weinrot, violettlich, braunpurpurfarben, aber auch mit grünlichen Tönen vermischt, im Alter ausblassend, gewölbt bis ausgebreitet mit leicht niedergedrückter Mitte, Haut bis zur Hälfte abziehbar, glänzend, Rand etwas eingebogen.

Lamellen: Weiß, bei Reife cremefarben, gerade angewachsen bis kurz herablaufend.

Stiel: Fein karminrötlich, ausblassend, zylindrisch, Spitze etwas verjüngt, voll, aber schon früh wattig ausgestopft und wässerig.

Fleisch: Weiß, unter der Huthaut hutfarben, wässerig und brüchig, Geruch nach Stachelbeerkompott, Geschmack brennend scharf.

Sporen: 8–10/7–9 µm, warzig, Sporenpulver cremefarben.

Wert: Giftig.

Vorkommen: In feuchten Nadelwäldern, meist bei Fichten, erscheint von Juli bis Oktober.

Bemerkungen: Der Stachelbeertäubling ist einer der häufigsten Täublinge *(Russula)*. Sein Geschmack ist brennend scharf, und bei Verzehr verursacht er Magen-Darm-Beschwerden. Der schwache, aber einmalige Geruch nach Stachelbeerkompott ist sehr typisch für ihn.

Wolliger Milchling

Lactarius vellereus

Hut: 10–20 cm, weiß, im Alter oft ockerfleckig, jung gewölbt, dann in der Mitte niedergedrückt, später stark trichterig bis schüsselförmig, Oberfläche feinfilzig, wollig, flaumig, meist mit anhaftender Erde, Laub und Nadeln, Rand lange eingerollt.

Lamellen: Weiß, dann ockergelblich, entfernt stehend, oft gegabelt und dick, gerade angewachsen bis kurz herablaufend.

Stiel: Weiß bis schwach gelblich, Druckstellen hellockerlich, kurz und dick, feinfilzig.

Fleisch: Weiß, cremegelblich verfärbend, fest und hart, Geruch angenehm, Geschmack scharf.

Milch: Weiß, nicht reichlich, scharf.

Sporen: 7,5–9/7–8 μm, feinwarzig, Sporenpulver weiß.

Wert: Kein Speisepilz.

Vorkommen: Im Laub- und Nadelwald, erscheint von Juli bis November.

Bemerkungen: Mit seinen bis zu 20 cm großen Fruchtkörpern ist er der größte Milchling *(Lactarius)*. Sehr ähnlich sieht ihm der Blaublättrige Weißtäubling *(Russula delica)*, s. S. 170, der aber keine Milch absondert. Die Hüte beider Arten sind durch ihre unterirdische Entwicklung mit Erdpartikeln beschmutzt.

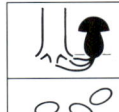

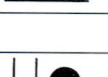

Langstieliger Pfeffermilchling

Lactarius piperatus

Hut: 5–14 cm, weiß, cremeweiß, im Alter bräunlich gefleckt, jung gewölbt, dann flach trichterförmig, Oberfläche fast kahl, glatt, trocken, Rand lange eingerollt.

Lamellen: Weiß bis cremefarben, verletzt braungelblich fleckend, jung bisweilen mit Wassertropfen besetzt, gedrängt stehend, gegabelt, am Stiel herablaufend.

Stiel: Weiß, relativ lang und schlank, glatt, gegen die Basis pfahl-artig verschmälert.

Fleisch: Weiß, hart und fest, Geschmack scharf.

Milch: Weiß, beim Eintrocknen gilbend, reichlich, brennend scharf.

Sporen: 8–9,5/5,5–7 µm, fein-warzig, Sporenpulver weiß.

Wert: Kein Speisepilz.

Vorkommen: Im Laubwald, besonders bei Buchen und Eichen, erscheint von Juli bis Oktober.

Bemerkungen: Pfeffermilchlinge sind durch eine brennend scharfe Milch gekennzeichnet. Ähnlich ist der Grünende Pfeffermilchling (*L. glaucescens*), der noch größere Fruchtkörper hervorbringt und des-sen Milch sich beim Eintrocknen deutlich blaugrün verfärbt. Der Wol-lige Milchling (*L. vellereus*), s. S. 187, unterscheidet sich durch seine flau-mige Hutoberfläche.

Olivbrauner Milchling

Lactarius turpis (L. necator)

Hut: 7–15 cm, Farben variieren von dunkel olivgrün über dunkel grüngelb nach schwärzlich, fleckig, jung gewölbt, dann ausgebreitet mit vertiefter Mitte, Oberfläche schmierig klebrig.

Lamellen: Schmutziggelblich, deutlich braunfleckig, untermischt, am Stiel gerade angewachsen bis kurz herablaufend.

Stiel: Fade grünlich, heller als der Hut, mit dunkleren, punktartigen Stellen besetzt, hart, alt hohl.

Fleisch: Weiß, an der Luft etwas bräunend, geruchlos, Geschmack brennend scharf.

Milch: Zuerst weiß, später grau-end, reichlich, brennend scharf.

Sporen: 6–8/5,5–6,5 μm, kleinwarzig, netzig ornamentiert, Sporenpulver cremefarben.

Wert: Kein Speisepilz.

Vorkommen: Im Laub- und Nadelwald, besonders bei Birken und Fichten, erscheint von Juli bis Oktober.

Bemerkungen: Mit der eigenartigen düsteren Färbung und der weißen Milchabsonderung ist er nicht zu verwechseln. Der Artname *necator* (Mörder) beruht vermutlich auf früheren Verwechslungen mit dem Grünen Knollenblätterpilz *(Amanita phalloides)*, s. S. 270.

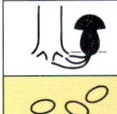

Braunfleckender Milchling

Lactarius fluens

Hut: 5–10 cm, oliv, olivbraun, grünlichbraun, mit mehreren dunkleren, konzentrischen Zonen, Oberfläche mit feiner Aderung, erst gewölbt, dann mit vertiefter Mitte, Rand eingeschlagen.

Lamellen: Cremefarben, bei Verletzung nach längerer Zeit haselnußbraun, mäßig gedrängt stehend, gerade angewachsen bis kurz herablaufend.

Stiel: Blaß, weißlich, Basis meist etwas gelblich bis rostig, Verletzungen braun, zylindrisch, glatt, Basis etwas verjüngt.

Fleisch: Weißlich, geruchlos, Geschmack brennend scharf.

Milch: Weiß, beim Eintrocknen bräunend, brennend scharf.

Sporen: 8–10/7,5–8 µm, warzig bis netzig, Sporenpulver dunkel cremefarben.

Wert: Kein Speisepilz.

Vorkommen: Im Laubwald, besonders bei Buchen und Hainbuchen, kalk- und lehmliebend, erscheint von Juli bis Oktober.

Bemerkungen: Sehr ähnlich sieht ihm der ebenfalls scharfe Graugrüne Milchling *(L. blennius)*, dessen Hut mehr graugrün ist. Besonders scharf ist der Beißende Milchling *(L. pyrogalus)*, der oft bei Haseln fruchtet.

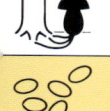

Mohrenkopf-Milchling

Lactarius lignyotus

Hut: 2–6 cm, dunkel schwarzbraun, bisweilen mäusegrau ausblassend, gewölbt bis leicht niedergedrückt, deutlich gebuckelt, samtig und trocken, matt, meist runzelig.

Lamellen: Weißlich, dann hellocker, beim Stielansatz wenige Millimeter in den schwarzen Stiel übergehend, fast gedrängt stehend, dünn, untermischt, gerade angewachsen bis herablaufend.

Stiel: Hutfarben, schwarzsamtig, Basis meist weißlich, relativ lang, schlank, runzelig, oft etwas verbogen, alt wattig ausgestopft.

Fleisch: Weißlich, Schnittstellen allmählich blaßrosa anlaufend, Geruch unbedeutend, Geschmack mild bis bitterlich.

Milch: Weiß, etwas wässerig, rötlichbraun verfärbend, reichlich, leicht bitter.

Sporen: 9/10 µm, warzig, netzig ornamentiert, Sporenpulver hellocker.

Wert: Eßbar, aber schonenswert.

Vorkommen: Im Nadelwald, besonders bei Fichten, meist in höheren Lagen, erscheint von Juli bis Oktober.

Bemerkungen: Er kann mit dem scharfen Pechschwarzen Milchling (*L. picinus*), s. S. 192, verwechselt werden, dessen Stiel heller ist.

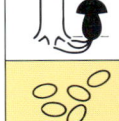

Pechschwarzer Milchling

Lactarius picinus

Hut: 4–9 cm, pechschwarz, dann schwarzgrau ausblassend, flach gewölbt, schwach eingedellt, eher unregelmäßig, Oberfläche samtig, Rand lange eingebogen.

Lamellen: Hellgelblich bis hell-ockerlich, bei Berührung braunrot fleckend, mit zahlreichen Zwischen-lamellen, gerade angewachsen bis kurz herablaufend.

Stiel: Meist durchgehend sepia- bis ockerbraun, bisweilen auch mit weißlichen, blassen Stellen, bei Ver-letzung fuchsig fleckend, voll und fest, im Alter wattig ausgestopft bis hohl, Basis zugespitzt.

Fleisch: Weißlich, an der Luft fleckenweise rosa anlaufend, fast geruchlos, Geschmack scharf.

Milch: Weiß, reichlich, scharf.

Sporen: 8–10/7,5–8 μm, warzig, netzig ornamentiert, Sporenpulver cremefarben.

Wert: Kein Speisepilz.

Vorkommen: Im Nadelwald, besonders in höheren Lagen, erscheint von Juli bis Oktober.

Bemerkungen: Durch seinen äußerst dunklen Hut kann er im ersten Augenblick für den mild schmeckenden Mohrenkopf-Milch-ling (*L. lignyotus*), s. S. 191, gehalten werden, dessen Stiel aber dunkler gefärbt ist.

Birkenmilchling

Lactarius torminosus

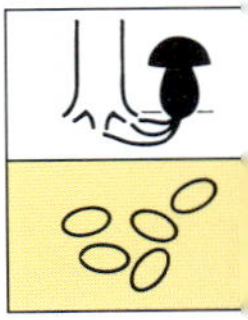

Hut: 5–14 cm, blaß lachsfarben bis blaßrosa, zuerst gewölbt, dann abgeflacht, niedergedrückt bis trichterig, mehr oder weniger deutlich konzentrisch gezont, Oberfläche dicht filzig, haarig, Rand jung stark eingerollt.

Lamellen: Blaß fleischfarben bis blaßrosa, gedrängt stehend, mit vielen Zwischenlamellen, leicht herablaufend.

Stiel: Weißlich bis blaß fleischfarben, zylindrisch, flaumig bereift.

Fleisch: Weiß, hart und fest, Geruch angenehm obstartig, Geschmack scharf.

Milch: Weiß, auffallend reichlich, brennend scharf und beißend.

Sporen: 7,5–10/6–8 µm, warzig, netzig ornamentiert, Sporenpulver cremefarben.

Wert: Giftig.

Vorkommen: Immer bei Birken, erscheint von August bis Oktober.

Bemerkungen: Dieser Milchling (*Lactarius*) ist ein Mykorrhizapilz der Birke. Bei Verzehr verursacht er schwere Bauchkoliken. Ein ähnlich zottiger Pilz derselben Gattung ist der Grubige Milchling (*L. scrobiculatus*), s. S. 194, der sich aber durch vorwiegend gelbe Farbtöne und gelb gefärbte Milch unterscheidet. Auch er ist giftig.

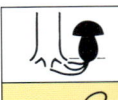

Grubiger Milchling

Lactarius scrobiculatus

Hut: 6–20 cm, zitronen- oder goldgelb, mit gelbbraunen Flecken, meist etwas undeutlich gezont, gewölbt, bald niedergedrückt mit eingeschlagenem, zottigem bis filzigem Rand, kräftig, haarig bis filzig und meist etwas klebrig.

Lamellen: Blaß cremefarben, verletzt braunrötlich, gedrängt stehend, mit vielen Zwischenlamellen, am Stiel herablaufend.

Stiel: Weißer Grund, mit dichten, ockerfuchsigfarbenen, unregelmäßigen Gruben besetzt, zylindrisch, dick und relativ kurz, frühzeitig hohl.

Fleisch: Blaßgelb und fest,

Geruch angenehm obstartig, Geschmack scharf.

Milch: Weiß, an der Luft zusehends schwefelgelb verfärbend, reichlich, brennend scharf.

Sporen: 8–9/7 μm, warzig, netzig ornamentiert, Sporenpulver cremefarben.

Wert: Giftig.

Vorkommen: Im Nadelwald, hauptsächlich bei Fichten, auf Kalkböden, häufig, erscheint von Juli bis Oktober.

Bemerkungen: Mit den großen Fruchtkörpern und der gelb verfärbenden Milch kann er nicht verwechselt werden.

Fichtenreizker

Lactarius deterrimus

Hut: 3–10 cm, orangerot, mit oft undeutlicher, grünlicher Zonierung, im Alter stark grünfleckig, gewölbt, bald vertieft und trichterig, Rand lange eingerollt.

Lamellen: Orange, alt graugrün fleckend, mäßig gedrängt, brüchig, gerade angewachsen bis kurz herablaufend.

Stiel: Orangerot, ohne Gruben oder Flecken, kurz, zylindrisch und kräftig, hohl.

Fleisch: Gelblichblaß, Geruch schwach obstartig, Geschmack mild bis bitter.

Milch: Mennigorange, nach ca. 15 Minuten weinrot, erst mild, dann bitter bis schwach brennend.

Sporen: 7,5–10/6–7,5 µm, warzig, netzig ornamentiert, Sporenpulver blaßocker.

Wert: Eßbar, Bratpilz.

Vorkommen: Im Nadelwald, bei Fichten, oft massenhaft in jungen Fichtenkulturen, erscheint von August bis November.

Bemerkungen: Ähnlich sind der Lachsreizker *(L. salmonicolor)*, s. S. 196, Tannenbegleiter, und der seltene Edelreizker *(L. deliciosus)*, s. S. 197, der bei Kiefern vorkommt. Beide Arten sind orangerot milchend. Milchlinge mit orangefarbener bis roter Milch sind eßbar.

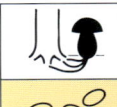

Lachsreizker

Lactarius salmonicolor

Hut: 4–12 cm, blaß bis lebhaft orange, mit nur schwacher und sehr enger dunkel orangefarbener Zonierung, gewölbt, bald vertieft und trichterig, Rand blasser als der übrige Hut und lange eingerollt.

Lamellen: Blaßocker, dann orange, untermischt, nicht gedrängt stehend, am Stiel bisweilen gegabelt, gerade angewachsen bis kurz herablaufend.

Stiel: Orangegelb, mit wenigen flachen, dunkleren Gruben besetzt, zylindrisch und kräftig, hohl.

Fleisch: Ockerblaß, Geruch schwach obstartig.

Milch: Orangerot, später eher mennigrötlich, nach 60 bis 90 Minuten orangebraun bis weinrot, etwas bitter.

Sporen: 9–12/6,5–7,5 μm, warzig, netzig ornamentiert, Sporenpulver blaßocker.

Wert: Eßbar, Bratpilz.

Vorkommen: Im Nadelwald, bei Tannen, auf mehr oder weniger kalkreichen Böden, erscheint von August bis November.

Bemerkungen: Im Gegensatz zum ebenfalls eßbaren und orangemilchenden Fichtenreizker *(L. deterrimus)*, s. S. 195, verfärbt sich der Lachsreizker kaum grünlich. Außerdem ist er nur bei Tannen zu finden.

Edelreizker

Lactarius deliciosus

Hut: 4–12 cm, hell orangeocker, fast cremefarben, dunkler ringartig gezont, alt bisweilen etwas grünflekkig, gewölbt, bald niedergedrückt, alt trichterig, Rand lange eingerollt.

Lamellen: Blaßorange, untermischt, mäßig gedrängt stehend, gerade angewachsen bis kurz herablaufend.

Stiel: Blaß orangefarbener Grund, mit deutlichen orangefarbenen, flachen Gruben, zylindrisch, kurz, bald hohl, gegen die Basis verjüngt.

Fleisch: Blaßorange, fest, im Alter brüchig, Geruch süßlich obstartig, Geschmack mild.

Milch: Karottenrot, später graugrün, mild.

Sporen: 8,5–9/6,5–7 μm, warzig, teilweise netzig ornamentiert, Sporenpulver cremefarben.

Wert: Eßbar, Bratpilz.

Vorkommen: Bei Kiefern, hauptsächlich auf kalkhaltigen Böden, nicht überall häufig, erscheint von Juli bis Oktober.

Bemerkungen: Andere bei Kiefern vorkommende Reizker sind der weinrot milchende Blutreizker *(L. sanguifluus)* und der stark grünende Gemeine Reizker *(L. semisanguifluus)*, dessen Milch nach drei bis zehn Minuten weinrot wird.

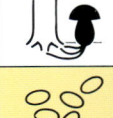

Lärchenmilchling

Lactarius porninsis

Hut: 3–7 cm, orangerot, fuchsig, schwach gezont oder ungezont, gewölbt, bald verflacht bis niedergedrückt, bisweilen leicht genabelt, Oberfläche feucht schmierig-schleimig, glänzend, sonst trocken, glatt, Rand deutlich eingerollt.

Lamellen: Jung blaßgelblich, dann ockergelb, gedrängt stehend, gerade angewachsen bis kurz herablaufend.

Stiel: Blasser als der Hut, blaßorange, Spitze weißlich bereift, zylindrisch, erst markig ausgestopft, dann hohl.

Fleisch: Im Hut weißlich, im Stiel blaßorange, Geschmack leicht bitter, Geruch fruchtig, apfelähnlich.

Milch: Weiß, mild bis bitter.

Sporen: 8–10/7–9 µm, warzig, Sporenpulver blaßocker.

Wert: Kein Speisepilz.

Vorkommen: Nur bei Lärchen und deswegen nicht häufig, gesellig, erscheint von Juli bis Oktober.

Bemerkungen: Auf den ersten Blick kann dieser Pilz wegen seiner Hutfarbe und seines Erscheinungsbildes für einen eßbaren orangemilchenden Reizker gehalten werden. Seine weiße Milch, sein Standort, sein apfelähnlicher Geruch und sein bitterer Geschmack lassen ihn aber gut erkennen.

Maggipilz
Lactarius helvus

Hut: 4–15 cm, gelbrötlich bis graurosa, flach gewölbt, dann meist nur schwach niedergedrückt, Oberfläche filzig bis schuppig, Rand dünn und flatterig.

Lamellen: Blaßgelblich, gedrängt bis entfernt stehend, mit vielen Zwischenlamellen, gerade angewachsen bis kurz herablaufend.

Stiel: Fleischfarben, graugelblich, meist heller als der Hut, Spitze weißlich, nicht besonders dick, kurz, Basis weißfilzig.

Fleisch: Hellocker, blaß fleischfarben, sehr brüchig, Geruch besonders beim Austrocknen nach Maggiwürze.

Milch: Wässerig, klar, spärlich und mild.

Sporen: 6,5–9/5,5–6,5 µm, gratig, netzig ornamentiert, Sporenpulver gelblich.

Wert: Kein Speisepilz.

Vorkommen: Im feuchten, moosreichen Nadelwald, erscheint von Juli bis Oktober.

Bemerkungen: Ähnlich können ausgebleichte Fruchtkörper des Rotbraunen Milchlings *(L. rufus)*, s. S. 200, sein. Der typische starke Geruch nach Maggiwürze und das brüchige Fleisch lassen den Maggipilz aber kaum mit einem anderen Pilz verwechseln.

Rotbrauner Milchling

Lactarius rufus

Hut: 3–8 cm, rotbraun, purpurrotbraun, mit weißlich bereiftem Überzug, Rand heller, flach gewölbt, dann trichterig, meist mit spitzem Buckel.

Lamellen: Fleischrötlich, im Alter von den Sporen weiß bestäubt, mäßig gedrängt stehend, untermischt, gerade angewachsen bis kurz herablaufend.

Stiel: Etwas heller als der Hut, zylindrisch, alt hohl, Basis weißfilzig.

Fleisch: Weißlich, dann blaßrötlich, starr, Geruch ausgeprägt harzig.

Milch: Weiß, reichlich, brennend scharf.

Sporen: 7–9/6–8 µm, warzig, netzig ornamentiert, Sporenpulver weiß.

Wert: Kein Speisepilz.

Vorkommen: Im Nadelwald, besonders bei Kiefern und Arven, erscheint von Juni bis Oktober.

Bemerkungen: Verwechslungen mit dem eßbaren Milchbrätling (*L. volemus*), s. S. 201, Kampfermilchling (*L. camphoratus*) sowie anderen rotbraun gefärbten Milchlingen (*Lactarius*) sind denkbar. Alle eßbaren Milchlinge haben jedoch eine mild schmeckende Milch, so daß man sie durch eine Geschmacksprobe leicht von giftigen Arten unterscheiden kann.

Milchbrätling

Lactarius volemus

Hut: 5–15 cm, orangefuchsig, erst gewölbt, dann flach und niedergedrückt, matt, feinsamtig, im Alter oft rissig aufgebrochen, jung mit eingerolltem Rand.

Lamellen: Blaßgelb, durch die eintrocknende Milch rostbraun verfärbend, ziemlich gedrängt, bauchig, ungleich lang und gegen den Rand oft gegabelt, gerade angewachsen bis kurz herablaufend.

Stiel: Hutfarben, oft blasser, zylindrisch bis bauchig, glatt, an der Spitze bisweilen schwach längsrillig, voll.

Fleisch: Weißlich, dann bräunlich, im Hut fest, Geruch nach Hering oder Krebsfleisch, Geschmack mild.

Milch: Weiß, auffallend reichlich, beim Eintrocknen klebrig und bräunlich, mit mildem Geschmack.

Sporen: 7,5–10 µm, kugelig, gratig, Sporenpulver weiß.

Wert: Eßbar, aber schonenswert.

Vorkommen: Im Nadel- und Laubwald, auf Kalk- und Lehmböden, besonders im Fichten- und Kiefernwald des Gebirges, in den letzten Jahren stark zurückgegangen, erscheint von Juni bis Oktober.

Bemerkungen: Diesen Milchling *(Lactarius)* erkennt man sofort am reichlichen Milchfluß und an dem aufdringlich heringsartigen Geruch, der sich beim Braten verliert.

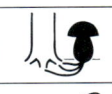

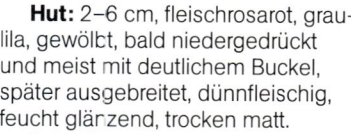

Kleiner Duftmilchling

Lactarius glyciosmus

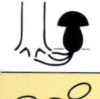

Hut: 2–6 cm, fleischrosarot, grau-lila, gewölbt, bald niedergedrückt und meist mit deutlichem Buckel, später ausgebreitet, dünnfleischig, feucht glänzend, trocken matt.

Lamellen: Weißlich bis blaß fleischfarben, gedrängt stehend, untermischt, ungleich lang, manchmal auch gegabelt, gerade angewachsen bis kurz herablaufend.

Stiel: Blasser als der Hut, anfangs weißlich bereift, relativ schlank, gebrechlich und röhrig, Basis bisweilen gekniet.

Fleisch: Weißlich, brüchig, Geschmack leicht bitter, Geruch charakteristisch nach Kokosflocken.

Milch: Wässerig, weiß, erst mild, dann scharf.

Sporen: 7–8,5/5,5–7,5 µm, warzig, unvollständig netzig, Sporenpulver blaßocker.

Wert: Kein Speisepilz.

Vorkommen: In der Nähe von Birken, meist in Wiesen, seltener im Wald, erscheint von August bis Oktober.

Bemerkungen: Sein einmaliger Geruch nach Kokosflocken und seine weiße Milch lassen diesen eher kleinen Milchling *(Lactarius)* relativ leicht bestimmen. Aufgrund seines scharfen Geschmacks ist er als Speisepilz nicht geeignet.

Violetter Lacktrichterling

Laccaria amethystea (L. amethystina)

Hut: 2–5 cm, lebhaft violett, im Alter stark ausblassend, jung geschlossen mit eingerolltem Rand, später ausgebreitet und meist etwas genabelt, im Alter unregelmäßig verbogen, dünnfleischig.

Lamellen: Lebhaft violett, später durch die Sporen weiß bestäubt, dicklich und bauchig, gerade angewachsen bis kurz herablaufend.

Stiel: Hutfarben, weißlich längsfaserig, dünn und lang, zylindrisch.

Fleisch: Violett, etwas gummiartig bis zäh, ohne besonderen Geruch und Geschmack.

Sporen: 8–10 µm, stachelig, Sporenpulver weiß.

Wert: Eßbar.

Vorkommen: Im Laub- und Nadelwald, weit verbreitet, erscheint von Juni bis November.

Bemerkungen: Junge Fruchtkörper dieses Pilzes fallen mit ihrer typischen sattvioletten Färbung besonders auf und sind kaum zu verwechseln. Alte, verblaßte Exemplare können am ehesten mit dem giftigen Rettichhelmling *(Mycena pura)*, s. S. 252, verwechselt werden, der sich aber durch einen ausgeprägt rettichartigen Geruch unterscheidet. Der Violette Lacktrichterling verfärbt sich beim Kochen nicht und bringt deswegen Farbe in ein Mischgericht.

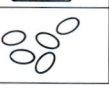

Rötlicher Lacktrichterling

Laccaria laccata

Hut: 2–5 cm, lederbraun bis ziegelrot, fleischrot, gewölbt und etwas genabelt, Oberfläche fein-schuppig, matt, Rand eingerollt, ein-gebogen, später verbogen und unregelmäßig.

Lamellen: Rosa, fleischrot, bei Reife durch die Sporen weiß be-stäubt, sehr entfernt stehend, gerade angewachsen bis kurz herablaufend.

Stiel: Hutfarben, dünn und lang, zylindrisch, bisweilen verbogen, zäh und längsfaserig.

Fleisch: Fleischrot oder blasser, mit würzigem Geruch und mildem Geschmack.

Sporen: 7–9/6–7,5 µm, stache-lig, Sporenpulver weißlich.

Wert: Eßbar.

Vorkommen: Im Laub- und Nadelwald, an feuchten Stellen, erscheint von Juni bis November.

Bemerkungen: Im Habitus gleicht er dem Violetten Lacktrichter-ling *(L. amethystea)*, s. S. 203, der aber in allen Teilen violett gefärbt ist. Andere rötlich gefärbte Lacktrich-linge sind der Zweifarbige Lacktrich-terling *(L. bicolor)* und der Fuchsige Lacktrichterling *(L. proxima)*. Ver-wechslungen mit diesen und ande-ren verwandten Arten sind gefahrlos, da sie alle eßbar sind.

Kaffeebrauner Gabeltrichterling

Pseudoclitocybe cyathiformis

Hut: 3–8 cm, gelbfuchsig bis dunkelbraun, auch mit fast schwärzlichem Ton, hygrophan, jung bereits schon ausgebreitet, mit vertiefter Mitte und mit eingerolltem Rand, später tief trichterförmig, genabelt, dünnfleischig.

Lamellen: Aschgrau, gedrängt stehend, dünn, gabelig, stark herablaufend, am Stielansatz oft miteinander verbunden, herablaufend.

Stiel: Bräunlich, teilweise weißlich netzig überfasert, wässerig, relativ dünn, zylindrisch, Basis weißfilzig.

Fleisch: Grau, wässerig und schwammig, bisweilen brüchig,

Geruch unbedeutend, Geschmack mild.

Sporen: 8–10/5–6 μm, glatt, Sporenpulver weißlich.

Wert: Eßbar.

Vorkommen: In Wäldern, an Waldrändern, auf Wiesen, Holzlagerstellen, Erde und morschem Holz, erscheint von Oktober bis November.

Bemerkungen: Der Kaffeebraune Gabeltrichterling ist ein später Herbstpilz, der bis zu den ersten Frösten fruchtet. An seinem tief trichterförmigen Hut und den meist gegabelten Lamellen kann er gut erkannt werden.

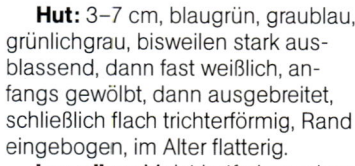

Grüner Anistrichterling

Clitocybe odora

Hut: 3–7 cm, blaugrün, graublau, grünlichgrau, bisweilen stark ausblassend, dann fast weißlich, anfangs gewölbt, dann ausgebreitet, schließlich flach trichterförmig, Rand eingebogen, im Alter flatterig.

Lamellen: Meist hutfarben, aber auch blasser, entfernt stehend, untermischt, am Stiel kurz herablaufend.

Stiel: Etwas blasser als der Hut, relativ kurz, zylindrisch, Basis stark weißfilzig, bisweilen etwas aufgeblasen.

Fleisch: Blaßgrün, weißlich, mit starkem Anisgeruch, Geschmack mild.

Sporen: 6–7/3–4 µm, glatt, Sporenpulver weiß.

Wert: Eßbar.

Vorkommen: Im Laub- und Nadelwald, besonders in Nadelstreu von Fichten, erscheint von August bis November.

Bemerkungen: Da er noch nach dem Kochen den starken Anisgeruch beibehält, ist er nur als Mischpilz empfehlenswert. Ausgeblaßte, weißliche Exemplare können mit dem ebenfalls in Nadelstreu vorkommenden Bleiweißen Firnistrichterling *(C. phyllophila)*, s. S. 209, verwechselt werden. Dieser ist sehr giftig, riecht aber nicht nach Anis.

Keulenfüßiger Trichterling

Clitocybe clavipes

Hut: 4–6 cm, braungrau, oliv-braun, gegen den Rand hin deutlich heller, zuerst flach gewölbt, dann ausgebreitet, schwach trichterig und stumpf gebuckelt, Rand leicht gerippt.

Lamellen: Elfenbeinweiß, unter-mischt und teilweise gegabelt, ent-fernt stehend, am Stiel stark herab-laufend.

Stiel: Blasser als der Hut, gegen die Basis weißfilzig, Spitze verjüngt, weich und schwammig, Basis stark angeschwollen.

Fleisch: Weiß oder weißlich, im Alter schwammig, Geruch deutlich süßlich mandelartig, Geschmack mild.

Sporen: 5–7/3–4 µm, glatt, Spo-renpulver weiß.

Wert: Kein Speisepilz.

Vorkommen: Im Laub- und Nadelwald, gesellig, in Gruppen, Reihen und Ringen wachsend, erscheint von Juli bis November.

Bemerkungen: Der Keulenfü-ßige Trichterling ist ein weitverbreite-ter Pilz. Zusammen mit Alkohol genossen, soll er schon zu Vergif-tungen geführt haben. Er eignet sich deshalb nicht als Speisepilz. Seine aufgeblasene Stielbasis und sein süßlicher Geruch unterscheiden ihn deutlich von der Nebelkappe *(C. nebularis)*, s. S. 211.

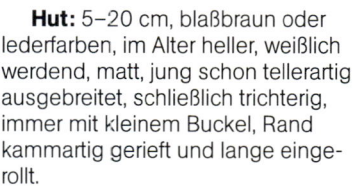

Mönchskopf

Clitocybe geotropa

Hut: 5–20 cm, blaßbraun oder lederfarben, im Alter heller, weißlich werdend, matt, jung schon tellerartig ausgebreitet, schließlich trichterig, immer mit kleinem Buckel, Rand kammartig gerieft und lange eingerollt.

Lamellen: Weißlich, elfenbeinfarben, für seine Hutgröße relativ gedrängt stehend, weich, stark herablaufend.

Stiel: Hutfarben, häufig längsfaserig, kräftig und voll, im Alter zäh und wässerig, gegen die Basis etwas keulig verdickt und stark weißfilzig.

Fleisch: Weißlich bis cremefarben, fest, jung knackig, im Alter –

besonders im Stiel – oft zäh, Geruch süßlich, Geschmack mild.

Sporen: 6–7/5–6 μm, glatt, Sporenpulver weiß.

Wert: Eßbar, guter Speisepilz.

Vorkommen: Im Laub- und Nadelwald, besonders in lichten Wäldern, auf kalkhaltigen Böden, erscheint von September bis November.

Bemerkungen: Er bildet Hexenringe, die nicht selten einen Durchmesser von über 10 Metern aufweisen. Sehr nah verwandt ist der ebenfalls eßbare Riesentrichterling *(C. maxima)*, dessen Hüte nur undeutlich gebuckelt sind.

Bleiweißer Firnistrichterling

Clitocybe phyllophila

Hut: 2–6 cm, mit weißem Firnis überzogen, darunter blaß rötlich-braun, dies wird erst bei Verletzung, durch Reiben oder im Alter sichtbar, seidenmatt glänzend, gewölbt, bald abgeflacht und etwas vertieft, dünnfleischig.

Lamellen: Jung weißlich, dann cremefarben, untermischt, am Stiel schwach herablaufend.

Stiel: Weißlich, später blaß braunrötlich, zylindrisch, etwas verdreht, längsfaserig, Basis bisweilen keulig und immer stark weißfilzig.

Fleisch: Weiß, fest, Geruch aromatisch pilzartig, Geschmack mild.

Sporen: 4,5–6/3–4 µm, glatt, Sporenpulver cremefarben.

Wert: Sehr giftig.

Vorkommen: Im Laub- und Nadelwald, besonders bei Fichten auf Nadelstreu, aber auch auf Blättern der Buche, erscheint von Juli bis Oktober.

Bemerkungen: Diesem Pilz ähnlich ist der Feldtrichterling (*C. deal-bata*), der an Waldrändern, auf Wiesen und Weiden vorkommt. Sie gehören zu den kleinen weißen Trichterlingen (*Clitocybe*), die sich alle sehr ähnlich sehen, Muscarin enthalten und zu den sehr giftigen Pilzen zählen.

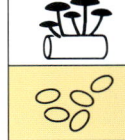

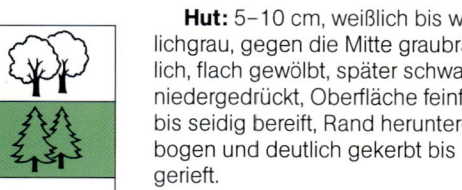

Graublättriger Trichterling

Clitocybe inornata

Hut: 5–10 cm, weißlich bis weißlichgrau, gegen die Mitte graubräunlich, flach gewölbt, später schwach niedergedrückt, Oberfläche feinfilzig bis seidig bereift, Rand heruntergebogen und deutlich gekerbt bis gerieft.

Lamellen: Weißgrau, graubräunlich, untermischt und gedrängt stehend, vom Hut leicht ablösbar, gerade angewachsen bis kurz herablaufend.

Stiel: Hutfarben, zylindrisch, nicht besonders lang, jung voll, im Alter wattig ausgestopft, längsfaserig, Basis stark weißfilzig.

Fleisch: Weißlich, zäh, Geruch unangenehm ranzig, Geschmack mild, aber ebenfalls ranzig.

Sporen: 8–9/2,5–3 µm, glatt, Sporenpulver weiß.

Wert: Kein Speisepilz.

Vorkommen: Im Nadelwald, besonders bei Fichten, auf Kalkböden, nicht sehr häufig, erscheint von September bis November.

Bemerkungen: Entfernt man das filzige, zottige Mycel an der Stielbasis, wird man durch eine glatte, pfahlartige Spitze überrascht, die sich dabei herausschält. Durch seinen unangenehmen Geruch macht der Graublättrige Trichterling keinen appetitlichen Eindruck.

Nebelkappe

Clitocybe nebularis (Lepista nebularis)

Hut: 6–15 cm, dunkel graubraun bis hell aschgrau, Mitte bisweilen etwas dunkler, jung stark gewölbt, dann abgeflacht und schließlich niedergedrückt, feinfilzig bis bereift, Rand lange heruntergebogen.

Lamellen: Schmutzig cremefarben oder gelblich, gedrängt stehend, leicht vom Hutfleisch ablösbar, am Stiel kurz herablaufend.

Stiel: Blaß graubraun, bisweilen braunrötlich fleckend, dick und kräftig, jung voll, dann wattig ausgestopft, längsfaserig, Basis keulig bis knollig.

Fleisch: Weiß, Geruch charakteristisch süßlich, Geschmack säuerlich.

Sporen: 6–7/3–4 μm, glatt, Sporenpulver cremegelblich.

Wert: Eßbar, aber abbrühen (s. S. 92), wird nicht von jedermann vertragen.

Vorkommen: Im Laub- und Nadelwald, erscheint im Spätherbst oft in Massen von September bis November.

Bemerkungen: Sie wird auch Nebelgrauer Trichterling genannt. Eine Verwechslung mit dem giftigen Riesenrötling *(Entoloma sinuatum)*, s. S. 259, ist gefährlich. Dieser riecht jedoch angenehm und hat entfernter stehende Lamellen, die jung gelblich, im Alter rosa sind.

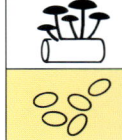

Mairitterling

Georgsritterling, *Calocybe gambosa*

Hut: 5–10 cm, weiß, cremefarben, bisweilen ockergelblich, matt, jung halbkugelig, dann gewölbt und lange mit eingerolltem Rand so bleibend, schließlich ausgebreitet und unregelmäßig verbogen, auffallend dickfleischig (siehe auch rechts oben).

Lamellen: Weißlich blaß, gedrängt stehend, dünn, ausgebuchtet angewachsen oder mit Zahn herablaufend.

Stiel: Weißlich, zylindrisch, kräftig, oft kurz, voll und fest, Basis leicht verjüngt.

Fleisch: Weiß, fest, Geruch und Geschmack kräftig mehlartig.

Sporen: 4–6/2–3,5 µm, glatt, Sporenpulver weißlich.

Wert: Eßbar, guter Speisepilz.

Vorkommen: In Laub- und Nadelwäldern, hauptsächlich an Waldrändern und auf Wiesen, erscheint von April bis Juni.

Bemerkungen: Die Abbildung rechts unten zeigt die cremefarbene Varietät *flavida*. Zur gleichen Zeit und häufig an denselben Standorten findet man den sehr giftigen Ziegelroten Rißpilz *(Inocybe erubescens)*, s. S. 325. Aufgrund seiner ebenfalls weißlich gefärbten Fruchtkörper können gefährliche Verwechslungen entstehen.

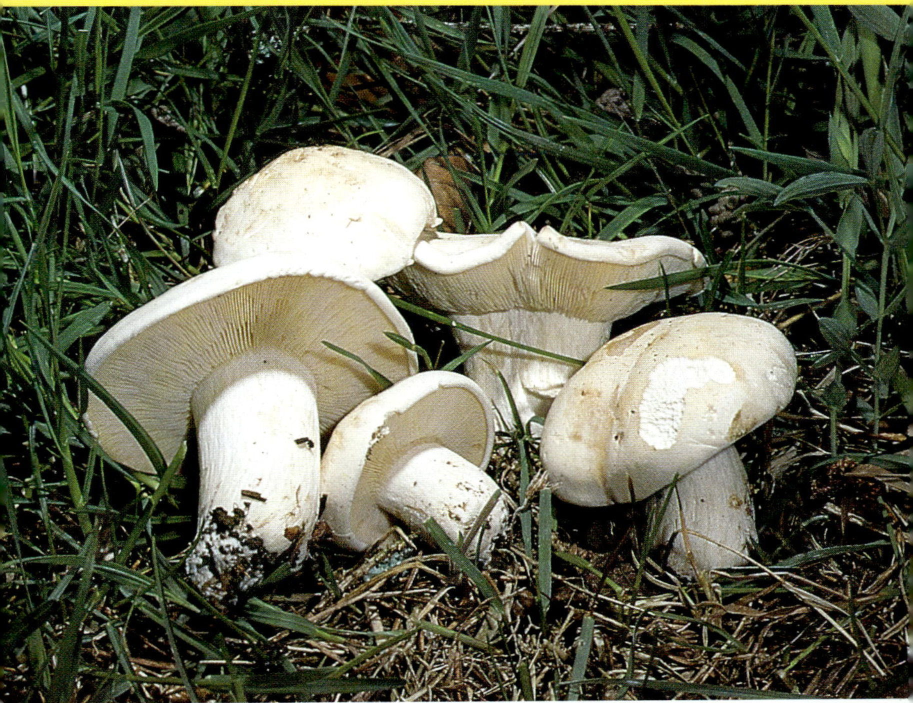

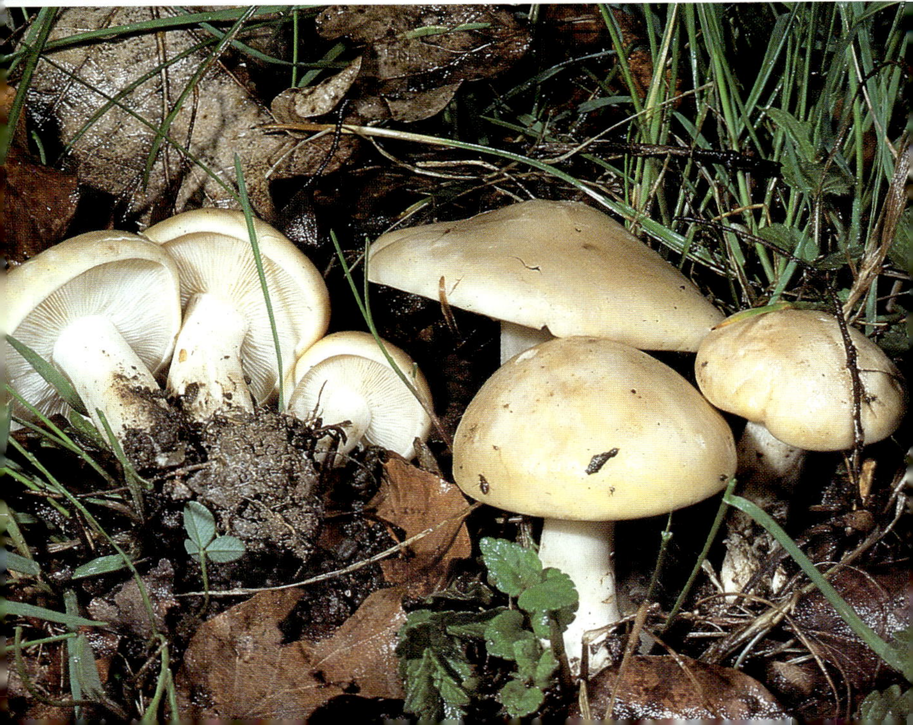

Wasserfleckiger Trichterling

Lepista gilva (L. flaccida)

Hut: 4–10 cm, gelblich, blaß gelbbraun, oft wasserfleckig, zuerst gewölbt, dann flach bis undeutlich trichterig, Oberfläche glatt, schwach glänzend, Rand lange eingebogen, im Alter unregelmäßig flatterig.

Lamellen: Cremefarben, dann ockergelb, gedrängt stehend, oft gegabelt, am Stiel weit herablaufend.

Stiel: Meist hutfarben oder etwas blasser, zylindrisch, dünn, Basis weißfilzig, mit Laub und Nadeln verwachsen.

Fleisch: Blaßgelblich, zäh, mit aromatischem Geruch und leicht herbem Geschmack.

Sporen: 3,5–5 μm, feinwarzig, Sporenpulver cremegelblich.

Wert: Kein Speisepilz.

Vorkommen: Im Laub- und Nadelwald, häufig, gesellig, bildet oft Ringe, erscheint von August bis Oktober.

Bemerkungen: Ähnlich ist der Fuchsige Trichterling *(L. inversa)*, der von manchen Autoren sogar zu derselben Art gestellt wird. Dieser unterscheidet sich durch einen fuchsigen bis rotbraunen Hut und normalerweise fehlende Wasserflecken. Beide Arten sind als Speisepilz ungeeignet, da sie schon leichte Vergiftungen verursacht haben.

Veilchenritterling

Lepista irina

Hut: 5–12 cm, wildlederfarben, weißlich, blaßbräunlich, gewölbt mit eingebogenem, unregelmäßigem Rand, später ausgebreitet und flattrig werdend, Rand im Alter sogar umgebogen.

Lamellen: Jung cremefarben, dann graurosa, mäßig gedrängt stehend, untermischt, schmal angewachsen bis etwas ausgebuchtet.

Stiel: Meist hutfarben oder etwas blasser, zylindrisch, kräftig, jung voll, später hohl.

Fleisch: Schmutzigweißlich, wässerig, Geruch aromatisch, angenehm nach Veilchenwurz, Geschmack mild.

Sporen: 6,5–9/4–5 µm, feinwarzig, Sporenpulver cremegelb.

Wert: Eßbar.

Vorkommen: Im Laub- und Nadelwald, auf grasigen Stellen, an Waldrändern, erscheint von September bis Oktober.

Bemerkungen: Dieser Pilz wächst häufig in großen Gruppen und nicht selten in Hexenringen. Sein charakteristischer Geruch nach Veilchenwurz ist ein gutes Bestimmungsmerkmal. Ähnlich in Geruch und Aussehen ist der Würzige Rötelritterling *(Rhodocybe gemina)*, der aber herablaufende Lamellen hat. Er ist ebenfalls eßbar.

Blaßblauer Rötelritterling

Lepista glaucocana

Hut: 5–12 cm, blaß blauviolett bis grauviolett, weißlichviolett, im Alter fast ohne violette Töne, halbkugelig, dann gewölbt, schließlich abgeflacht und wellig, dickfleischig, Oberfläche glatt, matt, Rand lange heruntergebogen, erst im Alter scharf abgegrenzt.

Lamellen: Blaßviolett bis grauviolett, fast gedrängt stehend, untermischt, am Stiel ausgebuchtet angewachsen.

Stiel: Grundfarbe blaßviolett, Oberfläche weiß überfasert, eher kurz und voll, keulig, kräftig.

Fleisch: Weißlich bis blaßlila, Geruch erdartig, Geschmack mild,

mit schärflichem Nachgeschmack.

Sporen: 6–8/3–5 µm, glatt bis feinwarzig, Sporenpulver beigerosa.

Wert: Kein Speisepilz, schmeckt gekocht unangenehm erdartig.

Vorkommen: Im Laub- und Nadelwald, an Wegrändern, in Laub- und Nadelstreu, aber auch auf Wiesen, besonders im Alpengebiet, erscheint von September bis Oktober.

Bemerkungen: Sehr ähnlich sind der Veilchenritterling *(L. irina),* s. S. 215, mit vorwiegend cremebräunlichen Farben und der Violette Rötelritterling *(L. nuda),* s. S. 217, mit violetten und bräunlichen Farbtönen. Beide sind eßbar.

Violetter Rötelritterling

Lepista nuda

Hut: 5–15 cm, jung lebhaft violett, bald mit braunlilafarbener Mitte, im Alter gänzlich bräunlichlila, gewölbt bis ausgebreitet, bisweilen etwas vertieft, Oberfläche glatt, matt, Rand lange eingerollt, im Alter schließlich nach oben gebogen.

Lamellen: Lilafarben bis graulila, mäßig gedrängt stehend, am Stiel ausgebuchtet angewachsen.

Stiel: Grundfarbe violett, Oberfläche weiß überfasert, zylindrisch bis keulig, Basis mit dem Substrat stark verwachsen.

Fleisch: Jung violett, sonst blasser, Geruch angenehm fruchtig-parfümiert, Geschmack mild.

Sporen: 6–8/4–5 µm, feinwarzig, Sporenpulver rosa.

Wert: Eßbar, guter Speisepilz.

Vorkommen: Im Laub- und Nadelwald, in Laub- und Nadelstreu, aber auch in Gärten auf pflanzlichen Abfällen, erster Schub bereits im Mai, Hauptvegetationszeit von September bis November.

Bemerkungen: Seit einiger Zeit ist er als Kulturpilz erhältlich. Man hüte sich vor Verwechslungen mit blauvioletten Schleierlingen (*Cortinarius*). Diese meist giftigen Pilze haben jung immer einen fädigen Schleier (Cortina), der die Lamellen bedeckt.

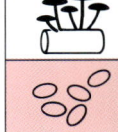

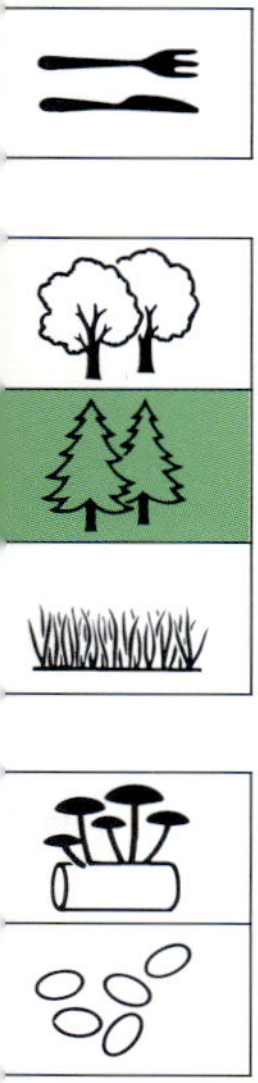

Rötlicher Holzritterling

Tricholomopsis rutilans

Hut: 5–15 cm, auf gelbem Grund gänzlich mit kleinen weinroten bis purpurfarbenen, filzigen Schuppen bedeckt, jung stumpfkegelig, dann gewölbt, schließlich ausgebreitet, Rand lange eingerollt.

Lamellen: Leuchtendgelb, untermischt, am Stiel ausgebuchtet bis breit angewachsen.

Stiel: Hutfarben, zylindrisch bis keulig, meist kräftig, voll, im Alter auch hohl, filzig.

Fleisch: Hellgelb, bisweilen wässerig, weich, Geruch säuerlich, Geschmack mild.

Sporen: 7–8/5–6 μm, glatt, Sporenpulver weiß.

Wert: Eßbar, aber abbrühen (s. S. 92), nur in kleinen Mengen.

Vorkommen: Im Nadelwald, auf oder neben modernden Nadelholzstrünken, erscheint von Juli bis September.

Bemerkungen: Mit seiner Farbenpracht stellt dieser Pilz etwas ganz Besonderes dar. In kleineren Mengen kann er in einem Mischgericht Verwendung finden. Größere Mengen führen in den meisten Fällen zu Verdauungsstörungen. Ähnlich ist der Olivgelbe Holzritterling (*T. decora*), der ebenfalls auf Nadelholzstrünken fruchtet, aber stets gelbliche Hutfarben besitzt.

Grünling

Tricholoma equestre (T. flavovirens)

Hut: 5–10 cm, grüngelber Grund, fein braunfuchsig geschuppt, Rand heller, Mitte jung gänzlich braun, jung halbkugelig bis glockig, dann ausgebreitet mit stumpfem Buckel, schließlich etwas niedergedrückt.

Lamellen: Gelb, untermischt, gedrängt stehend, am Stiel ausgebuchtet angewachsen.

Stiel: Hellgelb, grüngelb, zylindrisch bis etwas keulig, voll, glatt.

Fleisch: Weißlich, unter der Huthaut gelblich, Geruch mehlartig, Geschmack mild.

Sporen: 6–8/3–5 μm, glatt, Sporenpulver weiß.

Wert: Eßbar, aber schonenswert.

Vorkommen: Im Nadel- und Laubwald, auf Wiesen, am Waldrand, bisweilen in Gemeinschaft von Espen und Fichten, selten, erscheint von September bis November.

Bemerkungen: Der Grünling ist ein äußerst seltener Pilz mit stark rückgängiger Tendenz, ist deswegen schonenswert und sollte nicht gegessen werden. Er kann verwechselt werden mit dem Schwefelritterling *(T. sulphureum)*, s. S. 220, der aber unangenehm nach Leuchtgas riecht, und dem Rötlichen Holzritterling *(Tricholomopsis rutilans)*, s. S. 218, der auf alten Nadelholzstrünken fruchtet.

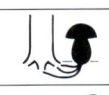

Schwefelritterling

Tricholoma sulphureum

Hut: 3–7 cm, schwefelgelb bis rotbraun, bisweilen in der Mitte purpurflockig, jung halbkugelig, dann gewölbt, schließlich abgeflacht, Oberfläche glatt und matt, Rand scharf.

Lamellen: Schwefelgelb, breit, sehr entfernt stehend, ausgebuchtet angewachsen.

Stiel: Schwefelgelb, mit feinen, purpurrötlichen Längsfasern, zylindrisch, voll, mit weißem Basalfilz.

Fleisch: Schwefelgelb, grünlichgelb, fest, Geruch widerlich, aufdringlich leuchtgasartig, Geschmack mild, aber unangenehm.

Sporen: 9–12/5–6 µm, glatt, Sporenpulver weiß.

Wert: Giftig.

Vorkommen: Im Nadel- und Laubwald, weit verbreitet, erscheint von Juli bis Oktober.

Bemerkungen: Sehr ähnlich gefärbt ist der eßbare, aber schonenswerte Grünling *(T. equestre),* s. S. 219, der aber angenehm mehlartig riecht. Der ebenfalls giftige Purpurbraune Schwefelritterling *(T. bufonium)* riecht wie der Schwefelritterling leuchtgasartig, hat aber einen bräunlich gefärbten Hut, enger gestellte Lamellen und kommt in Berg-Nadelwäldern vor.

Seifenritterling

Tricholoma saponaceum

Hut: 4–8 cm̂, Farbe sehr veränderlich: oliv, graubraun, graugrün, schwärzlich; jung halbkugelig, dann gewölbt, schließlich abgeflacht mit heruntergebogenem Rand, unregelmäßig gelappt.

Lamellen: Cremefarben bis grüngelblich, wachsig, entfernt stehend, dicklich, am Stiel ausgebuchtet angewachsen.

Stiel: Grundfarbe creme, Oberfläche längsfaserig graubraun geschuppt, Basis meist orangerötlich, bei Verletzung bisweilen orangerosa fleckend, zylindrisch oder bauchig.

Fleisch: Weißlich, bisweilen rötlich anlaufend, Geruch nach unparfümierter Seife, Geschmack mild bis bitterlich.

Sporen: 5–6/3,5–4 μm, glatt, Sporenpulver weiß.

Wert: Kein Speisepilz.

Vorkommen: Im Nadel- und Laubwald, gesellig, erscheint von September bis November.

Bemerkungen: Er ist ein äußerst veränderlicher Pilz und täuscht dadurch manchen Sammler. Sein rötendes Fleisch ist jedoch ein gutes, konstantes Erkennungsmerkmal. Der Geruch ist alters- und witterungsbedingt und dadurch nicht immer deutlich wahrnehmbar.

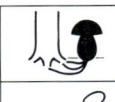

Strohblasser Ritterling

Tricholoma stiparophyllum (T. album)

Hut: 4–10 cm, weiß, später mit etwas gelbbräunlicher Mitte, halbkugelig, dann gewölbt, schließlich ausgebreitet mit stumpfem Buckel, Oberfläche trocken matt, feucht glänzend, oft mit geripptem Rand.

Lamellen: Weißlich, relativ gedrängt stehend, dünn, ausgebuchtet angewachsen.

Stiel: Schneeweiß, zylindrisch, dünn, Spitze bereift, Basis etwas verbogen.

Fleisch: Blaß cremefarben, fest, Geruch herb und unangenehm, Geschmack scharf.

Sporen: 7–8/3–4,5 µm, glatt, Sporenpulver weiß.

Wert: Kein Speisepilz.

Vorkommen: Im Laubwald, bei Birken, gesellig, erscheint von September bis Oktober.

Bemerkungen: Dem Strohblassen Ritterling ähnlich ist der ebenfalls weiß gefärbte Seidige Ritterling (*T. columbetta*). Dieser hat mildes Fleisch und ist eßbar. Der Lästige Ritterling (*T. inamoenum*), s. S. 230, der im Nadelwald vorkommt, und der Unverschämte Ritterling (*T. lascivum*), der bei Eichen und Buchen seine Fruchtkörper hervorbringt, sind auch weiß gefärbt, riechen jedoch unangenehm leuchtgasartig und sind giftig.

Schwarzschuppiger Ritterling

Tricholoma atrosquamosum

Hut: 4–8 cm, weißer bis gräulicher Grund, mit schwarzen, filzigen Schüppchen bedeckt, jung halbkugelig, dann gewölbt, schließlich abgeflacht mit schwachem Buckel, Rand jung eingerollt.

Lamellen: Weißlich, oft mit schwarzpunktierten Schneiden, gedrängt stehend, am Stiel ausgebuchtet angewachsen.

Stiel: Weißlich, graublaß, teilweise schwärzlich fein geschuppt, zylindrisch, kräftig, Basis bisweilen etwas keulig.

Fleisch: Weißlich bis blaßgrau, Geruch aromatisch, Geschmack mehlartig.

Sporen: 5–8/3,5–5 μm, glatt, Sporenpulver weiß.

Wert: Eßbar.

Vorkommen: Im Nadel- und Laubwald, vor allem bei Buchen auf kalkreichen Böden, eher selten, mit deutlich rückläufiger Tendenz, erscheint von September bis November.

Bemerkungen: Sehr ähnlich ist der giftigste Ritterling *(Tricholoma),* der Tigerritterling *(T. pardalotum),* s. S. 224. Seine Hutschuppen sind jedoch größer und heller gefärbt. Seine Lamellen unterscheiden sich durch einen grünlichen Ton und tränen jung oft.

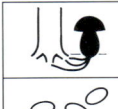

Tigerritterling

Tricholoma pardalotum (T. pardinum)

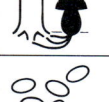

Hut: 4–12 cm, weißer Grund, mit grauen, silbergrauen, grauschwarzen feinen Schuppen besetzt, oft mit lila Hauch, kräftiger Habitus, jung halbkugelig, später gewölbt, dann ausgebreitet, oft unregelmäßig wellig verbogen, Rand lange eingerollt.

Lamellen: Jung weißlich, dann cremefarben, auch olivlich, breit, nicht besonders gedrängt stehend, stark ausgebuchtet angewachsen bis fast frei, Schneiden oft tränend.

Stiel: Weißlich, bräunlich längsfaserig bis leicht schuppig, Spitze oft von wässerigen Tröpfchen besetzt, Basis meist etwas keulig und bisweilen rostfleckig.

Fleisch: Weißlich, Geruch mehlartig, Geschmack mild.

Sporen: 8–10/5,5–6,5 μm, glatt, Sporenpulver weiß.

Wert: Giftig.

Vorkommen: Im Nadel- und Laubwald, kalkliebend, nicht jedes Jahr häufig, tritt in Süddeutschland, in Tirol (Österreich) und in der Schweiz auf, erscheint von August bis Oktober.

Bemerkungen: Die Abbildung links oben zeigt deutlich ausgewachsene Exemplare mit hellen maus- bis schiefergrauen Hüten. Die Stielspitze des liegenden Pilzes ist mit glasigen Wassertröpfchen

besetzt. Diese Tröpfchen sind nicht bei jeder Witterung zu sehen. Wenn sie vorhanden sind, bilden sie jedoch ein wichtiges Bestimmungsmerkmal. Auf der Abbildung rechts oben sieht man junge, noch nicht ausgebreitete Exemplare. Deutlich ist aber schon die silbergrau bis grauschwarz geschuppte Hutoberfläche und der kräftige Habitus zu sehen. Vergleicht man die Hutfarbe, fällt auf, daß die ausgewachsenen Exemplare (links oben) heller sind. Sie wuchsen in einer Regenperiode heran. Der Tigerritterling erzeugt lang anhaltende, heftige Darmstörungen und darf auf keinen Fall unterschätzt werden. Sogar vereinzelte Todesfälle sind schon bekannt geworden. Er ist der giftigste Vertre-

ter der Ritterlinge *(Tricholoma)*. Folgende Pilze aus derselben Gattung können zu Verwechslungen führen: der eßbare Erdritterling *(T. terreum)*, s. S. 231, mit einer grauen und filzigen Hutoberfläche, typisch blaß aschgrauen Lamellen und einem viel schmächtigeren Habitus, der eßbare Schwarzschuppige Ritterling *(T. atrosquamosum)*, s. S. 223, mit einem dunklen Hut, der Rosafüßige Ritterling *(T. basirubens)* mit einer rötlichen Stielbasis und der Schärfliche Ritterling *(T. sciodes)* mit im Alter schwarzflockigen Lamellenschneiden. Die soeben aufgezählten Arten haben alle keine gelblichen Lamellen und können hauptsächlich dadurch vom Tigerritterling unterschieden werden.

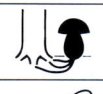

Pappelritterling

Tricholoma populinum

Hut: 6–12 cm, hellbräunlich bis braunrötlich, jung halbkugelig, dann gewölbt, schließlich abgeflacht und verbogen, kahl, klebrig, glänzend, Rand lange heruntergebogen.

Lamellen: Jung weiß, später rotbraun fleckend, gedrängt stehend, ausgebuchtet angewachsen.

Stiel: Weiß, von der Basis her bräunend, zylindrisch, kräftig, fein längsfaserig, Basis bisweilen keulig und oft verbogen.

Fleisch: Weiß, unter der Huthaut rötlich, Geruch mehlartig, Geschmack mild bis leicht bitter.

Sporen: 5,5/3,5 µm, rundlich, glatt, Sporenpulver weiß.

Wert: Eßbar, nicht besonders schmackhaft.

Vorkommen: Bei Pappelarten, hauptsächlich bei Espen und Pyramidenpappeln, tritt meist gesellig auf, nicht häufig, erscheint von September bis November.

Bemerkungen: Da der Pappelritterling mit vielen anderen braunen, jedoch giftigen Ritterlingsarten *(Tricholoma)* verwechselt werden kann, wie hauptsächlich dem Fastberingten Ritterling *(T. fracticum)*, der meist bei Kiefern vorkommt, und dem Brandigen Ritterling *(T. ustale)*, der bei Buchen fruchtet, sollte er nur von Kennern gesammelt werden.

Gelbblättriger Ritterling

Tricholoma fulvum (T. flavobrunneum)

Hut: 4–8 cm, braun bis dunkel rotbraun, bisweilen auch heller, jung halbkugelig, dann gewölbt, schließlich ausgebreitet und bisweilen niedergedrückt, Oberfläche kahl bis schwach faserig, feinschuppig, feucht schmierig bis klebrig.

Lamellen: Hellgelb, blaßgelb, dann bräunlichgelb, gedrängt stehend, am Stiel ausgebuchtet angewachsen.

Stiel: Bräunlich, Spitze weißlich, zylndrisch, zuerst voll, im Alter enghohl, faserig.

Fleisch: Im Stiel gelb, im Hut weiß, fest, Geruch und Geschmack mehlartig.

Sporen: 5,5–7/4–6 µm, glatt, Sporenpulver weiß.

Wert: Kein Speisepilz.

Vorkommen: Im Nadel- und Laubwald, hauptsächlich bei Birken, aber auch bei Fichten, weit verbreitet, aber nicht häufig, erscheint von September bis November.

Bemerkungen: Von den nicht oft vorkommenden braunen Ritterlingen *(Tricholoma)* ist er noch einer der häufigsten. Durch sein gelbes Fleisch im Stiel und seine jung gelb gefärbten Lamellen ist der Gelbblättrige Ritterling relativ gut von anderen braunen Ritterlingsarten unterscheidbar.

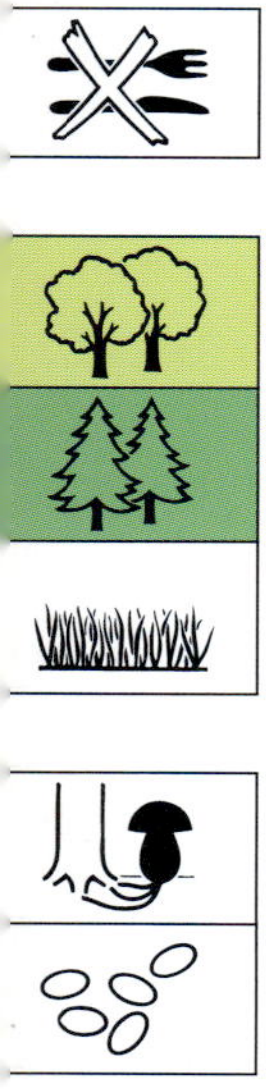

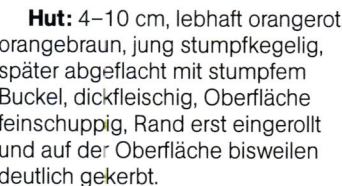

Orangeroter Ritterling

Tricholoma aurantium

Hut: 4–10 cm, lebhaft orangerot, orangebraun, jung stumpfkegelig, später abgeflacht mit stumpfem Buckel, dickfleischig, Oberfläche feinschuppig, Rand erst eingerollt und auf der Oberfläche bisweilen deutlich gekerbt.

Lamellen: Jung weiß, später cremefarben, rostbraun fleckend, gedrängt stehend, am Stiel ausgebuchtet angewachsen.

Stiel: Weißlicher Grund, mit dichten, kleinen, orangeroten Schuppen genattert, Spitze jung mit orangefarbenen Tröpfchen besetzt, zylindrisch, voll, Basis meist etwas gebogen und zugespitzt.

Fleisch: Weiß, Geruch mehlartig, Geschmack bitter.

Sporen: 4–5/3–3,5 µm, glatt, Sporenpulver weiß.

Wert: Kein Speisepilz, schonenswert.

Vorkommen: Im Nadel-, seltener Laubwald, kalkliebend, selten, erscheint von August bis November.

Bemerkungen: Durch seine prächtige orangerote Färbung ist dieser seltene Pilz kaum mit einem anderen zu verwechseln. Er gehört zu den schönsten Ritterlingen *(Tricholoma)*. Aufgrund seines bitteren Geschmacks eignet er sich nicht als Speisepilz.

Bärtiger Ritterling

Wolliger Ritterling, *Tricholoma vaccinum*

Hut: 3–7 cm, hell ockerfarbener Grund, mit braunen bis braunroten, stark faserigen Schuppen besetzt, jung halbkugelig, später abgeflacht mit stumpfem Buckel, Rand filzig, faserig bis zottig.

Lamellen: Jung weiß bis cremefarben, dann braunrot fleckend, zuletzt gänzlich bräunlich, untermischt, ausgebuchtet angewachsen und mit Zahn herablaufend.

Stiel: Blaß rotbraun, Spitze weißlich, zylindrisch, hohl, faserig, Basis etwas verdickt.

Fleisch: Weiß, stellenweise rötlich, Geruch erdig, Geschmack bitter.

Sporen: 4–5,5/4 µm, glatt, Sporenpulver weiß.

Wert: Kein Speisepilz.

Vorkommen: Im Nadelwald, meist unter Fichten, häufig, erscheint von Juli bis Oktober.

Bemerkungen: Durch seine stark faserige bis bärtige Hutoberfläche ist der Bärtige Ritterling gut von anderen Ritterlingen *(Tricholoma)* abgrenzbar. Wegen seines bitteren Geschmacks ist er als Speisepilz ungeeignet. Die Gattung der Ritterlinge umfaßt über 65 Arten. Man findet unter ihnen nur Mykorrhiza-Pilze. Ritterlinge sind typische Herbstpilze.

Lästiger Ritterling

Tricholoma inamoenum

Hut: 4–6 cm, weißlich, ockerlich oder blaß lederfarben, jung halbkugelig, dann gewölbt, schließlich ausgebreitet mit schwach gebuckelter Mitte, Oberfläche glatt und matt, Rand scharf.

Lamellen: Weißlich, mit blaßgelblichen Tönen, auffallend breit und entfernt stehend, untermischt, am Stiel ausgebuchtet angewachsen.

Stiel: Weißlich bis gelblich, Spitze weiß, Basis oft schmutzigbraun und bisweilen wurzelnd, selten zylindrisch, oft bauchig und spindelig.

Fleisch: Weißlich, Geruch unangenehm, aufdringlich leuchtgasartig, Geschmack eher mild, an Kohl erinnernd.

Sporen: 8–10/4–5,5 µm, glatt, Sporenpulver weiß.

Wert: Giftig.

Vorkommen: Im Berg-Nadelwald, besonders bei Fichten, auf kalkhaltigen Böden, erscheint von September bis Oktober.

Bemerkungen: Fast denselben unangenehmen Geruch hat der sehr ähnliche, fast gleich gefärbte, jedoch schmächtigere Unverschämte Ritterling *(T. lascivum)*, der aber im Laubwald bei Eichen und Buchen fruchtet. Auch er ist giftig.

Erdritterling

Tricholoma terreum

Hut: 3–8 cm, hell bis dunkel mausgrau, jung gewölbt, dann ausgebreitet, oft mit stumpfem Buckel, sehr dünnfleischig, Oberfläche matt, feinfilzig, Rand scharf und stets etwas heruntergebogen.

Lamellen: Anfangs weiß, dann typisch blaß aschgrau, ausgebuchtet angewachsen und mit Zahn herablaufend.

Stiel: Weiß bis grauweiß, zylindrisch, jung voll, später hohl, glatt, bisweilen Basis etwas keulig.

Fleisch: Weiß, brüchig, fast geruchlos, Geschmack mild.

Sporen: 5–7/4–5 µm, glatt, Sporenpulver weiß.

Wert: Eßbar.

Vorkommen: Im Nadelwald, besonders bei Kiefern, auf kalkhaltigen Böden, erscheint von August bis November.

Bemerkungen: Man hüte sich vor Verwechslungen mit dem Tigerritterling *(T. pardalotum)*, s. S. 224. Dieser Giftpilz hat im Gegensatz zum Erdritterling einen kräftigeren Habitus, seine Hutschuppen sind größer, und seine Lamellen haben einen grünlichgelben Ton. Besonders ähnlich in seiner ganzen Erscheinungsform ist der schwach giftige Brennende Ritterling *(T. virgatum)* mit buckligem Hut.

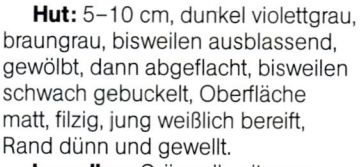

Favres Schwärzling

Lyophyllum favrei

Hut: 5–10 cm, dunkel violettgrau, braungrau, bisweilen ausblassend, gewölbt, dann abgeflacht, bisweilen schwach gebuckelt, Oberfläche matt, filzig, jung weißlich bereift, Rand dünn und gewellt.

Lamellen: Grüngelb, zitronengelb, an Druckstellen rötend, dann schwärzend, sehr gedrängt stehend und schmal, am Stiel ausgebuchtet angewachsen.

Stiel: Spitze weißlich, cremefarben, gegen die Basis auf hellem Grund braunschwarz faserig, zylindrisch oder leicht gebogen, voll.

Fleisch: Weiß bis gelblich, im Schnitt zuerst rötend, dann schwär-zend, Geruch muffig, Geschmack mild.

Sporen: 3,5–5/3–3,5 µm, glatt, Sporenpulver cremefarben.

Wert: Kein Speisepilz, schonenswert.

Vorkommen: Im Nadel- und Laubwald, sehr selten, erscheint von August bis Oktober.

Bemerkungen: Dieser Pilz ist durch seine rötenden, später schwärzenden Fruchtkörper und durch seine gelben Lamellen einfach zu bestimmen. Nicht nur die Seltenheit macht diesen Rasling *(Lyophyllum)* zu etwas Besonderem, sondern auch die attraktiven Farben.

Weißer Rasling

Lyophyllum connatum

Hut: 3–6 cm, weiß, feucht mit blaßgrauem Ton, jung gewölbt, dann ausgebreitet, oft unregelmäßig verbogen, flatterig, bisweilen schwach trichterig, matt bis seidig glänzend, Rand lange eingebogen.

Lamellen: Jung weiß, später deutlich cremefarben, sehr gedrängt stehend, am Stiel etwas herablaufend.

Stiel: Weiß bis blaßgrau, Spitze weiß bereift, zylindrisch bis etwas aufgeblasen, verbogen, jung voll, später hohl, meistens sind mehrere Stiele an der Basis miteinander verwachsen.

Fleisch: Weiß, etwas glasig, Geruch ähnlich dem des Lerchensporns, parfümiert, Geschmack mild.

Sporen: 6–7/3,5–4 μm, glatt, Sporenpulver weiß.

Wert: Giftig.

Vorkommen: Im Nadel- und Laubwald, an grasigen Waldwegrändern, büschelig wachsend und häufig, erscheint von August bis Oktober.

Bemerkungen: Er galt bis vor einigen wenigen Jahren als eßbar. Sehr ähnlich sieht ihm der äußerst giftige Bleiweiße Firnistrichterling *(Clitocybe phyllophila)*, s. S. 209, der aber nicht so markant riecht und nicht büschelig auftritt.

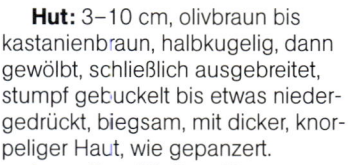

Gepanzerter Rasling

Lyophyllum loricatum

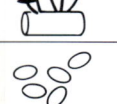

Hut: 3–10 cm, olivbraun bis kastanienbraun, halbkugelig, dann gewölbt, schließlich ausgebreitet, stumpf gebuckelt bis etwas niedergedrückt, biegsam, mit dicker, knorpeliger Haut, wie gepanzert.

Lamellen: Weiß, später grauweißlich, gedrängt stehend, zäh, am Stiel breit bis etwas ausgebuchtet angewachsen, bisweilen mit Zahn herablaufend.

Stiel: Weißlich bis hellbräunlich, zylindrisch, meist verbogen, auch verdreht und bisweilen aufgeblasen, auffallend elastisch, Stiele oft an der Basis miteinander verwachsen.

Fleisch: Weiß, stark knorpelig, elastisch, dadurch äußerst biegsam, Geruch unbedeutend, Geschmack mild bis bitterlich.

Sporen: 6–7 μm, rundlich, glatt, Sporenpulver weiß.

Wert: Eßbar, guter Speisepilz.

Vorkommen: Meist bei Laubbäumen, in Wäldern, entlang von Wegen, häufig, büschelig, erscheint von August bis Oktober.

Bemerkungen: Ähnliche Raslinge *(Lyophyllum)* mit bräunlichen Hüten und elastischem Fleisch werden teils als Varietäten von ihm beschrieben; dies ist jedoch umstritten. Verwechslungen sind nicht gefährlich, da diese alle eßbar sind.

Blaßgrauer Weichritterling

Melanoleuca excissa (M. cinerascens)

Hut: 4–7 cm, aschgrau, blaßgrau, silbergrau, breit gewölbt, bald abgeflacht mit aufgebogenem, auffallend weißlichem, scharfem Rand.

Lamellen: Weißlich, gedrängt stehend, ausgebuchtet angewachsen und mit Zahn herablaufend.

Stiel: Hutfarben, zylindrisch, schlank, Oberfläche längsfaserig bis flockig, Basis weißfilzig.

Fleisch: Weißlich, Geruch unbedeutend, Geschmack mild.

Sporen: 8,5–9,5/5–6 µm, warzig, Sporenpulver cremefarben.

Wert: Eßbar.

Vorkommen: Bei Laub- und Nadelbäumen, an Waldrändern, auf Wiesen und in Parks, selten, erscheint vom Frühjahr bis zum Herbst.

Bemerkungen: Der blaß aschgraue Hut und der gleich gefärbte, oft silbrig glänzende Stiel lassen ihn von ähnlichen Weichritterlingen (*Melanoleuca*) gut unterscheiden. Weichritterlinge zeichnen sich durch weiches, längsfaseriges Fleisch und kurze, oft längsrillige Stiele aus. Da sich viele Arten sehr ähnlich sehen, bereitet die Bestimmung selbst Fachleuten erhebliche Schwierigkeiten. Sie können alle als Speisepilze verwendet werden, einige sind jedoch von geringer Qualität.

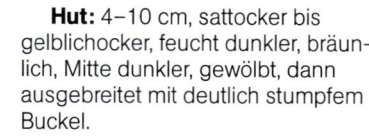

Frühlings-Weichritterling

Melanoleuca cognata

Hut: 4–10 cm, sattocker bis gelblichocker, feucht dunkler, bräunlich, Mitte dunkler, gewölbt, dann ausgebreitet mit deutlich stumpfem Buckel.

Lamellen: Weißlich, gedrängt stehend, ausgebuchtet angewachsen und mit Zahn herablaufend.

Stiel: Hutfarben, zylindrisch, fest, später weich, voll, Oberfläche längsfaserig, Basis oft verdickt und weißfilzig.

Fleisch: Gelblich, weich, schwammig, Geruch mehlig, Geschmack süßlich.

Sporen: 9–10/6 μm, feinwarzig, Sporenpulver weiß.

Wert: Eßbar.

Vorkommen: Hauptsächlich in Nadelwäldern auf Reisighaufen, an Wegrändern und auf Waldwiesen, erscheint meist im Frühjahr (April bis Juli), aber auch im Herbst (September bis Oktober).

Bemerkungen: Dieser Pilz fruchtet zur „Morchel-Zeit" gerne an Wegrändern im Fichtenwald. Erkennt man die Gattung, so ist eine Verwechslung mit giftigen Pilzen kaum wahrscheinlich. Die meisten Weichritterlinge *(Melanoleuca)* sind allerdings typische Herbstpilze und kommen von September bis Oktober vor.

Heller Kurzstiel-Weichritterling

Melanoleuca grammopodia var. subbrevipes

Hut: 6–20 cm, jung dunkel, horngraubraun, dann heller, blaß cremefarben mit etwas olivlichen Tönen, Mitte bräunlich, jung gewölbt mit stumpfem Buckel, dann ausgebreitet bis schwach trichterig mit flatterigem Rand.

Lamellen: Cremefarben, ockergelblich, gedrängt stehend, am Stiel ausgebuchtet angewachsen, bei älteren Exemplaren etwas herablaufend.

Stiel: Graubräunlich, ähnlich gefärbt wie die Hutmitte, zylindrisch, auffallend kurz, längsfaserig, Basis weißfilzig.

Fleisch: Weißlich, weich, Geruch und Geschmack unbedeutend.

Sporen: 8,5–10/5–6 µm, warzig, Sporenpulver weiß.

Wert: Eßbar.

Vorkommen: In Wäldern, auf Wiesen, Weiden, Haufen pflanzlicher Abfälle, erscheint von September bis Oktober.

Bemerkungen: Er sieht alten Exemplaren von Nebelkappen (*Clitocybe nebularis*), s. S. 211, verblüffend ähnlich. Der aufdringliche Geruch der Nebelkappe läßt sie jedoch gut voneinander unterscheiden. Oft findet man ihn in der Nähe von Violetten Rötelritterlingen (*Lepista nuda*), s. S. 217.

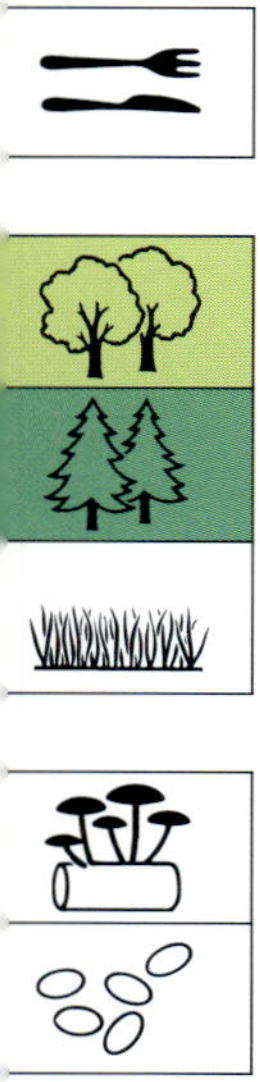

Waldfreund-Rübling

Collybia dryophila

Hut: 2–5 cm, satt gelbbraun, tonfarben, blaß fleischfarben, jung gewölbt, dann abgeflacht, alt flatterig, dünnfleischig.

Lamellen: Weißlich bis fast gelb, gedrängt stehend, ausgebuchtet angewachsen und mit Zahn herablaufend.

Stiel: Orangegelb, fuchsigrot, bisweilen auch blasser, zylindrisch, schlank, glatt, hohl, Basis etwas aufgeblasen.

Fleisch: Weißlich, blaß cremefarben, wässerig, Geruch säuerlich, Geschmack mild.

Sporen: 5–6/2–3 µm, glatt, Sporenpulver weiß.

Wert: Eßbar, nur als Mischpilz verwendbar, abbrühen (s. S. 92).

Vorkommen: Im Nadel- und Laubwald, sehr häufig, erscheint schon ab Mai bis November.

Bemerkungen: Der Waldfreund-Rübling ist sehr häufig. Nur die Hüte können in einem Mischgericht verwendet werden. Eine Verwechslung mit dem Striegeligen Rübling *(C. hariolorum)*, s. S. 241, würde zu unangenehmen Magenbeschwerden führen. Dieser aber besitzt einen weißlichen Stiel, der in der unteren Hälfte striegelig bis behaart ist, und riecht ausgeprägt nach faulendem Kohl.

Horngrauer Rübling

Collybia butyracea var. *asema*

Hut: 2–5 cm, horngrau, ocker-braun, ausblassend, mit dunklerer Mitte, jung gewölbt, bald ausgebrei-tet und flach, Mitte stets stumpf gebuckelt, dünnfleischig, Oberfläche glatt, fettig und glänzend, Rand scharf und fein durchscheinend gerieft.

Lamellen: Reinweiß, gedrängt stehend, ausgebuchtet angewach-sen, Schneiden gekerbt.

Stiel: Rotbraun, graubraun, zylin-drisch, röhrig, glatt, an der Basis auf-geblasen und weißfilzig.

Fleisch: Weißlich, wässerig, Geruch angenehm obstartig, Geschmack mild.

Sporen: 6–7/3–3,5 μm, glatt, Sporenpulver weiß.

Wert: Eßbar, nur als Mischpilz verwendbar.

Vorkommen: Im Nadel- und Laubwald, sehr häufig, erscheint von Juli bis Dezember.

Bemerkungen: Mit seinen hellen Hutfarben gilt er als Varietät. Die Hauptform, der Kastanienrote Rüb-ling oder Butterrübling *(C. butyra-cea)*, wächst an denselben Stand-orten und ist ebenfalls eßbar, hat jedoch kastanienrote Farbtöne im Hut. Charakteristisch für beide Pilze ist die fettige Hutoberfläche, auf die sich der Name Butterrübling bezieht.

Gefleckter Rübling

Collybia maculata

Hut: 4–10 cm, reinweißer Grund, unregelmäßig rostbraun gefleckt, jung halbkugelig, dann gewölbt, erst im Alter flach und flatterig, Oberfläche matt und glatt, Rand lange heruntergebogen.

Lamellen: Weiß, sehr gedrängt stehend, später rotbraun fleckend, gerade bis ausgebuchtet angewachsen, Schneiden schwach gekerbt.

Stiel: Weiß mit rostbraunen Flecken, zylindrisch, bisweilen drehwüchsig, kräftig, zähfleischig, bald hohl, längsfaserig bis rillig, Basis zugespitzt.

Fleisch: Weiß, fest, zäh, Geruch holzartig, Geschmack bitter.

Sporen: 5–6/4–5 µm, glatt, Sporenpulver cremefarben bis blaßrosa.

Wert: Kein Speisepilz.

Vorkommen: Im Nadel- und Laubwald, auf moderndem, vergrabenem Holz, gesellig und oft in Ringen wachsend, erscheint von Juli bis November.

Bemerkungen: Man erkennt den Gefleckten Rübling gut am weißen Hut und Stiel, die bald rostig flecken, und am längsfaserigen Fleisch. Zieht man seinen bitteren Geschmack noch zur Bestimmung heran, so ist eine Verwechslung mit ähnlichen Pilzen ausgeschlossen.

Striegeliger Rübling

Collybia hariolorum

Hut: 2–5 cm, cremefarben bis beigebräunlich, mit wässerigen Flecken, Mitte braunrötlich, jung halbkugelig bis glockig, dann flach, bisweilen mit stumpfem Buckel, Oberfläche glatt, Rand scharf und kurz gerieft.

Lamellen: Weißlich, etwas gedrängt stehend, dünn und schmal, am Stiel ausgebuchtet angewachsen.

Stiel: Weißlich, im unteren Drittel stark weißlich haarig, wollig, striegelig, zylindrisch, erst voll, dann hohl, Basis etwas keulig.

Fleisch: Blaß, wässerig, Geruch unangenehm nach faulendem Kohl, Geschmack leicht rettichartig.

Sporen: 6–8/3–3,5 µm, glatt, Sporenpulver weiß.

Wert: Giftig.

Vorkommen: Im Laubwald, hauptsächlich auf Buchenlaub und -rinde, aber auch bei Eichen und Eschen, gesellig, häufig, erscheint von Juli bis Oktober.

Bemerkungen: Exemplare, die im unteren Stielbereich kaum haarig sind, können mit dem Waldfreund-Rübling *(C. dryophila)*, s. S. 238, verwechselt werden. Ebenfalls ähnlich ist der Brennende Rübling *(C. peronata)*, s. S. 242. Beide haben aber keinen so unangenehmen Geruch wie der Striegelige Rübling.

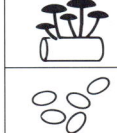

Brennender Rübling

Collybia peronata

Hut: 3–6 cm, kastanienrötlich, rotbraun, mit gelblichem bis ockerlichem Ton, gewölbt, dann flach mit kleinem Buckel, bisweilen auch niedergedrückt, Rand lange heruntergebogen und bisweilen schwach gekerbt.

Lamellen: Schmutziggelb bis ockergelblich, breit, entfernt stehend, oft queraderig verbunden, gerade bis ausgebuchtet angewachsen.

Stiel: Gelbbräunlich, zylindrisch, schlank, besonders an der Basis weiß- bis gelbfilzig, haarig.

Fleisch: Weißlich bis gelb, zäh, Geruch angenehm, Geschmack zuerst mild, dann brennend scharf.

Sporen: 6–8/3–4 µm, glatt, Sporenpulver cremefarben.

Wert: Giftig.

Vorkommen: Im Nadel- und Laubwald, auf Blättern und Nadeln, oft massenhaft, erscheint von Juli bis November.

Bemerkungen: Sein charakteristisch brennend scharfer Geschmack und sein filziger Stiel geben ihn zu erkennen. Rüblinge *(Collybia)* erkennt man im allgemeinen an ihren längsfaserigen, dünnen, oft verdrehten Stielen und den ausgebuchtet angewachsenen Lamellen.

Knopfstieliger Rübling

Collybia confluens

Hut: 2–4 cm, fleischbräunlich, lederfarben, ausblassend, dann fast weißlich, jung glockenförmig, dann abgeflacht mit stumpfem, undeutlichem Buckel, dünnfleischig, häutig, alt flatterig, Rand im Alter bisweilen eingerissen.

Lamellen: Weiß, dann blaß cremegelb, gedrängt stehend, bisweilen queraderig verbunden, ausgebuchtet angewachsen.

Stiel: Jung weißlich, später auch bräunlich, zylindrisch, schlank, röhrig, glatt bis längsrillig, bisweilen verdreht, zäh und knorpelig.

Fleisch: Weißlich, zäh, Geruch angenehm, Geschmack mild.

Sporen: 7–10/2–3 µm, glatt, Sporenpulver weiß.

Wert: Kein Speisepilz.

Vorkommen: Im Nadel- und Laubwald, auf Blättern oder Nadelstreu, häufig, erscheint von Juni bis Oktober.

Bemerkungen: Er wächst sehr büschelig. Nicht selten bilden sich dabei Reihen, bisweilen sogar Ringe. Entfernt man bei einem ausgewachsenen Exemplar den Hut vom Stiel, so bleibt eine knopfartige Stielspitze zurück, die dem Pilz den deutschen Namen gegeben hat. Sein Speisewert ist umstritten, empfohlen werden kann er jedoch nicht.

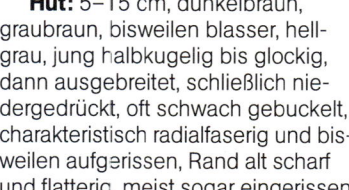

Breitblättriger Rübling

Megacollybia platyphylla (Oudemansiella platyphylla)

Hut: 5–15 cm, dunkelbraun, graubraun, bisweilen blasser, hellgrau, jung halbkugelig bis glockig, dann ausgebreitet, schließlich niedergedrückt, oft schwach gebuckelt, charakteristisch radialfaserig und bisweilen aufgerissen, Rand alt scharf und flatterig, meist sogar eingerissen.

Lamellen: Jung weiß, dann cremefarben, auffallend breit, entfernt stehend, ausgebuchtet angewachsen, Schneiden gekerbt.

Stiel: Weiß bis gräulich, sehr formenreich: zylindrisch, keulig, bauchig, kurz oder lang, bisweilen verdreht; längsrillig, Basis mit langen, weißen Mycelsträngen.

Fleisch: Weißlich, im Stiel faserig, Geruch erdig, moderig, Geschmack mild bis bitter.

Sporen: 7–8/6–7 µm, glatt, Sporenpulver weiß.

Wert: Kein Speisepilz.

Vorkommen: Im Nadel- und Laubwald, an morschen Strünken und vergrabenem Holz, häufig, erscheint von Mai bis Oktober.

Bemerkungen: Der Breitblättrige Rübling schmeckt bitter, ist aber nicht giftig. Er ähnelt dem Rehbraunen Dachpilz *(Pluteus cervinus)*, s. S. 261, und verschiedenen Rötlingen *(Entoloma)*. Diese aber haben rosa getönte Lamellen.

Wurzelnder Schleimrübling

Xerula radicata (Oudemansiella radicata)

Hut: 3–8 cm, ockerbraun, hellbraun, bisweilen ausblassend, jung glockig bis kegelig-glockig, dann gewölbt, schließlich abgeflacht, bisweilen mit ausgeprägtem Buckel, dünnfleischig, häutig, Oberfläche feucht schleimig und glänzend, trocken matt, charakteristisch runzelig, grubig.

Lamellen: Weiß, entfernt stehend, dicklich, gerade bis ausgebuchtet angewachsen.

Stiel: Spitze weiß, darunter zunehmend bräunlich, oft drehwüchsig, voll, zäh, längsfaserig, Basis keulig mit weißer, spindeliger Wurzel.

Fleisch: Weiß, Geruch unbedeutend, Geschmack mild bis bitter.

Sporen: 12–15/9–11 µm, glatt, Sporenpulver weiß.

Wert: Eßbar, nicht empfehlenswert.

Vorkommen: Im Laubwald, an morschen Strünken und vergrabenem Holz, gerne bei Buchen, einzeln, erscheint von Juli bis Oktober.

Bemerkungen: Er ist durch den wurzelnden Stiel und den schleimigen, grubigen Hut leicht zu erkennen. Die Größe seiner Fruchtkörper variiert enorm; kräftige und sehr schmächtige Exemplare können gefunden werden.

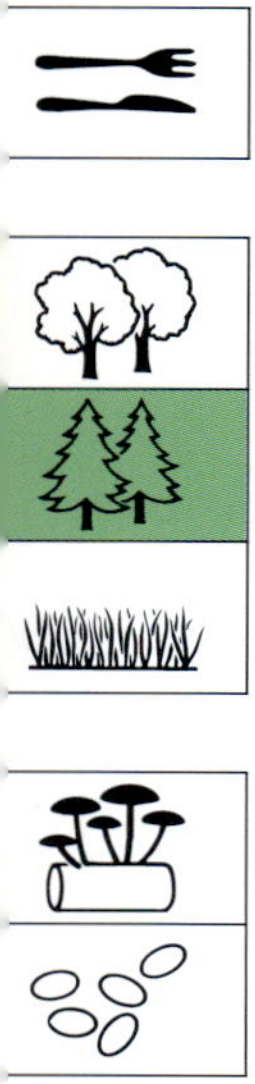

Fichtenzapfenrübling

Strobilurus esculentus

Hut: Bis 2,5 cm, ockerbraun bis rötlichbraun. aber auch mit grauen Tönen, jung gewölbt, dann abgeflacht, meist mit schwachem Buckel, Rand feucht oft durchscheinend gerieft.

Lamellen: Weiß, gedrängt stehend, breit, dünn, am Stiel angeheftet bis fast frei.

Stiel: Ockerlich, hellocker, gelbbraun, zylindrisch, schlank, elastisch, hohl, glatt, Basis filzig.

Fleisch: Weiß, weich, Geschmack mild.

Sporen: 5,3–7/3–4 μm, glatt, Sporenpulver weiß.

Wert: Eßbar.

Vorkommen: Auf vergrabenen oder seltener auf freiliegenden Fichtenzapfen, aber nie auf Kiefernzapfen, häufig, erscheint ab Dezember bis April.

Bemerkungen: Den Fichtenzapfenrübling kann man als einen der ersten Pilze im Frühjahr schon nach der Schneeschmelze entdecken. Nur die Hüte können gegessen werden; wegen ihrer geringen Größe ist das Sammeln jedoch ein aufwendiges Unterfangen. Ähnlich ist der ebenfalls eßbare, im Frühjahr fruchtende Kiefernzapfenrübling *(S. tenacellus)*, der nur auf Kiefernzapfen vorkommt.

Samtfußrübling

Winterrübling, *Flammulina velutipes*

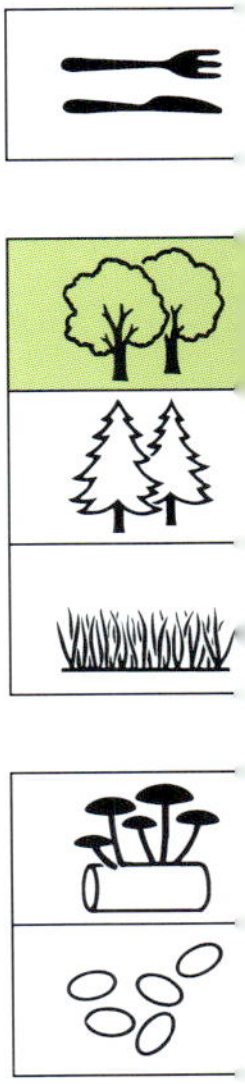

Hut: 3–5 cm, honigfarben, orangegelb, rotgelblich, jung gewölbt, dann abgeflacht und oft verbogen, alt flatterig, Oberfläche glatt, schmierig, Rand heller und deutlich durchscheinend gerieft.

Lamellen: Weiß, ockerlich, alt lachsfarben, auffallend bauchig und entfernt stehend, gerade bis fast ausgebuchtet angewachsen.

Stiel: Bräunlich bis schwarz, Spitze gelblich, gegen die Basis zunehmend dunkler bis schwärzlich, zylindrisch, Spitze oft etwas erweitert, voll, alt hohl, Oberfläche gänzlich feinsamtig; durch das büschelige Auftreten sind die Stiele oft an der Basis miteinander verwachsen.

Fleisch: Cremefarben, Geruch angenehm, Geschmack mild.

Sporen: 8–9/4,5–6 µm, glatt, Sporenpulver weiß.

Wert: Eßbar.

Vorkommen: An totem Laubholz hauptsächlich von Weiden, Erlen und gelegentlich auch von Buchen, erscheint im Winterhalbjahr, von Oktober bis April.

Bemerkungen: Er ist einer der wenigen eßbaren Pilze, die im Winterhalbjahr auch bei tiefen Temperaturen fruchten. Seit wenigen Jahren ist er als Kulturpilz erhältlich.

Großer Knoblauchschwindling

Marasmius prasiosmus

Hut: 1–2 cm, fleischrötlich bis lederfarben, jung halbkugelig, bald abgeflacht, bisweilen Mitte etwas eingedellt, dünnfleischig, häutig, glatt, Rand gerieft und runzelig.

Lamellen: Weißlich bis cremefarben, entfernt stehend, am Stiel ausgebuchtet angewachsen, bisweilen queraderig verbunden.

Stiel: Fuchsig bis dunkelbraun, Spitze heller, gegen die Basis zunehmend dunkler, schlank, röhrig, Basis filzig behaart, sonst glatt.

Fleisch: Weiß, Geruch und Geschmack nach Knoblauch.

Sporen: 7–10/4–5 µm, glatt, Sporenpulver weiß.

Wert: Eßbar, nur als Gewürzpilz.

Vorkommen: Im Laubwald, auf Blättern, im Süden gebietsweise häufiger, erscheint von September bis November.

Bemerkungen: Der etwas kleinere Knoblauch- oder Küchenschwindling *(M. scorodonius)* hat keinen filzigen Stiel. Der größere und kräftigere Saitenstielige Knoblauchschwindling *(M. alliaceus)* kommt auf Buchenholz vor. Beide sind Gewürzpilze. Der ungenießbare, im Nadelwald vorkommende Nadelschwindling *(Micromphale perforans)* riecht unangenehm nach faulendem Kohl.

Nelkenschwindling

Marasmius oreades

Hut: 2–5 cm, feucht orangeocker bis rotbräunlich, trocken cremefarben bis hell lederfarben, hygrophan, jung halbkugelig bis glockig, dann flach, oft stumpf gebuckelt, dünnfleischig, Oberfläche glatt, Rand auf der Oberfläche gekerbt.

Lamellen: Schmutzigweißlich bis cremefarben, entfernt stehend, auffallend breit, ausgebuchtet angewachsen, Schneiden glatt.

Stiel: Cremefarben bis lederfarben, zylindrisch, elastisch, voll, zäh.

Fleisch: Weißlich, Geruch angenehm aromatisch, Geschmack mild.

Sporen: 7–9/4–5 μm, glatt, Sporenpulver weiß.

Wert: Eßbar, nur die Hüte verwenden.

Vorkommen: Auf Wiesen und Weiden, in Gärten, im Rasen, oft in Ringen, erscheint von Mai bis November.

Bemerkungen: Dieser Pilz, der außerhalb von Wäldern vorkommt, gilt als guter Speisepilz. Besonders als Suppenpilz wird er sehr geschätzt. Man hüte sich vor Verwechslungen mit weißen Trichterlingen *(Clitocybe)*. Der Nelkenschwindling hat im Gegensatz zu den Trichterlingen weit entfernt stehende Lamellen und einen zähen sowie biegsamen Stiel.

Gurkenschnitzling

Macrocystidia cucumis

Hut: 2–6 cm, dunkelbraun, braunschwärzlich, aber auch rotbraun, Rand ausgeblaßt gelblich bis rosafleischfarben, jung kegelig bis glockig, später etwas abgeflacht und gebuckelt, Oberfläche samtig, Rand durchscheinend gerieft.

Lamellen: Jung weißlich, dann rötlichgelb, lachsfarben, mäßig gedrängt stehend, etwas bauchig, am Stiel ausgebuchtet angewachsen.

Stiel: Dunkel rotbraun bis schwarzbraun, Spitze heller, auf der ganzen Länge fein weiß bereift, zylindrisch, schlank, voll bis hohl, samtig, Basis etwas knorpelig.

Fleisch: Dunkelbraun, Geruch erst angenehm gurkenartig, bei Verletzung unangenehm und aufdringlich gurken- bis heringsartig, Geschmack mild.

Sporen: 8–9/3–4 µm, glatt, Sporenpulver blaßocker.

Wert: Kein Speisepilz.

Vorkommen: Im Nadel- und Laubwald, an Wegrändern, auf Holzlagerplätzen, bei Gräsern und Kräutern, feuchtigkeitsliebend, nicht besonders häufig, erscheint von Juli bis Oktober.

Bemerkungen: Er ist durch seinen intensiven Geruch leicht erkennbar.

Gelbstieliger Nitrathelmling

Mycena renati

Hut: 1–2 cm, rosabräunlich bis cremefarben, ausblassend, erst glockig, dann kegelförmig aufschirmend, Oberfläche radialfaserig, matt, mit gerieftem Rand.

Lamellen: Jung weißlich, im Alter oft rosa getönt, ausgebuchtet angewachsen und mit Zahn herablaufend.

Stiel: Schmutziggelb bis orangegelb, zylindrisch, schlank, röhrig, brüchig, Oberfläche glatt, Basis weißfilzig.

Fleisch: Weißlich, Geruch im frischen Zustand aufdringlich chlorartig-nitrös, später rettichartig, Geschmack eher mild.

Sporen: 7,5–10,5/4,5–6,5 µm, glatt, Sporenpulver weiß.

Wert: Kein Speisepilz.

Vorkommen: An Holz von Laubbäumen, hauptsächlich von Buchen, an feuchten Stellen, erscheint von April bis Juli.

Bemerkungen: Die ersten Fruchtkörper dieses Pilzes erscheinen im Frühling zur „Morchel-Zeit". Man erkennt den Gelbstieligen Nitrathelmling an seinem gelben Stiel und seinem aufdringlich chlorartig-nitrösen Geruch. Andere ähnliche Helmlinge *(Mycena)* fruchten nur im Herbst. In dieser Gattung gibt es keine Speisepilze.

HELMLINGE   **251**

Rettichhelmling

Mycena pura

Hut: 2–5 cm, blaßlila, rosaviolett, rosa bis weißlich, jung glockig, dann flach mit schwachem Buckel, im Alter verbogen, Oberfläche glatt, feucht glänzend, trocken matt, Rand bis zu einem Drittel des Hutes durchscheinend gerieft.

Lamellen: Weißlich, grauweiß, breit, queraderig verbunden, mäßig entfernt stehend, am Stiel ausgebuchtet angewachsen.

Stiel: Grauviolett, blaß, weißlich, zylindrisch, schlank, hohl, auffallend gebrechlich, Oberfläche glatt.

Fleisch: Graulila, wässerig, Geruch und Geschmack charakteristisch rettichartig.

Sporen: 5–8,5/2,5–4 µm, glatt, Sporenpulver weiß.

Wert: Giftig.

Vorkommen: Im Nadel- und Laubwald, auf Nadel- und Laubstreu, häufig, erscheint von Juli bis Oktober.

Bemerkungen: Enthält das Nervengift Muscarin. Der Rettichhelmling ist hauptsächlich farblich, aber auch in seiner Erscheinungsform sehr variabel (siehe auch rechte Seite). Aus diesem Grund sind verschiedene Varietäten und Formen beschrieben worden. Alle aber haben den ausgeprägten charakteristischen Rettichgeruch gemeinsam.

Rosahelmling

Mycena rosella

Hut: 0,5–1,5 cm, jung hell rosafarben mit dunklerer Mitte, alt orangerosa, dünnhäutig, jung glockig, dann gewölbt, schließlich flach mit stumpfem Buckel, bisweilen schwach trichterig, Rand bis fast in die Mitte durchscheinend gerieft.

Lamellen: Hellrosa, Schneiden dunkler, breit, gerade angewachsen bis kurz herablaufend.

Stiel: Rosa bis blaßbräunlich, zylindrisch, schlank, hohl, brüchig, glatt, Basis schwach striegelig.

Fleisch: Weißlich, wässerig, Geruch unbedeutend, Geschmack mild.

Sporen: 7–9/4–6 µm, glatt, Sporenpulver weiß.

Wert: Kein Speisepilz.

Vorkommen: Im Nadelwald, in der Nadelstreu von Fichten und Tannen, auf sauren Böden, rasig (oft zu Hunderten Hut an Hut), erscheint von August bis November.

Bemerkungen: Trotz der geringen Größe fällt der Rosahelmling überraschenderweise durch sein rasiges, teppichartiges Auftreten und seine rosa Färbung besonders auf. Die Gattung der Helmlinge (*Mycena*) umfaßt über 110 Arten. Es handelt sich um kleine, häutige Pilzchen mit glocken- bis kegelförmigen Hüten und durchwegs hohlen, röhrigen Stielen.

Mehlräsling

Clitopilus prunulus

Hut: 3–12 cm, weiß, blaß creme-farben, jung gewölbt mit stark einge-rolltem Rand, dann trichterförmig, Oberfläche glatt, matt, Rand unre-gelmäßig, flatterig.

Lamellen: Weiß, später rosa, gedrängt stehend, am Stiel herab-laufend.

Stiel: Weiß, zylindrisch, nicht sel-ten exzentrisch, Basis oft keulig, aber auch verjüngt, immer weißfilzig.

Fleisch: Weiß, weich und brü-chig, Geruch und Geschmack meh-lig.

Sporen: 8–14/5–6 µm, mit sechs auffallenden Längsrippen, Sporenpulver rosa.

Wert: Eßbar.

Vorkommen: Im Nadel- und Laubwald, auf Waldwiesen, in Parks, unter Laubbäumen, erscheint von Juli bis Oktober.

Bemerkungen: Die Lamellen des Mehlräslings sind lange weiß bis cremefarben und erst später rosa getönt. Dies kann zu Verwechs-lungen mit giftigen weißen Trichter-lingen *(Clitocybe)* führen. Ähnlich ist zum Beispiel der giftige Bleiweiße Firnistrichterling *(Clitocybe phyllo-phila)*, s. S. 209. Kennzeichnend für den Mehlräsling ist jedoch immer das eher brüchige und auf keinen Fall elastische Fleisch.

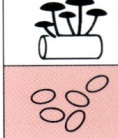

Shiitake

Lentinula edodes

Hut: 5–10 cm, rotbraun bis milchschokoladebraun, bisweilen mit gräulichen Tönen, besonders am Rand mit weißen, flockenartigen Schuppen überzogen, jung fast kugelig, bald aber gewölbt und abgeflacht, Rand lange eingerollt.

Lamellen: Weißlich, untermischt, gedrängt stehend, breit, gerade bis ausgebuchtet angewachsen.

Stiel: Weißlich bis hellbräunlich, mit weißlichen groben Schuppen, im Alter bräunend, meist gekniet, bisweilen exzentrisch, voll und besonders zäh bis elastisch.

Fleisch: Weißlich, im Stiel zäh, sonst relativ elastisch und weich, alt holzig und zäh, Geruch stark aromatisch lauchartig, Geschmack mild.

Sporen: 6–6,5/3–3,5 µm, glatt, Sporenpulver weiß.

Wert: Eßbar, guter Speisepilz.

Vorkommen: Nicht heimisch, als Zuchtpilz auf verschiedenen Laubholzarten, erscheint das ganze Jahr.

Bemerkungen: Der Shiitake-Pilz ist einer der ältesten Zuchtpilze der Welt. Er ist in China und Japan beheimatet. Bei uns kann er auf Holz selber kultiviert werden. Entsprechende Pilzbruten werden im Handel angeboten. Frische Shiitake-Pilze bewirken eine Senkung des Cholesterinspiegels im Blut.

Harziger Sägeblättling

Lentinus adhaerens

Hut: 5–10 cm, hellbeige bis ockerbräunlich, gewölbt, alt ausgebreitet und flatterig, verbogen, eher dünnfleischig, Oberfläche klebrig, filzig.

Lamellen: Weißlich bis cremefarben, untermischt, herablaufend, Schneiden gekerbt, gesägt, im Alter bräunend.

Stiel: Ockerbräunlich, zentral bis exzentrisch, elastisch und zäh, Oberfläche feinfilzig, kleiig, klebrig.

Fleisch: Beige, zäh, Geruch angenehm, Geschmack nach längerem Kauen bitter und kratzend.

Sporen: 7–10/2,5–3 µm, glatt, Sporenpulver hell cremefarben.

Wert: Kein Speisepilz.

Vorkommen: An totem, moderigem Nadelholz, hauptsächlich von Fichten und Tannen, erscheint vom Herbst über den Winter bis in den Frühling.

Bemerkungen: Durch die klebrige, harzige Hutoberfläche und die gesägten Lamellenschneiden kann man den Harzigen Sägeblättling gut erkennen. Er ist zusammen mit dem Samtfußrübling *(Flammulina velutipes)*, s. S. 247, einer der wenigen Blätterpilze in unserer Gegend, die im Winterhalbjahr fruchten und große Kälte überstehen. Dadurch wird er meist übersehen.

Alkalischer Rötling

Entoloma rhodopolium f. *nidorosum*

Hut: 3–6 cm, naß graubraun, trocken ausblassend, jung gewölbt, dann abgeflacht, schließlich auch niedergedrückt, Oberfläche glatt und vom Rand her bis zu zwei Drittel gegen die Mitte durchscheinend gerieft, Rand im Alter oft verbogen und eingerissen.

Lamellen: Weißlich, durch die reifen Sporen rosa, etwas entfernt stehend, am Stiel ausgebuchtet angewachsen bis herablaufend.

Stiel: Weißlich, etwas grau, an der Spitze deutlich weißlich gerieft, zylindrisch, voll, alt hohl, längsfaserig.

Fleisch: Weißlich, wässerig, zer-brechlich, Geruch stark alkalisch, Geschmack unangenehm.

Sporen: 7–9/6–8 µm, glatt, kantig, Sporenpulver rosa.

Wert: Giftig.

Vorkommen: Im Laubwald, gerne bei Espen, Haselnußsträuchern und Hainbuchen, häufig, erscheint von August bis Oktober.

Bemerkungen: Er zeichnet sich durch den Geruch und die reif rosa getönten Lamellen aus. Sehr ähnlich, aber ohne charakteristischen Geruch ist der ebenfalls bei Laubbäumen vorkommende, giftige Niedergedrückte Rötling *(E. rhodopolium)*.

Riesenrötling

Entoloma sinuatum

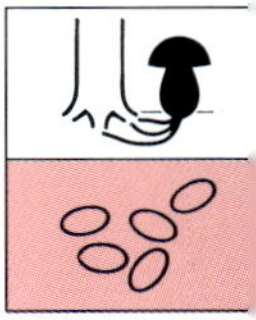

Hut: 6–15 cm, farblich variabel: schmutzigweißlich, hellocker, blaßfuchsig, graubräunlich; mit feinen, eingewachsenen, radialen, grauockerlichen Fasern bedeckt, jung halbkugelig, dann gewölbt, schließlich flach mit schwach niedergedrückter Mitte, fleischig, Rand lange eingebogen, später wellig.

Lamellen: Gelblich, dann fleischrosa, mäßig gedrängt stehend, bauchig, ausgebuchtet angewachsen bis fast frei.

Stiel: Weißlich bis gelblich, oft dickbauchig oder keulig, kräftig, fest, voll, im Alter schwammig.

Fleisch: Weiß, Geruch mehlartig, drogenartig, Geschmack mild.

Sporen: 8–10/7–8,5 µm, glatt, kantig, Sporenpulver schmutzigrosa.

Wert: Giftig.

Vorkommen: Bei Laubbäumen, vor allem in Buchenbeständen, auf kalkhaltigen oder lehmigen Böden, an trockenen, warmen Standorten, erscheint von Juni bis September.

Bemerkungen: Eine gewisse Ähnlichkeit mit der an denselben Standorten vorkommenden, eßbaren Nebelkappe *(Clitocybe nebularis)*, s. S. 211, ist nicht abzustreiten. Diese hat im Gegensatz zum Riesenrötling keine rötlich getönten Lamellen.

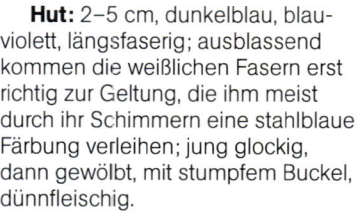

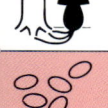

Stahlblauer Rötling

Entoloma nitidum

Hut: 2–5 cm, dunkelblau, blau-violett, längsfaserig; ausblassend kommen die weißlichen Fasern erst richtig zur Geltung, die ihm meist durch ihr Schimmern eine stahlblaue Färbung verleihen; jung glockig, dann gewölbt, mit stumpfem Buckel, dünnfleischig.

Lamellen: Weißlich, durch die reifen Sporen fleischfarben bis rosa gefärbt, etwas entfernt stehend, bauchig bis breit, am Stiel fast frei.

Stiel: Hutfarben, gegen die Basis weißlich, zylindrisch, mit verjüngter Spitze, hohl bis wattig ausgestopft, längsfaserig, gebrechlich.

Fleisch: Weiß, im Stiel faserig, Geruch leicht unangenehm, Geschmack mild.

Sporen: 7–10/6,5–7,5 µm, glatt, kantig, Sporenpulver rosa.

Wert: Kein Speisepilz.

Vorkommen: Im moosigen Nadelwald, hauptsächlich bei Fichten, erscheint von August bis Oktober.

Bemerkungen: Durch seine stahlblaue Farbe ist er ein attraktiver, unverwechselbarer Pilz. Sonst sind Rötlinge *(Entoloma)* sehr schwer zu unterscheiden und sollten nur von Kennern gesammelt werden. Die Gattung der Rötlinge umfaßt über 150 Arten.

Rehbrauner Dachpilz

Pluteus cervinus (P. atricapillus)

Hut: 4–12 cm, jung dunkelbraun, schwarzbraun, dann blasser, braun bis gelbbraun, jung glockig-halbkugelig, dann gewölbt bis abgeflacht, Oberfläche feucht glänzend, faserig eingewachsen, Rand scharf.

Lamellen: Jung weiß, dann rosa, bauchig, am Stiel frei.

Stiel: Weißlich, bräunlich längsfaserig, zylindrisch, voll.

Fleisch: Weiß, auffallend weich, Geruch leicht rettichartig, Geschmack mild.

Sporen: 7–9,5/5–6 µm, glatt, Sporenpulver rosa.

Wert: Eßbar.

Vorkommen: Im Nadel- und Laubwald, auf stark vermoderten Strünken, oft einzeln, häufig, erscheint schon von Mai bis November.

Bemerkungen: Junge Fruchtkörper dieses Pilzes haben weiße Lamellen, so daß man im ersten Moment fälschlicherweise auf einen Pilz mit weißer Sporenpulverfarbe schließen kann. Später, bei Sporenreife, sind Verwechslungen mit Rötlingen *(Entoloma)* naheliegend, die ebenfalls rosafarbene Lamellen haben. Dachpilze *(Pluteus)* haben jedoch freie, Rötlinge hingegen am Stiel ausgebuchtet angewachsene Lamellen.

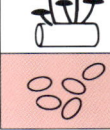

Goldmistpilz

Bolbitius vitellinus

Hut: 2–5 cm, goldgelb, zitronengelb, chromgelb, dann graubraun ausblassend, jung eiförmig, kegelig-glockig, dann gewölbt, schließlich ausgebreitet, dünnfleischig, häutig, Oberfläche glänzend, feinfaserig, Rand jung durchscheinend gerieft, dann gefurcht bis gefaltet.

Lamellen: Jung gelblich, dann ockerfarben, schließlich rostgelb, am Stiel frei.

Stiel: Weißlich, an der Spitze gelblich, zylindrisch, schlank, hohl, auffallend gebrechlich, Oberfläche mehlig bis kleiig.

Fleisch: Gelblich, zart, Geruch und Geschmack unbedeutend.

Sporen: 12–13/6–7 μm, glatt, Sporenpulver rostbraun.

Wert: Kein Speisepilz.

Vorkommen: Auf gedüngten Böden, Holzabfällen, Mist, Kot und verrottetem Stroh, erscheint von Mai bis Oktober.

Bemerkungen: Die intensive gold- bis zitronengelbe Färbung der jungen, geschlossenen Hüte ist beeindruckend. Schon bald aber verblaßt die ganze Farbenpracht in ein schlichtes Graubraun. Die Gattung der Mistpilze *(Bolbitius)* umfaßt nur ca. fünf Arten. Es sind kleine, zarte Pilzchen, die auf Mist oder Holz wachsen.

Ockerbraunes Samthäubchen

Conocybe sienophylla

Hut: 1–2 cm, ocker bis rehbraun, an der Sonne ausblassend, jung glockig, dann glockig gewölbt, Oberfläche jung samtig bereift, Rand bis zu zwei Drittel des Hutes gerieft bis schwach gerippt.

Lamellen: Ockerfarben bis zimtbraun, am Stiel frei.

Stiel: Spitze weißlich, sonst hutfarben, zylindrisch, schlank, gebrechlich, Oberfläche feinsamtig bereift, Basis weißfilzig mit deutlich sichtbaren Mycelsträngen.

Fleisch: Blaßbräunlich, Geruch und Geschmack unbedeutend.

Sporen: 8,5–14/5–8,5 µm, glatt, Sporenpulver rostbraun.

Wert: Kein Speisepilz.

Vorkommen: Auf Wiesen, Weiden, auch im Rasen, erscheint von Juli bis Oktober.

Bemerkungen: Dieser Pilz gehört in die Gattung der Samthäubchen (*Conocybe*), die sich durch kleine Fruchtkörper und rostbraunes Sporenpulver auszeichnen. Diese sind meist schwer zu bestimmen, da sie sich in Form und Farbe ähnlich sind. Sie wachsen auf nackter Erde, auf Wiesen, Rasenflächen, in Wäldern, auf Mist und Dung. Sie gelten alle als nicht eßbar. Einige von ihnen enthalten möglicherweise halluzinogene Stoffe.

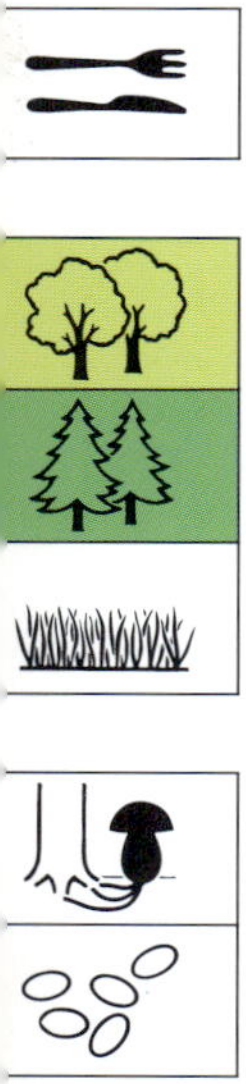

Riesen-Scheidenstreifling

Amanita ceciliae (A. inaurata)

Hut: 7–15 cm, bräunlich, rötlich-gelbbraun, mit gräulichen Farbtönen, fleckenartig mit gräulichen Resten des Velums bedeckt, jung halbkugelig, glockig gewölbt, schließlich ausgebreitet, Oberfläche schwach klebrig und glänzend, Rand meist blasser und, typisch für die Scheidenstreiflinge, stark gerieft.

Lamellen: Weiß, gedrängt stehend, abgerundet, bauchig, am Stiel frei.

Stiel: Blaßgrau bis bräunlich, grau bis rotbraun genattert, Basis in einer grauen Scheide, darüber erkennt man oft eine ringartige Zone, zylindrisch, Spitze etwas verjüngt.

Fleisch: Weißlich bis grau, zart und brüchig, Geruch schwach, Geschmack mild.

Sporen: 11,5–14 μm, rundlich, glatt, Sporenpulver weiß.

Wert: Eßbar, gut erhitzen.

Vorkommen: Im Nadel- und Laubwald, auf kalkhaltigen oder lehmigen Böden, erscheint von Juni bis September.

Bemerkungen: Er ist der stattlichste unter den Scheidenstreiflingen. Kennzeichnend sind die fetzenartigen Velumreste, die die Hutoberfläche bedecken und die ihn von anderen Scheidenstreiflingen unterscheiden.

Grauer Scheidenstreifling

Amanita vaginata

Hut: 3–8 cm, graubraun, grau, jung glockig, dann gewölbt, schließlich ausgebreitet mit kleinem Buckel, Oberfläche glatt, feucht glänzend, Rand stark gerieft.

Lamellen: Weiß, frei, gedrängt stehend und bauchig.

Stiel: Weißlich, zylindrisch, gegen die Spitze allmählich verjüngt, im Alter hohl, fast glatt, Basis von einer weißen, graufleckigen Scheide umgeben.

Fleisch: Weiß, zart, brüchig, Geruch unbedeutend, Geschmack mild.

Sporen: 9–12 µm, rundlich, glatt, Sporenpulver weiß.

Wert: Eßbar, gut erhitzen.

Vorkommen: Im Nadel- und Laubwald, weit verbreitet, erscheint von Juni bis September.

Bemerkungen: Die zur gleichen Gattung wie die Scheidenstreiflinge gehörenden tödlich giftigen Spitzhütigen und Grünen Knollenblätterpilze *(A. virosa, A. phalloides)*, s. S. 272 und S. 270, besitzen eine Ähnlichkeit in Größe und Form. Scheidenstreiflinge haben jedoch im Gegensatz zu ihnen keine knollige Stielbasis, sondern eine lappige Scheide, keinen glatten, sondern einen gerieften Hutrand und tragen am Stiel keine Manschette.

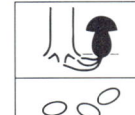

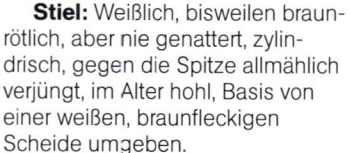

Rotbrauner Scheidenstreifling

Amanita fulva

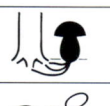

Hut: 4–9 cm, orangegelb, rot-braun, jung glockig, dann gewölbt, schließlich ausgebreitet mit unauffäl-ligem, kleinem Buckel, Oberfläche glatt, feucht glänzend, Rand stark gerieft.

Lamellen: Weiß, frei, gedrängt stehend und bauchig.

Stiel: Weißlich, bisweilen braun-rötlich, aber nie genattert, zylin-drisch, gegen die Spitze allmählich verjüngt, im Alter hohl, Basis von einer weißen, braunfleckigen Scheide umgeben.

Fleisch: Weiß, zart, brüchig, Geruch unbedeutend, Geschmack mild.

Sporen: 8–12 µm, rundlich, glatt, Sporenpulver weiß.

Wert: Eßbar, gut erhitzen.

Vorkommen: Im Nadel- und Laubwald, bei Fichten und bei Laub-bäumen, auf moorigen, moosigen Böden, erscheint von Juni bis Sep-tember.

Bemerkungen: Sehr ähnlich ist der größere und kräftigere Orange-gelbe Scheidenstreifling *(A. crocea)*, der einen orangefarbenen Hut ohne Brauntöne hat und einen orange genatterten Stiel aufweist. Von den Scheidenstreiflingen sind über zehn Arten bekannt. Sie sind roh giftig und erst genügend erhitzt eßbar.

Silbergrauer Scheidenstreifling

Amanita mairei

Hut: 4–10 cm, silbergrau, Mitte cft etwas dunkler, erst glockig, dann ausgebreitet und im Alter schwach niedergedrückt, bisweilen mit schwachem, stumpfem Buckel, Oberfläche glänzend, meist kahl, Rand stark gerieft.

Lamellen: Weiß, frei, gedrängt stehend.

Stiel: Weiß, fein silbrig genattert, Spitze verjüngt, Basis mit dauerhafter, weißer Scheide.

Fleisch: Weiß, zart, im Hut brüchig, Geruch unbedeutend, Geschmack mild.

Sporen: 10,5–12/8,5–10 µm, glatt, Sporenpulver weiß.

Wert: Eßbar, gut erhitzen.

Vorkommen: Im Laubwald, auf Weiden und Wiesen, an Waldrändern, recht selten, erscheint von Juni bis September.

Bemerkungen: Sehr ähnlich ist der ebenfalls eßbare Graue Scheidenstreifling *(A. vaginata)*, s. S. 265, der aber mehr graue Farbtöne aufweist und kleinere Fruchtkörper hat. Eine Verwechslung mit den nah verwandten giftigen Knollenblätterpilzen kann man ausschließen, wenn man die charakteristische Riefung am Hutrand, das zarte Fleisch, die schlanke Erscheinung und die langen Stiele beachtet.

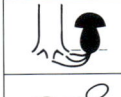

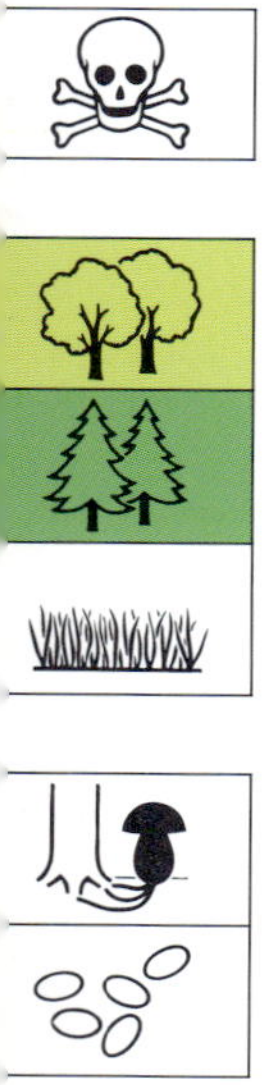

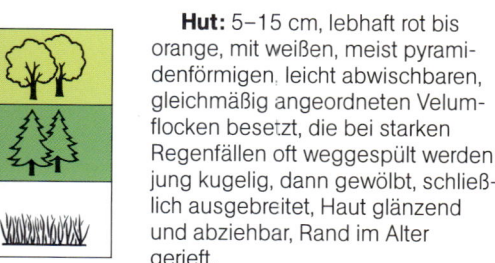

Fliegenpilz

Amanita muscaria

Hut: 5–15 cm, lebhaft rot bis orange, mit weißen, meist pyramidenförmigen, leicht abwischbaren, gleichmäßig angeordneten Velumflocken besetzt, die bei starken Regenfällen oft weggespült werden; jung kugelig, dann gewölbt, schließlich ausgebreitet, Haut glänzend und abziehbar, Rand im Alter gerieft.

Lamellen: Weiß, weich, bauchig, gedrängt stehend, am Stiel frei.

Stiel: Weiß, walzenförmig, etwas flockig, mit einer kugeligen bis eiförmigen, durch mehrere Warzengürtel abgesetzten weißen Knolle, Manschette groß, weiß, schlaff hängend,

ungerieft, am Rand weiß oder gelblich gezähnt.

Fleisch: Weiß, unter der Huthaut gelb.

Sporen: 9–11/6–9 µm, glatt, Sporenpulver weiß.

Wert: Giftig.

Vorkommen: Im Nadel- und Laubwald, bei Fichten oder Birken, erscheint von Juli bis November.

Bemerkungen: Er kann mit dem südlich der Alpen, bei uns nur in milden Lagen vorkommenden eßbaren Kaiserling *(A. caesarea)* verwechselt werden. Dieser besitzt aber gelbe Lamellen, einen gelben Stiel und eine gerieft Manschette.

Pantherpilz

Amanita pantherina

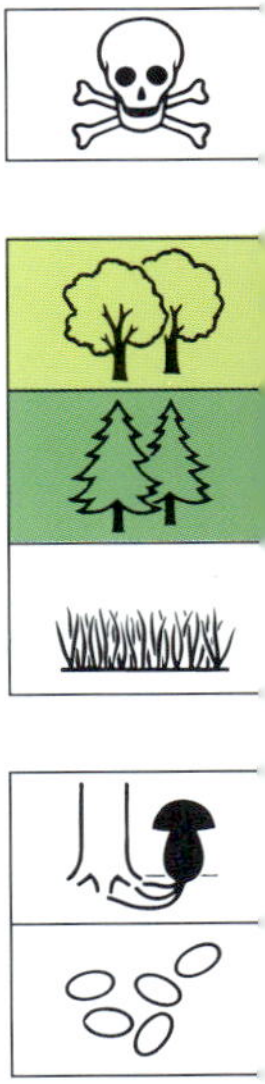

Hut: 5–10 cm, braunocker, braunoliv, Mitte meist dunkler, mit zahlreichen weißen, warzigen Velumflocken bedeckt, die bei feuchter Witterung leicht verschwinden, jung fast kugelig, dann gewölbt, schließlich ausgebreitet, Haut glänzend, Rand oft gerieft, aber auch ungerieft, kahl.

Lamellen: Weiß, gedrängt stehend, am Stiel abgerundet, frei.

Stiel: Weiß, Spitze verjüngt, ausgestopft, später hohl, Basis kräftig, Stiel in Knolle eingepfropft, darüber mit ein bis zwei weißen, häutigen Ringzonen, Manschette herabhängend, ungerieft und relativ tief sitzend.

Fleisch: Weiß, weich, Geruch unbedeutend, erst bei älteren Exemplaren unangenehm, Geschmack mild.

Sporen: 10–12/7–8 μm, glatt, Sporenpulver weiß.

Wert: Giftig.

Vorkommen: Meist im Laub-, aber auch im Nadelwald, gewisse Jahre häufig, erscheint von Juli bis Oktober.

Bemerkungen: Der Graue Wulstling (*A. excelsa*), s. S. 277, und der Perlpilz (*A. rubescens*), s. S. 279, sind manchmal besonders ähnlich, haben aber immer eine geriefte Manschette.

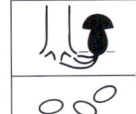

Grüner Knollenblätterpilz

Amanita phalloides

Hut: 4–12 cm, olivgrün, gelbgrün, weiß, selten mit weißen Velumresten, bisweilen Rand heller gefärbt, jung halbkugelig oder eiförmig, dann gewölbt, schließlich ausgebreitet, fein radialfaserig eingewachsen, trocken matt, feucht schwach glänzend, Rand ungerieft.

Lamellen: Weiß, bauchig, gedrängt stehend, frei.

Stiel: Weißlich, oft olivgrün, blaßgrünlich, graugrün genattert, zylindrisch, Spitze etwas verjüngt, voll, dann wattig ausgestopft, Basis knollig, von einer zum Teil abstehenden, häutigen, oft gelappten oder ganzen, weißlichen Scheide umgeben,

Manschette weißlich, häutig, herabhängend und gerieft.

Fleisch: Weiß, unter der Huthaut gelbgrünlich, zart, Geruch honigartig, älter stärker, widerlich, Geschmack mild (auf keinen Fall Geschmacksprobe machen!).

Sporen: 8/10 μm, glatt, Sporenpulver weiß.

Wert: Tödlich giftig.

Vorkommen: Hauptsächlich im Laubwald, häufig bei Eichen und Buchen, seltener bei Nadelbäumen, erscheint von Juli bis Oktober.

Bemerkungen: Enthält tödlich wirkende Giftstoffe (s. S. 109). Durch die stark variierenden Hutfarben

(vgl. Bild oben rechts), von Gelblich-grün über Oliv bis hin zu Weiß, können nicht selten tödliche Verwechslungen entstehen. Grünliche Exemplare sehen den grünen Täublingen *Russula aeruginea* und *R. heterophylla* ähnlich, weiße Exemplare verschiedenen Champignons *(Agaricus)* oder dem Seidigen Ritterling *(Tricholoma columbetta)*. Die typische knollige Stielbasis mit der häutigen Scheide unterscheidet den tödlich giftigen Grünen Knollenblätterpilz jedoch von allen aufgeführten ähnlichen Arten. Junge Fruchtkörper verschiedener Wulstlinge *(Amanita)* mit intakter Gesamthülle sind kaum voneinander zu unterscheiden. Diese „Embryonen" deshalb nie sammeln!

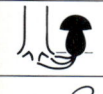

Spitzhütiger Knollenblätterpilz

Amanita virosa

Hut: 3–9 cm, reinweiß, im Alter in der Mitte bisweilen gilbend, jung eiförmig, dann kugelig bis kegelig, schließlich gewölbt mit stumpfem Buckel, aber nie ganz ausgebreitet, glatt, feucht etwas schleimig bis klebrig, trocken glänzend, Rand jung eingebogen und nie gerieft.

Lamellen: Reinweiß, gedrängt stehend, am Stiel frei.

Stiel: Reinweiß, schlank, Spitze verjüngt, auffallend filzig, schuppig bis faserig, knollige Basis mit einer den Stiel umschließenden weißen, häutigen Scheide, Manschette weißlich, schwach ausgebildet, sehr vergänglich, häutig.

Fleisch: Weiß, zart, Geruch dumpf mit Honigkomponente, Geschmack mild (auf keinen Fall Geschmacksprobe machen!).

Sporen: 7–10 µm, glatt, Sporenpulver weiß.

Wert: Tödlich giftig.

Vorkommen: Im Nadel-, seltener Laubwald, auf sauren Böden, oft bei Heidelbeeren, erscheint von Juni bis September.

Bemerkungen: Wenn Champignons *(Agaricus)* jung als kugel- bis eiförmige Gebilde gesammelt werden, ist eine Verwechslung mit ebenfalls jungen, weißen giftigen Knollenblätterpilzen durchaus nicht

ausgeschlossen. Pilze sammelt man deshalb erst, wenn die Entwicklung so weit fortgeschritten ist, daß die wichtigen Bestimmungsmerkmale ausgebildet sind. Im Gegensatz zu den giftigen Knollenblätterpilzen haben die verschiedenen Champignonarten erst blaßgräulich, dann rosa, schließlich schwärzlich getönte Lamellen. Zu den weiß gefärbten Knollenblätterpilzen gehört auch der Frühlings-Knollenblätterpilz *(A. verna)*, der im Frühling fruchtet. Er ist ebenfalls tödlich giftig. Seine Hüte sind weniger kegelig als die des Spitzhütigen Knollenblätterpilzes. Schnecken bevorzugen zarte Pilze, weshalb sie auch diese für uns tödlich giftigen Knollenblätterpilze fressen.

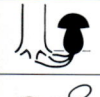

Narzissengelber Wulstling

Amanita gemmata

Hut: 3–8 cm, blaßgelb, gelb-ocker, mit schneeweißen, flachen und oft unregelmäßigen Velumflok-ken besetzt, jung gewölbt, dann flach, Haut schmierig, Rand heller als die Mitte und kammartig gerieft.

Lamellen: Weiß, bauchig, gedrängt stehend, am Stiel frei, Schneide flockig.

Stiel: Weiß, zylindrisch, gebrech-lich, voll, dann wattig ausgestopft, gegen die Basis oft etwas verdickt, Basis schwach knollig, Manschette weißlich, gebrechlich, hängend.

Fleisch: Weiß, unter der Huthaut gelb, zart, fast geruchlos, Ge-schmack mild.

Sporen: 10–12/7–8 µm, glatt, Sporenpulver weiß.

Wert: Giftig.

Vorkommen: Im Nadel- und Laubwald, oft auf sandigen, sauren Böden, meist einzeln, nicht häufig, erscheint von Juni bis Oktober.

Bemerkungen: Ältere, durch Regen kahle Fruchtkörper sehen den ebenfalls am Hutrand gerieften Scheidenstreiflingen sehr ähnlich. Dann ist der Narzissengelbe Wulst-ling nur durch die flüchtige, gebrech-liche Manschette zu unterscheiden. Dunklere Exemplare sind mit dem sehr giftigen Pantherpilz (*A. panthe-rina*), s. S. 269, verwechselbar.

Gelber Knollenblätterpilz

Amanita citrina

Hut: 4–10 cm, zitronengelb, blaßgelb, seltener weißlich, bisweilen mit grünlichem Schein, die klebrige Haut ist mit bleibenden, weißlichen Velumresten bedeckt, die sich später bräunlich verfärben, jung halbkugelig, dann gewölbt, schließlich ausgebreitet.

Lamellen: Weißlich bis blaßgelblich, bauchig, gedrängt stehend, am Stiel frei.

Stiel: Weißlich, fein blaßgelblich genattert, zylindrisch, Spitze etwas verjüngt, voll, später hohl, Basis mit einer großen, runden, typisch watteartigen, deutlich vom Stiel abgesetzt umrandeten Knolle, Manschette weiß, hängend und gerieft.

Fleisch: Weiß, weich, Geruch nach rohen Kartoffeln, Geschmack eher unangenehm.

Sporen: 7/10 µm, glatt, Sporenpulver weiß.

Wert: Schwach giftig.

Vorkommen: Im Nadel- und Laubwald, auf sauren Böden, erscheint von Juli bis Oktober.

Bemerkungen: Er schmeckt nicht gut und enthält ein Gift (Bufotenin), das beim Kochen größtenteils zerstört wird. Sehr ähnlich sind die tödlich giftigen Knollenblätterpilze *A. phalloides* und *A. virosa*, s. S. 270 und S. 272.

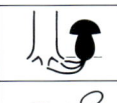

Porphyrwulstling

Amanita porphyria

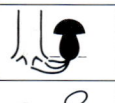

Hut: 4–8 cm, grauviolett, schwarzbraun (porphyrbraun), Mitte meist dunkler, selten mit gräulichen, häutigen Velumflecken bedeckt, jung gewölbt, dann ausgebreitet.

Lamellen: Weiß, sehr gedrängt stehend, am Stiel frei.

Stiel: Weißlich, grauviolettlich, bisweilen fein genattert, zylindrisch, Spitze etwas verjüngt, voll, später hohl, Basis mit einer großen, runden, watteartigen, deutlich vom Stiel abgesetzt umrandeten Knolle, Manschette hängend, vergänglich, häutig, oft blaß hutfarben.

Fleisch: Weiß, weich, Geruch nach rohen Kartoffeln, ähnlich dem des Gelben Knollenblätterpilzes, Geschmack eher unangenehm.

Sporen: 8/10 µm, glatt, Sporenpulver weiß.

Wert: Schwach giftig.

Vorkommen: Im Nadelwald, auf sauren Böden, erscheint von Juli bis Oktober.

Bemerkungen: Der Porphyrwulstling ist, abgesehen von der Farbe, dem Gelben Knollenblätterpilz *(A. citrina)*, s. S. 275, sehr ähnlich. Form, Geruch und Giftigkeit sind bei beiden Pilzen fast gleich. Im Gegensatz zum Gelben Knollenblätterpilz wächst der Porphyrwulstling jedoch oft nur einzeln.

Grauer Wulstling

Amanita excelsa (A. spissa)

Hut: 5–12 cm, hellgrau bis graubraun, mit weißgrauen Velumflocken bedeckt, jung halbkugelig, dann gewölbt bis abgeflacht, Rand glatt.

Lamellen: Weiß, gedrängt stehend, breit, frei.

Stiel: Weißlich, Spitze verjüngt, dick und kräftig, voll, feinschuppig, Basis ungerandet, knollig, darüber oft feinwarzig gegürtelt, Manschette deutlich gerieft, weißlich.

Fleisch: Weißlich, fest, Geschmack und Geruch rübenartig.

Sporen: 9–10/7–8 µm, glatt, Sporenpulver weiß.

Wert: Kein Speisepilz.

Vorkommen: Hauptsächlich im Nadel-, aber auch im Laubwald, erscheint von Juli bis Oktober.

Bemerkungen: Da sich der im Grunde genommen eßbare Graue Wulstling vom giftigen Pantherpilz (*A. pantherina*), s. S. 269, nur durch die geriefte Manschette, durch den glatten Hutrand und durch die gegürtelte, eingepfropfte Basis unterscheidet, läßt man ihn besser stehen. Außerdem schmeckt er nicht besonders gut. Ähnlich ist auch der Perlpilz (*A. rubescens*), s. S. 279, der sich aber durch sein rötendes Fleisch und die knollige, nicht abgesetzte Basis von den beiden Arten unterscheidet.

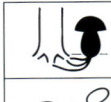

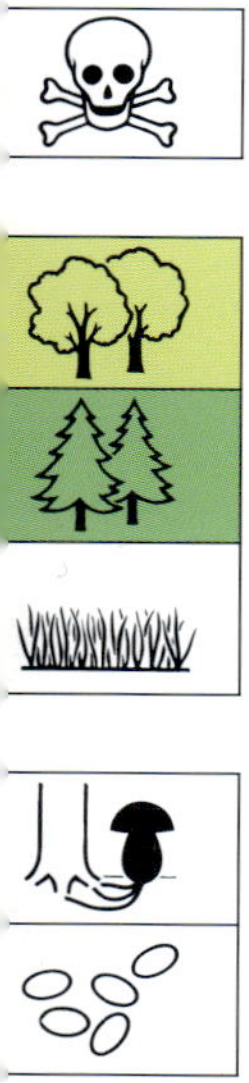

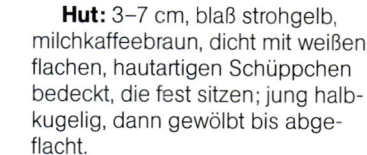

Rauher Wulstling

Amanita franchetii

Hut: 3–7 cm, blaß strohgelb, milchkaffeebraun, dicht mit weißen, flachen, hautartigen Schüppchen bedeckt, die fest sitzen; jung halbkugelig, dann gewölbt bis abgeflacht.

Lamellen: Weiß, gedrängt stehend, frei.

Stiel: Weißlich, oberhalb der Manschette verjüngt und fein gerieft, unterhalb mit kleiiger bis rauher Oberfläche, im unteren Drittel mit mehreren gelblichen Gürteln besetzt, Ring abstehend gegen unten umgebogen, Oberseite gerieft und mit weißen und gelben Farben zinnenartig gerandet, gegen die

Basis etwas verdickt, nicht knollig.

Fleisch: Weißlich, fest, Geschmack unangenehm.

Sporen: 8–10/6–7 µm, glatt, Sporenpulver weiß.

Wert: Giftig.

Vorkommen: Im Nadel- und Laubwald, selten, erscheint von August bis September.

Bemerkungen: Vom Rauhen Wulstling gibt es Varietäten, die sich hauptsächlich farblich voneinander unterscheiden. Ähnlich ist der Perlpilz *(A. rubescens)*, s. S. 279, der sich durch größere Fruchtkörper, graurosafarbene Hüllreste und rötendes Fleisch unterscheidet.

Perlpilz

Amanita rubescens

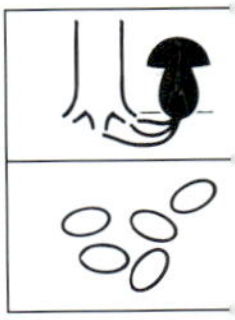

Hut: 5–15 cm, blaßbräunlich bis braunrot, mit gräulichen und bisweilen weißlichen Tönen, mit blaßgrauen oder graurötlichen Velumflocken bedeckt, Schneckenfraßstellen rötend, jung halbkugelig, dann gewölbt bis abgeflacht, Haut leicht abziehbar, Rand glatt.

Lamellen: Weiß, im Alter rötlich gefleckt, gedrängt stehend, breit, frei.

Stiel: Weißlich, bisweilen fuchsig, oft rötlich, feinschuppig, Spitze verjüngt, dick oder schlank, voll, dann wattig ausgestopft, Basis keulig bis knollig, oft feinwarzig gegürtelt, mit deutlich geriefter, weißlicher Manschette.

Fleisch: Weiß, rötend, Geruch unbedeutend, Geschmack herb, kratzend.

Sporen: 8–9/6–7 μm, glatt, Sporenpulver weiß.

Wert: Eßbar, gut erhitzen, guter Speisepilz.

Vorkommen: Im Nadel- und im Laubwald, häufig, erscheint von Juni bis Oktober.

Bemerkungen: Verwechslungen mit dem Pantherpilz *(A. pantherina)*, s. S. 269, sind gefährlich. Dieser hat jedoch kein rötendes Fleisch, keine geriefte Manschette und oft einen gerieften, seltener ungerieften Hutrand.

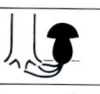

Fransiger Wulstling

Amanita strobiliformis

Hut: 5–20 cm, weißlich, mit weißlichen oder gräulichen, wolligen Velumflocken übersät, jung kugelig, dann gewölbt bis abgeflacht, Haut glänzend, abziehbar, Rand von Velumresten charakteristisch fransig behangen.

Lamellen: Weiß, gedrängt stehend, frei.

Stiel: Weiß, stark weißschuppig, kräftig, dick, voll, fransig, Basis knollig, tief im Boden steckend und wurzelnd, Manschette flockig und sehr vergänglich.

Fleisch: Schneeweiß, fest, zart, Geruch schwach rübenartig, dumpf, Geschmack angenehm.

Sporen: 9–14/7–9,5 µm, glatt, Sporenpulver weiß.

Wert: Eßbar, aber schonenswert.

Vorkommen: Meist im Laub-, aber auch im Nadelwald, in Parks, in Gärten, meist einzeln, selten, erscheint von Juli bis Oktober.

Bemerkungen: Der Fransige Wulstling ist auch unter dem Namen Einsiedler-Wulstling bekannt. Mit seinen weißen Fruchtkörpern und seiner kräftigen Statur ist er einer der größten Wulstlinge *(Amanita)*. Ähnlich ist der noch seltenere Eierwulstling *(A. ovoidea)*, der keine weiße, sondern eine gelbliche Stielbasis aufweist.

Getropfter Schleimschirmling

Limacella guttata

Hut: 5–12 cm, schmutzigweißlich bis lederfarben, jung halbkugelig, dann gewölbt bis ausgebreitet, Mitte stumpf gebuckelt und etwas dunkler gefärbt, Oberfläche bei Feuchtigkeit stark klebrig, Rand glatt.

Lamellen: Weiß, gedrängt stehend, brüchig, bauchig, frei.

Stiel: Weiß bis fleischrötlich, zylindrisch, Basis leicht knollig, Ring ungerieft, breit, häutig, auf dem Ring und darüber auf der Stieloberfläche mit Tröpfchen besetzt, die beim Eintrocknen graubraune Flecken hinterlassen.

Fleisch: Weiß, Geruch nach Mehl, Geschmack mild.

Sporen: 4,5–6/5 μm, glatt, Sporenpulver weiß.

Wert: Eßbar.

Vorkommen: Im feuchten Nadel- oder Laubwald, einzeln oder in Gruppen, erscheint von August bis November.

Bemerkungen: Die schmierige Huthaut unterscheidet den Getropften Schleimschirmling deutlich von den echten Schirmlingen *(Lepiota)*, die alle eine trockene Haut aufweisen. Achtung, helle Exemplare können leicht mit dem tödlich giftigen Spitzhütigen Knollenblätterpilz *(Amanita virosa)*, s. S. 272, verwechselt werden!

Stadtchampignon

Scheidenegerling, *Agaricus bitorquis*

Hut: 3–15 cm, weiß bis schmutziggelb, mit feinen, dunkelbräun-
lichen Schuppen bedeckt, erst
gewölbt, dann abgeflacht mit eingerolltem Rand, schließlich ausgebreitet mit scharfem Rand, kompakt, besonders kräftig, dickfleischig.

Lamellen: Fleischrosa bis scho-
koladebraun, schmal und gedrängt
stehend, am Stiel frei, Schneiden
weißlich.

Stiel: Weiß, zylindrisch, sehr kräftig und dick, gegen die Basis verjüngt, mit doppeltem, häutigem
Ring: der obere hängend, der untere
aufsteigend und dünn.

Fleisch: Weiß, leicht rosa, Geruch und Geschmack angenehm
nach Nüssen.

Sporen: 5–6,5/3,5–5 μm, glatt,
Sporenpulver purpurbraun.

Wert: Eßbar, guter Speisepilz.

Vorkommen: An grasigen Stellen, auf Schotterwegen, an Straßenrändern, auf nackter Erde, in Parks,
erscheint von Mai bis Oktober.

Bemerkungen: Gelegentlich
bricht der Stadtchampignon sogar
aus dem Asphalt von Straßenrändern hervor. Seine kräftige gedrun-
gene Gestalt und sein doppelter
Ring sind gute Erkennungsmerkmale.

Rötender Champignon
Agaricus benesii

Hut: 5–15 cm, schmutzigweiß, halbkugelig, dann gewölbt, fleischig, Oberfläche matt, alt schuppig bis faserig.

Lamellen: Gräulich bis rosa, im Ater braunschwarz, mäßig gedrängt stehend, frei.

Stiel: Weiß, bauchig, voll bis hohl, Basis deutlich verdickt, Ring zweischichtig, obere Seite gerieft, untere gezackt.

Fleisch: Weiß, verletzt rötend, besonders die Stielspitze sowie der Hutansatz färben sich blutrot, Geruch angenehm, Geschmack mild.

Sporen: 5–5,5/3,5–4 µm, glatt, Sporenpulver violettschwarz.

Wert: Eßbar, aber schonenswert.

Vorkommen: Im Nadel- und Laubwald, auch auf Wiesen gerne bei einzelstehenden Fichten, kalkliebend, sehr selten, erscheint von Juni bis November.

Bemerkungen: Er ist ein großer, kräftiger Pilz. Durch den weißlichen, fast kahlen Hut sowie das rötende Fleisch ist er gut erkennbar. Wächst er in der Wiese, so wird er im ersten Moment gerne für einen Wiesenchampignon *(A. campestris)*, s. S. 285, gehalten. Erst beim Anschneiden fällt das rot verfärbende Fleisch auf, das den Rötenden Champignon unterscheidet.

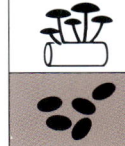

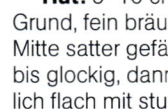

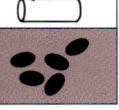

Kleiner Blutegerling

Agaricus silvaticus

Hut: 5–10 cm, beigefarbener Grund, fein bräunlich geschuppt, Mitte satter gefärbt, jung halbkugelig bis glockig, dann gewölbt, schließlich flach mit stumpfem Buckel.

Lamellen: Blaßgräulich, dann rötlich, später schokoladenbraun, gedrängt stehend, frei.

Stiel: Weißlich oder mit graurosa Ton, schlank, Spitze verjüngt, Oberfläche fein geschuppt, Basis bisweilen etwas verdickt und vom weißen Mycel überzogen, Ring hängend, weiß, unterseits schuppig.

Fleisch: Weiß, auf Druck und im Schnitt karminrot anlaufend, zart, Geruch schwach, Geschmack mild.

Sporen: 4,5–6/3–3,5 μm, glatt, Sporenpulver purpurbraun.

Wert: Eßbar, guter Speisepilz.

Vorkommen: Im Nadelwald, oft bei Fichten in Nadelstreu, häufig, erscheint von Juli bis Oktober.

Bemerkungen: Der braungeschuppte Hut und das stark rötende Fleisch lassen den Kleinen Blutegerling gut unterscheiden. Der ähnliche, auch im Wald vorkommende giftige Perlhuhn-Champignon (*A. placomyces*) verfärbt sich besonders in der Basis gelb. Der eßbare Große Waldegerling (*A. langei*) ist kräftiger und größer gebaut, außerdem verfärbt sich sein Fleisch weniger stark.

Wiesenchampignon

Agaricus campestris

Hut: 3–10 cm, weiß, im Alter rötlich oder bräunlich, jung halbkugelig, dann gewölbt, erst im Alter ausgebreitet, Oberfläche fein geschuppt, selten glatt.

Lamellen: Jung kräftig rosa, dann braunrot, schließlich schwarz, gedrängt stehend, bauchig, am Stiel frei.

Stiel: Weiß, zylindrisch, schlank, Basis bisweilen gelbfleckig, mit dünnem, verkümmertem, meist vergänglichem Ring.

Fleisch: Weiß, zart, im Schnitt schwach rötend, Geruch und Geschmack angenehm.

Sporen: 7–8/4–5 µm, glatt, Sporenpulver purpurbraun.

Wert: Eßbar, guter Speisepilz.

Vorkommen: Auf gedüngten Böden, auf Wiesen, Weiden, gesellig, besonders reichlich nach trockenen Sommern, erster Schub ab Mai bis Juni, dann August bis Oktober.

Bemerkungen: Reichern Blei und Quecksilber an, deshalb nicht auf mit Klärschlamm gedüngten Wiesen sammeln. Nicht selten trifft man unmittelbar neben dem Wiesenchampignon auf ganze Gruppen von giftigen Karbolegerlingen *(A. xanthoderma)*, s. S. 288. Diese unterscheiden sich aber bei Verletzung durch eine intensive, nicht dauerhafte Gelbfärbung.

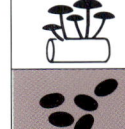

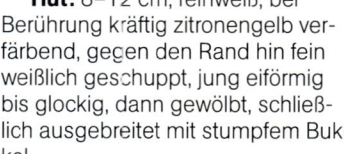

Schiefknolliger Anischampignon

Agaricus essettei (A. abruptibulbus)

Hut: 8–12 cm, reinweiß, bei Berührung kräftig zitronengelb verfärbend, gegen den Rand hin fein weißlich geschuppt, jung eiförmig bis glockig, dann gewölbt, schließlich ausgebreitet mit stumpfem Buckel.

Lamellen: Jung blaßgräulich, dann mit schwachen roten Tönen, alt braun bis schwärzlich, gedrängt stehend, frei.

Stiel: Weiß, zylindrisch, oft gekniet, schlank, hohl, Basis mit meist deutlich abgesetzter Knolle, Ring groß, hängend, unregelmäßig und weiß gefärbt, Oberfläche des Rings glatt, unten schuppig.

Fleisch: Weiß, im Schnitt leicht gilbend, zart, Geruch und Geschmack angenehm anisartig.

Sporen: 6–8/4–5 µm, glatt, Sporenpulver purpurbraun.

Wert: Eßbar.

Vorkommen: Im Nadelwald, oft bei Fichten in Nadelstreu, erscheint von Juni bis Oktober.

Bemerkungen: Sehr ähnlich ist der Dünnfleischige Anischampignon *(A. silvicola)*, der aber einen eher cremefarbenen Hut und meist schlankere Fruchtkörper aufweist. Die gilbenden und nach Anis riechenden Champignons sind alle mit Cadmium angereichert.

Weißer Anisegerling

Schafchampignon, *Agaricus arvensis*

Hut: 3–10 cm, weiß, auf Druck gilbend, jung halbkugelig, dann gewölbt, erst im Alter ausgebreitet, dickfleischig, Oberfläche fein geschuppt, selten glatt.

Lamellen: Jung blaßgrau, dann graurötlich, schließlich braun bis schwärzlich, aber nie rosa, gedrängt stehend, am Stiel frei.

Stiel: Weiß, zylindrisch, schlank, aber kräftig, Basis leicht knollig und oft geschuppt, Ring doppelt, häutig, oberseits gräulich und unterseits weißlich getönt.

Fleisch: Weiß, fest, bisweilen etwas gilbend, Geruch charakteristisch anisartig, Geschmack nußartig.

Sporen: 6,5–8/4–5 µm, glatt, Sporenpulver purpurbraun.

Wert: Eßbar, guter Speisepilz.

Vorkommen: Auf gedüngten Böden, auf Wiesen, Weiden, Feldern, an Waldrändern, erscheint von Juni bis Oktober.

Bemerkungen: Im Gegensatz zum Schiefknolligen Anischampignon (*A. essettei*), s. S. 286, ist der Schafchampignon weitaus kräftiger und sein Hut feiner geschuppt. Es besteht eine Verwechslungsgefahr mit dem tödlich giftigen Grünen Knollenblätterpilz (*Amanita phalloides*), s. S. 270, der aber weiße Lamellen aufweist.

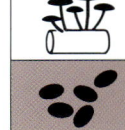

Karbolegerling

Agaricus xanthoderma

Hut: 6–14 cm, kalkweiß, grauweißlich, bei Verletzung gilbend, verfärbt sich nach kurzer Zeit wieder grauweißlich, glatt und kahl, halbkugelig, dann gewölbt bis ausgebreitet, oberer Teil abgeflacht.

Lamellen: Fleischrosa, dann braun bis schwarz (vgl. rechts oben), frei, schmal und gedrängt stehend.

Stiel: Weiß, bei Berührung sofort gelb anlaufend, dann wieder in Weiß übergehend, schlank, zylindrisch, oft röhrig, kahl, Basis knollig, Manschette gezähnt, nach oben abziehbar.

Fleisch: Weißlich, im Schnitt hauptsächlich in der Stielbasis gelb, Geruch alt nach Karbolsäure oder Tinte, beim Kochen stärker, unangenehm und sehr aufdringlich.

Sporen: 5–7/3–4 μm, glatt, Sporenpulver violettschwarz.

Wert: Giftig.

Vorkommen: Auf Wiesen und in Parks, aber auch im Nadel- und Laubwald, erscheint von Juli bis Oktober.

Bemerkungen: Oft in der Nähe von eßbaren Wiesenchampignons *(A. campestris)*, s. S. 285. Besonders im mittleren Alter können sie verwechselt werden. Wiesenchampignons gilben aber nicht und riechen nicht nach Tinte.

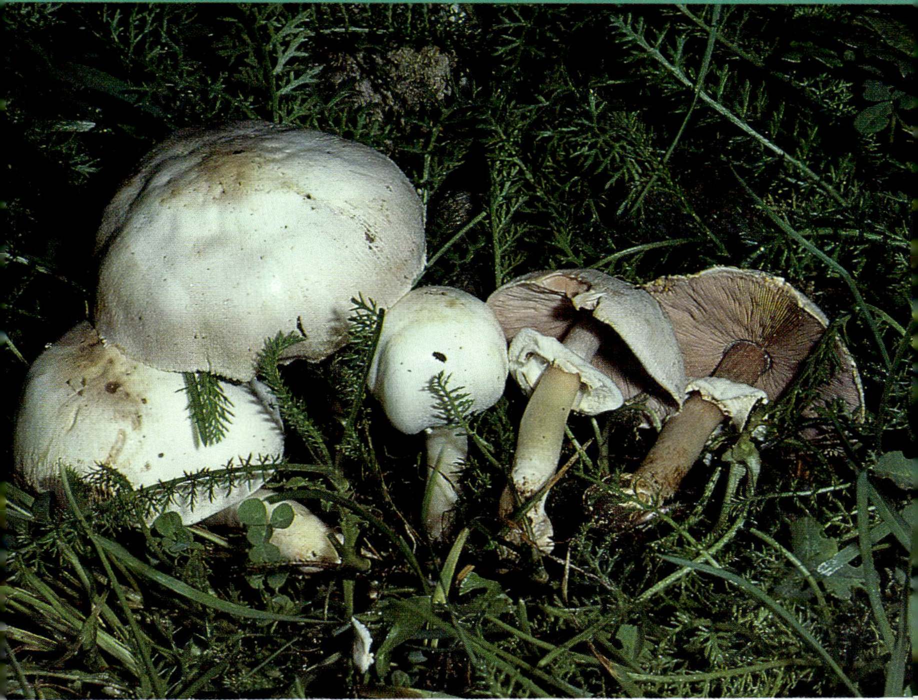

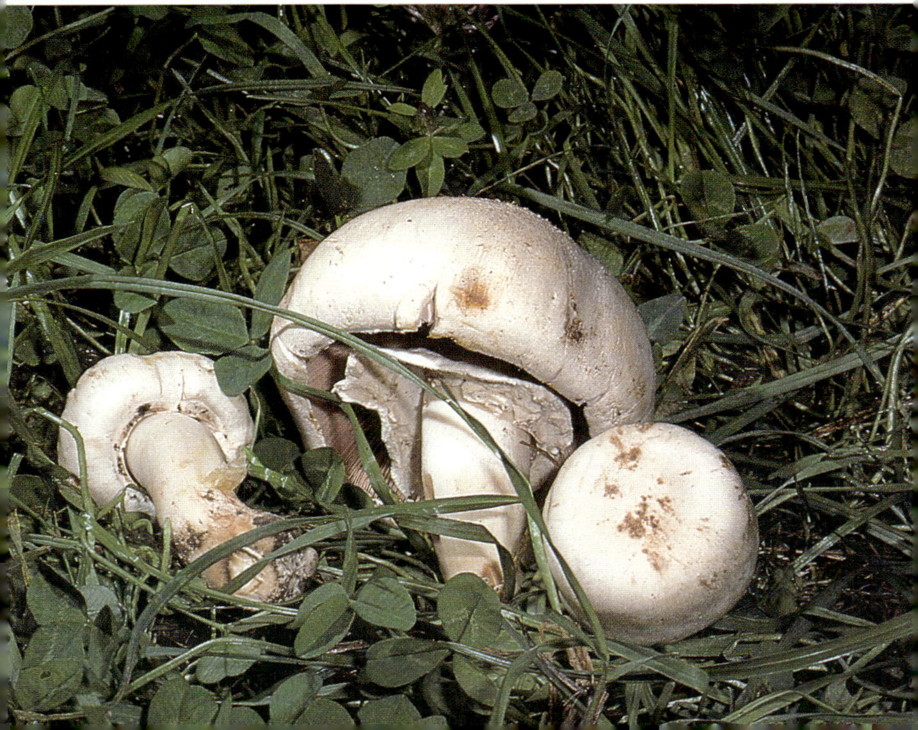

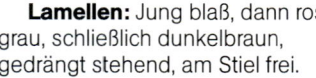

Großsporiger Riesenchampignon

Agaricus macrosporus

Hut: Bis 25 (35) cm, weiß, seidig bis glatt, leicht faserig, im Alter hellbräunlich geschuppt, auf Druck gilbend, jung halbkugelig, dann gewölbt, später ausgebreitet, dickfleischig.

Lamellen: Jung blaß, dann rosagrau, schließlich dunkelbraun, gedrängt stehend, am Stiel frei.

Stiel: Weißlich bis cremefarben, kräftig, gedrungen, kurz, Oberfläche flockig, mit dickem, gezähntem Ring.

Fleisch: Weiß, fest, bisweilen etwas rötend, Geruch und Geschmack anisartig oder nach Bittermandeln.

Sporen: 10–12/6,5–7 µm, glatt, Sporenpulver purpurbraun.

Wert: Eßbar, guter Speisepilz.

Vorkommen: Auf Wiesen und Weiden, oft in Ringen, erster Schub von Mai bis Juni, zweiter von Juli bis Oktober.

Bemerkungen: Einer der größten Hutpilze. Das abgebildete Exemplar weist den erstaunlichen Hutdurchmesser von 36 cm auf und einen Stieldurchmesser von 8 cm. Bedingt durch seine enorme Größe ist er als Speisepilz sehr ergiebig. Dennoch sollte er nur in kleineren Mengen genossen werden, da er in hohem Maße Cadmium speichert.

Spitzschuppiger Schirmling

Lepiota aspera

Hut: 4–15 cm, hellerer Grund, mit dunkelbraunen, spitzkegeligen, sparrigen Schuppen besetzt, die oft witterungsbedingt abfallen; jung kugelig, dann gewölbt, schließlich abgeflacht, fleischig, Rand bisweilen von Velumresten behangen.

Lamellen: Weiß, besonders gedrängt stehend, gegabelt, am Stiel deutlich frei, Schneiden unregelmäßig gekerbt.

Stiel: Weißlich bis hutfarben, kurz, voll, bald hohl, Basis knollig, Ring weit, hängend, oft zerrissen.

Fleisch: Weiß, weich, Geruch und Geschmack widerlich.

Sporen: 6–8/2,5–3,7 μm, glatt, Sporenpulver weiß.

Wert: Giftig.

Vorkommen: Im Nadel- und Laubwald, an Wegrändern, in Parks, erscheint von September bis Oktober.

Bemerkungen: Die spitzen Hutschuppen und der nicht verschiebbare Ring lassen den Spitzschuppigen Schirmling gut erkennen und unterscheiden ihn von verschiedenen eßbaren Riesenschirmlingsarten *(Macrolepiota)*. Auch der unangenehme starke Geruch hält vom Sammeln dieses leicht giftigen Pilzes ab.

Stinkschirmling

Lepiota cristata

Hut: 2–4 cm, mit rostbraunem, glattem Scheitel, restliche Hutoberfläche weißlicher Grund, mit feinen, rostbraunen Schuppen unregelmäßig besetzt, jung kegelig bis glockig, dann gewölbt und gebuckelt.

Lamellen: Weiß, gelblich, im Alter rostfleckig, gedrängt stehend, am Stiel frei.

Stiel: Weißlich bis fleischrötlich, zylindrisch, schlank, glatt, kahl, mit einem häutigen, aufsteigenden Ring, der sich bald vom Stiel löst und abfällt.

Fleisch: Weiß, Geruch unangenehm, ähnlich dem des Kartoffelbovists (*Scleroderma citrinum*).

Sporen: 6–7,5/3–3,5 μm, glatt, Sporenpulver weiß.

Wert: Giftig.

Vorkommen: Im Nadel- und Laubwald, an lichten, grasigen Stellen, entlang von Waldwegen, gesellig, erscheint von August bis Oktober.

Bemerkungen: Unter den kleinen Schirmlingen *(Lepiota)* ist der Stinkschirmling wohl die häufigste Art. Zu derselben Gattung gehören der tödlich giftige, eher seltene Fleischrosa Schirmling *(L. helveola)* und noch andere sehr giftige Arten. In dieser Gattung sind keine eßbaren Pilze bekannt.

Riesenschirmling

Parasolpilz, *Macrolepiota procera*

Hut: 10–25 cm, hellbraun, jung paukenschlegelförmig, dann gewölbt, später flach ausgebreitet und gebuckelt, in grobe, faserig-fransige Schuppen aufgebrochen.

Lamellen: Weiß, gedrängt stehend, bauchig, am Stiel frei.

Stiel: Weißlich, fein bräunlich geschuppt oder genattert, zylindrisch, auffallend lang, schlank, Basis knollig, Ring doppelt, dickhäutig, verschiebbar.

Fleisch: Weiß, zart, Stielfleisch holzig, faserig, Geruch und Geschmack haselnußartig.

Sporen: 15–20/10–13 µm, glatt, Sporenpulver weiß.

Wert: Eßbar, nur Hüte verwenden.

Vorkommen: Hauptsächlich im Laubwald bei Buchen, seltener auch im Nadelwald, erscheint von Juli bis Oktober.

Bemerkungen: Wie ein Schnitzel gebraten, gilt der Parasolpilz als Delikatesse. Von ähnlicher Größe und Statur ist der Safranschirmling *(M. rachodes)*, s. S. 294, der sich bei Verletzung safranrot verfärbt. Auch der Spitzbucklige Riesenschirmling *(M. mastoidea)*, s. S. 296, ist ähnlich. Er ist jedoch schmächtiger, hat einen eng anliegenden, freien, kaum verschiebbaren Ring und ist spitz gebuckelt.

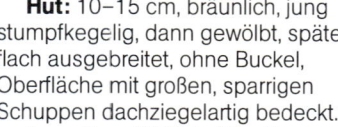

Safranschirmling

Macrolepiota rachodes (M. rhacodes)

Hut: 10–15 cm, bräunlich, jung stumpfkegelig, dann gewölbt, später flach ausgebreitet, ohne Buckel, Oberfläche mit großen, sparrigen Schuppen dachziegelartig bedeckt.

Lamellen: Weiß, bei Berührung rot anlaufend, dann bräunend, gedrängt stehend, bauchig, am Stiel frei.

Stiel: Weißlich, dann bräunlich, nicht genattert, zylindrisch, nicht besonders lang, schlank, Basis verdickt bis knollig, Ring häutig, weiß bis grau, verschiebbar.

Fleisch: Weiß, im Schnitt oder bei Verletzung schnell safranrot verfärbend, später bräunlich, zart, Stiel-fleisch holzig, faserig, Geruch und Geschmack aromatisch.

Sporen: 9–12/6–7 μm, glatt, Sporenpulver weiß.

Wert: Eßbar.

Vorkommen: Häufig im Nadelwald in der Nadelstreu, aber auch im Laubwald und in Parkanlagen, erscheint von Juli bis Oktober.

Bemerkungen: Die Abbildung rechts unten zeigt junge Fruchtkörper der Hauptform. Exemplare, die in Gärten wachsen, sind oft deutlich kräftiger gebaut und haben eine gröber geschuppte Hutoberfläche (rechts oben). Ihre Stielbasis ist bräunlich gefärbt, und das Fleisch

verfärbt sich orangebraun, kaum
safranfarben. Sie werden als Varietät
des Safranschirmlings angesehen
(var. hortensis) und verursachen oft-
mals Vergiftungen. Es empfiehlt sich
deshalb, Safranschirmlinge nur in
Wäldern zu sammeln und nicht in
Gärten, Parks, Obstbaumanlagen
oder bei Komposthaufen. Ein ähnlicher, seltener Pilz, der ebenfalls
Vergiftungen verursacht, ist der
Anlaufende Schirmling (Leucoagaricus badhamii). Er wächst gerne auf
Sägespänen in Gärten und Höfen.
Sein Hut ist grobschuppig, bei
geringster Berührung safrangelb
verfärbend, austrocknend trübviolett,
der Stiel hat einen flüchtigen, teils
noch an den Lamellen hängenden
Ring.

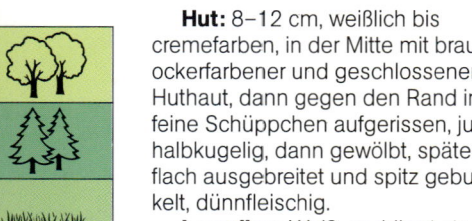

Spitzbuckliger Riesenschirmling

Macrolepiota mastoidea

Hut: 8–12 cm, weißlich bis cremefarben, in der Mitte mit braunockerfarbener und geschlossener Huthaut, dann gegen den Rand in feine Schüppchen aufgerissen, jung halbkugelig, dann gewölbt, später flach ausgebreitet und spitz gebuckelt, dünnfleischig.

Lamellen: Weiß, gedrängt stehend, bauchig, am Stiel frei.

Stiel: Weißlich, fein bräunlich geschuppt oder genattert, zylindrisch, auffallend lang, schlank, Basis knollig, Ring einfach, trichterförmig, am Stiel eng anliegend, frei, kaum verschiebbar.

Fleisch: Weiß, zart, im Stiel holzig, faserig, Geruch und Geschmack schwach nußartig.

Sporen: 12–16/8–9,5 μm, glatt, Sporenpulver weiß.

Wert: Eßbar, nur Hüte verwenden.

Vorkommen: Hauptsächlich am Waldrand auf Wiesen und Weiden, aber auch in Wäldern, erscheint von September bis November.

Bemerkungen: Der Spitzbucklige Riesenschirmling ist nicht häufig. Große Exemplare können für den Parasolpilz *(M. procera)*, s. S. 293, gehalten werden. Durch den spitzen Buckel und den nicht verschiebbaren Ring hebt er sich jedoch von seinem größeren Verwandten ab.

Rosablättriger Schirmling

Leucoagaricus leucothites (L. pudicus)

Hut: 4–8 cm, schneeweiß, kahl, jung halbkugelig, dann gewölbt, später ausgebreitet, eher dickfleischig.

Lamellen: Weiß, im Alter leicht rosa, gedrängt stehend, bauchig und dünn, ausgebuchtet angewachsen bis fast frei.

Stiel: Weiß, zylindrisch, schlank, feinfaserig, fast kahl, Basis knollig, Ring weiß, am Stiel frei verschiebbar, aufsteigend, mit fransigem Rand.

Fleisch: Weiß, Geruch und Geschmack schwach, angenehm.

Sporen: 8–9/5–5,5 µm, glatt, Sporenpulver weiß.

Wert: Eßbar.

Vorkommen: Auf Wiesen und Weiden, in Gärten, manche Jahre häufig, erscheint von Juni bis Oktober.

Bemerkungen: Im ersten Moment kann der Rosablättrige Schirmling für einen Wiesenchampignon *(Agaricus campestris)*, s. S. 285, gehalten werden. Beachtet man aber die weißlichen Lamellen, so ist dies nicht möglich. Auch ähnelt er den beiden weißen Knollenblätterpilzen *Amanita verna, A. virosa,* s. S. 272, oder einem weißlichen Grünen Knollenblätterpilz *(Amanita phalloides)*, s. S. 270. Er ist deshalb nur von Kennern zu sammeln.

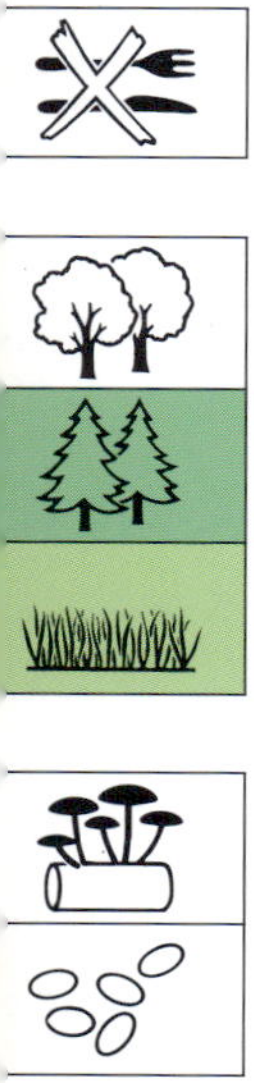

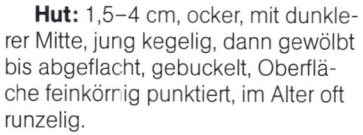

Amiant-Körnchenschirmling

Cystoderma amiantinum

Hut: 1,5–4 cm, ocker, mit dunklerer Mitte, jung kegelig, dann gewölbt bis abgeflacht, gebuckelt, Oberfläche feinkörnig punktiert, im Alter oft runzelig.

Lamellen: Weiß bis cremefarben, nicht sehr gedrängt stehend, ungleich lang, gerade angewachsen und leicht mit Zahn herablaufend.

Stiel: Schmutzig ockergelb, mit aufsteigendem, schuppigem, oft undeutlichem Ring, von der Basis bis zum Ring weißlich, schuppig, mehlig bis körnig, Form schlank, zylindrisch.

Fleisch: Gelblich, Geruch und Geschmack erdig.

Sporen: 4–6/3–4 μm, glatt, Sporenpulver weiß.

Wert: Kein Speisepilz.

Vorkommen: Auf Wiesen und Weiden und in Nadelwäldern, liebt nährstoffarme Böden, erscheint von September bis November.

Bemerkungen: Über zehn Arten gehören der Gattung der Körnchenschirmlinge *(Cystoderma)* an. Es sind alles kleine, saprophytisch lebende Pilze, die als Speisepilze nicht in Frage kommen. Trotzdem lohnt es sich, auf diese Pilzchen zu achten und sie aus der Nähe zu betrachten, so kann man sie immer wieder von neuem bestaunen.

Glimmerschüppling

Phaeolepiota aurea

Hut: 6–20 cm, goldgelb, löwengelb, jung fast kugelig, lange durch eine derbe Außenhülle (Velum) umschlossen, dann gewölbt, schließlich fast niedergedrückt, dickfleischig, Oberfläche fein glimmerig, mehlig, trocken, matt.

Lamellen: Blaß, dann rostgelb, schmal, gedrängt stehend, am Stiel ausgebuchtet angewachsen.

Stiel: Über dem Ring weißlich, darunter deutlich ockerlich, fast zylindrisch, kräftig, voll, Ring häutig, aufsteigend, lange mit dem Hutrand verbunden.

Fleisch: Blaßgelblich, Geruch mehlig, ähnlich dem des Mönchs-

kopfs *(Clitocybe geotropa)*, Geschmack stark.

Sporen: 12/5 µm, glatt bis fein punktiert, Sporenpulver rostbraun.

Wert: Eßbar, aber schonenswert.

Vorkommen: Im Nadel- und Laubwald, in Parks und Gärten, an Straßen und Wegrändern, meist zwischen Brennesseln, selten, aber gesellig wachsend, erscheint von September bis November.

Bemerkungen: Dieser prächtige und einmalige Pilz sieht aus wie eine Riesenform des Amiant-Körnchenschirmlings *(Cystoderma amiantinum)*, s. S. 298, und ist unverwechselbar.

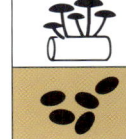

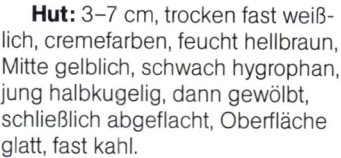

Voreilender Ackerling

Agrocybe praecox

Hut: 3–7 cm, trocken fast weißlich, cremefarben, feucht hellbraun, Mitte gelblich, schwach hygrophan, jung halbkugelig, dann gewölbt, schließlich abgeflacht, Oberfläche glatt, fast kahl.

Lamellen: Erst blaß, dann hell graubraun, gedrängt stehend, am Stiel ausgebuchtet angewachsen.

Stiel: Weißlich bis gräulich, zylindrisch, schlank, bisweilen verbogen, hohl, längsfaserig, Basis verdickt, Ring häutig, nach oben abziehbar.

Fleisch: Weißlich, zart, mit mehlartigem Geruch und mildem Geschmack.

Sporen: 9–12/5–6 μm, glatt, Sporenpulver graubraun.

Wert: Eßbar.

Vorkommen: In lichten Wäldern, im Gebüsch, in Parks, entlang von Wegen, gesellig, erscheint von Mai bis Juli.

Bemerkungen: Der Voreilende Ackerling erscheint schon im Frühling und ist nicht in jedem Jahr häufig. Sehr ähnlich ist der etwas schmächtigere, ebenfalls eßbare Rissige Ackerling *(A. dura)*, der außerhalb des Waldes auf Wiesen, in Parks und in Gärten vorkommt. Beide Arten gelten aber als nicht besonders gute Speisepilze.

Krönchenträuschling

Stropharia coronilla

Hut: 2–5 cm, hell- bis ockergelb, blaßweißlich, jung halbkugelig, dann gewölbt und oberer Teil abgeflacht, dickfleischig, Oberfläche glatt, Rand bisweilen von Velumflocken behangen.

Lamellen: Jung blaßlila, dann violett bis purpurgrau, alt schwärzlich, Schneiden weißlich, am Stiel ausgebuchtet angewachsen.

Stiel: Weiß, Spitze oft durch herabfallende Sporen schmutzigschwärzlich gefärbt, zylindrisch, Basis mit weißen, wurzelartigen Hyphensträngen, Ring schmal, anliegend und oberseits gerieft, sieht einer Krone ähnlich, oberer Rand durch herunterfallende Sporen schwärzlich gefärbt.

Fleisch: Weißlich, Geruch rettichartig, Geschmack mild.

Sporen: 7–9/4–5 μm, glatt, Sporenpulver grau-purpurfarben.

Wert: Kein Speisepilz.

Vorkommen: Auf Wiesen, Weiden und Äckern, an Wegrändern, auf fetten Böden, erscheint von Juni bis Oktober.

Bemerkungen: Kräftiger und breiter als der Halbkugelige Träuschling *(S. semiglobata)*, s. S. 304. Der Riesenträuschling *(S. rugosoannulata)*, s. S. 302, ist der einzige eßbare Träuschling *(Stropharia)*.

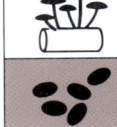

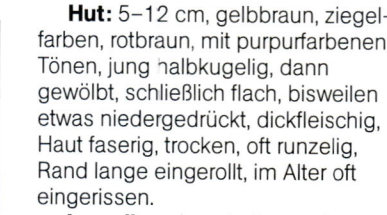

Riesenträuschling

Stropharia rugosoannulata

Hut: 5–12 cm, gelbbraun, ziegel-farben, rotbraun, mit purpurfarbenen Tönen, jung halbkugelig, dann gewölbt, schließlich flach, bisweilen etwas niedergedrückt, dickfleischig, Haut faserig, trocken, oft runzelig, Rand lange eingerollt, im Alter oft eingerissen.

Lamellen: Jung hellgrau, dann grauviolett, Schneiden weißlich, mäßig gedrängt stehend, frei.

Stiel: Weißlich, dann weißbräun-lich, zylindrisch, kräftig, röhrig, mit einem häutigen, weißen, oberseits gerieften Ring, der nicht immer typisch ausgebildet ist.

Fleisch: Weißlich, Geruch rettich-artig, mit mildem Geschmack.

Sporen: 11–13/7,5–8 µm, glatt, Sporenpulver grau-purpurfarben.

Wert: Eßbar, wird aber nicht von jedermann vertragen.

Vorkommen: Auf pflanzlichen Abfällen, auf Äckern, Feldern und in Gärten, gesellig, erscheint von August bis Oktober.

Bemerkungen: Unter den Träuschlingen *(Stropharia)* ist er der stattlichste. Mit geringem Aufwand kann man ihn auf Stroh züchten. Entsprechende Pilzbrut wird im Han-del angeboten. Helle Exemplare sind Champignons *(Agaricus)* ähn-lich.

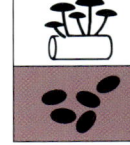

Grünspanträuschling

Stropharia aeruginosa

Hut: 3–8 cm, blaugrün, smaragdgrün, gelbbraun, im Alter gelblich ausblassend, Oberfläche hauptsächlich jung mit weißlichen Schüppchen bedeckt, jung glockig, dann gewölbt, schließlich flach mit leicht gebuckelter Mitte, Haut schleimig, glatt, glänzend.

Lamellen: Jung weißlich, dann grauviolett, mit weißen Schneiden, frei.

Stiel: Oberhalb des Rings weiß, darunter blaugrünlicher Grund, mit weißlichen Schuppen oder Flocken besetzt, zylindrisch, schleimig, mit häutigem, sparrigem, aufsteigendem Ring, oberseits durch abfallende Sporen schwarzbräunlich.

Fleisch: Weißlich, weich, Geruch schwach retticheartig.

Sporen: 7–9/4–5 µm, glatt, Sporenpulver grau-purpurfarben.

Wert: Kein Speisepilz.

Vorkommen: Im Nadel- und Laubwald, auf dem Boden im Laub- und Nadelstreu, auf vermoderten Holzabfällen, erscheint von August bis November.

Bemerkungen: Sehr ähnlich, aber mit blassem Hut und braunen Lamellenschneiden ist der oft bei Brennesseln wachsende, ebenfalls ungenießbare Braunsporige Träuschling (*S. caerulea*).

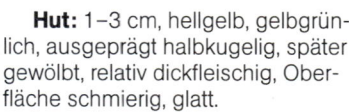

Halbkugeliger Träuschling

Stropharia semiglobata

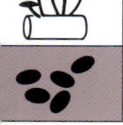

Hut: 1–3 cm, hellgelb, gelbgrünlich, ausgeprägt halbkugelig, später gewölbt, relativ dickfleischig, Oberfläche schmierig, glatt.

Lamellen: Jung blaßlila, dann violett bis purpurgrau, im Alter schwärzlich, mit hellen Schneiden, entfernt stehend, auffallend und völlig waagrecht, ohne Ausbuchtung am Stiel angewachsen.

Stiel: Blaßgelb, zylindrisch, lang und schlank und klebrig, Basis bisweilen etwas verdickt, mit häutigem, kleinem Ring, der sehr vergänglich ist.

Fleisch: Blaß, zart, geruchlos und mit mildem Geschmack.

Sporen: 15–19/8–10 µm, glatt, Sporenpulver purpurbraun.

Wert: Giftig.

Vorkommen: In Wiesen und Weiden auf Kuhfladen und Pferdemist, häufig, erscheint von Mai bis November.

Bemerkungen: Man erkennt den Halbkugeligen Träuschling an seiner charakteristischen, deutlich halbkugeligen Hutform und den waagrecht stehenden Lamellen. Er wächst immer auf Dung. Zu der Gattung der Träuschlinge *(Stropharia)* zählen über 15 Arten. Es sind ausschließlich Saprophyten, die auf Dung, Erde oder Holz wachsen.

Beringter Schleimrübling

Oudemansiella mucida

Hut: 2–7 cm, reinweiß, elfenbein-weiß, Mitte bisweilen ockerlich, jung ha bkugelig, dann gewölbt, schließ-lich flach, Oberfläche feucht stark schleimig, trocken seidenmatt, Rand scharf und runzelig gerieft.

Lamellen: Weiß, entfernt ste-hend, bauchig, gerade bis ausge-buchtet angewachsen.

Stiel: Weißlich, mit becherartigem Ring, zylindrisch, schlank, voll, längs-faserig, Basis keulig bis knollenartig verdickt dem Holz aufsitzend.

Fleisch: Weiß, weich, Ge-schmack mild.

Sporen: 14–18/12–16 µm, glatt, Sporenpulver weiß.

Wert: Kein Speisepilz.

Vorkommen: An totem Holz von Buchen, an liegenden und stehen-den Stämmen, an Ästen und auf Strünken, büschelig, erscheint von August bis November.

Bemerkungen: Seine Fruchtkör-per wachsen fast ausschließlich auf Buchenholz. Nicht selten werden sie auf abgestorbenen Ästen in luftiger Höhe gesichtet. Mit den reinweißen Fruchtkörpern, dem schleimigen Hut, dem beringten Stiel und dem Standort ist eine Verwechslung mit anderen Pilzen ausgeschlossen. Von manchen Autoren wird er als eßbar beschrieben.

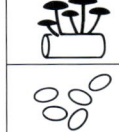

Hallimasch

Armillaria mellea

Hut: 5–12 cm, hell- bis dunkel honiggelb, mit bräunlichen, dunklen, vergänglichen Schüppchen bedeckt, jung halbkugelig, geschlossen, dann gewölbt bis ausgebreitet, oft stumpf gebuckelt.

Lamellen: Weißlich bis blaß rotbraun oder bräunlich, gerade angewachsen und mit Zahn herablaufend.

Stiel: Weißlich bis braun, zylindrisch oder mit etwas angeschwollener Basis, Ring fleischig, in der Regel stark ausgeprägt, unterseits braunschuppig.

Fleisch: Weißlich, blaß, fest, im Stiel zäh, strenger Geruch, Geschmack etwas bitter.

Sporen: 6,5–8/4–6,5 µm, glatt, Sporenpulver weiß.

Wert: Nur Pilze, die auf Nadelholz wachsen, gelten nach Abbrühen (s. S. 92) als eßbar, Exemplare auf Laubholz (mit oft etwas grünlich getönten Hüten) verursachen Magen-Darm-Beschwerden.

Vorkommen: Auf Laub- und Nadelholz, als Parasit und Saprophyt, sehr häufig, erscheint von August bis Oktober.

Bemerkungen: Die Abbildung rechts oben zeigt junge Fruchtkörper. Der Hallimasch wächst auf liegenden und stehenden Stämmen (vgl. rechts unten). Da er nicht von

jedermann gleich gut vertragen wird,
scllte er immer abgebrüht werden.
Er bildet dicke, kräftige, braun-
schwarze Mycelstränge, die sogenannten Rhizomorphen. Der Hallimasch wird neuerdings in fünf Arten
aufgeteilt, die schwierig voneinander
zu unterscheiden sind. Ähnliche
Arten sind der tödlich giftige Nadelholzhäubling *(Galerina marginata)*,
s. S. 309, der schmächtiger gebaut
ist und einen gerieften Hutrand hat,
und der giftige Grünblättrige Schwefelkopf *(Hypholoma fasciculare)*,
s S. 320, der grünliche Lamellen
und schwefelgelbes Fleisch hat.
Ähnlich ist auch das eßbare,
hygrophane und beringte Stockschwämmchen *(Pholiota mutabilis)*,s. S. 308.

Stockschwämmchen

Pholiota mutabilis (Kuehneromyces mutabilis)

Hut: 3–6 cm, zimtbraun, gelb-braun, ockerbraun, hygrophan, deshalb mit hellen und dunklen Zonen, gewölbt, dann fast ausgebreitet, kahl, Rand jung mit vergänglichen bräunlichen Schüppchen, kaum gerieft.

Lamellen: Blaß, dann zimtfarben, gedrängt stehend, angewachsen und etwas am Stiel herablaufend.

Stiel: Über dem Ring blaßbraun, glatt, vom Ring bis zur Basis dunkel rostbraun sparrig-schuppig, mit hochsitzendem, aufsteigendem, häutigem, oft vergänglichem Ring.

Fleisch: Weißlich, im Stiel faserig, Geruch angenehm, Geschmack mild.

Sporen: 6–7/3–4,5 µm, glatt, Sporenpulver rostbraun.

Wert: Eßbar, nur Hüte verwenden.

Vorkommen: Im Nadel- und Laubwald, hauptsächlich auf totem Laubholz, seltener auf Nadelholz, büschelig, erscheint von April bis Dezember.

Bemerkungen: Sehr ähnliche Fruchtkörper bildet der tödlich giftige Nadelholzhäubling *(Galerina marginata)*, s. S. 309, der hauptsächlich auf totem Nadelholz und selten auf Laubholz vorkommt. Er unterscheidet sich lediglich durch den weißlich bereiften und ungeschuppten Stiel.

Nadelholzhäubling

Galerina marginata

Hut: 1,5–4 cm, ocker bis gelb-braun, oft hygrophan, jung glockig-kegelig, dann gewölbt, schließlich flach ausgebreitet, schwach klebrig, fettig, Rand feucht durchscheinend gerieft, trocken eher glatt.

Lamellen: Zimtbraun, gedrängt stehend, gerade angewachsen bis herablaufend.

Stiel: Über dem Ring bräunlich, glatt, Spitze bereift, unter dem Ring auf bräunlichem Grund weißlich längsfaserig bereift und unge-schuppt, im Alter von der Basis her schwarzbraun verfärbend, hohl, zylindrisch, mit feinem häutigem, vergänglichem Ring.

Fleisch: Bräunlich, Geruch und Geschmack mehlartig (auf keinen Fall Geschmacksprobe machen!).

Sporen: 8–10,5/5–6 μm, fein-warzig, Sporenpulver hellbraun.

Wert: Tödlich giftig.

Vorkommen: Im Nadelwald auf totem Holz, höchst selten auf Laub-holz, oft büschelig, erscheint von Juli bis November.

Bemerkungen: Dieser Pilz ent-hält dieselben Giftstoffe wie tödlich giftige Knollenblätterpilze. Das dem Nadelholzhäubling ähnliche eßbare Stockschwämmchen *(Pholiota mutabilis)*, s. S. 308, ist deshalb nur von Kennern zu sammeln.

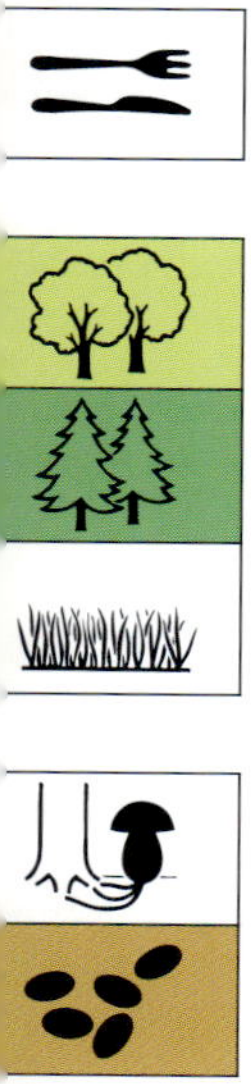

Reifpilz

Zigeuner, *Rozites caperata*

Hut: 6–12 cm, lederbraun bis gelbbraun, jung glockig, dann kegelig gewölbt, schließlich ausgebreitet und gebuckelt, jung mit einem mehlig silbrigweißen Velum bedeckt, radialrunzelig, matt, Rand im Alter radialrissig.

Lamellen: Tonbraun, dann zimtbraun, gedrängt stehend, gerade angewachsen und leicht mit Zahn herablaufend, Schneiden gekerbt.

Stiel: Weißlich, schmutzigweißlich, über dem Ring bereift, darunter fein längsfaserig, seidig, zylindrisch, kräftig, voll, Ring häutig, oft fetzig.

Fleisch: Weißlich, Geruch angenehm, Geschmack mild.

Sporen: 11–14/7–9 μm, feinwarzig, Sporenpulver rostbraun.

Wert: Eßbar, guter Speisepilz.

Vorkommen: Besonders im Nadelwald, selten im Laubwald, häufig im Gebirge, mancherorts selten, erscheint von Juli bis Oktober.

Bemerkungen: Da er stark mit Cadmium und nach dem Reaktorunfall in Tschernobyl mit radioaktiven Substanzen belastet ist, keine größeren Mengen essen. Der radialrissige Hutrand verleitet zu Verwechslungen mit Rißpilzen (*Inocybe*). Auch Verwechslungen mit giftigen Schleierlingen (*Cortinarius*) sind denkbar, diese haben aber keinen Ring.

Schopftintling

Coprinus comatus

Hut: 6–12 cm hoch, 3–6 cm breit, weiß, mit abstehenden, breitfaserigen bis filzigen Schuppen bedeckt, die zuerst weiß sind und sich später bräunlich verfärben; gegen die Mitte glatt, bisweilen hellockerlich, jung eiförmig, bald zylindrisch, walzenförmig, mit eng am Stiel anliegendem Hutrand, schließlich langglockig geöffnet, nie ausgebreitet, vom Rand her zuerst rosa, dann schwarz verfärbend und schließlich tintenartig zerfließend.

Lamellen: Weiß, dann rosa, schließlich schwarz und tintenartig zerfließend, gedrängt stehend, am Stiel frei.

Stiel: Weiß, zylindrisch, schlank, röhrig, zartfaserig, mit schmalem, beweglichem, flüchtigem Ring.

Fleisch: Weiß, alt rosa, ohne besonderen Geruch und Geschmack.

Sporen: 12–16/7–8 µm, glatt, Sporenpulver schwarz.

Wert: Eßbar, aber nur im jungen Zustand mit völlig weißen Lamellen ein guter Speisepilz.

Vorkommen: Entlang von Waldwegen, auf Fettwiesen, im Rasen, in Gärten, oft in Gruppen, erscheint von Mai bis November.

Bemerkungen: Der Schopftintling verdirbt außerordentlich schnell.

Faltentintling

Coprinus atramentarius

Hut: 2,5–6 cm hoch, 3–6 cm breit, grauweißlich oder graubräunlich, Scheitel mit abwischbaren, braunen Schüppchen, jung eiförmig, dann glockig aufgeschirmt, Rand charakteristisch faltig.

Lamellen: Weiß, dann schwarz, gedrängt stehend, bauchig, am Stiel frei, von der Schneide her zerfließend.

Stiel: Weißlich, zylindrisch, zartfaserig, seidig glänzend, Basis mit ringartigem Wulst.

Fleisch: Jung weißlich, ohne besonderen Geruch, Geschmack mild.

Sporen: 7,5–10/5–5,5 μm, glatt, Sporenpulver schwarz.

Wert: Kein Speisepilz.

Vorkommen: Bei Obstbäumen, auf Wiesen, in Gärten, Parks, an Rändern von Waldwegen, häufig, erster Schub schon ab Mai bis Juni, dann September bis November.

Bemerkungen: Der Faltentintling enthält eine Substanz (Coprin), die in Verbindung mit Alkohol zu heftigen Vergiftungserscheinungen führt. Er darf nur gegessen werden, wenn ein bis zwei Tage vor und nach der Mahlzeit kein Tropfen Alkohol konsumiert wird. Außerdem sind nur junge Exemplare als Speisepilze geeignet. Am besten meidet man diesen Pilz jedoch.

Spechttintling

Elsterntintling, *Coprinus picaceus*

Hut: 5–8 cm hoch, 2–5 cm breit, graubraun, braunschwarz, dicht besetzt mit weißen bis gräulichen Hüllresten, ähnlich einem Spechtgefieder, jung eiförmig, dann glockig, nie ausgebreitet, dünnfleischig, Oberfläche glatt, klebrig.

Lamellen: Grauschwarz bis schwarz, gedrängt stehend, am Stiel frei, zerfließend.

Stiel: Weiß, fein weißlich genattert, schlank, röhrig, gebrechlich, Basis fast knollig.

Fleisch: Weiß, brüchig, zerfließend, Geruch unangenehm.

Sporen: 14–19/10–13 µm, glatt, Sporenpulver schwarz.

Wert: Kein Speisepilz.

Vorkommen: In krautreichen, lichten Buchenwäldern, auf Kalkböden, nicht häufig, erscheint von Juni bis Oktober.

Bemerkungen: Im Habitus gleicht er dem Schopftintling (*C. comatus*), s. S. 311. Die einzigartige Färbung des Hutes, die an ein Elstern- oder Spechtgefieder erinnert, macht den Spechttintling zu einem der schönsten Tintlinge (*Coprinus*). Er ist deshalb auch sehr einfach zu bestimmen. Allerdings braucht es etwas Glück, diesen eher seltenen Pilz im Laubstreu zu entdecken.

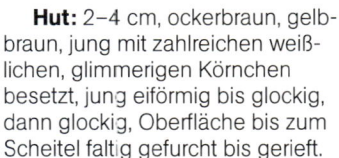

Glimmertintling

Coprinus micaceus

Hut: 2–4 cm, ockerbraun, gelb-braun, jung mit zahlreichen weiß-lichen, glimmerigen Körnchen besetzt, jung eiförmig bis glockig, dann glockig, Oberfläche bis zum Scheitel faltig gefurcht bis gerieft.

Lamellen: Jung weiß, dann grau-braun, schließlich schwarz und mit dem Hutrand zerfließend, Schneiden bisweilen weiß, sehr gedrängt ste-hend, breit, ausgebuchtet ange-wachsen.

Stiel: Weiß, seidig glänzend, zylindrisch, schlank, hohl, kahl.

Fleisch: Weißlich, zart, geruchs- und geschmacksneutral.

Sporen: 7,5–10/4,5–6 µm, glatt, Sporenpulver braunschwarz.

Wert: Kein Speisepilz.

Vorkommen: Auf vermoderten Laubholzstrünken und vergrabenem Holz, in Wäldern, Parks und Gärten, oft in großen Büscheln, häufig, erscheint von Mai bis November.

Bemerkungen: Jung erkennt man den Glimmertintling sofort an seinen mit glimmerigen Körnchen besetzten Hüten. Frische junge Exemplare könnten gegessen wer-den. Da er aber zusammen mit Alko-hol Vergiftungen hervorruft und wegen seiner kleinen Größe eher unergiebig ist, sollte er stehengelas-sen werden.

Gesäter Tintling

Coprinus disseminatus

Hut: 0,5–1,5 cm, hellocker, graugelb, dann hellgrau, vom Rand bis zum dunkleren Scheitel faltig gefurcht, jung glockig, dann eher kegelig, sehr häutig, nicht zerfließend.

Lamellen: Weiß, dann grauviolett, schließlich fast schwarz, entfernt stehend, breit und bauchig, gerade angewachsen, nicht zerfließend.

Stiel: Weiß, durchsichtig, zylindrisch, gegen die Basis hin oft gebogen, röhrig, kahl, glatt.

Fleisch: Weißlich, ohne besonderen Geruch.

Sporen: 7,5–10/4–5 µm, glatt, Sporenpulver braunschwarz.

Wert: Kein Speisepilz.

Vorkommen: Zu Hunderten an der Basis von Laubbaumstämmen oder auf vermoderten Strünken, erscheint von Mai bis Oktober.

Bemerkungen: Dieses Heer von glockigen, dicht aneinandergedrängten Hüten läßt einen immer wieder von neuem staunen. Der Gesäte Tintling nimmt unter den Tintlingen *(Coprinus)* eine Sonderstellung ein, da er als einziger nicht tintenartig zerfließt. Mit zunehmendem Alter wird er lediglich schwarz. Die Gattung der Tintlinge umfaßt über 90 Arten. Alle leben ausschließlich saprophytisch.

Glockendüngerling

Panaeolus papilionaceus (P. sphinctrinus)

Hut: 1,5–3 cm, grau bis grau-braun, trocken blaß aschgrau, charakteristisch glockig, häutig, Oberfläche glatt, oft runzelig, seidig glänzend, Rand von Velumresten deutlich weiß gefranst oder gekerbt.

Lamellen: Erst grauschwarz, dann schwarz marmoriert, mit weißlichen Schneiden, gedrängt stehend, ausgebuchtet angewachsen.

Stiel: Dunkelbrauner Grund, dicht fein weißlich bereift, zylindrisch, schlank, gebrechlich, hohl.

Fleisch: Grau, geruch- und geschmacklos.

Sporen: 11–16/9–12 µm, glatt, Sporenpulver schwarz.

Wert: Giftig.

Vorkommen: An gedüngten Plätzen, auf Wiesen und Weiden, oft auf Pferdedung, erscheint von Mai bis Oktober.

Bemerkungen: Dieses Pilzchen ist leicht giftig. Bei trockener Witterung ist der Hut des Glockendüngerlings auffallend seidig glänzend. Im Gegensatz zu den Fruchtkörpern der Tintlinge *(Coprinus)* zerfließen die der Düngerlinge bei Reife der Sporen nicht. Die Gattung der Düngerlinge *(Panaeolus)* ist mit über zehn Arten vertreten. Sie fruchten an besonders gedüngten Orten wie Weiden und Wiesen.

Behangener Faserling

Psathyrella candolleana

Hut: 3–6 cm, weißlich bis ton-gelblich, mit ockerfarbener Mitte, jung glockig, dann gewölbt, schließlich fast abgeflacht, Oberfläche matt und längsfaserig, jung bereift, Rand jung mit häutigen, weißen Velumresten behangen.

Lamellen: Jung weißlich, dann braunlila, gedrängt stehend, am Stiel schmal angewachsen.

Stiel: Weiß, zylindrisch und schlank, brüchig, hohl, zartfaserig.

Fleisch: Weiß, zart, ohne besonderen Geruch und Geschmack.

Sporen: 7–8/4–4,5 µm, glatt, Sporenpulver braun-purpurfarben.

Wert: Eßbar.

Vorkommen: In Wäldern, Gärten und Parks, entlang von Wegen, gesellig, häufig, erscheint von Mai bis Oktober.

Bemerkungen: Man erkennt den Behangenen Faserling leicht an den weißen Hüten, den braun-lilafarbenen Lamellen und den gebrechlichen Fruchtkörpern. Da er sehr dünnfleischig ist, ist er als Speisepilz nicht besonders gut geeignet. Ähnlich ist der Wässerige Saumpilz (*P. piluliformis*), der sich jedoch durch eine dunklere Färbung unterscheidet und im Herbst fruchtet. Auch er ist als Speisepilz nicht geeignet.

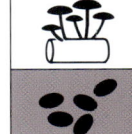

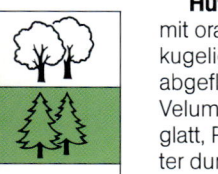

Rauchblättriger Schwefelkopf

Hypholoma capnoides

Hut: 2–6 cm, gelb bis braungelb, mit orangebrauner Mitte, jung halbkugelig, dann gewölbt, schließlich abgeflacht, Oberfläche jung vom Velum seidig überzogen, später glatt, Rand erst mit weißlichen, später dunkelbraunen, häutigen Velumresten behangen.

Lamellen: Rauchgrau, dann grauviolett, mäßig gedrängt stehend, am Stiel angewachsen.

Stiel: Spitze weißlich, seidig, gegen die Basis rostbraun, oft gebogen, schlank, hohl, feinfaserig.

Fleisch: Weißlich, im Stiel bräunlich und zähfaserig, fast geruchlos, Geschmack mild.

Sporen: 7–9/4–5 µm, glatt, Sporenpulver braun-purpurfarben.

Wert: Eßbar.

Vorkommen: Auf totem Nadelholz, auf Strünken, hauptsächlich von Fichten, büschelig, der erste Schub erscheint bereits ab Mai bis Juni, dann von September bis Dezember.

Bemerkungen: Unter den Schwefelköpfen *(Hypholoma)* ist dieser Pilz der einzige gute Speisepilz. Nicht immer ist er einfach vom sehr giftigen Grünblättrigen Schwefelkopf *(H. fasciculare),* s. S. 320, zu unterscheiden. Deshalb ist er nur von Kennern zu sammeln.

Ziegelroter Schwefelkopf

Hypholoma sublateritium

Hut: 4–12 cm, jung mit blaß rötlichgelben, zerfetzten Velumresten besetzt, Mitte ziegelrötlich, gegen den Rand blasser, jung glockig, dann gewölbt bis ausgebreitet, Rand jung oft mit häutigen Velumresten behangen.

Lamellen: Blaßgelb, dann grauviolett, ausgebuchtet angewachsen.

Stiel: Gelblich, gegen die Basis ziegelrot faserig, oft gekrümmt, schlank.

Fleisch: Blaßgelb, im Stiel rotbräunlich, Geruch unangenehm muffig, Geschmack etwas bitter.

Sporen: 6–8/3–4 µm, glatt, Sporenpulver braun-purpurfarben.

Wert: Schwach giftig.

Vorkommen: Auf totem Laubholz, auf Strünken, hauptsächlich von Buchen und Eichen, erscheint von April bis Dezember.

Bemerkungen: Dieser Pilz unterscheidet sich von den übrigen Schwefelköpfen *(Hypholoma)* durch die größeren Fruchtkörper und die ziegelrote Hutfarbe. Ebenfalls graue Lamellen, aber weißliches Fleisch hat der eßbare Rauchblättrige Schwefelkopf *(H. capnoides)*, s. S. 318. Der sehr giftige Grünblättrige Schwefelkopf *(H. fasciculare)*, s. S. 320, hat grünliche Lamellen und durchweg schwefelgelbes Fleisch.

Grünblättriger Schwefelkopf

Hypholoma fasciculare

Hut: 2–7 cm, schwefelgelb, oft mit rostigbrauner Mitte, jung glockig, dann ausgebreitet, Oberfläche glatt, matt, Rand jung oft mit gelben, häutigen Velumresten behangen.

Lamellen: Schwefelgelb, dann deutlich grünlich, schließlich grünlichbraun, gedrängt stehend, gerade bis ausgebuchtet angewachsen.

Stiel: Schwefelgelb, durch Schleierreste im unteren Teil rostigbraun feinfaserig, zylindrisch, gebogen, gebrechlich.

Fleisch: Schwefelgelb, Geruch unangenehm, Geschmack sehr bitter.

Sporen: 6–8/4 μm, glatt, Sporenpulver braun-purpurfarben.

Wert: Sehr giftig.

Vorkommen: Hauptsächlich auf totem Laubholz, seltener auf Nadelholz, erscheint von April bis Dezember.

Bemerkungen: Sehr ähnlich ist der eßbare Rauchblättrige Schwefelkopf *(H. capnoides)*, s. S. 318, der aber weißliches Fleisch und graue Lamellen hat. Der äußerst bitter schmeckende Grünblättrige Schwefelkopf ruft Übelkeit und Erbrechen hervor und soll auch schon ernsthafte Vergiftungen, ähnlich der Vergiftungen durch Knollenblätterpilze *(Amanitaceae)*, verursacht haben.

Sparriger Schüppling

Pholiota squarrosa

Hut: 5–10 cm, blaß strohgelb, ocker, mit rostbraunen, sparrig filzigen, abstehenden Schuppen bedeckt, jung kugelig bis halbkugelig, dann gewölbt, schließlich abgeflacht und stumpf gebuckelt, Rand jung eingerollt.

Lamellen: Erst blaßgelb, dann gelbbraun, gedrängt stehend, am Stiel angewachsen bis kurz herablaufend.

Stiel: Oberhalb des Rings blaßgelb, glatt, unterhalb rostbraun, zäh, sparrig geschuppt, zylindrisch, mit verjüngter, rotbrauner Basis, Ring sparrig, schuppig.

Fleisch: Blaßgelb, hart, in der Stielbasis dunkler und zäh, Geruch und Geschmack retticharig.

Sporen: 6–8/3,5–4 µm, glatt, Sporenpulver rostbraun.

Wert: Kein Speisepilz.

Vorkommen: Am Grunde von lebenden Laubbäumen oder auf Strünken, bei Apfelbäumen, selten Nadelbäumen, büschelig, erscheint von September bis November.

Bemerkungen: Verwechslungen mit dem Hallimasch (*Armillaria mellea*), s. S. 306, sind möglich. Dieser aber hat einen nicht so stark geschuppten Hut, meist einen ausgeprägten Ring und einen weniger geschuppten Stiel.

Feuerschüppling

Pholiota flammans

Hut: 3–7 cm, lebhaft schwefel-, zitronengelb, Oberfläche mit hellgelben, abstehenden, sparrigen Schuppen besetzt, leicht schmierig, jung halbkugelig, dann gewölbt, schließlich ausgebreitet, Rand lange eingerollt.

Lamellen: Erst gelb, dann rostbraun, gedrängt stehend, am Stiel ausgebuchtet angewachsen.

Stiel: Spitze lebhaft gelb und glatt, Ring schuppig, darunter sattgelber Grund, dicht mit dunkelgelben, abstehenden, sparrigen Schuppen bedeckt, zylindrisch, kräftig, erst voll, dann hohl.

Fleisch: Gelb, rotbräunlich anlaufend, Geruch schwach rettichartig, Geschmack bitter.

Sporen: 3–4/2–2,5 µm, glatt, Sporenpulver rostbraun.

Wert: Kein Speisepilz.

Vorkommen: Auf morschen Strünken und liegenden Stämmen von Nadelbäumen, erscheint von Juli bis Oktober.

Bemerkungen: Die lebhaften Farben machen den Feuerschüppling sehr auffällig. Durch den schuppigen Hut und Stiel ist er leicht zu erkennen. Ähnlich, aber nicht so auffällig gefärbt ist der Goldfellschüppling *(P. cerifera)*, s. S. 323, der auf Laubbäumen fruchtet.

Goldfellschüppling

Pholiota cerifera (P. aurivella)

Hut: 5–12 cm, gelb, rostgelb, mit rostroten, relativ weit auseinanderliegenden, vergänglichen Schuppen bedeckt, jung halbkugelig geschlossen, dann gewölbt, schließlich ausgebreitet und stumpf gebuckelt, Rand vom Velum behangen und lange eingerollt.

Lamellen: Erst gelb, dann olivbraun, gedrängt stehend, am Stiel ausgebuchtet angewachsen.

Stiel: Gelb, gegen die Basis braunschuppig, von Velumresten schwach gegürtelt, Spitze glatt, schlank, zäh, voll.

Fleisch: Gelblichweiß, im Stiel dunkler und faserig, zäh, Geruch unbedeutend, Geschmack herb.

Sporen: 8–9/5–6 µm, glatt, Sporenpulver rostbraun.

Wert: Kein Speisepilz.

Vorkommen: Oft büschelig, selten einzeln auf lebenden Laubbäumen, auf abgestorbenen Teilen bei Stammwunden, Astlöchern, meist in mehreren Metern Höhe, bevorzugt Buchen und Weiden, erscheint von Oktober bis November.

Bemerkungen: Er wird auch Hochthronender Schüppling genannt. In manchen Gegenden wird er gegessen, er schmeckt aber nicht gut und kann nicht empfohlen werden.

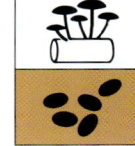

Tonweißer Schüppling

Pholiota lenta

Hut: 4–6 cm, weißlich, lehmgrau, blaß cremefarben, mit einigen abwischbaren, weißen Schüppchen besetzt, im Alter oft kahl, jung halbkugelig, dann gewölbt, schließlich ausgebreitet, Oberfläche feucht stark schleimig, Rand jung mit Velumresten behangen.

Lamellen: Weißlich, dann tonbraun, weich, am Stiel angewachsen bis kurz herablaufend.

Stiel: Weißlich, mit bräunlicher Basis, weißflockig, fast genattert, zylindrisch, bisweilen gebogen.

Fleisch: Weißlich, in der Stielbasis bräunlich, zäh, Geruch unbedeutend, Geschmack rettichartig.

Sporen: 6–7/3–4 μm, glatt, Sporenpulver ocker.

Wert: Kein Speisepilz.

Vorkommen: Im Laub- und Nadelwald auf Fallaub und vermoderten Holzresten, besonders unter Buchen, gesellig, erscheint von September bis November.

Bemerkungen: Man erkennt den besonders im Spätherbst auftretenden Tonweißen Schüppling leicht an seinen hellen Fruchtkörpern, seiner schleimigen Hutoberfläche, dem zähen Fleisch und an seinem Standort auf Fallaub und Holzresten. Ähnlich sind Schleimköpfe (*Cortinarius* Untergattung *Phlegmacium*).

Ziegelroter Rißpilz

Inocybe erubescens (I. patouillardii)

Hut: 3–8 cm, jung weißlich, dann strohfarben, auf Druck und besonders im Alter rötend, jung glockigkegelig, bald unregelmäßig ausgebreitet, mit spitzem Buckel, radialfaserig, Rand im Alter radial eingerissen.

Lamellen: Erst weißlich mit rötlichem Schein, dann rostbraun, mit weißen Schneiden, gedrängt stehend, breit, am Stiel ausgebuchtet angewachsen.

Stiel: Jung weiß, im Bereich der Spitze weiß bleibend, darunter allmählich gelblich und im Alter oder bei Berührung rötend, zylindrisch, kräftig, voll, Basis bisweilen knollig.

Fleisch: Weiß, im Stiel schwach rötend, Geruch süßlich, fruchtartig, Geschmack mild.

Sporen: 9–14/5–8 μm, glatt, Sporenpulver ockerbraun.

Wert: Sehr giftig.

Vorkommen: Bei Laubbäumen in Wäldern und in Parks, gern unter alten Bäumen, kalkliebend, erscheint von Mai bis Juli, selten später.

Bemerkungen: Er wird auch Mairißpilz genannt. Zur selben Zeit erscheint der eßbare Mairitterling *(Calocybe gambosa)*, s. S. 212. Verwechslungen führten schon zum Tode. Der Mairitterling ist aber durch den Mehlgeruch erkennbar.

Erdblättriger Rißpilz

Seidiger Rißpilz, *Inocybe geophylla*

Hut: 1–4 cm, weiß, cremefarben, jung kegelig, dann aufgeschirmt und gebuckelt, schließlich ausgebreitet und niedergedrückt, dünnfleischig, Oberfläche jung seidig, dann radialfaserig, matt. Rand erst im Alter eingerissen.

Lamellen: Erst weißlich, dann blaßgrau, schließlich braunocker, mit weißen Schneiden, gedrängt stehend, am Stiel ausgebuchtet angewachsen.

Stiel: Weißlich, mit bereifter Spitze, sonst seidig glänzend, zylindrisch, schlank und gebrechlich, oft gebogen.

Fleisch: Weiß oder leicht gelb, zart, Geruch typisch spermatisch, Geschmack eher schärflich.

Sporen: 7,5–11/5–7 µm, glatt, Sporenpulver ockerbraun.

Wert: Giftig.

Vorkommen: In Laub- und Nadelwäldern, an grasigen, feuchten Stellen, entlang von Wegen, erscheint von Juli bis November.

Bemerkungen: Ähnlich ist der giftige Eingeknickte Rißpilz *(I. fibrosa)*, der ebenfalls weiße Fruchtkörper hat, aber größer und kräftiger ist. Wie der Ziegelrote Rißpilz *(I. erubescens)*, s. S. 325, so enthält auch der Erdblättrige Rißpilz in hoher Konzentration das giftige Muscarin.

Schwere Vergiftungen mit diesem
Nervengift können durch Lungen-
oder Herzversagen tödlich enden.
Vom Erdblättrigen Rißpilz werden
mehrere farblich verschiedene Varietäten unterschieden. Am häufigsten
kommen die Varietät *violacea* mit
violetten Fruchtkörpern (rechts
oben) und die Varietät *lateritia* mit
rötlichen Fruchtkörpern vor. Oft sieht
man die Varietäten in unmittelbarer
Nähe der weißen Hauptform. Die
Gattung der Rißpilze *(Inocybe)*
gehört zur Familie *Cortinariaceae*.
Rißpilze zeichnen sich durch mittel-
große, zentralgestielte, oft kegelhü-
tige Fruchtkörper aus. Die Lamellen
sind am Stiel gerade bis ausgebuchtet angewachsen. Oft sind sie
erst weißlich und färben sich bei

Reife durch die Sporen braun. Das
Sporenpulver ist meist braun bis
ockerbraun gefärbt. Die meist radial-
faserigen Hüte reißen beim Aufschirmen und im Alter charakteristisch
am Rand ein. Daher rührt ihr Name
„Rißpilze" oder auch „Wirrköpfe". Bei
jungen Exemplaren kann man oft
noch die fädigen Reste der Teilhülle
(Velum partiale) am Stiel erkennen.
Die meisten Rißpilzarten sind
Mykorrhizabildner, die anderen
Saprophyten. Es sind keine Speisepilze unter ihnen bekannt. Einige
Arten sind äußerst giftig. Die Gattung umfaßt über 150 Arten, die in
die Untergattungen *Inocibium* mit
glattwandigen Sporen und *Inocybe*
mit höckerig-eckigen Sporen eingeteilt sind.

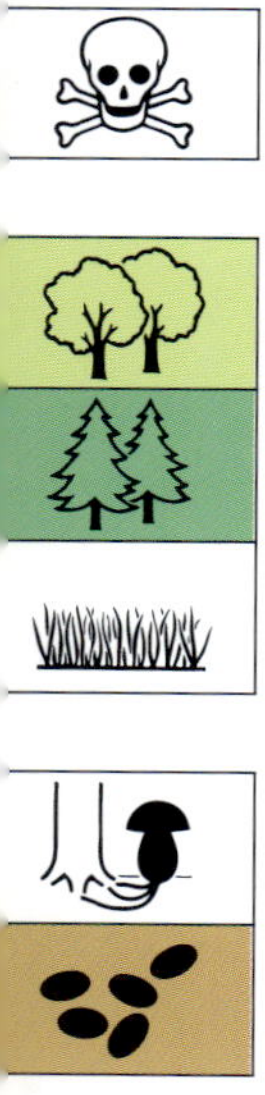

Kegeliger Rißpilz

Inocybe rimosa (I. fastigiata)

Hut: 2–6 cm, strohgelb, ocker bis dunkler braun, jung spitzkegelig, dann kegelig geöffnet, schließlich abgeflacht, stets mit spitzem Buckel, dünnfleischig, Oberfläche stark radialrissig, faserig, trocken und matt, Rand bei ausgebreiteten Hüten aufgebogen und oft eingerissen.

Lamellen: Blaßgelblich, dann oliv bis braun, mit weißen Schneiden, gedrängt stehend, ungleich lang, gerade bis ausgebuchtet angewachsen.

Stiel: Weißlich, ockerfarben, im Alter bräunlich, Spitze weißflockig, zylindrisch, voll, fest, längsfaserig.

Fleisch: Weiß, faserig, mit typisch spermatischem Geruch, Geschmack unangenehm.

Sporen: 8–18/5–7,5 µm, glatt, Sporenpulver braun.

Wert: Giftig.

Vorkommen: In Wäldern, Parks, entlang von Wegen, häufig, erscheint von Juni bis Oktober.

Bemerkungen: Er enthält in starkem Maße das Nervengift Muscarin. Eine Vergiftung macht sich durch Schweißausbrüche und schwere Bauchkoliken bemerkbar. Die meisten Rißpilze *(Inocybe)* enthalten höhere Konzentrationen von diesem Giftstoff; keine einzige Art ist eßbar, alle gelten als giftig.

Birnenrißpilz

Inocybe fraudans (I. pyriodora)

Hut: 3–7 cm, strohfarben, blaß ockerbraun, fuchsigbraun, mit rötlichen Tönen, jung glockig, dann gewölbt, schließlich ausgebreitet, stets mit stumpfem Buckel, Oberfläche besonders gegen die Mitte dunkel feinschuppig, faserig, Rand schon früh eingerissen.

Lamellen: Erst grauweißlich, dann graurosa, schließlich bräunlich, mit weißen Schneiden, breit, am Stiel ausgebuchtet angewachsen.

Stiel: Weißlich, dann bräunlich, Spitze immer weiß bleibend, zylindrisch, kräftig, voll, längsfaserig, Basis oft etwas verdickt.

Fleisch: Weiß, verfärbt sich an der Luft braunrötlich, Geruch fruchtig nach überreifen Birnen, Geschmack mild.

Sporen: 9–12/6–7,5 μm, glatt, Sporenpulver ockerbraun.

Wert: Giftig.

Vorkommen: In Laub- und Nadelwäldern, entlang von Wegen, erscheint von Juni bis Oktober.

Bemerkungen: Die meisten Rißpilze *(Inocybe)* sind schwer zu bestimmen. In der Regel braucht man dazu ein Mikroskop, um z. B. die Sporen vergleichen zu können. Zur Bestimmung des Birnenrißpilzes ist der fruchtige Duft nach überreifen Birnen eine große Hilfe.

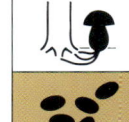

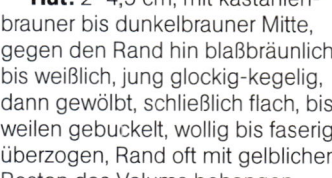

Dunkelscheibiger Fälbling

Hebeloma mesophaeum

Hut: 2–4,5 cm, mit kastanienbrauner bis dunkelbrauner Mitte, gegen den Rand hin blaßbräunlich bis weißlich, jung glockig-kegelig, dann gewölbt, schließlich flach, bisweilen gebuckelt, wollig bis faserig überzogen, Rand oft mit gelblichen Resten des Velums behangen.

Lamellen: Erst blaß, dann hellbraun, gedrängt stehend, am Stiel ausgebuchtet angewachsen.

Stiel: Weißlich, von der Basis her bräunend, faserig, Spitze weißflokkig, durch fädige, gelbliche Velumreste oft mit angedeutetem Ring, schlank, verbogen, röhrig.

Fleisch: Im Hut weißlich, im Stiel bräunlich, Geruch meerrettichartig, Geschmack bitter.

Sporen: 8–10/5–6 µm, schwach warzig, Sporenpulver rostbraun.

Wert: Kein Speisepilz.

Vorkommen: Bei Fichten-, Kiefern- und Arvenjungpflanzen, erscheint von September bis November.

Bemerkungen: Der Dunkelscheibige Fälbling ist ein kleiner Vertreter der Fälblinge *(Hebeloma)*. Die meisten Arten haben einen ausgesprochen rettichartigen Geruch. Bis auf den eßbaren Wurzelnden Fälbling *(H. radicosum)* sind aus dieser Gattung keine Pilze eßbar.

Großer Rettichfälbling

Hebeloma sinapizans

Hut: 4–12 cm, cremegelblich, lederbraun, rostgelb, gewölbt bis ausgebreitet, oft unregelmäßig, Oberfläche glatt, etwas schmierig, Rand hell, jung eingerollt, im Alter aufgebogen, wellig.

Lamellen: Erst blaß, dann zimtbraun, mit hellen Schneiden, fast gedrängt stehend, am Stiel ausgebuchtet angewachsen.

Stiel: Erst weiß, dann bräunend, gezont bis genattert, zylindrisch, kräftig, hohl, Basis oft verdickt.

Fleisch: Blaß, fest, mit starkem Rettichgeruch, Geschmack bitter.

Sporen: 10–12/6–8 µm, feinwarzig, Sporenpulver rostbraun.

Wert: Giftig.

Vorkommen: In feuchten Laub- oder Nadelwäldern, hauptsächlich auf Kalkböden, häufig, erscheint von August bis Oktober.

Bemerkungen: Der Große Rettichfälbling ist weit verbreitet. Er riecht charakteristisch rettichartig wie viele Fälblinge *(Hebeloma)*. Am ähnlichsten ist ihm der ebenfalls giftige Tongraue Fälbling *(H. crustuliniforme)*, der aber schmächtiger ist. Fälblinge zeichnen sich durch meist schmierige Hüte sowie durch ausgebuchtet angewachsene, nie herablaufende Lamellen aus. Über 50 Arten sind bekannt.

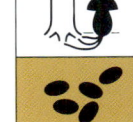

Orangefasriger Hautkopf

Cortinarius (Dermocybe) malicorius

Hut: 2–5 cm, braun, olivbraun, kastanienbraun, gegen den Rand hin gelblich, safranfarben, erst kegelig bis glockig, dann gewölbt bis ausgebreitet, bisweilen mit gebukkelter Mitte, Oberfläche radialfaserig, trocken.

Lamellen: Erst orange, dann leuchtend gelborange, feuerfarben, schließlich orangebraun, Schneiden gelblich, fast gedrängt stehend, am Stiel ausgebuchtet angewachsen.

Stiel: Gelb, mit orangefarbenen Velumresten, zylindrisch, schlank, voll.

Fleisch: Fuchsig bis olivbraun, Geruch und Geschmack leicht rübenartig.

Sporen: 5–6,5/3–4 μm, warzig, Sporenpulver rostbraun.

Wert: Giftig.

Vorkommen: In feuchten Nadelwäldern, oft bei Fichten, erscheint von Juli bis Oktober.

Bemerkungen: Sehr ähnlich ist der Zimthautkopf *(C. (Dermocybe) cinnamomeus).* Ebenfalls ähnlich sind der etwas größere Blutblättrige Hautkopf *(C. (Dermocybe) semisanguineus)* und der in allen Teilen gleich gefärbte Zinnoberrote Hautkopf *(C. (Dermocybe) cinnabarinus).* Alle Hautköpfe gelten als giftig.

Grüner Rauhkopf

Cortinarius (Leprocybe) venetus

Hut: 2–6 cm, olivgrün, gelbgrün, olivocker, alt mit mehr braunen Tönen, gewölbt bis ausgebreitet, stumpf gebuckelt, Oberfläche matt, jung samtig, feinschuppig.

Lamellen: Erst gelblich, dann olivgrün, schließlich bräunlich, am Stiel ausgebuchtet angewachsen, Schneiden schwach gekerbt.

Stiel: Hutfarben, bisweilen etwas blasser, längsfaserig gestreift, Schleier gelblich, zylindrisch, erst wattig ausgestopft, dann hohl.

Fleisch: Jung blaßgrün, safranfarben anlaufend, alt olivgelblich, mit leichtem Rettichgeruch.

Sporen: 5,5–8,5/4,5–6,5 µm, warzig, Sporenpulver rostbraun.

Wert: Kein Speisepilz.

Vorkommen: Im Nadelwald, in höheren Lagen, erscheint von August bis Oktober.

Bemerkungen: Von diesem Pilz werden zwei Varietäten beschrieben, die sich hauptsächlich durch verschiedene Standorte voneinander abgrenzen. Die Abbildung zeigt die Varietät *C. venetus* var. *montana*, die im Nadelwald vorkommt. *C. venetus* var. *venetus* hat einen fast dunkelgrünen Hut und kommt im Buchenwald vor. Rauhköpfe (Untergattung *Leprocybe*) zeichnen sich durch feingeschuppte Hüte aus.

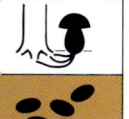

Spitzgebuckelter Rauhkopf

Cortinarius (Leprocybe) rubellus (C. speciosissimus)

Hut: 3–8 cm, orangerot, rotbräunlich, rostbräunlich, jung spitzkegelig, dann schwach gewölbt, immer mit spitzem Buckel, Oberfläche feinschuppig, matt, Rand lange eingerollt, jung vom gelblichen Velum behangen.

Lamellen: Rotbraun, dick, entfernt stehend, am Stiel ausgebuchtet angewachsen.

Stiel: Hutfarben, zylindrisch, kräftig, voll, längsfaserig, Basis etwas verdickt, meist durch gelbliche Velumreste mehrmals gegürtelt.

Fleisch: Blaß rotbraun, mit schwachem Rettichgeruch.

Sporen: 9–12/6,5–9 μm, feinwarzig, Sporenpulver rostbraun.

Wert: Tödlich giftig.

Vorkommen: In feuchten und sauren Fichtenwäldern, Mooren, im Voralpengebiet, in höheren Lagen, häufig, erscheint von Juli bis September.

Bemerkungen: Er enthält in hoher Konzentration das Nierengift Orellanin. Sein naher Verwandter, der Orangefuchsige Rauhkopf *(C. (Dermocybe) orellanus)*, enthält ebenfalls große Mengen dieses tödlichen Giftes. Dieser aber kommt meist nur in wärmeren Gegenden in Laubwäldern auf kalkfreien Böden vor und ist relativ selten.

Goldgelber Rauhkopf

Cortinarius (Leprocybe) gentilis

Hut: 2–4 cm, stark hygrophan, trocken gelb, feucht safranfarben bis braunrostig, jung halbkugelig, dann gewölbt, später ausgebreitet, spitz gebuckelt, Oberfläche feinschuppig, filzig, matt.

Lamellen: Erst safranbräunlich, dann rostbraun, entfernt stehend, bauchig, ausgebuchtet angewachsen.

Stiel: Gelbbrauner Grund, mit hellgelben Velumzonen geschmückt, zylindrisch, wattig ausgestopft, dann röhrig, faserig.

Fleisch: Gelb, Geruch unbedeutend, Geschmack mild (auf keinen Fall Geschmacksprobe machen!).

Sporen: 7,5–9/5,5–6,5 µm, grobwarzig, Sporenpulver rostbraun.

Wert: Giftig, vermutlich tödlich giftig.

Vorkommen: In sauren Fichtenwäldern, auf Nadelstreu, Moos, gesellig, erscheint von August bis Oktober.

Bemerkungen: Auch dieser Pilz gehört zu den giftigen Rauhköpfen, und es ist nicht ausgeschlossen, daß auch er die gleichen tödlich giftigen Substanzen enthält wie der Spitzgebuckelte Rauhkopf *(C. (Leprocybe) rubellus)*, s. S. 334, und der Orangefuchsige Rauhkopf *(C. (Dermocybe) orellanus)*.

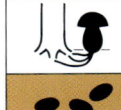

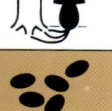

Schleiereule

Cortinarius (Phlegmacium) praestans

Hut: Bis 25 cm, braunviolett, schokoladenbraun, erst kugelig, dann gewölbt, alt flach, dickfleischig, jung hauptsächlich gegen den Rand hin mit weißvioletten Velumflocken besetzt, glatt, schmierig, Rand im Alter oft runzelig.

Lamellen: Erst gelblichgrau, dann bräunlich, gedrängt stehend, bauchig, gerade angewachsen, mit gekerbten Schneiden.

Stiel: Weißlich, jung mit häutigen, seidigen, weißvioletten Velumresten bedeckt, oft mit ringartiger Zone, die durch die Sporen bräunlich gefärbt ist, jung bauchig bis knollig, dick, kräftig, voll.

Fleisch: Weißlila, fest, fast geruchlos, mit mildem Geschmack.

Sporen: 12–16/8–9 µm, grobwarzig, Sporenpulver rostbraun.

Wert: Eßbar, aber schonenswert.

Vorkommen: Im Laubwald, seltener bei Nadelbäumen, auf tonigen Kalkböden, vielerorts selten, erscheint von September bis November.

Bemerkungen: Die Abbildungen rechts zeigen junge Exemplare, an denen der Schleier noch sichtbar ist. Die Schleiereule gilt als der beste und größte Schleierling (*Cortinarius*), sollte aber nur bei massenhaftem Auftreten gesammelt werden.

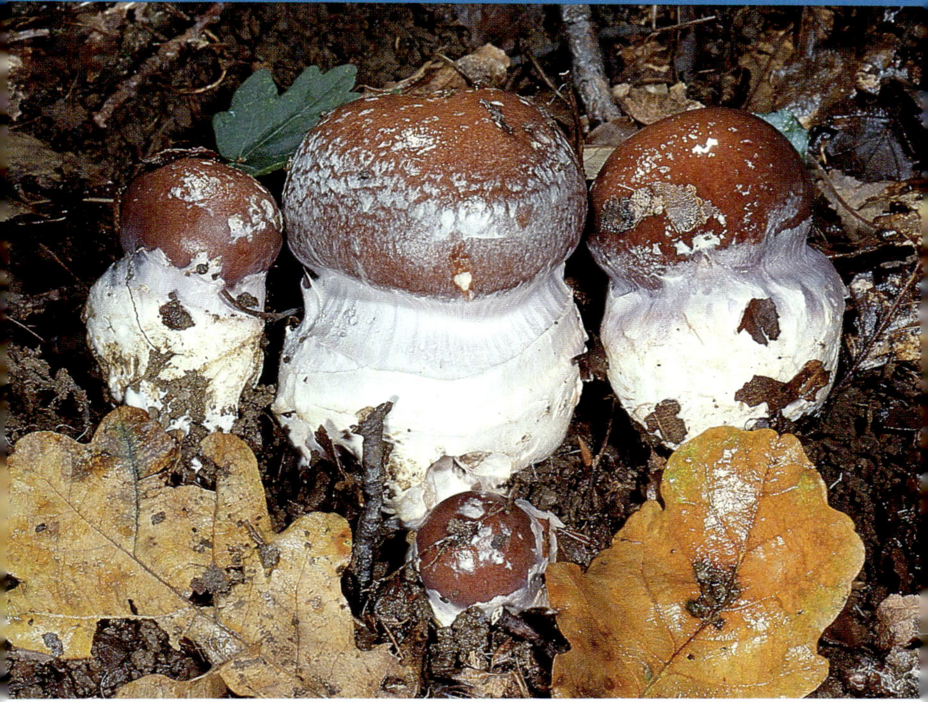

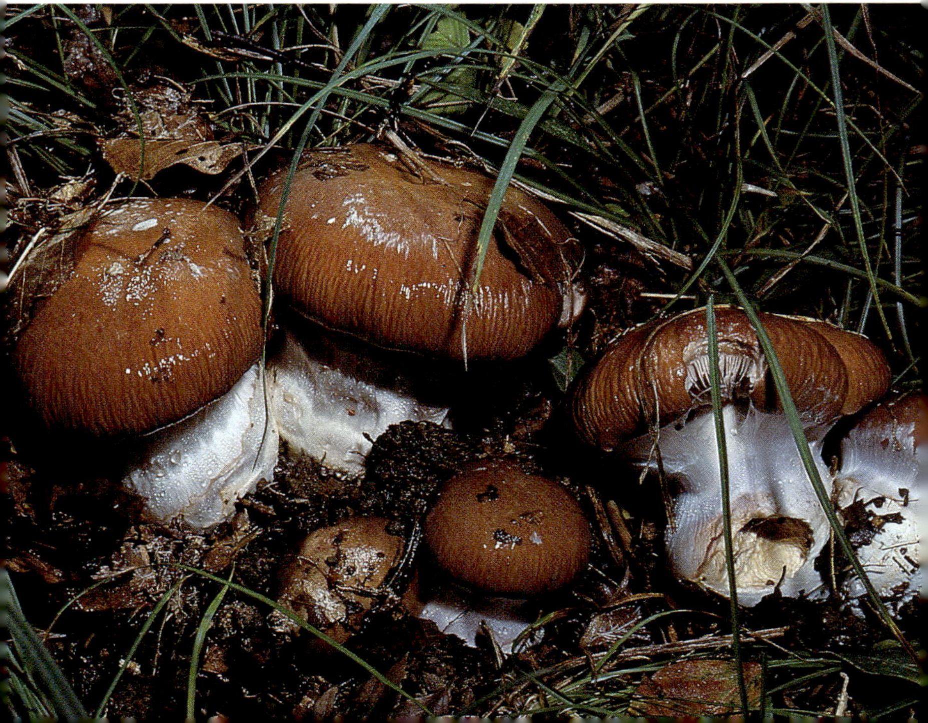

Bereifter Schleimkopf

Cortinarius (Phlegmacium) multiformis var. *coniferarum*

Hut: 4–10 cm, orangebraun, löwengelbbraun, gegen die Mitte reichlich mit oft fetzigen, weißen Velumresten bereift, erst halbkugelig, dann gewölbt bis ausgebreitet, Oberfläche feucht klebrig, trocken glänzend, glatt, Rand ebenfalls mit weißlichen Velumresten behangen.

Lamellen: Erst grauweißlich, dann rostbraun, mäßig gedrängt stehend, ausgebuchtet angewachsen und mit Zahn herablaufend, Schneiden gekerbt bis gesägt.

Stiel: Weißlich, dann hell ockerbräunlich, zylindrisch, kurz, seidig, feinfaserig, Basis verdickt, bisweilen mit abgesetzter Knolle.

Fleisch: Schmutzigweißlich, Geruch süßlich honigartig, Geschmack mild.

Sporen: 10–12/5–6 µm, feinwarzig, Sporenpulver rostbraun.

Wert: Kein Speisepilz.

Vorkommen: Im Nadelwald, auf tonigen Böden, erscheint von August bis Oktober.

Bemerkungen: Durch seine stark bereifte Hutoberfläche ähnelt dieser schöne Schleierling (*Cortinarius*) dem eßbaren Reifpilz (*Rozites caperata*), s. S. 310, der sich aber deutlich durch einen Stielring und die gelblicheren Farbtöne auf dem Hut unterscheidet.

Blauer Klumpfuß

Cortinarius (Phlegmacium) coerulescens

Hut: 5–8 cm, dunkelblau, blauviolett, im Alter besonders am Scheitel ocker oder hellbräunlich ausblassend, erst kugelig, dann gewölbt und schließlich abgeflacht, feucht schleimig, von Velumresten weißlich seidig bis feinfaserig überzogen, Rand lange eingerollt.

Lamellen: Erst blauviolett, dann rostbraun, eher entfernt stehend, gerade angewachsen.

Stiel: Etwas heller als der Hut, alt mit ockerlichen Stellen, jung bauchig und mit der weißbläulichen Cortina überzogen, dann gestreckt, dick, kräftig, mit dicker, gerandeter Knolle.

Fleisch: Blauviolett, ausblassend, im Stiel ockerlich, mit schimmelartigem, muffigem Geruch, eher geschmacklos.

Sporen: 8–11/5–6 µm, feinwarzig, Sporenpulver rostbraun.

Wert: Kein Speisepilz.

Vorkommen: Im Laubwald bei Buchen, auf lehmigen, kalkhaltigen Böden, eher selten, erscheint von September bis November.

Bemerkungen: Durch die blaue Färbung ist er ein auffälliger Pilz. Ähnlich ist der Violette Schleierling (*C. (Cortinarius) violaceus*), der aber durchgehend dunkelviolett ist und einen feinschuppigen Hut hat.

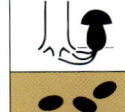

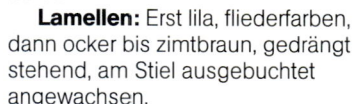

Ziegelgelber Schleimkopf

Cortinarius (Phlegmacium) varius

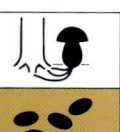

Hut: 3–10 cm, fuchsig, braun-gelb, mit hellerem Rand, jung halb-kugelig, dann abgeflacht ausgebrei-tet, schmierig, glatt, Rand scharf, dünn.

Lamellen: Erst lila, fliederfarben, dann ocker bis zimtbraun, gedrängt stehend, am Stiel ausgebuchtet angewachsen.

Stiel: Weißlich, Spitze blaßlila, mit ringartiger, weißer Cortina, die sich durch die reifen Sporen braun verfärbt; keulig, relativ kurz, kräftig, Basis knollig und ungerandet.

Fleisch: Weiß, im Stiel gelblich, ohne besonderen Geruch, Geschmack mild.

Sporen: 10–12/5,5–6 µm, war-zig, Sporenpulver rostbraun.

Wert: Eßbar.

Vorkommen: Im Nadelwald, hauptsächlich bei Fichten, auf kalk-reichen Böden, erscheint von Juli bis Oktober.

Bemerkungen: Dieser Schleier-ling *(Cortinarius)* ist durch den fuch-sigen Hut, die lilafarbenen Lamellen und das weißliche Fleisch erkenn-bar. Er ist nur von Kennern zu sam-meln, da er mit ähnlichen Schleier-lingen verwechselt werden könnte. Von vielen Schleierlingen weiß man bis heute noch nicht, ob sie giftig oder ungiftig sind.

Anisklumpfuß

Cortinarius (Phlegmacium) odorifer

Hut: 4–10 cm, kupferrot, rotbraun, auch mit gelben, violetten und grünen Farbtönen, jung kugelig, dann gewölbt bis ausgebreitet, alt leicht niedergedrückt, dickfleischig, feucht schleimig, trocken glänzend.

Lamellen: Erst grüngelb, dann oliv- bis rostbraun, gedrängt stehend, am Stiel ausgebuchtet angewachsen, Schneiden gekerbt.

Stiel: Gelbgrün, von der Stielmitte bis zum Hutrand spannen sich jung blasse Fäden des Schleiers, sie reißen und sich durch die reifen Sporen rostbraun färben; kräftig, kurz, Basis mit deutlich gerandeter, dicker Knolle.

Fleisch: Gelbgrün, kompakt, starker Anisgeruch, Geschmack mild.

Sporen: 9–13/5–7 µm, warzig, Sporenpulver rostbraun.

Wert: Eßbar.

Vorkommen: Im Nadelwald, bei Tannen und Fichten, auf kalkreichen Böden, erscheint von September bis Oktober.

Bemerkungen: Sein aufdringlicher Anisgeruch trifft nicht jedermanns Geschmack. Vorsicht vor Verwechslungen mit dem tödlich giftigen Schöngelben Klumpfuß *(C. (Phlegmacium) splendens)*, s. S. 342.

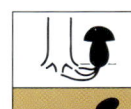

Schöngelber Klumpfuß

Cortinarius (Phlegmacium) splendens

Hut: 4–9 cm, leuchtend schwefelgelb, zitronengelb, erst gewölbt, später flach ausgebreitet, oft unregelmäßig gewellt, Oberfläche glatt, feucht schleimig, besonders in der Mitte dunkelbraun getropft oder fleckig, Rand jung eingerollt, dann scharf.

Lamellen: Leuchtend schwefelgelb, später rostbraun, fast gedrängt stehend, gerade bis ausgebuchtet angewachsen, Schneiden leicht gesägt.

Stiel: Schwefelgelb, goldgelb, mit orangefarbenen Resten der Cortina teilweise faserig überzogen, zylindrisch, voll, Basis mit gerandeter Knolle, Mycelreste an der Basis deutlich schwefelgelb.

Fleisch: Schwefelgelb, fest, mit unbedeutendem Geruch und mildem Geschmack (auf keinen Fall Geschmacksprobe machen!).

Sporen: 9–12/5,5–7 μm, deutlich warzig, Sporenpulver rostbraun.

Wert: Tödlich giftig.

Vorkommen: Nur bei Buchen, auf kalkhaltigen Böden, erscheint von September bis November.

Bemerkungen: Die dunkelbraun getropfte Hutmitte, das schwefelgelbe Fleisch und der Standort sind wichtige Merkmale dieses äußerst giftigen Pilzes.

Strohgelber Klumpfuß
Cortinarius (Phlegmacium) elegantior

Hut: 4–12 cm, olivgelb, fuchsig, ocker, olivbraun, mit dunklerer Mitte, jung halbkugelig, dann gewölbt und abgeflacht bis niedergedrückt, oft faserig eingewachsen, Rand eingebogen, bisweilen rissig.

Lamellen: Erst goldgelb, dann zimtfarben, gedrängt stehend, tief ausgebuchtet angewachsen, Schneiden gekerbt.

Stiel: Gelblich, mit blassen, ringartig angeordneten Schleierresten, die sich durch die reifen Sporen rostbraun färben; zylindrisch, kräftig, fest, voll, Basis mit gerandeter Knolle, die unterseits weißlich gefärbt ist.

Fleisch: Im Stiel gelblich, in der Knolle fuchsig bis ziegelrot, fest, geruchlos, Geschmack mild.

Sporen: 12–16/6–9 µm, warzig, Sporenpulver rostbraun.

Wert: Eßbar.

Vorkommen: Im Nadelwald, bei Fichten, auf kalkreichen Böden, in höheren Lagen, erscheint von August bis Oktober.

Bemerkungen: Im Laubwald findet man sehr ähnliche Arten, die alle nicht eßbar sind. Achtung, auch Verwechslungen mit dem tödlich giftigen Schöngelben Klumpfuß *(C. (Phlegmacium) splendens)*, s. S. 342, sind möglich!

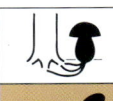

Natternstieliger Schleimfuß

Cortinarius (Myxacium) trivialis

Hut: 4–9 cm, ockergelb bis gelb, auch dunkelbraun, gegen den Scheitel dunkler, dunkelbraun, erst halbkugelig, dann gewölbt bis ausgebreitet, in der Mitte oft gebuckelt, Oberfläche gegen den Scheitel dunkler, stark schleimig, glänzend.

Lamellen: Blaß, meist mit blassen, rotvioletten Tönen, später zimt- bis rostbraun, ungleich lang, am Stiel ausgebuchtet angewachsen, Schneiden schwach gesägt.

Stiel: An der Spitze weißlich längsstreifig, darunter sehr schleimig, braunocker bis gelboliv, mit vielen unregelmäßigen Ringzonen geziert, gegen die Basis verjüngt.

Fleisch: Blaßgelb, im Stiel bräunlich, ohne besonderen Geruch, Geschmack mild.

Sporen: 10–15/7–8 μm, stark warzig, Sporenpulver rostbraun.

Wert: Kein Speisepilz.

Vorkommen: Unter Laubbäumen, besonders Espen und Weiden, auf lehmigen Böden, erscheint von August bis Oktober.

Bemerkungen: Dieser Pilz gehört zu den Schleimfüßen, die sich durch schleimige Hüte und Stiele auszeichnen. Er ist häufig und wächst oft in größeren Gruppen. Charakteristisch sind seine unregelmäßigen Ringzonen am Stiel.

Falscher Pfifferling

Falscher Eierschwamm, *Hygrophoropsis aurantiaca*

Hut: 2–7 cm, jung und feucht leuchtendorange, sonst gelb, ausblassend, flach bis trichterig, jung besonders samtig, später verkahlend, Rand stark eingerollt.

Lamellen: Lebhaft orange, gegen den Hutrand gegabelt, weit herablaufend.

Stiel: Orangegelb, bisweilen ausblassend, zylindrisch, meist etwas verbogen, zentral oder exzentrisch, Basis zugespitzt.

Fleisch: Gelblich bis orangegelb, zäh, Geruch und Geschmack unauffällig.

Sporen: 4,5–8/2,5–5 μm, glatt, Sporenpulver blaßgelblich.

Wert: Kein Speisepilz.

Vorkommen: Auf dem Boden oder auf sehr morschem Nadelholz, erscheint von September bis Oktober.

Bemerkungen: Durch seine auf den ersten Blick täuschende Ähnlichkeit wird der Falsche Pfifferling immer wieder mit dem eßbaren Pfifferling *(Cantharellus cibarius)*, s. S. 354, verwechselt. Dieser aber hat Leisten, keine Lamellen und ein brüchiges, nicht biegsames Fleisch. Verwechslungen führen bei anfälligen Personen zu Brechdurchfällen. Der Falsche Pfifferling sollte deswegen nicht gesammelt werden.

Kahler Krempling

Paxillus involutus

Hut: 5–15 cm, blaß ockerbraun, gelbrötlich, jung schon flach mit stark eingerolltem Rand, dann niedergedrückt bis trichterig, Oberfläche feinfilzig, feucht schmierig, trocken seidig, Rand deutlich gerippt.

Lamellen: Cremefarben, blaßgelblich, dann rostbraun, bei Berührung rostbraun fleckend, oft gegabelt, weit herablaufend.

Stiel: Schmutziggelb, braunrötlich, zylindrisch, kurz, voll, kräftig, bisweilen mit verjüngter Basis.

Fleisch: Im Schnitt gelb, dann braun, weich, Geruch und Geschmack säuerlich.

Sporen: 8–10/4,5–6 µm, glatt, Sporenpulver rostbraun.

Wert: Giftig.

Vorkommen: Im Nadel- und Laubwald, auf sauren Böden, häufig, erscheint von Juli bis November.

Bemerkungen: Sehr ähnlich ist der Erlenkrempling *(P. rubicundulus)*, der nur bei Erlen fruchtet und ebenfalls als giftig gilt. Der Kahle Krempling galt lange Zeit als eßbar und guter Speisepilz. Neuere Erfahrungen haben gezeigt, daß er jedoch nach wiederholtem Genuß, meist erst nach Jahren, schwere Vergiftungen hervorruft, die auch tödlich enden können.

Samtfußkrempling

Paxillus atrotomentosus

Hut: 5–15 cm, hell bis dunkelbraun, jung gewölbt, bald aber trichterig, muschelförmig, Oberfläche dunkelbraun filzig, im Alter fein aufgerissen und in kleine Schuppen zerfallend, mit welligem eingerolltem Rand.

Lamellen: Ockergelb, auf Druck braunfleckend, gedrängt stehend, queraderig miteinander verbunden, weit herablaufend.

Stiel: Schwarzbraun, kurz und kräftig, bisweilen wurzelnd, exzentrisch, charakteristisch samtig bis filzig.

Fleisch: Blaßgelb, weich, bei feuchter Witterung sehr wasserhaltig, Geruch säuerlich, Geschmack bitter.

Sporen: 5–6/4 µm, glatt, Sporenpulver braun.

Wert: Kein Speisepilz.

Vorkommen: Im Nadelwald, auf morschen Strünken von Nadelbäumen, häufig, erscheint von Juli bis November.

Bemerkungen: An den großen Fruchtkörpern und dem samtigen Stiel ist dieser stattliche, saprophytisch lebende Pilz gut zu erkennen. Früher wurde er gegessen. Oft ist er aber bitter und nicht wohlschmeckend, von einem Verzehr ist abzuraten.

Rosa Schmierling

Gomphidius roseus

Hut: 3–5 cm, rosa, karminrot, alt schmutzig, jung halbkugelig, dann flach, schließlich schwach trichterig, Oberfläche schmierig, Rand lange eingerollt.

Lamellen: Weißlich, dann aschgrau, entfernt stehend, gegabelt, dick, oft verbogen, herablaufend.

Stiel: Weiß, mit einem Hauch Rosa, kurz, oft verbogen, Basis verjüngt und blaßrot bis gelblich.

Fleisch: Weißlich, unter der Huthaut rötlich, zart, saftig, Geruch unbedeutend, Geschmack mild.

Sporen: 17–21/5–5,5 µm, glatt, Sporenpulver dunkelbraun.

Wert: Eßbar, aber schonenswert.

Vorkommen: Nur bei Kiefern, nicht häufig, erscheint von Juli bis Oktober.

Bemerkungen: Durch seinen rosa gefärbten Hut und seine weißlichen, herablaufenden Lamellen ist dieser Pilz leicht von anderen Arten zu unterscheiden. Er ist sehr eng mit dem Kuhröhrling *(Suillus bovinus)*, s. S. 129, vergesellschaftet, und oft wachsen beide Arten zur selben Zeit dicht nebeneinander. Die Familie der Gelbfüße *(Gomphidiaceae)* zeichnet sich durch Pilze mit gelben bis orangefarbenen Stielbasen aus. Es sind ausschließlich Mykorrhizapilze, die mit Nadelbäumen leben.

Fleckender Schmierling

Gomphidius maculatus

Hut: 5–12 cm, gräulich oder bräunlich, oft blaß, bisweilen schwarzfleckig, jung gewölbt, dann flach, schließlich trichterig, schmierig, Rand lange eingerollt.

Lamellen: Weißlich, dann grau, im Alter schwärzlich, verletzt rostrot fleckend, dann schwärzend, entfernt stehend, gegabelt, dick, am Stiel herablaufend.

Stiel: Weißlicher Grund, braunrot bis schwärzlich punktiert, zylindrisch, gegen die Basis verjüngt und schwarzfleckig, Basis lebhaft gelb gefärbt.

Fleisch: Weißlich, verfärbt sich an der Luft weinrötlich, in der Stiel-basis zitronengelb, weich, Geruch unbedeutend, Geschmack mild.

Sporen: 18–23/6–9 µm, glatt, Sporenpulver schwarz.

Wert: Eßbar.

Vorkommen: Nur bei Lärchen, erscheint von August bis Oktober.

Bemerkungen: Der Fleckende Schmierling ist der kleinste Pilz der Gattung *Gomphidius* und wird wohl wegen seines unappetitlichen Aussehens oft nicht beachtet. Als Mykorrhiza-Partner ist er sehr eng an die Lärche gebunden und kommt deshalb entsprechend ihres Verbreitungsgebietes im Gebirge häufiger vor als in tieferen Lagen.

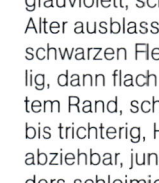

Kuhmaul

Großer Gelbfuß, *Gomphidius glutinosus*

Hut: 5–12 cm, jung graubraun, grauviolett, schokoladenbraun, im Alter ausblassend und oft mit schwarzen Flecken, jung halbkugelig, dann flach gewölbt mit eingerolltem Rand, schließlich ausgebreitet bis trichterig, Haut schmierig, klebrig, abziehbar, jung von einem besonders schleimigen, glasigen Schleier überzogen.

Lamellen: Jung weißlich, durch die reifenden Sporen rußiggrau mit lila Ton, entfernt stehend, gegabelt, am Stiel herablaufend.

Stiel: Weißlich, dann schmutzigbräunlich, nur die Spitze bleibt weiß, von dicker Schleimschicht überzogen, Basis lebhaft gelb gefärbt.

Fleisch: Weiß, grauend, in der Stielbasis gelb und holzig, sonst zart, Geruch unbedeutend, Geschmack mild.

Sporen: 17–23/7–8 μm, glatt, Sporenpulver schwarz.

Wert: Eßbar, guter Speisepilz.

Vorkommen: Im Nadelwald, hauptsächlich unter Fichten, gesellig, häufig, erscheint von Juli bis Oktober.

Bemerkungen: Entfernt man seine unappetitliche Huthaut, ist er ein wohlschmeckender Speisepilz. Beim Kochen wird das Fleisch schwärzlich.

Filziger Gelbfuß

Gomphidius helveticus (Chroogomphus helveticus)

Hut: 3–8 cm, bräunlich-orange-farbener Grund, von einem feinen, rötlichen Faserfilz überzogen, jung halbkugelig, dann gewölbt, schließlich abgeflacht, in der Hutmitte dickfleischig, Oberfläche matt, nur bei feuchter Witterung schmierig, Rand lange eingebogen.

Lamellen: Orangeocker, dann durch die reifen Sporen schwärzlich, gegabelt, herablaufend.

Stiel: Hutfarben, bisweilen mit mehr orangefarbenen Tönen, fein rötlich faserfilzig, kräftig, voll, Basis verjüngt.

Fleisch: Gelborange, fest, Geruch fruchtartig, Geschmack mild.

Sporen: 17–23/6–8,5 μm, glatt, Sporenpulver olivbraun.

Wert: Eßbar, guter Speisepilz.

Vorkommen: Im alpinen Nadelwald, bei Fichten und bei zwei- oder fünfnadligen Kiefernarten, einzeln, selten in kleinen Gruppen, erscheint von Juli bis Oktober.

Bemerkungen: Vielfach werden von diesem Pilz zwei Unterarten unterschieden, die sich durch die Größe der Sporen und durch verschiedene Standorte voneinander abgrenzen. Die ssp. *tatrensis* wächst bei Fichten und Kiefern, während die ssp *helveticus* nur bei Arven vorkommt.

Kupferroter Gelbfuß

Gomphidius rutilus (Chroogomphus rutilus)

Hut: 3–8 cm, braun, ockerbraun, mit kupferrotem Farbton, jung halbkugelig, dann kegelig gewölbt, schließlich abgeflacht, bisweilen gebuckelt, glatt, feucht schmierig, Rand jung mit dem Stiel durch ein faseriges Velum verbunden.

Lamellen: Graulila, später durch die reifen Sporen schwärzlich, entfernt stehend, gegabelt, am Stiel herablaufend.

Stiel: Orange, ockerlich, kupferrötlich faserig genattert, jung gegen die Spitze mit rosarötlichen, ringartigen Velumresten, zylindrisch, kräftige Exemplare bisweilen bauchig, voll, Basis verjüngt.

Fleisch: Blaßorange, lachsfarben, fest, Geruch unbedeutend, Geschmack mild, nußartig.

Sporen: 18–24/6–7 μm, glatt, Sporenpulver olivbraun.

Wert: Eßbar, guter Speisepilz.

Vorkommen: Bei zweinadligen Kiefernarten, erscheint von Juni bis Oktober.

Bemerkungen: Sehr ähnlich sieht ihm der Filzige Gelbfuß *(G. helveticus)*, s. S. 351, der aber keinen glatten, sondern einen filzigen Hut aufweist. Beim Kochen verfärbt sich der Kupferrote Gelbfuß zum Schrecken der Köche violett. Trotzdem gilt er als guter Speisepilz.

Samtiger Leistling

Cantharellus friesii

Hut: 1–4 cm, lebhaft orange, orangerötlich oder orangegelb, erst gewölbt, dann abgeflacht, schließlich trichterig, Oberfläche glatt bis feinsamtig, im Alter mit flatterigem, dünnfleischigem Rand.

Leisten: Lachsfarben, gelblich, im Alter blaß, unregelmäßig gabelig, queraderig verbunden (anastomosierend), breit, weit herablaufend.

Stiel: Hutfarben, kurz, fest, jung voll, dann hohl, mit glatter bis feinfilziger Oberfläche.

Fleisch: Weiß bis blaßgelb, zart, Geruch fruchtig, Geschmack schärflich.

Sporen: 8,5–10,5/4–5 μm, glatt, Sporenpulver weiß.

Wert: Eßbar, aber schonenswert.

Vorkommen: In Wäldern, oft bei Buchen, auf lehmigen bis sandigen Böden, erscheint von Juli bis Oktober.

Bemerkungen: Dieser Pilz ist im Gegensatz zum Pfifferling *(C. cibarius,* s. S. 354, auffallend kräftig orange gefärbt, hat viel kleinere Fruchtkörper und wächst nie massenweise, sondern einzeln oder wenige Exemplare zusammen. Er ist nicht häufig, in manchen Jahren sogar selten und sollte deswegen nicht gesammelt werden.

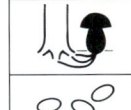

Pfifferling

Eierschwamm, *Cantharellus cibarius*

Hut: 2–10 cm, dottergelb, orangegelb, seltener weißlich (var. *amethysteus* violettfilzig, rechts unten), jung knopfförmig, dann gewölbt mit eingerolltem Rand, schließlich ausgebreitet, niedergedrückt, Rand oft noch eingebogen, wellig, glatt, matt.

Leisten: Hutfarben, gut ausgebildet, dicklich, gegabelt, weit herablaufend.

Stiel: Hutfarben, kurz, oft gebogen, voll, fest, gegen die Basis verjüngt.

Fleisch: Weiß bis blaßgelb, fest, im Stiel faserig, zäh, Geruch fruchtartig, Geschmack mild bis schärflich.

Sporen: 8–9/5–5,5 μm, glatt, Sporenpulver weiß.

Wert: Eßbar, vorzüglicher Speisepilz, in manchen Gegenden stark zurückgehend.

Vorkommen: Im Laub- (rechts oben) und Nadelwald (links oben), in moosigen Wäldern, gesellig, erscheint von Juni bis November.

Bemerkungen: Der nicht eßbare Falsche Pfifferling (*Hygrophoropsis aurantiaca*), s. S. 345, unterscheidet sich durch seine gut erkennbaren Lamellen. Südlich der Alpen ist Vorsicht geboten, da dort der ähnliche giftige Ölbaumtrichterling (*Omphalotus olearius*) vorkommt.

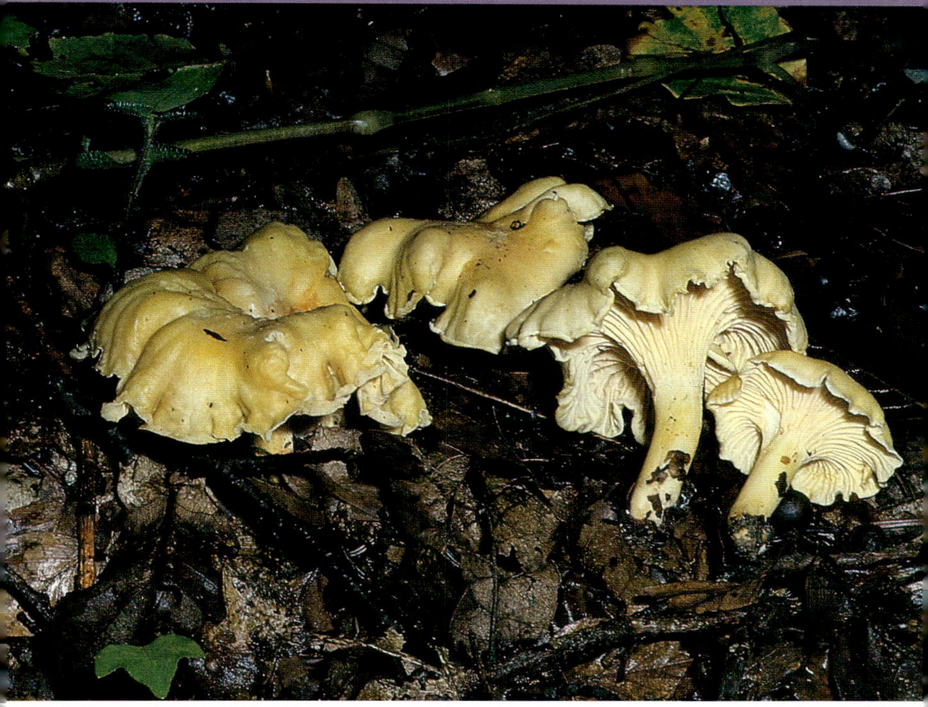

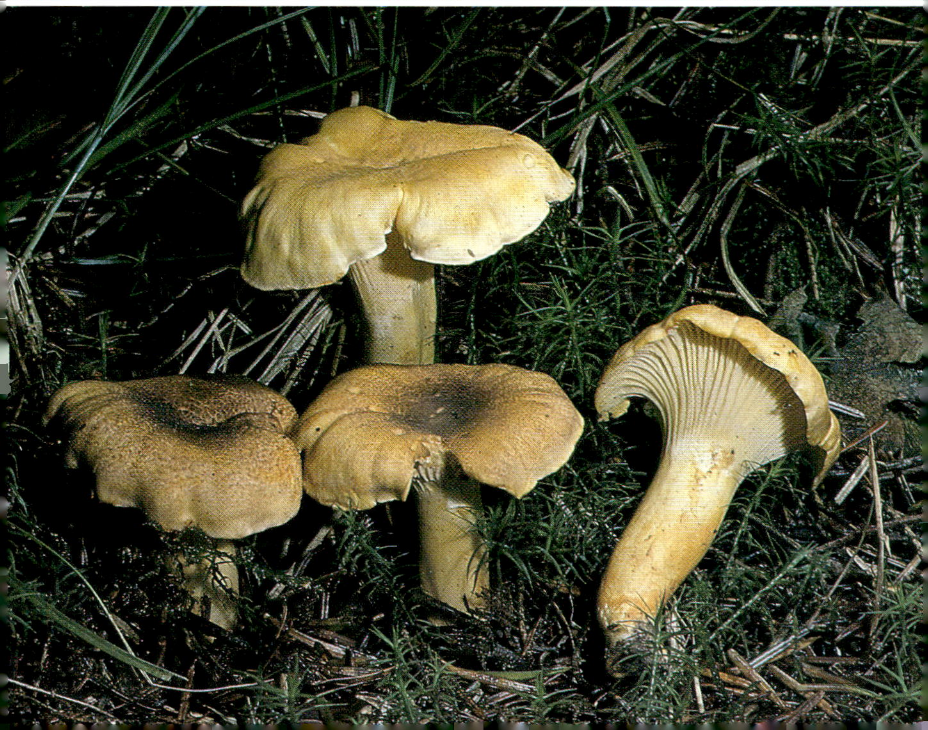

Gelbe Kraterelle

Cantharellus xanthopus (C. lutescens)

Hut: 2–8 cm, rauchbraun bis braunschwärzlich, gelblich durchscheinend, erst konvex bis flach, bald tief trichterförmig bis durchbohrt, dünnfleischig, Rand kraus und gelappt.

Fruchtschicht: Anfangs rosagelb, später blaß orangegelb, lange Zeit glatt, schließlich flach geadert, weit herablaufend.

Stiel: Lebhaft orangegelb, oben trichterförmig erweitert, oft breitgedrückt, bis zum Grunde hohl, durchbohrt, längskantig, furchig.

Fleisch: Weißlich, nach außen gelblich, Geruch angenehm nach Früchten, in größeren Mengen sehr

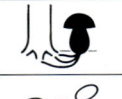

intensiv und eher etwas beißend, Geschmack mild.

Sporen: 10–12/7–8,5 µm, glatt, Sporenpulver weiß.

Wert: Eßbar, begehrter Speisepilz.

Vorkommen: Im Nadelwald, gerne bei Kiefern, kalkliebend, meist in großen Scharen, erscheint von Juli bis November

Bemerkungen: Der ebenfalls eßbare Trompetenpfifferling *(C. tubaeformis)*, s. S. 357, duftet nicht so intensiv, ist weniger orange, und die Fruchtschicht ist vom Stiel farblich scharf abgegrenzt. Beide Pilze eignen sich gut zum Dörren.

Trompetenpfifferling

Cantharellus tubaeformis

Hut: 2–6 cm, gelbbraun bis graubraun, gewölbt, erst genabelt, dann oft trichterförmig, schließlich durchbohrt, dünnfleischig, zartflockig bis glatt, Rand erst heruntergebogen, alt aufgebogen, kraus.

Leisten: Graubräunlich bis graugelb, deutlich und dick, entfernt stehend, queraderig verbunden, weit herablaufend und vom Stiel farblich scharf abgegrenzt.

Stiel: Graugelb, gegen die Basis gelblich, weniger lebhaft gefärbt als bei der Gelben Kraterelle (*C. xanthopus*), grubig bis breitgedrückt, oft verbogen, röhrig.

Fleisch: Gelblichweiß, faserig, häutig, mit schwachem Geruch und mildem Geschmack.

Sporen: 9–11/6–7,5 µm, glatt, Sporenpulver weiß.

Wert: Eßbar, begehrter Speisepilz.

Vorkommen: Im Nadelwald, meist bei Fichten, seltener bei Kiefern, gerne bei Strünken, oft in großen Scharen, erscheint von Juli bis November

Bemerkungen: Wie die Gelbe Kraterelle (*C. xanthopus*), s. S. 356, wenn auch etwas dezenter im Geschmack, ein vorzüglicher Speisepilz. Im Vergleich zur Kraterelle hat er gut ausgebildete Leisten.

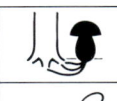

Schwärzender Pfifferling

Cantharellus melanoxeros

Hut: 2–7 cm, blaßgelb, später schmutziggelb mit schwärzlichen Tönen, unregelmäßig trichterförmig, Oberfläche flaumig, schwach behaart, radialfaserig, Rand jung stark eingebogen, im Alter scharf, flatterig und schwarz verfärbend.

Leisten: Weißlich, graugelblich, deutlich gegabelt, weit herablaufend.

Stiel: Blaß- bis dunkelgelb, matt, zylindrisch, kurz, voll, im Alter hohl, glatt, runzelig, oft büschelig verwachsen.

Fleisch: Blaßgelblich, brüchig, im Bruch oder beim Trocknen langsam, aber deutlich schwärzend, Geruch obstartig, Geschmack mild.

Sporen: 9–11/6–7,5 µm, glatt, Sporenpulver weiß.

Wert: Eßbar, ist aber unbedingt zu schonen.

Vorkommen: Im Laubwald, auch im Laubmischwald, auf lehmigen Böden, sehr selten, erscheint von Juli bis Oktober.

Bemerkungen: Dieser sehr seltene Pilz ist an seinem für Leistlinge außergewöhnlich schwärzenden Fleisch zu erkennen. Die abgebildeten Exemplare wuchsen nahe einer Birke in einem 20- bis 30jährigen Forst, der hauptsächlich aus Fichten, eingestreuten Kiefern und Lärchen besteht.

Grauer Leistling

Cantharellus cinereus

Hut: 2–4 cm, schwarz, graubraun ausblassend, erst gewölbt, bald aber genabelt bis trichterig, dünnfleischig, Oberfläche feinschuppig, faserig, Rand erst heruntergebogen, später aufgebogen, wellig und kraus.

Leisten: Grauweißlich, entfernt stehend, gegabelt, unregelmäßig angeordnet, weit herablaufend.

Stiel: Gräulich, zylindrisch, relativ kurz, hohl.

Fleisch: Weißlichgrau, elastisch, Geruch fruchtartig nach Pflaumen, Geschmack mild.

Sporen: 7,5–9,5/5–5,5 µm, glatt, Sporenpulver weiß.

Wert: Eßbar, aber schonenswert.

Vorkommen: Im Laubwald, meist bei Buchen, auf nährstoffreichen Böden, gerne in Gesellschaft der Herbsttrompete, büschelig, erscheint von August bis November.

Bemerkungen: Der Graue Leistling ist ein eher seltener Pilz. Seine dunklen Fruchtkörper werden gerne mit der Herbsttrompete *(Craterellus cornucopioides)*, s. S. 360, verwechselt. An ähnlichen Standorten trifft man auch auf die allerdings noch seltenere Krause Kraterelle *(Pseudocraterellus undulatus)*, s. S. 361, die aber vornehmlich braune Farbtöne aufweist.

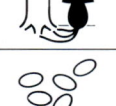

Herbsttrompete

Totentrompete, *Craterellus cornucopioides*

Fruchtkörper: 4–12 cm hoch, 2–5 cm im Durchmesser, Innenseite schwarz, oft schwarzbraun ausblassend, trichter- bis trompetenförmig, bis zur Stielbasis hohl, wellig, dünnfleischig, Oberfläche filzig bis schuppig, Rand nach unten gebogen, die Außenseite ist von der grauen bis blaugrauen glatten Fruchtschicht überzogen; wird später längsrunzelig; Stiel zugespitzt und hohl, zäh und runzelig.

Fleisch: Graubraun, schwärzlich, zäh, mit angenehm aromatischem Geruch und mildem Geschmack.

Sporen: 12–17/9–11 μm, glatt, Sporenpulver weiß.

Wert: Eßbar, begehrter Speisepilz.

Vorkommen: Im Laubwald, vor allem bei Buchen, seltener bei Edelkastanien, büschelig, erscheint von August bis November.

Bemerkungen: Die Herbsttrompete schmeckt etwas süßlich, ist aber wie alle Leistlinge ein vorzüglicher Speisepilz. Sie eignet sich besonders als Dörrpilz. Beim hastigen Sammeln kann sie mit dem ebenfalls eßbaren Grauen Leistling *(Cantharellus cinereus)*, s. S. 359, verwechselt werden, der oft in unmittelbarer Nähe vorkommt und mit ihr vergesellschaftet ist.

Krause Kraterelle

Pseudocraterellus undulatus (P. sinuosus)

Hut: 1—5 cm, rußiggrau, graubraun, trichterförmig, nicht durchbohrt, fast dickfleischig, unregelmäßig, wellig, matt, Rand wellig, äußerst kraus, dünn, oft eingerissen und gekerbt.

Fruchtschicht: Beige bis graubeige, aderig bis runzelig, mit Queradern, ohne deutliche Leisten, weit herablaufend.

Stiel: Blaßgrau mit cremefarbenen Tönen, oft breitgedrückt, verbogen, hohl, unregelmäßig gefurcht, faltig, glatt, gegen die Basis verjüngt.

Fleisch: Blaß braungrau, weich, zart, Geruch schwach, Geschmack mild.

Sporen: 9,5–12/7–8 µm, glatt, Sporenpulver weiß.

Wert: Eßbar, aber schonenswert.

Vorkommen: In Laubwäldern, Parks, hauptsächlich bei Buchen, auf Erde, selten, büschelig wachsend, erscheint von Juli bis Oktober.

Bemerkungen: Nicht bis in den Stiel durchbohrt, wie z. B. die Gelbe Kraterelle (*Cantharellus xanthopus*), s. S. 356, der Trompetenpfifferling (*Cantharellus tubaeformis*), s. S. 357, und die Herbsttrompete (*Craterellus cornucopioides*), s. S. 360. Der Graue Leistling (*Cantharellus cinereus*), s. S. 359, hat dunkler gefärbte Hüte und riecht nach Pflaumen.

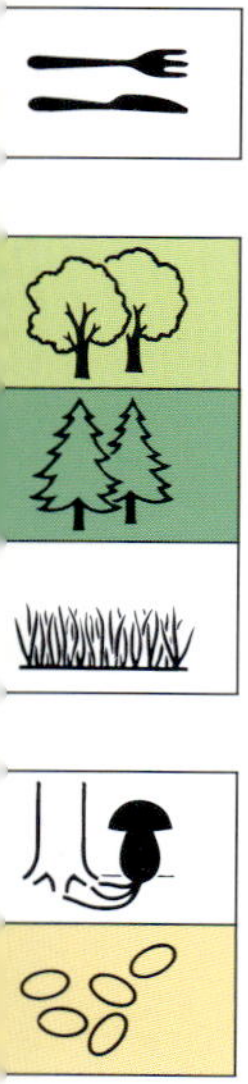

Schweinsohr

Gomphus clavatus

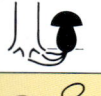

Fruchtkörper: 4—10 cm hoch, 2—6 cm im Durchmesser, lila bis violett, Oberseite erst im Alter schmutzig braungelb. jung keulenförmig mit abgestutzter Spitze, dann kreiselförmig und trichterig vertieft, mit glatter bis wellig runzeliger Oberfläche, Außenseite mit hauptsächlich längs-, aber auch queraderigen, violetten bis rosagelblichen, dicken Leisten überzogen, unten in einen kurzen Stiel übergehend.

Fleisch: Weiß, weich, voll, keine Hohlräume, wasserfleckig, Geruch unbedeutend, Geschmack mild.

Sporen: 10—14/4,5—5,5 µm, warzig, Sporenpulver gelblich.

Wert: Eßbar, aber schonenswert.

Vorkommen: Im Nadel- und Laubwald, oft in Hexenringen, aber nicht häufig, erscheint von August bis Oktober.

Bemerkungen: Das Schweinsohr gehört wohl zu den Pilzen mit den willkürlichsten Formen und Farben. Jung kann dieser Pilz mit der Abgestutzten Keule *(Clavariadelphus truncatus)*, s. S. 363, verwechselt werden. Das Schweinsohr ist der einzige Vertreter der Gattung *Gomphus*, der in Mitteleuropa vorkommt. Leider ist dieser Pilz in den letzten Jahren stark zurückgegangen und selten geworden.

Abgestutzte Keule

Clavariadelphus truncatus

Fruchtkörper: 5–10 cm hoch, 2–5 cm im Durchmesser, gelb bis orangegelb, keulenförmig, mit deutlich abgeflachter oder abgestutzter Spitze, Oberfläche aderig bis runzelig, im Alter mit unregelmäßig runzeligem Rand, Außenseite gegen die Basis mit ocker-orangefarbenen Tönen, Stielbasis weißlich.

Fleisch: Weiß, im Schnitt bald braunrot, weich, schwammig, kompakt, ohne auffallenden Geruch, Geschmack süßlich.

Sporen: 10–13/6–7,5 µm, glatt, Sporenpulver blaßgelb.

Wert: Kein Speisepilz.

Vorkommen: Im Nadelwald, oft bei Tannen, auf kalkhaltigen Böden, erscheint von August bis November.

Bemerkungen: Die in Nadelwäldern vorkommende Abgestutzte Keule ist seltener als die ebenfalls zu den Keulenpilzen (*Clavariadelphus*) gehörende Herkuleskeule (*C. pistillaris*), s. S. 364. Die beiden Arten kann man gut voneinander unterscheiden. Die Gattung der Keulenpilze umfaßt in Europa nur etwa fünf Arten. Mit Ausnahme des Scheitels und der Stielbasis ist die Außenseite der Fruchtkörper von der Fruchtschicht überzogen, unregelmäßig gerunzelt, glatt und ockerorange gefärbt.

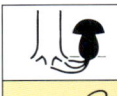

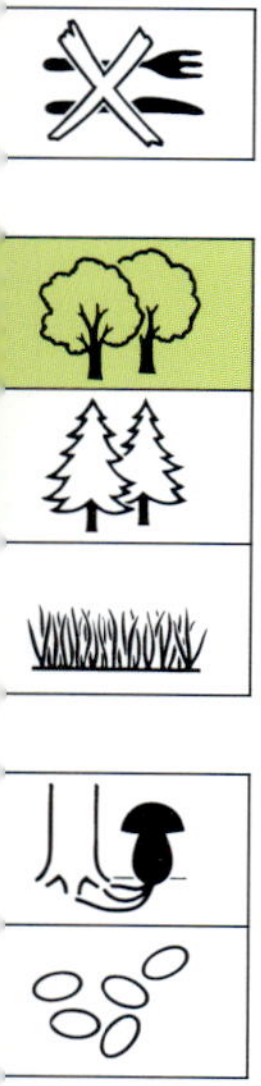

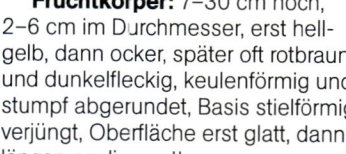

Herkuleskeule

Clavariadelphus pistillaris

Fruchtkörper: 7–30 cm hoch, 2–6 cm im Durchmesser, erst hellgelb, dann ocker, später oft rotbraun und dunkelfleckig, keulenförmig und stumpf abgerundet, Basis stielförmig verjüngt, Oberfläche erst glatt, dann längsrunzelig, matt.

Fleisch: Weiß, im Schnitt bräunend, zäh, kompakt, längsfaserig, ohne auffallenden Geruch, Geschmack leicht bitter.

Sporen: 11–12/6–7 μm, glatt, Sporenpulver weißlich.

Wert: Kein Speisepilz.

Vorkommen: Im Laubwald, vor allem bei Buchen, auf kalkhaltigen Böden, meist einzeln, erscheint von August bis November.

Bemerkungen: Ähnlich ist die Zungenkeule *(C. ligula)*. Diese fruchtet im Nadelwald und ist deutlich schmächtiger gebaut. Ebenfalls eine gewisse Ähnlichkeit weist die Abgestutzte Keule *(C. truncatus)*, s. S. 363, auf. Sie ist größer als die Zungen-, jedoch kleiner als die Herkuleskeule und fruchtet im Nadelwald oder im Nadel-Laubmischwald. Die Herkuleskeule und die Abgestutzte Keule haben beide zähes und würzig schmeckendes, oft leicht bitteres Fleisch. Sie sind höchstens als Pilzgewürz (gemahlen oder zermörsert) zum Verzehr geeignet.

Gelber Spateling

Spathularia flava (S. flavida)

Fruchtkörper: 2–5 cm hoch, gliedert sich in einen fächerartigen Kopfteil und einen deutlich abgesetzten Stielteil, Kopfteil flach zusammengedrückt, umschließt den oberen Teil des helleren Stiels, außen (Fruchtschicht) sattgelb bis gelbocker, im Alter blasser gefärbt, oft unregelmäßig wellig und verbogen, Stiel deutlich blasser gefärbt als der Kopfteil, mit glatter Oberfläche, zylindrisch, oft etwas flachgedrückt.

Fleisch: Weißlich, weich, Geruch angenehm, Geschmack mild.

Sporen: 38–48/2–2,5 µm, glatt, Sporenpulver weiß.

Wert: Kein Speisepilz.

Vorkommen: In Nadelwäldern, am Boden auf Nadelstreu, gesellig, selten, erscheint von August bis Oktober.

Bemerkungen: Nur durch sein geselliges Auftreten fällt dieses kleine eigenartige Pilzchen auf. Einzelne Exemplare würde man glattweg übersehen. Ähnlich ist der noch unauffälligere Ledergelbe Spateling *(S. neesii)* mit blaßbraunen Farbtönen. Beide kommen wegen ihrer Größe als Speisepilze nicht in Frage. Da beide Arten zudem selten sind, sollten sie auf jeden Fall geschont werden.

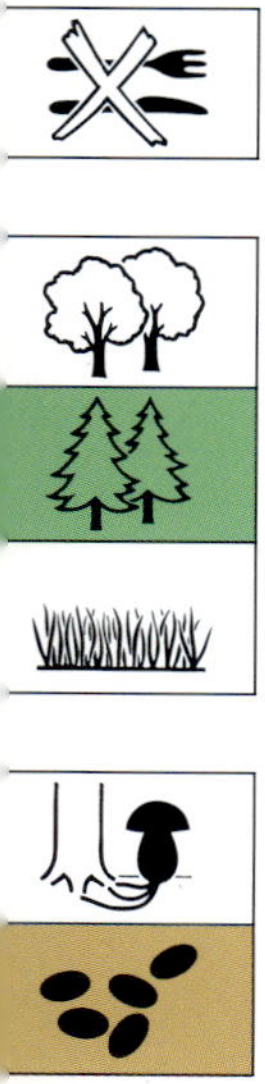

Rotbrauner Korkstacheling
Hydnellum ferrugineum

Hut: 3–10 cm breit, jung weiß, mit zahlreichen blutroten Tropfen besetzt, keulig oder kreiselförmig, gewölbt, später rotbraun bis purpurbraun, höckerig, rillig, abgeflacht bis trichterförmig, Oberfläche feinfilzig, mit weißlichem, welligem Rand.

Stacheln: Jung weiß, später rotbraun, bis 5 mm lang.

Stiel: Rotbraun, ziemlich dick, unregelmäßig geformt, angeschwollen, voll, sehr zäh.

Fleisch: Blaß rotbraun, jung schwammig weich, später korkig bis hart, Geruch schwach mehlartig, Geschmack mild.

Sporen: 5–6/3,5–5 µm, glatt, Sporenpulver braun.

Wert: Kein Speisepilz, schonenswert.

Vorkommen: In Berg-Nadelwäldern, bei Kiefern oder Fichten, einzeln oder gesellig, selten, erscheint von August bis Oktober.

Bemerkungen: Dieser Korkstacheling *(Hydnellum)* verblüfft uns jung mit seinen blutroten Tropfen auf weißem Grund. In diesem Stadium ist er ein außerordentlich schöner Pilz. Sehr ähnlich und jung ebenfalls mit dekorativen roten Tropfen besetzt ist der Scharfe Korkstacheling *(H. peckii).*

Habichtspilz

Rehpilz, *Sarcodon imbricatus*

Hut: 6–20 (30) cm, graubräunlicher, filziger Grund, mit dunklen, großen, aufstehenden Schuppen bedeckt, die konzentrisch angeordnet sind, gewölbt bis flach, oft genabelt, im Alter trichterig mit durchbohrtem Zentrum, dickfleischig, Rand heller bis weißlich, lange heruntergebogen, erst im Alter scharf und bisweilen aufgerichtet.

Stacheln: Erst kurz und weißlich, dann aschgrau, schließlich braun und oft bis über 1 cm lang, am Stiel herablaufend.

Stiel: Weißgrau, bräunlich, matt, zylindrisch bis keulig, kurz und kräftig, voll, im Alter röhrig, samtig.

Fleisch: Erst weiß, später blaß graubraun, fest, Stielbasis holzig, Geruch würzig, Geschmack mild bis bitterlich.

Sporen: 6,5–8/5–6 μm, grobkantig, höckerig, Sporenpulver braun.

Wert: Jung eßbar, Gewürzpilz.

Vorkommen: In Berg-Nadelwäldern, bei Fichten, oft in Reihen oder Hexenringen, erscheint von August bis November.

Bemerkungen: Sehr ähnlich ist der seltene, bittere Gallenstacheling (*S. scabrosus*), der jedoch hauptsächlich in Laubwäldern unter Buchen vorkommt.

STACHELINGE   **367**

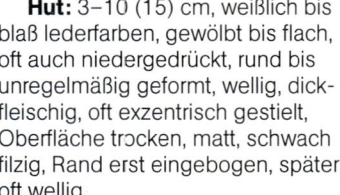

Semmelstoppelpilz

Hydnum repandum

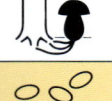

Hut: 3–10 (15) cm, weißlich bis blaß lederfarben, gewölbt bis flach, oft auch niedergedrückt, rund bis unregelmäßig geformt, wellig, dickfleischig, oft exzentrisch gestielt, Oberfläche trocken, matt, schwach filzig, Rand erst eingebogen, später oft wellig.

Stacheln: Weißlich, cremefarben bis ockerrötlich, fein und dünn, bis 6 mm lang, brüchig, am Stiel oft etwas herablaufend.

Stiel: Weiß bis blaßgelb, heller als der Hut, kurz, kräftig, oft exzentrisch, voll.

Fleisch: Weiß, etwas brüchig, fest, geruchlos, Geschmack erst mild, dann schwach brennend, im Alter gelblich und bitter.

Sporen: 6–8/5–6,5 µm, glatt, Sporenpulver cremefarben.

Wert: Eßbar, guter Speisepilz.

Vorkommen: In Laub- und Nadelwäldern, gesellig, manchmal büschelig, oft in Ringen, häufig, erscheint von Juli bis November.

Bemerkungen: Die Abbildung oben rechts zeigt den Rotgelben Semmelstoppelpilz, eine Varietät (var. *rufescens*) des Semmelstoppelpilzes. Seine Fruchtkörper sind oft kleiner, haben einen rotgelb gefärbten Hut, und die Stacheln sind schon von Jugend an schwach

orangegelblich gefärbt. Oft sind seine Fruchtkörper auffallend brüchig. Sie sind meist zentrisch gestielt und wachsen im Gegensatz zur Hauptform kaum büschelig. Er wächst meist in reinen Nadelwäldern. Früher wurde der Rotgelbe Semmelstoppelpilz als eine eigene Art angesehen. Heute sieht man in ihm lediglich eine Varietät des Semmelstoppelpilzes. Varietät und Hauptform wachsen oft in großen Ringen. In Form und Farbe gleicht der Rotgelbe Semmelstoppelpilz dem Pfifferling *(Cantharellus cibarius)*, s. S. 354, der aber keine Stoppeln, sondern Leisten aufweist. Ähnlich gewachsene Fruchtkörper haben der Rötende Schafporling *(Scutiger subrubescens)*, s. S. 374,

der Gilbende Schafporling *(Scutiger ovinus)* und der Semmelporling *(Scutiger confluens)*. Ihre Hüte sind weißlich, cremefarben, blaßgelblich bis orangebraun. Man erkennt sie an ihrer porigen Fruchtschicht. Sie sind jung eßbar, im Alter schmecken sie bitter. Der Weiße Stoppelpilz *(H. albidum)* ist in allen Teilen weiß gefärbt und in Südeuropa beheimatet. Er unterscheidet sich durch kleinere Sporen. Die Gattung *Hydnum* besteht nur aus den beiden erwähnten, eßbaren Arten. Semmelstoppelpilze sind festfleischig und werden daher als Speisepilze sehr geschätzt. Alte Exemplare sind jedoch oft bitter. Sie eignen sich wegen ihres festen Fleisches nicht zum Dörren.

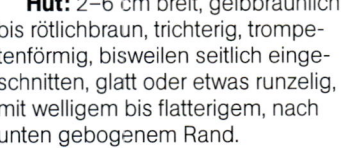

Aniszähling

Lentinellus cochleatus

Hut: 2–6 cm breit, gelbbräunlich bis rötlichbraun, trichterig, trompetenförmig, bisweilen seitlich eingeschnitten, glatt oder etwas runzelig, mit welligem bis flatterigem, nach unten gebogenem Rand.

Lamellen: Jung weiß, später blaß fleischfarben, untermischt, gedrängt stehend, weit herablaufend, mit stark gekerbten Schneiden.

Stiel: Hutfarben, deutlich dunkler als die Lamellen, gegen die Basis dunkelbraun mit rötlichen Farbtönen vermischt, exzentrisch oder zentral, voll und zäh, rippig, runzelig.

Fleisch: Weißlich bis grau, lederig, im Alter zäh, in der Stielbasis korkig, Geruch anisartig, Geschmack mild mit Aniskomponente.

Sporen: 4/5 µm, warzig, Sporenpulver weiß.

Wert: Jung als Gewürzpilz eßbar.

Vorkommen: Auf totem Laub-, seltener Nadelholz, auf moderigen Strünken und abgestorbenen Wurzeln, büschelig, häufig, erscheint von Juli bis Oktober.

Bemerkungen: Er ist bis auf die geruchsneutrale Varietät *L. cochleatus* var. *inolens* an seinem ausgeprägten Anisduft und immer an den gekerbten Lamellenschneiden leicht zu erkennen und somit kaum zu verwechseln.

Spaltblättling

Schizophyllum commune

Fruchtkörper: 1–3 cm breit, fast weiß, grauweißlich, oft mit rosa Tönen, muschel- bis fächerförmig, dünnfleischig, am Substrat schmal angewachsen, Oberfläche striegelig bis filzig, radial wellig bis schwach gefurcht, im Alter oft mit grünem Algenbewuchs, mit dünnem, jung heruntergebogenem, später welligem, borstigem Rand. „Lamellen" rosa bis fleischfarben, breit, von der Anwachsstelle radial gegen den Rand verlaufend, „Schneiden" trocken deutlich längsgespalten, feucht wieder geschlossen.

Fleisch: Ockerfarben, zäh, von elastischer Konsistenz, trocken hart

und brüchig, feucht aufquellend und wieder elastisch, Geruch und Geschmack säuerlich.

Sporen: 5,5–7/1,5–2,5 µm, glatt, Sporenpulver weiß.

Wert: Kein Speisepilz.

Vorkommen: An totem liegendem oder stehendem Holz von Laub-, seltener Nadelbäumen, gerne an lichten, sonnigen Stellen, häufig, erscheint ganzjährig.

Bemerkungen: Die gespaltenen, früher irrtümlich als Lamellen bezeichneten Teile sind nach neueren Erkenntnissen die Außenseiten von radial aneinandergereihten, länglichen Einzelfruchtkörpern.

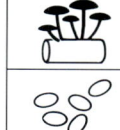

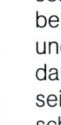

Austernseitling

Pleurotus ostreatus

Fruchtkörper: 5–15 cm breit, sehr variabel gefärbt: von cremefarben über graulila bis violettbraun und dunkler; jung zungenförmig, dann muschelförmig, dünnfleischig, seitlich gestielt, glatt und matt, mit scharfem, alt flatterigem Rand.

Lamellen: Orange bis rostgelb, breit, entfernt stehend, bis zum Stielansatz herablaufend.

Stiel: Weiß, selten bräunlich, meist kurz oder nur angedeutet, meist exzentrisch oder seitlich gestielt, Basis bisweilen striegelig, die Stiele sind oft an der Basis miteinander verwachsen.

Fleisch: Weiß, faserig, etwas zäh, im Stiel oft fast korkig, Geruch porlingsartig, Geschmack mild.

Sporen: 7,5–11/3–4 µm, glatt, Sporenpulver weiß.

Wert: Eßbar, guter Speisepilz.

Vorkommen: Im Laub- und Nadelwald, auf totem Laub-, seltener Nadelholz, erscheint von Dezember bis März.

Bemerkungen: Der Austernseitling wächst oft mit vielen Fruchtkörpern, ähnlich wie Austernbänke, muschelförmig übereinander. Er ist zu einem beliebten Kulturpilz geworden und wird im Handel meist unter dem leicht übertriebenen Namen „Kalbfleischpilz" angeboten.

Orangeseitling

Phyllotopsis nidulans

Fruchtkörper: 2–6 cm breit, zungen- bis muschelförmig, dünnfleischig, mit filziger bis samtiger Oberfläche und weißfilzigem Rand, der lange eingerollt ist; seitlich am Substrat angeheftet, oft stiellos, Anwachsstelle weiß, striegelig bis filzig.

Lamellen: Orange bis rostgelb, breit, entfernt stehend, bis zum Stielansatz herablaufend.

Fleisch: Blaßgelblich, zäh, Geruch intensiv und unangenehm, kohlartig, Geschmack mild.

Sporen: 5–6,5/2–3,5 μm, glatt, Sporenpulver rosa.

Wert: Kein Speisepilz.

Vorkommen: Auf totem Laub- und Nadelholz, auf Stümpfen, wächst dachziegelartig übereinander, selten, erscheint von August bis Dezember.

Bemerkungen: Der Orangeseitling fruchtet oft erst im späten Herbst. In Farbe und Form ist ihm der Muschelkrempling *(Paxillus panuoides)* sehr ähnlich. Dieser unterscheidet sich jedoch durch seine gegabelten Lamellen. Zudem riecht er angenehm, während der Orangeseitling einen unangenehmen Geruch aufweist. Der Orangeseitling ist die einzige Art der Gattung *Phyllotopsis*.

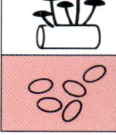

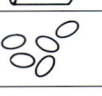

Rötender Schafporling

Scutiger subrubescens (Albatrellus subrubescens)

Hut: 3–12 cm breit, weißlich, schwefel- bis grüngelb, unregelmäßig rundlich, gewölbt, dann ausgebreitet, feinfilzig, trocken oft feldrig aufgerissen, Rand wellig und gefurcht.

Poren: Weißlich, auf Druck orangefarben, klein, rundlich bis eckig, am Stiel etwas herablaufend.

Stiel: Weißlich, gegen die Basis oft orangebraun gefleckt, meistens exzentrisch, voll, Oberfläche feinfilzig, Basis verjüngt, oft sind mehrere Stiele an der Basis miteinander verwachsen.

Fleisch: Jung weiß, alt bisweilen orange bis orangebraun gefleckt, fest, brüchig, Geruch leicht säuerlich, Geschmack mild, nußartig.

Sporen: 3,5–4,5/3–4 µm, glatt, Sporenpulver weiß.

Wert: Eßbar.

Vorkommen: In Nadel- und Mischwäldern, in bergigen Lagen bei Nadelbäumen, meist in großen Gruppen, nicht in Ringen, erscheint von Juli bis Oktober.

Bemerkungen: Im Unterschied zum sehr ähnlichen eßbaren Gilbenden Schafporling *(S. ovinus)* verfärben sich die Poren des Rötenden Schafporlings bei Verletzung und auf Druck orange, und das Fleisch ist alt orange gefleckt.

Maiporling

Polyporus ciliatus (P. lepideus)

Hut: 3–8 cm breit, graubraun, olivbraun, hellocker ausblassend, meist kreisrund, jung schwach gewölbt, dann abgeflacht, schließlich mit schwach niedergedrückter Mitte, Oberfläche feinfilzig bis netzig schuppig, mit lange eingerolltem Rand, später fransig, im Alter wellig und bisweilen aufgebogen.

Poren: Weiß, später cremefarben, sehr fein, fünf bis sechs Poren pro mm, am Stiel leicht herablaufend.

Stiel: Bräunlich genattert, matt, biegsam, zentral bis exzentrisch, voll, zäh, filzig, Basis heller und oft verdickt.

Fleisch: Weiß, lederig bis korkig, alt hart, Geruch angenehm, Geschmack mild bis säuerlich.

Sporen: 5–6/1,5–2 µm, glatt, Sporenpulver weiß.

Wert: Kein Speisepilz.

Vorkommen: An morschem, liegendem Laubholz, gerne auf Eschen, Linden und Birken, einjährig, erscheint von April bis Juni.

Bemerkungen: Der Winterporling *(P. brumalis)* unterscheidet sich durch die wesentlich größeren Poren, sein Erscheinen im Winter oder Vorfrühling und seinen nicht genatterten Stiel. Zentral gestielte Porlinge sehen von oben Blätterpilzen zum Verwechseln ähnlich.

Schuppiger Porling

Polyporus squamosus

Hut: Bis 50 cm breit, gelb bis ockergelb, mit hell- bis dunkelbraunen, flach anliegenden Schuppen, jung kreisrund mit zapfenförmigem Körper, dann fächerförmig ausgebreitet und exzentrisch gestielt.

Poren: Cremefarben bis blaßgelb, groß, unregelmäßig, oval bis eckig, Röhrenschicht nicht ablösbar, am Stiel herablaufend.

Stiel: Dunkelbraun bis schwarzfilzig, kurz, 1–6 cm dick, seitlich oder exzentrisch, voll, gegen die Basis verjüngt.

Fleisch: Weiß bis cremefarben, jung weichfleischig, dann lederig, zäh, Geschmack und Geruch mehlartig.

Sporen: 11–15,5/4,5–5,5 μm, glatt, Sporenpulver weiß.

Wert: Junge, noch weichfleischige Exemplare sind eßbar.

Vorkommen: An Laubhölzern, einzeln oder dachziegelartig übereinander wachsend, erscheint von Mai bis Oktober.

Bemerkungen: Im Frühling, zur Zeit der Morcheln, trifft man den Schuppigen Porling hie und da an. Mit seinen übergroßen Fruchtkörpern fällt er besonders auf. Er verursacht an den befallenen Bäumen als Schmarotzer eine starke Weißfäule und zählt daher zu den bedeutenden Schadpilzen.

Schwefelporling

Laetiporus sulphureus

Fruchtkörper: Oft sind mehrere fächerförmige Hüte übereinander angeordnet, bisweilen miteinander verwachsen; 10–30 cm breit und 2–5 cm dick, orangegelb mit schwefelgelbem, welligem Rand, oft flatterig verbogen, samtig, matt, ungestielt am Stamm aufsitzend, im Alter ganzer Fruchtkörper weißlich.

Poren: Lebhaft schwefelgelb, heben sich deutlich von der Oberseite ab, drei bis fünf Poren pro mm, rundlich bis länglich, Röhren nicht ablösbar.

Fleisch: Jung lebhaft gelb, weich und saftig, später zäh und korkig, im Alter trocken, spröde und kreidig,

Geruch aromatisch, Geschmack säuerlich, im Alter bitter.

Sporen: 5–6,5/3,5–4,5 µm, glatt, Sporenpulver weiß.

Wert: Jung eßbar, abbrühen (s. S. 92)!

Vorkommen: An lebenden Laubbäumen, seltener Nadelbäumen, häufig, erscheint von Mai bis Juli.

Bemerkungen: Verwechslungen sind kaum möglich. Die frühe Erscheinungszeit und die auffällige schwefelgelbe Färbung lassen ihn gut von anderen ähnlichen Arten unterscheiden. Er befällt gerne Obstbäume, die er nach mehreren Jahren zum Absterben bringt.

Riesenporling

Meripilus giganteus

Fruchtkörper: 30–80 cm breit, mit mehreren rosettig oder dachziegelartig angeordneten, fächer- oder halbkreisförmigen Einzelhüten, die mit kurzem Stiel aus einer gemeinsamen kräftigen Basis entspringen; jung gelbbraun, später rußigocker bis dunkel rotbraun, filzig, körnig, mit konzentrischen Zonen, Rand jung cremefarben und abgerundet, im Alter schwärzlich, wellig und eingedellt.

Poren: Cremefarben, blaßocker, bei Berührung schwärzend, relativ klein, rundlich.

Fleisch: Weiß, schwärzend, faserig, zäh, im Alter fast lederartig, Geruch stark aromatisch, Geschmack säuerlich.

Sporen: 5,5–6,5/4,5–5,5 µm, glatt, Sporenpulver weiß.

Wert: Kein Speisepilz.

Vorkommen: Oft als Saprophyt auf Strünken von Buchen und anderen Laubhölzern, seltener an Tannen, auch als Parasit am Grunde lebender Bäume auf dem Erdboden, erscheint von August bis Oktober.

Bemerkungen: Sehr ähnlich ist der schwärzende, scharf schmeckende Bergporling *(Bondarzewia mesenterica)*. Schmale, fächerförmige Hüte hat der Klapperschwamm *(Grifola frondosa)*.

Birkenporling

Piptoporus betulinus

Fruchtkörper: 5–20 cm breit, 2–5 cm dick, cremeweiß, später ockerbraun bis graubraun, gewölbt, jung rundlich, dann nierenförmig bis fächerförmig, oft stielartig verengt am Substrat angewachsen, Oberfläche glatt, im Alter rissig, Rand dick und wulstig abgerundet.

Poren: Weiß bis cremeweiß, rundlich bis etwas eckig, klein, Röhren weiß und leicht vom Hut (Hutfleisch) ablösbar.

Fleisch: Weiß, jung weich, elastisch und saftig, später zäh und korkig, im Alter brüchig und leicht, Geruch unangenehm stark, Geschmack säuerlich.

Sporen: 5–7/1,5–2 µm, glatt, Sporenpulver weiß.

Wert: Kein Speisepilz.

Vorkommen: Ausschließlich auf aufrecht stehenden oder auf dem Boden liegenden Birkenstämmen, oft hoch am Stamm sitzend, häufig, erscheint von Juni bis September.

Bemerkungen: Dieser Porling ist einfach zu bestimmen, da er ausschließlich auf Birkenholz vorkommt. Er wächst meist auf toten aufrecht stehenden oder auf dem Boden liegenden Stämmen als Saprophyt und verursacht dabei eine starke Braunfäule. Das befallene Holz zerfällt in große unregelmäßige Stücke.

Rotrandiger Baumschwamm

Fomitopsis pinicola

Fruchtkörper: 5–25 cm breit, 5–10 cm tief und 3–15 cm dick, Oberseite nur jung rötlich, sonst grau bis schwärzlich, mit einer rötlichen Randzone und einer weißen Zuwachszone, die den abgerundeten, gleichmäßigen bis welligen Rand bildet; buckelig, matt, harzig, alt mit einer schwärzlichen Kruste besetzt, Unterseite mit cremefarbenen, im Alter bräunlichen Poren, während des Wachstums mit Guttationstropfen auf Poren und Rand, junge Exemplare konsolen-, ältere eher hufförmig, am Substrat breit angewachsen, von harter, zäher Konsistenz, mit auffallendem säuerlichem Geruch und bitterem Geschmack.

Sporen: 6–8,5/3–4,5 μm, glatt, Sporenpulver weißlich.

Wert: Kein Speisepilz.

Vorkommen: Auf totem Nadel- und Laubholz, an stehenden oder liegenden Stämmen und an Strünken, häufig, erscheint ganzjährig, besonders im Winterhalbjahr.

Bemerkungen: Ältere Exemplare erkennt man gut an ihrem charakteristisch rötlichen Rand. Junge Fruchtkörper hingegen sind oft weiß gerandet, mit einer zweiten, weiter innen liegenden, rötlich gefärbten Zone.

Kiefernbraunporling

Phaeolus spadiceus (P. schweinitzii)

Fruchtkörper: 6–20 cm breit, rostbraun, nachdunkelnd, jung mit grüngelbem, später orangefarbenem Rand, der im Alter nachdunkelt; kreiselförmig und oft dachziegelig, Oberfläche feinfilzig, konzentrisch gefurcht, oft mit kräftigem, kurzem Stiel, bisweilen auch ungestielt, umwächst Pflanzen und Zweige.

Poren: Grüngelb, rostgelb, verfärben sich auf Druck braun, im Alter braun, rundlich bis etwas eckig, am Stiel herablaufend.

Fleisch: Braun, jung weich, saftig, elastisch und auffallend wässerig, nach wenigen Tagen trocknet es aus, wird hart und ausgesprochen leicht; Geschmack säuerlich.

Sporen: 5–7/3,5–4,5 µm, glatt, Sporenpulver weiß.

Wert: Kein Speisepilz.

Vorkommen: Oft als Saprophyt auf toten Strünken und Wurzeln, auch parasitisch am Fuße lebender Nadelbäume, hauptsächlich Kiefern und Lärchen, besonders in älteren Baumbeständen, erscheint von Juni bis November.

Bemerkungen: Der Kiefernbraunporling ist sehr variabel in Gestalt und Farbe. Trotzdem ist er relativ einfach zu bestimmen. Sein Fleisch ist jung oft stark wässerig. Er verursacht eine Braunfäule.

Blauer Saftporling

Spongiporus caesius (Postia caesia)

Fruchtkörper: 2–6 cm breit, jung weißlich, dann stellenweise – oft gegen den Rand hin – deutlich hellblau, graublau gefärbt, seltener neben den hellblauen Tönen ockerlich bis hellbräunlich, konsolen- bis fächerförmig, Oberfläche feinstriegelig bis haarig, bisweilen gezont, oft etwas wellig, Rand weiß gefärbt, scharf und schmal, ungestielt, mit dem Rücken am Substrat breit festsitzend.

Poren: Weißlich bis graubläulich, auf Druck bläulich verfärbend, klein, rundlich bis eckig.

Fleisch: Weiß, feucht weich und wässerig, trocken brüchig, Geruch unbedeutend, Geschmack mild.

Sporen: 4,5–5,5/1,5–1,7 µm, glatt, Sporenpulver hellblau.

Wert: Kein Speisepilz.

Vorkommen: An totem Nadelholz, meistens Fichten-, seltener Laubholz, verbreitet, relativ häufig, erscheint von Juli bis Oktober.

Bemerkungen: Dieser Pilz ist eher klein, wenn man ihn mit anderen dem Substrat stiellos aufsitzenden, porlingsartigen Pilzen vergleicht. Er verursacht eine Braunfäule. Seine charakteristische blaue Färbung teilt der Blaue Saftporling nur mit wenigen anderen Pilzen. Der Artname *caesius* bedeutet blaugrau.

Zinnoberrote Tramete

Pycnoporus cinnabarinus

Fruchtkörper: 2–10 cm breit, 1–2 cm dick, ganzer Fruchtkörper leuchtend zinnoberrot bis orangerot, im Alter oft nachdunkelnd, halbrund bis fächerförmig, Oberfläche höckerig, filzig bis glatt, nicht immer deutlich gezont, Rand scharf und schwach wellig, am Substrat breit angewachsen.

Poren: Kräftig zinnoberrot, orangerot, klein, eckig bis rundlich.

Fleisch: Rot, nur ganz jung weich und schwammig, bald aber korkig, zäh, faserig, ohne besonderen Geruch und Geschmack.

Sporen: 4–5,5/2–2,5 μm, glatt, Sporenpulver weiß.

Wert: Kein Speisepilz.

Vorkommen: An toten Ästen und Strünken von verschiedenen Laubhölzern, erscheint das ganze Jahr hindurch.

Bemerkungen: Durch die auffällige Färbung ist dieser Pilz unverwechselbar. Auch das Mycel, das das Holz durchwächst, ist rot gefärbt. Die rote Färbung wird durch den Farbstoff Cinnabarin verursacht. Die Zinnoberrote Tramete zieht sonnenexponierte Standorte vor, wo sie als Saprophyt auf verschiedenen toten Laubhölzern wächst und deren Abbau beschleunigt. Sie verursacht eine Weißfäule.

Schmetterlingstramete

Trametes versicolor

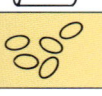

Fruchtkörper: Oft gesellig gedrängt, dicht über- und nebeneinander sitzend, Einzelhüte 2–7 cm im Durchmesser, mit schwarzen, bläulichen, rötlichen oder gelblichen exzentrischen Zonen, nieren- bis rosettenförmig, dünnfleischig, Oberfläche seidig glänzend, oft etwas schimmernd, Rand flatterig, wellig, scharf und papierdünn.

Poren: Erst weiß, später cremefarben bis hellbraun, klein, rundlich.

Fleisch: Weiß, lederig, zäh, ohne besonderen Geruch und Geschmack.

Sporen: 6–7/1,5–2 μm, glatt, Sporenpulver cremefarben.

Wert: Kein Speisepilz.

Vorkommen: An toten berindeten und unberindeten Ästen und Strünken von verschiedenen Laubhölzern, häufig, erscheint das ganze Jahr hindurch.

Bemerkungen: Wichtige Merkmale sind das dünne, pergamentartige Fleisch und die feinen, weißlichen Poren. Teile der Oberfläche sind manchmal durch Algen grünlich gefärbt. Die häufig vorkommende Schmetterlingstramete lebt als Saprophyt und ist eine wichtige holzabbauende Pilzart. Seltener kommt sie als Parasit an lebendem Holz vor.

Eichhase

Polyporus umbellatus (Dendropolyporus umbellatus)

Fruchtkörper: 10–30 cm breit, 10–15 cm hoch, halbkugelig, blumenkohlartig, mit zahlreichen kreisrunden, 1–4 cm breiten, oft genabelten, zentral gestielten Hütchen mit wellig gekerbtem Rand, Oberfläche radialfaserig, ocker bis graubraun, mit weißer bis cremefarbener Unterseite (Fruchtschicht), Röhrenschicht 1–2 mm dick und an den Stielen herablaufend, mit weißlichen, zentralen oder exzentrischen Stielen.

Fleisch: Weiß, in den Hüten weich, sonst etwas faserig, Geruch angenehm, Geschmack mild, im Alter bitter.

Sporen: 7,5–10/3–3,5 μm, glatt, Sporenpulver weiß.

Wert: Jung eßbar.

Vorkommen: Hauptsächlich als Saprophyt um Strünke, seltener parasitisch am Grunde von Eichen und Buchen, erscheint von Juli bis September.

Bemerkungen: Dem Eichhasen ähnlich ist der Klapperschwamm (*Grifola frondosa*), der ebenfalls auf Laubholz vorkommt. Auch er ist eßbar, aber weniger schmackhaft. Der Eichhase bildet 5–10 cm große, knollige Überdauerungsorgane (Sklerotien), die die feinen Saugwurzeln der Bäume umschließen.

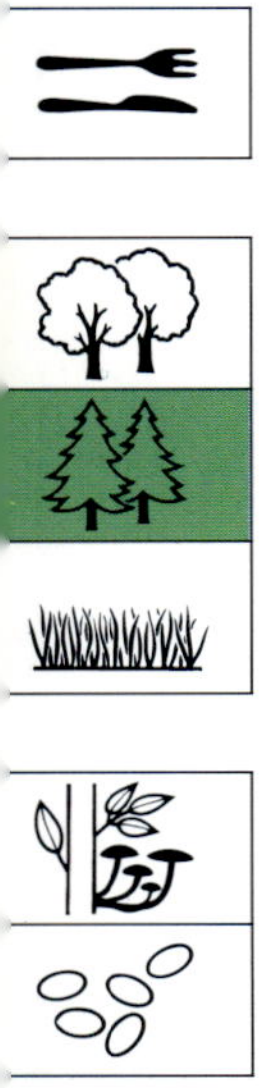

Krause Glucke

Sparassis crispa

Fruchtkörper: 10–25 (40) cm breit, 10–15 cm hoch, in Form eines Badeschwammes, blumenkohlartig, mit dicht gedrängten Ästen, die jung in runden, flachgedrückten Hüten enden; durch das Wachstum biegen sich die Hutränder nach oben, drängen sich dicht und werden deutlich gekräuselt; mit glatter Oberfläche, erst cremefarben, später ocker gefärbt, im Alter mit braunen Rändern, der Fruchtkörper entspringt einem fleischigen Strunk, der auf den Wurzeln der befallenen Bäume sitzt.

Fleisch: Weiß, wachsartig, Geruch angenehm, Geschmack mild, nußartig.

Sporen: 4,5–6/3,5–4,5 µm, glatt, Sporenpulver weiß.

Wert: Eßbar.

Vorkommen: Parasitisch am Grunde von Nadelbäumen, besonders von Kiefern, seltener Fichten, aber auch als Saprophyt auf und bei morschen Strünken derselben Holzarten, einzeln wachsend, erscheint von Juli bis Oktober.

Bemerkungen: Sie hat im Gegensatz zur Breitblättrigen Glucke (*S. brevipes*), s. S. 387, an den jungen Ästen runde, flachgedrückte Enden, die sich später nach oben biegen. Gluckenpilze umwachsen Grashalme, Nadeln und Sandkörner.

Breitblättrige Glucke

Sparassis brevipes (S. laminosa)

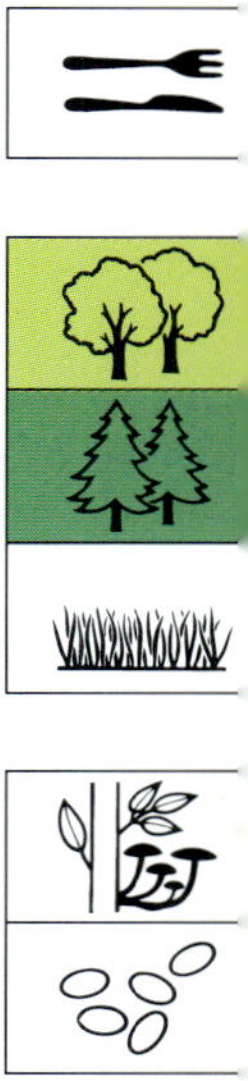

Fruchtkörper: 10–25 (40) cm breit, 10–15 cm hoch, in Form eines groben Badeschwammes, mit dicht gedrängten, welligen, blattartigen, breiten und aufrechtstehenden Ästen, die deutlich gezont und fast regelmäßig angeordnet sind; erst weißlich, dann cremefarben, im Alter blaßocker gefärbt, der Fruchtkörper entspringt einem fleischigen Strunk, der auf den Wurzeln der befallenen Bäume sitzt.

Fleisch: Weißlich, elastisch, zäh, oft mit eingewachsenen Ästchen, Nadeln, Sandkörnern und Gräsern, Geruch angenehm, etwas säuerlich, Geschmack mild.

Sporen: 4,5–6/3,5–4,5 µm, glatt, Sporenpulver weiß.

Wert: Eßbar.

Vorkommen: Parasitisch am Grunde von Laubbäumen, hauptsächlich von Eichen, Buchen, seltener von Tannen, auch als Saprophyt auf und bei morschen Strünken derselben Holzarten, einzeln, erscheint von Juli bis Oktober.

Bemerkungen: Seltener und weniger schmackhaft als die im Nadelwald vorkommende Krause Glucke *(S. crispa)*, s. S. 386. Sie unterscheidet sich zudem durch die breiteren, entfernter stehenden und nicht besonders krausen Äste.

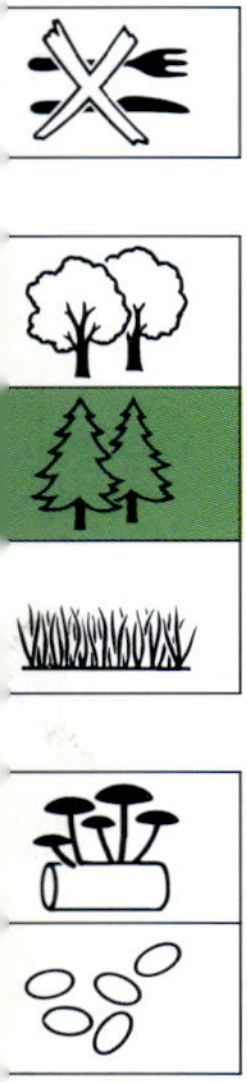

Tannenstachelbart

Hericium flagellum (H. alpestre)

Fruchtkörper: 5–30 cm breit, weiß, später fleisch-, im Alter ockerfarben, von einem Basisstrunk ausgehend, ähnlich einer Koralle zahlreich verästelt, Äste aufgerichtet und jeweils in mehrfache Zweige mit hängenden Stacheln auslaufend, die spitz und dicht angeordnet sind; die Äste haben im Alter einen fleischfarbenen Ton, während die Spitzen noch lange weiß bleiben.

Fleisch: Weiß, weich bis zäh, Geruch unangenehm, Geschmack mild und angenehm.

Sporen: 6–7/4,5–5,5 µm, glatt bis fein punktiert, Sporenpulver weiß.

Wert: Kein Speisepilz.

Vorkommen: An toten liegenden Stämmen von Tannen, oft stirnseitig hervorwachsend, selten, erscheint von August bis Oktober.

Bemerkungen: Dieser äußerst schöne Pilz wird bisweilen auch Bartkoralle genannt. Seine bis zu 30 cm großen und weiß gefärbten, einmalig geformten Fruchtkörper wachsen auf toten Stämmen von Tannen und bleiben wochenlang frisch. Er ist weit verbreitet, aber überall selten. Sehr ähnlich ist der Stachelbart *(H. coralloides)*. Dieser bevorzugt morsche, massige Laubholzstämme.

Gelbliche Koralle

Ramaria flavescens

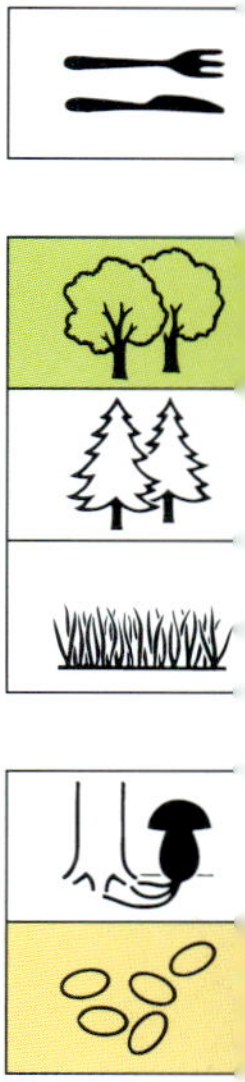

Fruchtkörper: 10–20 cm breit, 10–15 cm hoch, zahlreiche Äste entspringen einem kräftigen Strunk; Äste lachsfarben, mehrfach verzweigt, oft auch mit dornenartigen Auswüchsen, enden meist in zwei Spitzen; Spitzen jung dottergelb, schließlich aber den Ästen fast gleichfarbig, Strunk stielartig, Basis weiß, darüber cremefarben.

Fleisch: Weißlich, weich, frische Fruchtkörper sind im Stiel feucht und deutlich marmoriert, Geruch angenehm, Geschmack mild.

Sporen: 9–13/4–5,5 µm, warzig, Sporenpulver gelb.

Wert: Eßbar.

Vorkommen: Im Laubwald, seltener im Mischwald, hauptsächlich bei Buchen, erscheint von August bis Oktober.

Bemerkungen: Dieser Pilz ist einer der häufigsten gelblichen Korallenpilze in Europa. Da er von der weißen Basis über die lachsroten Äste bis hin zu den gelben Spitzen der giftigen Schönen Koralle *(R. formosa)* farblich sehr ähnelt, wird er oft mit ihr verwechselt. Die Schöne Koralle aber hat deutlich U-förmige Astgabelungen und eher etwas lebhaftere Farben. Sie wirkt abführend. Die Gelbliche Koralle ist nur von Kennern zu sammeln.

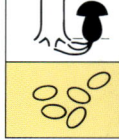

Abgestutzte Koralle

Ramaria obtusissima

Fruchtkörper: 10–12 cm breit und 10–15 cm hoch, mehrere Äste entspringen einem kräftigen Strunk, Äste blaß fleischfarben, dick, wiederum verzweigt, enden in mehreren stumpfen, kurzen Spitzen; Spitzen jung leuchtend hellgelb und dadurch deutlich auffallend, im Alter und auf Druck bisweilen weinbräunlich anlaufend, Strunkbasis weißlich.

Fleisch: Weiß, weich, Geruch unbedeutend, Geschmack bitterlich.

Sporen: 11–14/3,5–4 µm, glatt, Sporenpulver gelb.

Wert: Eßbar.

Vorkommen: Im Nadelwald, auf dem Erdboden, erscheint von August bis Oktober.

Bemerkungen: Die Abgestutzte Koralle kann nur anhand von mikroskopischen Merkmalen bestimmt werden. Ihre Sporen sind glatt und nicht rauh wie bei den meisten Korallenpilzen. Alle gelblich gefärbten Korallenpilze sind äußerst schwierig voneinander zu unterscheiden, eine Bestimmung ist oft ohne Herbeiziehen eines Mikroskopes nicht möglich. Um nicht böse Überraschungen mit giftigen, abführenden Korallenpilzen zu erleben, sollten sie besser nicht gesammelt werden.

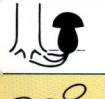

Bauchwehkoralle

Blasse Koralle, *Ramaria pallida*

Fruchtkörper: 4–15 cm breit, ebenso hoch, korallenförmig, zahlreiche Äste entspringen einem Strunk; Äste weißlich bis cremefarben, längsrunzelig, wiederum V-förmig verzweigt und sehr dicht stehend, Spitze mit stumpfen, kurzen Zähnchen, die blaß milchkaffeefarben und bisweilen lila getönt sind; Strunk weißlich bis graugelblich, im Alter stielartig ausgebildet, im Alter sind die Fruchtkörper dunkler und oft braunfleckig.

Fleisch: Weiß, weich, Geruch nach Maggiwürze, Geschmack mild bis bitterlich.

Sporen: 9–12/4,5–5,5 µm, fein-warzig, Sporenpulver blaßgelb.

Wert: Giftig.

Vorkommen: Im Laub- und Nadelwald, auf dem Erdboden, erscheint von August bis Oktober.

Bemerkungen: Die Bauchwehkoralle ist nicht so giftig wie die Dreifarbige Koralle *(R. formosa)*, verursacht dennoch heftige Magen-Darm-Beschwerden. Da sie blasse milchkaffeebraune Farbtöne aufweist, hebt sie sich deutlich von den anderen, meist gelblich gefärbten Korallenpilzen ab. Zur selben Gattung zählt auch der seltene Hahnenkamm *(R. botrytis)*, der an den roten Spitzen gut zu erkennen ist.

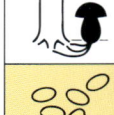

Kammförmige Koralle

Clavulina coralloides (C. cristata)

Fruchtkörper: 2–6 cm hoch, schneeweiß, besteht oft nur aus einzelnen, seltener aus büscheligen Ästen; Äste mehrfach verzweigt, Enden mit zahlreichen weißlichen bis gelblichweißen kleinen Spitzen oder Zähnchen besetzt.

Fleisch: Weißlich, weich, etwas brüchig, Geruch unbedeutend, Geschmack mild, oft mit bitterem Nachgeschmack.

Sporen: 7–9/6–7,5 µm, glatt, Sporenpulver weiß.

Wert: Kein Speisepilz.

Vorkommen: Im Laub- und Nadelwald, hauptsächlich in Fichtenwäldern, in Nadelstreu, einzeln, gesellig, manchmal rasig, erscheint von August bis Oktober.

Bemerkungen: Auffallend ist manchmal das rasige Erscheinen dieses Korallenpilzes im Nadelwald. In erster Linie in der Form, aber auch in der Farbe ist die Kammförmige Koralle sehr veränderlich. Deshalb werden von ihr verschiedene Formen und Varietäten beschrieben. Typisch für die Kammförmige Koralle sind die vielen Spitzen oder Zähne an den Enden der Äste. Sie wird manchmal als eßbar angegeben, vom Verzehr ist aber abzuraten. Das abgebildete Exemplar ist besonders groß und kräftig.

Stinkende Lederkoralle

Thelephora palmata

Fruchtkörper: 4–7 cm breit, ebenso hoch, zahlreiche flache, aufgerichtete Äste entspringen einem strunkartigen, fächerförmigen Stiel; die Enden sind dicht stehend und oft mehrfach gezähnelt oder gefranst; ganzer Fruchtkörper mehr oder weniger dunkel- bis purpurbraun, junge Exemplare an den Enden der Äste weißlich.

Fleisch: Braun, korkig, zäh, Geruch sehr unangenehm, aufdringlich, stark nach fauligem Kohl.

Sporen: 9–10/6–9 µm, stark stumpfstachelig, Sporenpulver braun.

Wert: Kein Speisepilz.

Vorkommen: In feuchten Nadelwäldern oder an Waldrändern, erscheint von Juli bis September.

Bemerkungen: Man erkennt diesen Pilz sofort an seinem widerlichen Geruch. Deshalb ist eine Verwechslung mit ähnlichen Arten kaum möglich. Auffallend sind auch die fächerförmigen, am Strunk zusammenwachsenden Ästchen. Der Artname *palmata* bedeutet handförmig. Obwohl die Stinkende Lederkoralle korallenähnlich geformt ist, gehört sie doch nicht zu den eigentlichen Korallenpilzen *(Ramariaceae)*. Ihr zähes, korkiges Fleisch grenzt sie deutlich von ihnen ab.

Klebriger Hörnling

Schönhorn, *Calocera viscosa*

Fruchtkörper: 1–8 cm hoch, kräftig goldgelb, orangegelb, in kleinen Büscheln und korallenartig verzweigt, mit gabeligen Ästen, die in zwei- oder dreifach verzweigten, leicht abgerundeten Spitzen auslaufen; Spitzen glatt und durch einen gallertartigen Überzug klebrig, Äste gegen die Basis zusammenlaufend und zu mehreren gebündelt, Basis wurzelartig verlängert.

Fleisch: Zäh, elastisch, biegsam, trocken hornartig, ohne Geruch und Geschmack.

Sporen: 8–10/3,5–4,5 μm, glatt, Sporenpulver ockergelb.

Wert: Kein Speisepilz.

Vorkommen: Auf morschem Nadelholz, häufig, erscheint von Juni bis November.

Bemerkungen: Obwohl der Klebrige Hörnling den Korallenpilzen (*Ramariaceae*) ähnelt, ist er nicht mit ihnen verwandt. Er hat im Gegensatz zu ihnen zähes, biegsames und elastisches Fleisch. Auch in der Größe unterscheidet er sich, da er schmächtiger als die eigentlichen Korallenpilze ist. Wenn man zudem beachtet, daß er als Saprophyt auf modrigem totem Nadelholz fruchtet, so sind Verwechslungen mit Korallenpilzen, die Symbionten von Bäumen sind, wohl ausgeschlossen.

Geweihförmige Holzkeule

Xylaria hypoxylon

Fruchtkörper: 3–5 cm hoch, Stiel oder Äste 0,2–0,6 cm breit, stiel- bis geweihförmig, unterer Teil stielartig, dünn, oft verbogen und bisweilen zusammengedrückt, schwarzfilzig, oberer Teil oft geweihförmig, selten ohne Gabelungen und von den Konidien, s. S. 77, deutlich grau bis weißlich bestäubt, Oberfläche der oberen Fruchtkörperhälfte etwas höckerig, Fleisch korkig und elastisch.

Sporen: 12–15/6 μm, glatt, Sporenpulver schwarz.

Wert: Kein Speisepilz.

Vorkommen: Auf totem Laubholz, häufig, erscheint das ganze Jahr.

Bemerkungen: Die Sporenschläuche (Asci) werden in den sogenannten Perithezien entwickelt. Diese lassen die Oberfläche höckerig erscheinen. Eine ähnliche Art ist die ebenfalls häufige, aber kleinere Buchenfruchtschalen-Holzkeule (*X. carpophila*). Auch kann die Geweihförmige Holzkeule wegen ihrer Größe, Form und korkigen Konsistenz mit Flechten verwechselt werden. Eine andere Art aus derselben Gattung ist die ebenfalls häufige Vielgestaltige Holzkeule (*X. polymorpha*) mit dunkelgrauen bis schwarzen, charakteristisch keulenförmigen Fruchtkörpern.

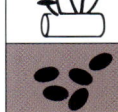

Halskrausen-Erdstern

Geastrum triplex

Fruchtkörper: 5–15 cm im Durchmesser, entwickelt sich meist oberirdisch, durch Aufreißen der zwiebelförmigen Außenhülle entstehen fünf bis acht dickfleischige, cremefarbene Lappen, die sich dann nach innen umbiegen und dabei oberflächlich deutlich feldrig aufreißen; beim Umbiegen der Lappen zerreißt die Außenhülle (Exoperidie) rundum, so daß ein derber Kragen um die Innenhülle entsteht; Innenhülle 2,5–4 cm im Durchmesser, blaßocker bis graubraun, kugelförmig und an der Spitze durch einen Porus geöffnet; sie enthält die Sporen.

Sporen: 4/5,5 μm, grobwarzig, Sporenpulver hellbraun.

Wert: Kein Speisepilz.

Vorkommen: In Nadel- und Laubwäldern, gerne auf Ablagerplätzen von pflanzlichen Abfällen, gesellig, erscheint von August bis Oktober.

Bemerkungen: Der Halskrausen-Erdstern gehört zu den größten und kräftigsten Erdsternen. Sein derber Kragen, der ihm seinen Namen gab, unterscheidet ihn leicht von anderen ähnlichen Arten. Er ist weit verbreitet, aber seltener als der Gewimperte Erdstern *(G. fimbriatum)*, s. S. 397.

Gewimperter Erdstern

Geastrum fimbriatum (G. sessile)

Fruchtkörper: 2–5 cm im Durchmesser, die Außenhülle springt in sieben bis acht sternförmig angeordnete, blaß cremefarbene Lappen auf; diese rollen sich bald völlig nach unten ein und geben die Innenhülle frei; sie ist stiellos aufsitzend, von kugeliger Form und blaßbraun gefärbt; reif an der Spitze durch den Porus geöffnet, so daß die Sporen austreten können.

Sporen: 3/4 µm, feinwarzig, Sporenpulver hellbraun.

Wert: Kein Speisepilz.

Vorkommen: In Nadelwäldern, bei Fichten in Nadelstreu, auf kalkhaltigen Böden, gesellig, häufig, erscheint von September bis Oktober.

Bemerkungen: Dieser Pilz ist der häufigste Vertreter der Gattung der Erdsterne *(Geastrum)*. Sehr ähnlich ist der Rotbraune Erdstern *(G. rufescens)*, der rötliches Fleisch aufweist und größere Fruchtkörper hervorbringt. Erdsterne sind in Mitteleuropa mit etwa 25 Arten vertreten. Die meisten von ihnen sind selten, manche von ihnen sogar sehr selten. Sie leben saprophytisch auf dem Erdboden und sind relativ klein und unauffällig. Ohne die sternförmig angeordneten Arme ähneln sie Bovisten und Stäublingen *(Lycoperdaceae)*.

Kleiner Nesterdstern

Geastrum quadrifidum

Fruchtkörper: 2–3,5 cm hoch, 1,5–3 cm breit, die äußere Hülle zerspringt sternförmig meist in vier, seltener in fünf Lappen; Lappen weißlich bis cremefarben, Enden bei Reife nach unten umgebogen, so daß der Fruchtkörper charakteristisch emporgehoben wird; Innenhülle bleigrau, im Alter dunkelbraun und rundlich, unten von einem weißlichen, wulstigen Kragen umgeben, kurz gestielt, bei Reife reißt die Haut an der Spitze auf, und es entsteht eine Öffnung, durch die die Sporen entlassen werden.

Sporen: 4,5/6 μm, warzig, Sporenpulver violettbraun.

Wert: Kein Speisepilz.

Vorkommen: In Fichtenwäldern, in Nadelstreu, gesellig, erscheint von August bis Oktober.

Bemerkungen: Der Kleine Nesterdstern gehört zu den kleinsten Erdsternen *(Geastrum)* und wird deshalb oft übersehen. Typisch für ihn sind die stelzenartig emporgehobenen Fruchtkörper. Da die Fruchtkörper der Erdsterne oft längere Zeit überdauern, findet man meistens alte, schon ausgetrocknete und frische Exemplare beieinander. Alle Erdsterne sind in der Jugend zwiebelförmig. Als Speisepilze kommen sie nicht in Frage.

Wetterstern
Astraeus hygrometricus

Fruchtkörper: Zunächst 2–4 cm breit, kugelig geschlossen und fast unterirdisch, die Außenhaut (Exoperidie) öffnet sich dann an der Erdoberfläche und zerreißt in mehrere Lappen (Arme), die dem Pilz ein sternförmiges Aussehen verleihen; nun 2,5–10 cm im Durchmesser, Arme oberseits auf braunem Untergrund krokodilartig gemustert und weißlich bis grau gefärbt, Innenhülle (Endoperidie) ungestielt, kugelig, graubraun, im Alter schwärzlich, fein netzig ornamentiert, im reifen Zustand ist der Porus auf dem Scheitel geöffnet, dort werden die Sporen entlassen.

Sporen: 8/12 µm, warzig, Sporenpulver braun.

Wert: Kein Speisepilz.

Vorkommen: In Mischwäldern unter Kiefern, auch unter Laubbäumen, südlich der Alpen häufig, sonst selten, erscheint von August bis November.

Bemerkungen: Das eigenartige Verhalten bei unterschiedlichem Feuchtigkeitsgehalt der Luft hat dem Wetterstern seinen Namen gegeben. Bei trockenem Wetter rollen sich die Arme der sternförmigen Außenhülle nach oben ein und bedecken die Innenhülle. Bei feuchtem Wetter breiten sie sich wieder aus.

Riesenbovist

Langermannia gigantea

Fruchtkörper: 10–50 cm im Durchmesser, unregelmäßig rundlich, am Grunde furchig, große Exemplare sind abgeflacht; die Haut ist erst weiß, glatt, feinsamtig und matt, dann braungelblich und aufreißend, bei reifen Exemplaren braun und papierartig; die Fruchtkörper sind stiellos und mit dicken Mycelsträngen am Grunde verwachsen, bald aber ablösend und frei umherrollend; Geruch eher etwas unangenehm säuerlich, Geschmack mild.

Fruchtmasse: Erst weiß, fest, dann grüngelb, breiig, schließlich olivbraun, trocken bis pulverig.

Sporen: 3,5/5 µm, feinwarzig, Sporenpulver braun.

Wert: Eßbar, solange die Fruchtmasse weiß ist.

Vorkommen: Auf Wiesen und Weiden, auch in Gärten, auf nährstoffreichen Böden, nicht häufig, aber standorttreu, einzeln oder in Gruppen wachsend, erscheint von August bis Oktober.

Bemerkungen: Seine manchmal riesengroßen Fruchtkörper übertreffen die sämtlicher anderer Pilze an Größe und Gewicht. In Scheiben geschnitten und wie ein Schnitzel gebraten, ist er ein vorzüglicher Speisepilz.

Beutelstäubling

Calvatia excipuliformis

Fruchtkörper: 8–15 cm hoch, 5–10 cm breit, langstielig mit deutlichem, rundlichem Kopfteil, stößel-, seltener birnenförmig, Kopfteil creme- oder ockerfarben, dicht mit feinen, vergänglichen, leicht abwischbaren Wärzchen oder Stacheln besetzt, der Stiel macht die Hälfte bis Dreiviertel der Gesamthöhe aus; bis 5 cm dick, schwammig, runzelig, ganzer Fruchtkörper später ockerbraun, runzelig bis faltig, bei Reife zerreißt die ausgetrocknete, nun hellbraune, pergamentartige Außenhaut und läßt dabei die Sporen frei; Geruch unbedeutend, Geschmack mild.

Fruchtmasse: Erst weiß, fest, dann grüngelb, breiig, schließlich olivbraun, trocken bis pulverig.

Sporen: 4,5/5,5 µm, deutlich warzig, Sporenpulver braun.

Wert: Mit weißem Fleisch eßbar.

Vorkommen: Im Laubwald, weniger im Nadelwald, an Waldrändern, seltener auf Wiesen und Weiden, einzeln oder in Gruppen, erscheint von Juli bis November.

Bemerkungen: Große Exemplare auf Wiesen können mit dem Hasenbovist *(C. utriformis)* verwechselt werden. Dieser ist aber kurz gestielt, schon früh feldrig aufgerissen und eher breitgedrückt.

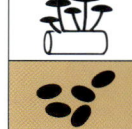

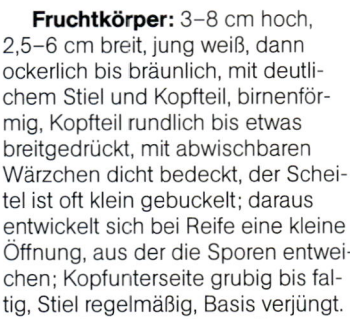

Flaschenstäubling

Lycoperdon perlatum

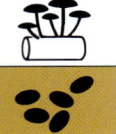

Fruchtkörper: 3–8 cm hoch, 2,5–6 cm breit, jung weiß, dann ockerlich bis bräunlich, mit deutlichem Stiel und Kopfteil, birnenförmig, Kopfteil rundlich bis etwas breitgedrückt, mit abwischbaren Wärzchen dicht bedeckt, der Scheitel ist oft klein gebuckelt; daraus entwickelt sich bei Reife eine kleine Öffnung, aus der die Sporen entweichen; Kopfunterseite grubig bis faltig, Stiel regelmäßig, Basis verjüngt.

Fruchtmasse: Erst weiß, zart, später gelblich, olivbraun, breiig und naß, bei Reife staubig, flockig.

Sporen: 3,5/4,5 µm, feinwarzig, Sporenpulver braun.

Wert: Eßbar, solange das Fleisch weiß ist.

Vorkommen: Im Nadel- und Laubwald, auf Erde und in Nadelstreu, büschelig, häufig, erscheint von Juli bis November.

Bemerkungen: Zusammen mit dem Birnenstäubling *(L. pyriforme),* s. S. 404, gehört er zu den häufigsten Stäublingen. Tritt man auf reife Exemplare und drückt man sie zusammen, kommt aus der Scheitelöffnung eine olivbraune Sporenwolke hervor. Vorsicht vor Verwechslungen mit giftigen Wulstlingen *(Amanita),* die jung durch ihr weißes Velum sehr ähnlich aussehen.

Bräunlicher Stäubling

Lycoperdon umbrinum

Fruchtkörper: 2–4,5 cm hoch, braun, kugelig bis birnenförmig, oft etwas niedergedrückt, mit faltiger, blasser Stielbasis, Oberfläche mit sehr feinen, bräunlichen Stacheln bedeckt, nach Abfallen der Stacheln ist der Fruchtkörper ockergelb gefärbt und glatt; die Sporen treten durch eine kleine Öffnung an der Spitze aus.

Fruchtmasse: Jung weiß, im Alter olivgelb, gelbbraun, schließlich bräunlichschwarz.

Sporen: 4,5/5,5 μm, feinwarzig, Sporenpulver gelbbraun.

Wert: Eßbar, solange das Fleisch weiß ist.

Vorkommen: Im Nadelwald bei Fichten, oft in Nadelstreu, erscheint von Juli bis September.

Bemerkungen: Ein ebenfalls brauner Vertreter aus der Familie *Lycoperdaceae* ist der Weiche Stäubling *(L. molle)*, der sich hauptsächlich durch das olivbraune Sporenpulver und durch eine deutliche Wölbung auf dem Scheitel vor dem Öffnen des Porus auszeichnet. Boviste und Stäublinge werden als Bauchpilze bezeichnet. Kennzeichnend für diese ist, daß die Sporen nicht außen auf einer Fruchtschicht, sondern im Innern der Fruchtkörper gebildet werden.

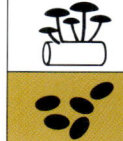

Birnenstäubling

Lycoperdon pyriforme

Fruchtkörper: 1–5 cm hoch, 1–3,5 cm breit, jung weiß, dann ockerlich, schließlich graubraun, birnenförmig, bisweilen lang gestielt mit rundlichem Kopf, Oberfläche jung feinwarzig, kleiig bis körnig, Spitze bisweilen fast gebuckelt, bei Reife reißt der Scheitel porig auf und entläßt dabei die Sporen; am Grunde des Stieles mit sterilem Fruchtfleisch, Basis mit verzweigten Mycelsträngen, Geruch unangenehm, Geschmack mild.

Fruchtmasse: Jung weiß und fest, dann zäh bis schwammig, von gelbgrün, über oliv bis braun verfärbend, breiig bis pulverig.

Sporen: 3,5/5,5 μm, glatt, Sporenpulver braun.

Wert: Mit weißem Fleisch eßbar.

Vorkommen: Auf morschem Holz von Nadel- und Laubbäumen, büschelig, häufig, erscheint von August bis November.

Bemerkungen: Das büschelige Auftreten, der Standort auf morschem Holz und der birnenförmige, oft mit einem angedeuteten Stiel versehene Fruchtkörper lassen ihn leicht erkennen. Da das Fleisch des Birnenstäublings beim Kochen schleimig und oft gallertartig wird, kann er als Speisepilz nicht besonders empfohlen werden.

Igelstäubling

Lycoperdon echinatum

Fruchtkörper: 2–5 cm im Durchmesser, fast kugelig, mit 3–6 mm langen, kantigen, braunen Stacheln dicht besetzt, die eine gekrümmte, blaßbraune Spitze aufweisen; nach Abfallen der Stacheln bleibt ein mosaikartiges Netzmuster zurück, das dem Fruchtkörper ein ganz anderes Aussehen verleiht; die reifen Sporen treten auf dem Scheitel durch eine rundliche Öffnung aus; mit kurzem Stiel, bisweilen auch ungestielt.

Fruchtmasse: Jung weiß und fest, bei Reife olivgelb bis braun.

Sporen: 4/5 μm, warzig bis stachelig, Sporenpulver braun.

Wert: Eßbar, solange das Fleisch weiß ist.

Vorkommen: In Laubwäldern, bei Buchen, auf kalkreichen Böden, erscheint von Juli bis Oktober.

Bemerkungen: Durch sein igeliges Aussehen ist er als junger Pilz leicht erkennbar. Ältere Exemplare mit abgebrochenen Stacheln machen Verwechslungen mit dem kürzer stacheligen Stinkenden Stäubling *(L. foetidum)* möglich. Dieser riecht aber unangenehm und bevorzugt saure und nicht kalkreiche Böden. Der Igelstäubling ist als Speisepilz nicht besonders empfehlenswert.

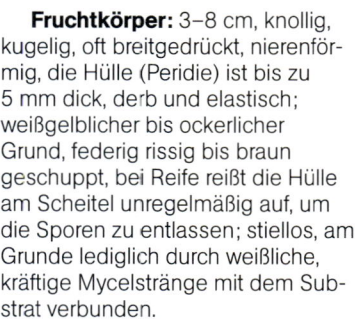

Dickschaliger Kartoffelbovist

Scleroderma citrinum

Fruchtkörper: 3–8 cm, knollig, kugelig, oft breitgedrückt, nierenförmig, die Hülle (Peridie) ist bis zu 5 mm dick, derb und elastisch; weißgelblicher bis ockerlicher Grund, federig rissig bis braun geschuppt, bei Reife reißt die Hülle am Scheitel unregelmäßig auf, um die Sporen zu entlassen; stiellos, am Grunde lediglich durch weißliche, kräftige Mycelstränge mit dem Substrat verbunden.

Fruchtmasse: Erst weißlich, später violettlich getönt, bald aber purpurschwarz und weißfädig marmoriert, schließlich pulverig, mit metallischem Geruch.

Sporen: 9–11 µm, unregelmäßig gratig-stachelig, Sporenpulver braun.

Wert: Giftig.

Vorkommen: Im Laub- und Nadelwald, auf sauren, sandigen Böden, einzeln, oft auch gesellig, häufig, erscheint von Juli bis November.

Bemerkungen: Er wird bisweilen vom parasitischen Schmarotzerröhrling *(Xerocomus parasiticus)* befallen. Nur ganz junge, noch weißfleischige Exemplare des Kartoffelbovistes können mit verschiedenen eßbaren Stäublingen *(Lycoperdaceae)* verwechselt werden.

Stinkmorchel

Phallus impudicus

Fruchtkörper: Entwickelt sich unterirdisch und kommt als weißes, eiartiges Gebilde (Hexenei) an die Oberfläche; 3–6 cm im Durchmesser, Hülle glatt bis schwach aderig, Unterseite etwas faltig und mit derben, weißen Mycelfäden im Boden verankert; bei Reife reißt die Außenhülle, und in kurzer Zeit (anderthalb bis zwei Stunden) streckt sich der weiße Stiel mitsamt dem glockenförmigen Kopf bis zu 20 cm in die Höhe; Kopf schleimig und weich, dunkelgrün bis olivgrün, mit einem deutlich weißlichen Ring auf dem Scheitel versehen, Geruch unangenehm süßlich, aasartig, zieht Insek-

ten an, die innerhalb kurzer Zeit die Fruchtmasse abtragen und ein weißes, gekammertes Gerippe zurücklassen, das in der Form einer Morchel sehr ähnelt.

Sporen: 4–4,5/1,5–2 µm, glatt, Sporenmasse olivfarben, Sporen grünlich.

Wert: Nur als Hexenei eßbar.

Vorkommen: Im Nadel- und Laubwald, oft sehr gesellig, häufig, in Berglagen fehlend, erscheint von Mai bis September.

Bemerkungen: Ebenfalls aasartig riechen der Tintenfischpilz *(Clathrus archeri)* und der Scharlachrote Gitterling *(Clathrus ruber).*

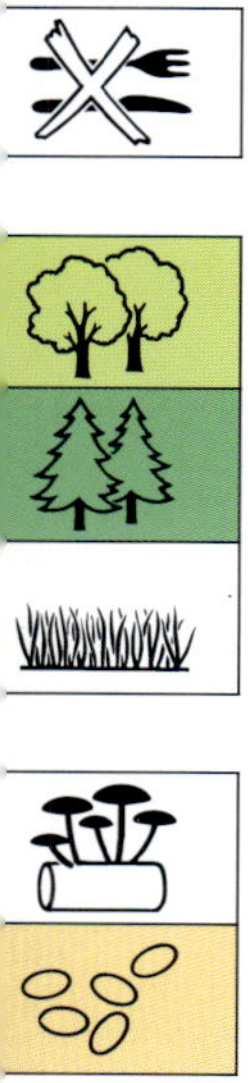

Hundsrute

Mutinus caninus

Fruchtkörper: Entwickelt sich unterirdisch und kommt als weißes, kugeliges Gebilde (Hexenei) an die Oberfläche; 2–3,5 cm im Durchmesser, Außenseite weiß, glatt, Basis mit weißen, wurzelartigen Mycelsträngen, bei Reife reißt die Außenhülle, und in kurzer Zeit streckt sich der Stiel mitsamt dem eichelförmigen Kopf bis zu 10 cm in die Höhe; Kopf schleimig weich, dunkel olivgrün, mit einem deutlich orangeroten Ring auf dem Scheitel, Geruch schwach unangenehm, zieht Insekten an, die die Fruchtmasse abtragen; innerhalb kurzer Zeit bleiben nur noch feine, orange bis braunrot gefärbte, leere Kammern zurück; Stiel weißlich, schwammig, hohl und gebrechlich.

Sporen: 4–5/1,5–2,5 μm, glatt, Sporenmasse dunkel olivgrün, Sporen gelblich.

Wert: Kein Speisepilz.

Vorkommen: Im Laubwald, seltener im Nadelwald, auf vermodertem Holz und humusreichem Boden, selten, erscheint von Juni bis Oktober.

Bemerkungen: Ebenfalls deutlich rötlich gefärbte Ringe auf den Scheiteln haben die in Nordamerika heimischen Arten Himbeerrote Hundsrute *(M. ravenelii)* und Vornehmer Rutenpilz *(M. elegans).*

Weiß-Trüffel

Choiromyces meandriformis

Fruchtkörper: Bis zu 10 cm im Durchmesser, jung weißlich, dann gelbbräunlich, knollig, unregelmäßig kugelig, kartoffelähnlich, für die Größe auffallend schwer, grob höckerig, mit Rissen und Löchern, Hülle lederartig, glatt.

Fruchtmasse: Erst weißlich, dann gräulich, durch gewundene, gelbbraune, wenig zusammenflie-ßende Adern marmoriert, schließlich gelbbräunlich bis braun, jung geruchlos, dann aromatisch, überreif stark und unangenehm riechend, Geschmack mild, aromatisch.

Sporen: 15–20 µm, stachelig, Sporenpulver gelblich.

Wert: Eßbar, nur in kleinen Mengen als Gewürzpilz verwendbar.

Vorkommen: In Laub- und Nadelwäldern, auf lehmigen, kalkhaltigen Böden, unterirdisch, ältere Exemplare ragen oft etwas aus dem Boden; selten, erscheint von Juli bis September.

Bemerkungen: Die Weiß-Trüffel, die nicht zu den Echten Trüffeln *(Tuberales)* gezählt wird, wirkt, in großen Mengen genossen, abführend. Ähnlich in Farbe und Größe, aber nur in Norditalien im Piemontgebiet vorkommend ist die Magnaten-Trüffel *(Tuber magnatum)*. Diese gilt als die Königin unter den Trüffeln.

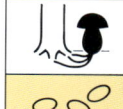

Warzige Hirschtrüffel

Elaphomyces granulatus

Fruchtkörper: 1–4 cm, rundlich oder oval, von gelben Mycelsträngen umgeben, frisch aus der Erde goldgelb, dann gelbbraun bis strohgelb, Schale (Peridie) dicht feinwarzig, beim Aufschneiden erweist sie sich als eine zweischichtige Rinde; dick, weißlich, erst elastisch, im Alter brüchig.

Fruchtmasse: Erst rötlich, dann schwarz-purpurfarben, zerfällt reif.

Sporen: 25–30 µm, warzig, Sporenpulver schwarz-purpurfarben.

Wert: Kein Speisepilz.

Vorkommen: Im Nadelwald, bei Kiefern, einige Zentimeter unter der Erdoberfläche im Humus eingebettet, oft mit vorjährigen, zerfallenden Exemplaren zusammen, erscheint von Mai bis September.

Bemerkungen: Hirschtrüffel sind bei Wildtierarten wie Rehen, Hirschen und Hasen sehr begehrt. Durch ihren ausgeprägten Geruchsinn sind diese in der Lage, die Trüffelnester aufzuspüren. Mit etwas Glück trifft man auf solche Scharrstellen und sieht das gelbe Mycel, das den Pilz umspinnt. Im Herbst verraten die Fruchtkörper der auf Hirschtrüffeln parasitierenden Kopfigen und Zungen-Kernkeulen *(Cordyceps canadensis* und *C. ophioglossoides)* die Standorte.

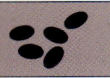

Rötliche Wurzeltrüffel

Rhizopogon roseolus

Fruchtkörper: 2–5 cm lang, knollig, ganzer Habitus auffallend kartoffelähnlich, jung weißlich, dann braunrot, mit dünner Hülle (Peridie), Oberfläche braunrot, marmoriert, bei Berührung auffallend rosarot verfärbend, oft aufgerissen, matt, häutig, Basis mit deutlichen Mycelsträngen.

Fruchtmasse: Jung weiß und fest, Konsistenz kartoffelähnlich, gegen den Rand rötlich, dann bräunlich bis olivlich, im Alter breiig zerfließend, rötlich, Geruch reif nach Knoblauch.

Sporen: 7,5–9,5/4,5 µm, glatt, Sporenpulver graurötlich.

Wert: Kein Speisepilz.

Vorkommen: Im Nadelwald, bei Kiefern, auf nackter Erde, manchmal sogar im Schotter von Wegen, halb unterirdisch bis oberirdisch wachsend, erscheint von Juni bis November.

Bemerkungen: Durch das weißliche Fleisch kann dieser Pilz leicht mit eßbaren Stäublingen (*Lycoperdaceae*) verwechselt werden. Die dünne, bräunliche Haut, die sich charakteristisch rötet, unterscheidet ihn aber deutlich von anderen ähnlichen Pilzen. Wie bei Bovisten und Stäublingen werden die Sporen im Innern der reifen Fruchtkörper gebildet.

Maimorchel

Speisemorchel, *Morchella esculenta*

Fruchtkörper: 6–20 cm hoch, Hutteil 3–10 cm hoch, 3–7 cm breit, blaß gelblichbraun, ockergelb, oft stumpfkegelig, aber auch eiförmig bis rundlich, mit wabenartig angeordneten starken Vertiefungen (Alveolen), die durch spitze, oft hellere Rippen unregelmäßig und nicht deutlich senkrecht getrennt sind; um den Stiel mehr oder weniger abgerundet und mit ihm verwachsen; Stiel 2–9 cm lang, 2–4 cm dick, blaßweiß, Oberfläche körnig, kleiig, Basis oft verbreitert und wellig gefurcht, ganzer Fruchtkörper hohl.

Fleisch: Weißlich, wachsartig, brüchig, mit angenehm würzigem Geruch und mildem Geschmack.

Sporen: 18–23/11–14 μm, glatt, Sporenpulver gelbocker.

Wert: Eßbar, vorzüglicher Speisepilz.

Vorkommen: In Wäldern, an Fluß- und Bachauen, bei Laubbäumen wie Eschen und Ulmen, auch bei Obstbäumen, seltener im Nadelwald, im Gras, erscheint von April bis Juni.

Bemerkungen: Die Maimorchel oder auch Speisemorchel ist in Form und Farbe sehr veränderlich und wird deshalb in verschiedene Varietäten unterteilt. Die Abbildung rechts

unten zeigt ein besonders kräftiges Exemplar der Hauptform. Besonders groß gewachsen ist die Dickfüßige Morchel (*M. esculenta* var. *crassipes*). Kugelige Hüte besitzt die Rundmorchel (*M. esculenta* var. *rotunda*, siehe rechts oben). Ähnlich ist die grau bis schwarzbraun gefärbte Spitzmorchel (*M. conica*), s. S. 415, die sich von der ockergelben Maimorchel und der ebenfalls ähnlichen graubraunen und rostfleckigen Gemeinen Morchel *(M. esculenta* var. *vulgaris)*, s. S. 414, durch die spitzkegelige Hutform und die senkrecht angeordneten Längsrippen unterscheidet. Alle diese Morcheln sind schmackhafte Speisepilze. Sie eignen sich vorzüglich zum Dörren.

Gemeine Morchel

Morchella esculenta var. *vulgaris*

Fruchtkörper: 5–12 cm hoch, Hutteil 2–7 cm hoch, jung dunkelbraun, oft fast schwarz, dann graubraun, eiförmig, selten stumpfkegelig, mit länglichen, sehr unregelmäßigen, dunklen Gruben, die durch hellere, gewundene, rostfleckige Rippen wabenartig getrennt sind; im Gegensatz zur Maimorchel zeichnen sich an den Rippen schwache, senkrechte Linien ab, am Stiel abgerundet und mit ihm verwachsen; Stiel blaßweiß, an der Basis angeschwollen und gefurcht.

Fleisch: Weißlich, ganzer Fruchtkörper hohl, von wachsartiger Konsistenz, brüchig, mit angenehm würzigem Geruch und mildem Geschmack.

Sporen: 18–23/11–14 µm, glatt, Sporenpulver weiß bis gelblich.

Wert: Eßbar, vorzüglicher Speisepilz.

Vorkommen: In lichten Laubwäldern, gerne bei Eschen, auf lockeren Böden, im Gras, in Gärten, erscheint von April bis Mai.

Bemerkungen: Sie ist kleiner als die Maimorchel *(M. esculenta)*, s. S. 412. Auch ist sie nicht wie diese gleichmäßig gelblich gefärbt, sondern jung dunkelbraun, später graubraun und oft mit rostfarbenen Flekken auf den Rippen.

Spitzmorchel
Morchella conica

Fruchtkörper: 5–12 cm hoch, Hutteil 3–5 cm hoch, jung gräulich, dann graurosa, auch schwarzbraun oder gelbbraun, eiförmig, kegelig, fast spitz endend, mit erhöhten, deutlich zusammenhängend verlaufenden, dunklen Längsrippen und tiefer liegenden, weniger ausgeprägten Querrippen, die den Gruben eine fast rechteckige Form geben; Rippen reif fast schwarz, gehen in den Stiel über und sind mit ihm verwachsen; Stiel etwa halb so lang wie der ganze Fruchtkörper, weiß bis blaßgelblich, an der Basis oft angeschwollen und gefurcht.

Fleisch: Weiß bis blaßocker, ganzer Fruchtkörper ist hohl, wachsartig, biegsam, fast geruchlos, mit mildem Geschmack.

Sporen: 18–25/11–15 µm, glatt, Sporenpulver blaßocker.

Wert: Eßbar, beliebter Speisepilz.

Vorkommen: Meist in Nadelwäldern, auf Waldwiesen, an Waldrändern, auf Holzplätzen, oft bei Adlerfarn, gesellig, erscheint von April bis Mai.

Bemerkungen: Vorsicht vor Verwechslungen mit der giftigen Frühjahrslorchel *(Gyromitra esculenta)*, s. S. 418, die oft in Kiefernwäldern an ähnlichen Standorten vorkommt!

Käppchenmorchel

Morchella gigas (Mitrophora semilibera)

Fruchtkörper: 5–15 cm hoch, Hutteil 2–4 cm hoch, dunkel- bis hellbraun, kegelig, glocken- oder käppchenförmig, mit senkrecht verlaufenden, stumpfen, schwärzlichen Längs- und schwach ausgebildeten Querrippen, Hutrand schwach aufgeschirmt, vom Stiel frei, abstehend und nie mit ihm verwachsen, Stiel jung kurz, später aber auffallend lang, weißlich bis ockergelblich, schlauchartig, dünnfleischig, kleiig, körnig.

Fleisch: Weiß, ganzer Fruchtkörper ist hohl, wachsartig, brüchig, fast geruchlos, mit mildem Geschmack.

Sporen: 22–30/14–18 µm, glatt, Sporenpulver ockergelb.

Wert: Eßbar, guter, aber wenig ergiebiger Speisepilz.

Vorkommen: In Wäldern, auf Wiesen, in Parks, Flußauen, liebt feuchte Böden, gesellig, erscheint von April bis Mai.

Bemerkungen: Sie wird auch Halbfreie Morchel genannt, da ihr Hutrand nicht wie bei den übrigen Morcheln mit dem Stiel verwachsen ist. Ihre Form ist sehr veränderlich. Oft ist der Hutteil auffallend kurz und der Stiel besonders lang. Nicht selten aber sind die Größenverhältnisse genau umgekehrt.

Morchelbecherling

Disciotis venosa

Fruchtkörper: 3–15 cm im Durchmesser, becher- bis scheiben-förmig, dünnfleischig, Oberseite (Fruchtschicht) gelbbraun, grau-braun, auch dunkel rotbraun, oft ver-bogen und feinrunzelig, glatt, Unter-seite weißlich, später graugelblich, mehlig bis kleiig überzogen, gegen den Stiel stark rippig, aderig, mit kur-zem, blaßgrauem, oft im Boden stek-kendem, nur angedeutetem Stiel.

Fleisch: Weiß bis bräunlich, besonders brüchig, mit deutlichem Chlorgeruch und mildem Geschmack.

Sporen: 19–25/12–15 µm, glatt, Sporenpulver weiß.

Wert: Eßbar.

Vorkommen: In Auwäldern, Laubwäldern, entlang von Waldrän-dern und auf Wiesen, nicht häufig, erscheint von April bis Mai.

Bemerkungen: Der Morchel-becherling ist durch seinen chlor-artigen Geruch und seine großen Fruchtkörper gut von verschiedenen Becherlingen zu unterscheiden. Er wächst gerne in Gemeinschaft mit Morcheln *(Morchella)* oder den seltenen Verpeln *(Verpa).* Wie die begehrten Morcheln eignet auch er sich besonders gut zum Dörren, da er dadurch ein intensiveres Aroma entwickelt.

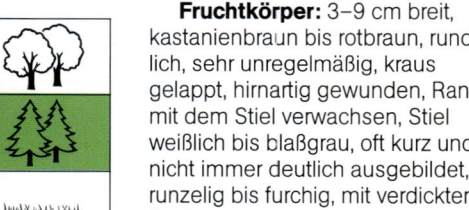

Frühjahrslorchel

Gyromitra esculenta

Fruchtkörper: 3–9 cm breit, kastanienbraun bis rotbraun, rundlich, sehr unregelmäßig, kraus gelappt, hirnartig gewunden, Rand mit dem Stiel verwachsen, Stiel weißlich bis blaßgrau, oft kurz und nicht immer deutlich ausgebildet, runzelig bis furchig, mit verdickter Basis.

Fleisch: Weißlich, wachsartig, brüchig, ganzer Fruchtkörper unregelmäßig hohl, fast geruchlos, mit mildem Geschmack.

Sporen: 18–22/9–12 µm, glatt, Sporenpulver weiß.

Wert: Sehr giftig, roh tödlich giftig.

Vorkommen: Hauptsächlich in Kiefernwäldern, auf Holzplätzen, an moderigen Strünken, erscheint von März bis Mai.

Bemerkungen: Dieser Pilz gilt als der typische Doppelgänger von Morcheln *(Morchella)*. Die gehirnartigen Windungen des Hutes lassen die Frühjahrslorchel jedoch gut von den wabenartigen Hüten der Morcheln unterscheiden. Im rohen Zustand ist sie tödlich giftig. Abgebrüht oder getrocknet wurde sie früher oft gegessen, aber auch solchermaßen behandelte Pilze können sehr schwere Vergiftungen hervorrufen.

Herbstlorchel

Helvella crispa

Fruchtkörper: 5–15 cm hoch, Hutteil 3–5 cm breit, weiß oder weißlich, unregelmäßig wellig, kraus, mit mehreren faltigen Lappen, oft sattelförmig, mit den Rändern am Stiel angewachsen oder frei, Stiel weiß, tief längsfurchig, durch Querrippen grubig, gegen die Basis bauchig, im Innern längsgekammert.

Fleisch: Weißlich, zäh, elastisch, ganzer Fruchtkörper unregelmäßig hohl, fast geruchlos, mit mildem Geschmack.

Sporen: 18–20/10–13 μm, glatt, Sporenpulver weiß.

Wert: Kein Speisepilz.

Vorkommen: Im Nadel- und Laubwald, an Wegrändern, in Parks, auf Wiesen, häufig, erscheint von August bis November.

Bemerkungen: Die eigenartige Fruchtkörperform und die überwiegend weißen Farbtöne lassen die Herbstlorchel sehr einfach erkennen. Sie gilt nach Abbrühen und langem Kochen als eßbar. Da man alte, in Zersetzung begriffene Fruchtkörper jedoch oft nicht von frischen unterscheiden kann und die Herbstlorchel roh vermutlich fast ebenso giftig ist wie die Frühjahrslorchel *(Gyromitra esculenta)*, s. S. 418, ist von einem Pilzgericht mit diesen Pilzen unbedingt abzuraten.

Elastische Lorchel

Helvella elastica

Hut: 1–3 cm hoch und oft ebenso breit, verschiedenfarbig: weiß, grau, blaßockerlich bis graubraun; sattelförmig und unregelmäßig gelappt, oft heruntergebogen, aber am Stiel nicht angewachsen, mit glatter Oberfläche.

Stiel: Weißlich bis blaßgelblich, zylindrisch, schlank und hohl, glatt oder schwach grubig.

Fleisch: Weißlich, elastisch, wachsartig, mit angenehmem Geruch und mildem Geschmack.

Sporen: 19–22/11–13 µm, glatt, Sporenpulver weiß.

Wert: Kein Speisepilz.

Vorkommen: Im Nadel- und Laubwald, an Wegrändern, in Laub- und Nadelstreu, zwischen Gras, nicht häufig, erscheint von Juni bis Oktober.

Bemerkungen: Ähnlich, mit schwarzem Kopfteil und dunkelbraunem Stiel, ist die Schwarze Lorchel *(H. atra)*. Beide Arten sind von auffallend elastischer Konsistenz. Die Elastische Lorchel ist nicht besonders häufig, aber gesellig und oft sehr zahlreich. Nicht selten wachsen hellgraue bis schokoladenbraune Exemplare am selben Standort beieinander. Wie sämtliche Lorcheln ist sie als Speisepilz nicht zu empfehlen.

Wurzellorchel

Rhizina undulata

Fruchtkörper: 3–8 cm im Durchmesser, kastanienbraun bis schwarzbraun, kreisförmig, mit stark wellig faltiger, glatter Oberfläche, oft flach, mit aufgebogenem weißlichem Rand, Unterseite weißlich bis ockerfarben, mit mehreren 1–2 mm dicken, wurzelähnlichen Hyphensträngen (Rhizoiden), mit denen die Wurzellorchel auf dem Substrat aufsitzt.

Fleisch: Weißlich bis ockerlich, wachsartig, brüchig, im Alter lederig, mit angenehmem Geruch und mildem Geschmack.

Sporen: 22–40/8–11 µm, feinwarzig bis rauh, Sporenpulver weiß.

Wert: Kein Speisepilz.

Vorkommen: In Nadelwäldern, auf dem Erdboden parasitisch auf Kiefernholz, wo sie die Wurzeln schädigt, auf alten Brandstellen, oft in großen Gruppen, erscheint von Juli bis Oktober.

Bemerkungen: Durch den ungestielten Fruchtkörper könnte sie für einen der verschiedenen Becherlinge gehalten werden. Betrachtet man aber die Unterseite, so wird dies durch die vielen Hyphenstränge ausgeschlossen. Nicht selten bedeckt sie mit ihren zahlreichen gedrängt stehenden Fruchtkörpern den Boden teppichartig.

Gemeiner Orangebecherling

Aleuria aurantia

Fruchtkörper: 2–10 cm, becherförmig bis schüsselförmig, dünnfleischig, bald mit wellig verbogenem, bisweilen einreißendem, nicht behaartem Rand, ausgewachsene Exemplare, die dicht beieinanderstehen, sind oft wegen Platzmangels deformiert; die Becherinnenseite (Fruchtschicht) leuchtend rotorange und glatt, Außenseite blasser, weißlich mehlig bereift, Fruchtkörper stiellos am Boden aufsitzend.

Fleisch: Weiß, wachsartig, brüchig, ohne besonderen Geruch und Geschmack.

Sporen: 14–16/10 µm, grobnetzig ornamentiert, Sporenpulver weiß.

Wert: Kein Speisepilz.

Vorkommen: Auf frisch aufgeworfener Erde, in Wäldern entlang von Wegen, in Gärten und Parks, zwischen Gras und Kräutern, erscheint von Juli bis Oktober.

Bemerkungen: Der Gemeine Orangebecherling wird in manchen südlichen Ländern (z. B. Italien) roh mit Likör getränkt gegessen. Da er aber nicht immer häufig vorkommt, schon Übelkeit verursacht hat und durch sein dünnes Fleisch sehr unergiebig ist, läßt man diesen prächtigen Pilz lieber stehen und erfreut sich nur an seiner leuchtenden Farbenpracht.

Zinnoberroter Prachtbecherling

Sarcoscypha coccinea

Fruchtkörper: 1–5 cm, erst pokalförmig, dann becher- bis schüsselförmig, jung kreisrund, ausgewachsen oval oder nierenförmig, dünnfleischig, Innenseite (Fruchtschicht) leuchtend zinnoberrot, orangerot, glatt, glänzend, Außenseite rosa bis blaßrötlich, haarig, filzig, matt, Rand lange eingebogen, meist mit angedeutetem, oft aber auch langem Stiel dem Substrat aufsitzend.

Fleisch: Weiß, zäh, geruchlos.

Sporen: 29–39/9–11 µm, glatt, Sporenpulver weiß.

Wert: Kein Speisepilz.

Vorkommen: Oft auf morschen Laubholzresten, kalkliebend, eher selten, erscheint von Dezember bis April.

Bemerkungen: Dieser Pilz ist mit seiner leuchtend zinnoberroten Färbung (*coccinea* = scharlachrot) besonders auffällig und gehört zu den schönsten Becherlingen. Seine Fruchtkörper findet man im Winterhalbjahr, für Pilze eher ungewöhnlich. Gerne fruchtet er nach der ersten Schneeschmelze. Er gehört zur Familie der *Sarcoscyphaceae*, die in Europa nur mit sieben Gattungen und etwas über zehn Arten vertreten ist. Diese sind alle selten bis sehr selten.

Kronenbecherling

Sarcosphaera coronaria (S. crassa)

Fruchtkörper: 3–10 cm im Durchmesser, erst als hohle, gebrechliche, weiße Kugel im Boden eingesenkt, dann aus der Erde hervorbrechend und von der Mitte her sternförmig aufreißend, Außenseite schmutzig- bis grauweißlich, Innenseite (Fruchtschicht) deutlich violett, bei *S. coronaria* var. *nivea* weiß, mit glatter Oberfläche, ungestielt.

Fleisch: Weiß, brüchig, geruchlos, mit mildem Geschmack.

Sporen: 13,5–18/7–8,5 µm, glatt, Sporenpulver weiß.

Wert: Sehr giftig, roh unter Umständen tödlich giftig.

Vorkommen: Im Nadel- und Laubwald, auf Kalkböden, oft gesellig wachsend, seltener einzeln, eher selten, erscheint von Mai bis Juni.

Bemerkungen: Dieser Pilz ist ähnlich toxisch wie die Frühjahrslorchel *(Gyromitra esculenta)*, s. S. 418. Die Abbildungen auf der rechten Seite zeigen die Varietät *nivea*, die vorwiegend weißliche und fast keine violetten Töne aufweist (obere Abbildung: kugelige bis eiförmige junge Fruchtkörper, „Embryonen"; untere Abbildung: ausgewachsene Exemplare). Der Kronenbecherling unterscheidet sich von anderen Becherlingen durch das deutlich kugelige, hohle Jugendstadium.

Eselsohr

Otidea onotica

Fruchtkörper: Bis 8 cm hoch, 2–5 cm breit, ohrförmig, oft einseitig tief gekerbt, dünnfleischig, mit längs eingebogenem Rand, Innenseite (Fruchtschicht) glatt, ockerlich gefärbt, mit einem deutlich rosa Beiton, Außenseite kleiig bis mehlig und ockergelb gefärbt, Fruchtkörper kurz gestielt, mit weißer Basis.

Fleisch: Weißlich, brüchig, ohne besonderen Geruch und Geschmack.

Sporen: 12–15/6–8 μm, glatt, Sporenpulver weiß.

Wert: Eßbar, aber schonenswert.

Vorkommen: In Laub- und Nadelwäldern, in kleinen Gruppen wachsend, selten, erscheint von September bis November.

Bemerkungen: Besonders ähnlich ist der Zitronengelbe Öhrling *(O. concinna)*, der aber im Laubwald bei Buchen vorkommt. Die Gattung der Öhrlinge *(Otidea)* umfaßt zehn Arten, die oft schwer voneinander zu unterscheiden sind. In der Regel muß ein Mikroskop hinzugezogen werden. Die meisten von ihnen sind nicht häufig, einige sogar sehr selten. Wegen ihrer kleinen Fruchtkörper sind sie unergiebig und als Speisepilze ungeeignet. Da sie zudem selten sind, sollten alle Öhrlinge geschont werden.

Anemonenbecherling

Dumontinia tuberosa (Sclerotinia tuberosa)

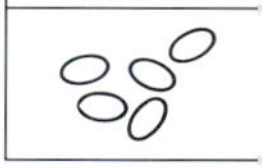

Fruchtkörper: 1–3 cm im Durchmesser, erst tief becherförmig, dann breiter geöffnet, im Alter ausgebreitet und unregelmäßig wellig, dünnfleischig, Innenseite dunkel bis rötlichbraun, oft grubig, runzelig, mit glatter Oberfläche, außen ähnlich gefärbt, oft heller, glatt, Stiel 3–10 cm lang, wurzelartig, mit hellbräunlicher Spitze, der lange unterirdische Mycelstrang ist schwärzlich gefärbt.

Fleisch: Wachsartig, geruchlos, mit süßlichem Geschmack.

Sporen: 12–16/6–7 µm, glatt, Sporenpulver weiß.

Wert: Kein Speisepilz.

Vorkommen: In lichten Wäldern, Parks, Auen, bei Buschwindröschen, häufig, erscheint von März bis Mai.

Bemerkungen: Der Anemonenbecherling hat sich als Parasit auf das Buschwindröschen spezialisiert. Unterirdisch, an den Wurzeln der Blütenpflanze bildet dieser parasitische Pilz ein schwarzes 15–40 mm großes Knöllchen, ein Überdauerungsorgan (Sklerotium). Im Frühjahr, wenn die Tage etwas wärmer werden, wachsen aus diesem Knöllchen lange unterirdische Mycelstränge, an denen oft mehrere becherartige Pilzfruchtkörper entstehen.

Gestreifter Teuerling

Cyathus striatus

Fruchtkörper: 0,5–1,5 cm hoch, 1–1,2 cm breit, jung eiförmig und völlig von einer dunkelbraunen, zottigen, filzigen, haarigen Hülle umgeben, später flacht die Oberseite ab, und es entsteht ein häutiger, weißlicher Deckel, der bei Reife aufplatzt und den Blick auf ein becherartiges Inneres freigibt; Wand kahl und deutlich längsfurchig gestreift, erst weißlich, dann grau bis bräunlich gefärbt, am Grunde befinden sich 12 bis 16 weißliche, linsenförmige Sporenpäckchen (Peridiolen).

Sporen: 17–18/7–8,5 μm, glatt, Sporenpulver weiß.

Wert: Kein Speisepilz.

Vorkommen: Auf Pflanzenresten wie Ästchen, Blättern und Nadeln, häufig, erscheint von Mai bis November.

Bemerkungen: Die Sporen von Teuerlingen *(Cyathus)* sind in linsenförmigen Päckchen auf dem Boden der Becherchen untergebracht. Ausgelöst durch Regentropfen, werden sie hoch hinausgeschleudert. Dabei entrollt sich der Faden, mit dem das Paket am Grunde des Becherchens befestigt war, und wickelt sich zum Beispiel um den nächsten Grashalm. Bei Reife platzt das Paket, und die Sporen werden frei.

Gemeines Gallertkäppchen

Leotia lubrica

Käppchen: 1–2 cm breit, gelb oder grünlichgelb, olivbraun, bisweilen auch schwarz, Oberfläche matt, glatt, schmierig, erst kugelig, dann rundlich bis gewölbt, abgeflacht, buckelig bis genabelt, gewellt, mit stark nach unten eingerolltem Rand, die Fruchtschicht überzieht die Außenseite des Käppchens.

Stiel: Hellgelb bis ockerlich, zylindrisch, oft etwas zusammengecrückt, jung voll, dann wattig ausgestopft, mit fein kleiig rauher Oberfläche.

Fleisch: Weißgelblich, gallertig, Geruch angenehm, Geschmack fade.

Sporen: 20–24/5–6 µm, glatt, Sporenpulver weiß.

Wert: Kein Speisepilz.

Vorkommen: In Wäldern und an Waldrändern, auf nacktem lehmigem Boden, zwischen Moos und Gräsern, feuchtigkeitsliebend, seit Jahren rückläufig, erscheint von Juli bis Dezember.

Bemerkungen: Dieser zu den Schlauchpilzen gehörende Pilz fällt aus dem Rahmen, da er ähnlich wie die meisten Ständerpilze in Hut und Stiel gegliedert ist. Die Fruchtschicht überzieht aber, wie üblich für Schlauchpilze, die Außenseite des Fruchtkörpers, hier das Käppchen.

Gemeiner Buchenkreisling

Ombrophila pura (Neobulgaria pura)

Fruchtkörper: 1–3 cm breit, blaß rotbraun, lilagrau, jung kreiselförmig, dann ausgebreitet und unregelmäßig scheiben- bis becherförmig, Rand vorstehend und leicht gekerbt, Innenseite (Fruchtschicht) weißlich mit rosa Ton, Außenseite deutlich dunkler, mit feinkörniger Oberfläche, gegen die Basis verjüngt und am Substrat mit mehreren Exemplaren dicht gedrängt aufsitzend.

Fleisch: Blaß rötlichbraun, lilagrau, durchscheinend, gallertig, gelatinös, geruchlos.

Sporen: 7,5–9/3,5–4,5 µm, glatt, Sporenpulver weiß.

Wert: Kein Speisepilz.

Vorkommen: An toten liegenden und berindeten Buchenstämmen und Ästen, seltener auch auf Schnittholz zu finden, meist büschelig, zu Knäueln dicht gedrängt wachsend, häufig, erscheint von Juli bis Dezember.

Bemerkungen: Der Gemeine Buchenkreisling ist ein häufiger Pilz in Rotbuchenbeständen. Da im Bodenbereich der reinen Buchenwälder oft erst spät im Herbst genügend Feuchtigkeit herrscht, fruchtet dieser blaß gefärbte Pilz meistens erst dann. Sein Fleisch ist auffallend gallertartig. Er gehört zur Klasse der Schlauchpilze *(Ascomycetes)*.

Goldgelber Zitterling

Tremella mesenterica

Fruchtkörper: Ausdehnung von 2–5 cm, jung hirnartig gewunden und gelborange gefärbt, dann unregelmäßig büschelig, mehrmals gelappt, faltig, Farben im Alter blasser, schwefelgelb, Oberfläche glatt, feucht glänzend, jung bisweilen von Konidien, s. S. 77, weiß bestäubt, am Substrat breit angewachsen.

Fleisch: Gelblich, gelatinös, gallertig, weich, durchscheinend, zerfließt im Alter zu einer formlosen Masse; Geruch leicht fruchtartig.

Sporen: 10–16/7–8 µm, glatt, Sporenpulver weiß.

Wert: Kein Speisepilz.

Vorkommen: An totem Laubholz, meistens an abgefallenen Ästen, hauptsächlich von Buchen, aber auch auf vielen anderen Laubhölzern häufig, erscheint das ganze Jahr hindurch, vorwiegend in Feuchtperioden im Herbst, im Winter und Frühjahr.

Bemerkungen: Die auffällig gefärbten Fruchtkörper lassen den Goldgelben Zitterling gut erkennen. Er hat eine eigenartige Form der Vermehrung entwickelt. Jung vermehrt er sich ungeschlechtlich mit Konidien, erst später entwickeln sich die Basidien, auf denen dann die geschlechtlich gebildeten Sporen heranreifen.

Gemeiner Drüsling

Exidia plana (E. glandulosa)

Fruchtkörper: Ausdehnung von 10–30 cm, 0,5–1,5 cm dick, schwarz bis braunschwarz, mit hirnartig wellig gefalteter Oberfläche, glatt, frisch glänzend, mit kleinen Drüsen fein punktiert, ungestielt, frisch und feucht dem Substrat flächig anliegend und unregelmäßig ausgebreitet, büschelig verwachsen.

Fleisch: Schwärzlich bis bräunlich, durchscheinend, gallertig, gelatinös, geruchlos.

Sporen: 16–18/8–9 µm, glatt, Sporenpulver weiß.

Wert: Kein Speisepilz.

Vorkommen: An totem Laubholz, hauptsächlich auf Schnittflächen, auch auf abgefallenen Ästen, häufig, erscheint das ganze Jahr hindurch, vorwiegend aber im Winter und Frühjahr.

Bemerkungen: Seine flächigen Fruchtkörper mit wellig gefalteter Oberfläche auf den Schnittflächen von Strünken können im ersten Moment für Tierlosung gehalten werden. Erst beim näheren Hinsehen ist das schwarze Gebilde mit den kleinen Drüsenpunkten deutlich als Pilz zu erkennen. Ausgetrocknete Exemplare bilden auf dem Substrat eine millimeterdünne, schwarze, glänzende Haut.

Rötlicher Gallerttrichter

Tremiscus helvelloides

Fruchtkörper: 3–10 cm hoch, 2–5 cm breit, orangerosa, lachsfarben bis orangerot, erst zungenförmig, dann trichterig umgeschlagen, in eine stielartige, oft weißliche Basis übergehend, Oberfläche der Innenseite glatt, matt, frische Exemplare sind weißlich bereift; oberer Teil der Außenseite (Fruchtschicht) erst glatt, dann längsaderig und im Alter durch die reifen Sporen weißlich überhaucht.

Fleisch: Rötlich, blasser gefärbt als die Oberfläche, durchscheinend, gelatinös, im Stiel knorpelig, voll, ohne besonderen Geruch und Geschmack.

Sporen: 9,5–11/5,5–6 µm, glatt, Sporenpulver weiß.

Wert: Roh eßbar.

Vorkommen: Feuchte, schattige Stellen in Wäldern, entlang von Wegen, in Gräben, zwischen Gräsern, bevorzugt kalkhaltige Böden, erscheint von Juli bis Oktober.

Bemerkungen: Der Rötliche Gallerttrichter wird oft als Salatpilz gesammelt. Wie beim Eispilz *(Pseudohydnum gelatinosum)*, s. S. 434, gilt auch für den Rötlichen Gallerttrichter, daß man das Sammeln dieses roh eßbaren Pilzes in vom Fuchsbandwurm verseuchten Gebieten besser unterläßt.

Eispilz

Zitterzahn, *Pseudohydnum gelatinosum*

Fruchtkörper: 2–6 cm breit, 0,5–1 cm dick, weiß, fast durchscheinend, seltener graubräunlich, konsolenförmig, gallertartig, zitterig, muschelförmig, stielartig am Substrat angewachsen, Oberseite körnig, kleiig, gegen den welligen Rand fast glatt, Unterseite (Fruchtschicht) mit Stacheln, diese sind weißlich mit bläulichem Schimmer, bis 3 mm lang, spitz, gelatinös.

Fleisch: Weißlich mit leicht bläulichen Farbtönen, durchscheinend, gelatinös, voll, ohne besonderen Geruch und Geschmack.

Sporen: 5–6/4,5–5,5 µm, glatt, Sporenpulver weiß.

Wert: Roh eßbar.

Vorkommen: An morschen Nadelholzstrünken, meist von Fichten, oft dachziegelartig übereinander, selten einzeln wachsend, häufig, erscheint von Juli bis November.

Bemerkungen: Der Eispilz ist der einzige gallertartige Pilz mit stacheliger oder zahnartiger Fruchtschicht. Er wird als Salatpilz verwendet, schmeckt aber fade und kann nicht besonders empfohlen werden. In Gebieten, wo der Fuchsbandwurm verbreitet ist, läßt man diesen dekorativen Pilz besser stehen. Die Gattung *Pseudohydnum* umfaßt lediglich diese eine Art.

Judasohr

Auricularia auriculajudae

Fruchtkörper: 2–6 cm breit, rotbraun bis olivbraun, bisweilen schwärzlich, runzelig, wellig, muschel- oder ohrförmig, Oberfläche feinsamtig, Innenseite (Fruchtschicht) glänzend, glatt, mit aderigen, runzeligen Leisten durchzogen, bisweilen von den Sporen matt weißlich bereift, durch einen kurzen Stiel mit dem Substrat verbunden.

Fleisch: Dunkelbraun bis schwarz, gallertig, zäh, elastisch, bei Trockenheit zusammengeschrumpft, ohne besonderen Geruch und Geschmack.

Sporen: 17–19/6–8 µm, glatt, Sporenpulver weiß.

Wert: Eßbar.

Vorkommen: Hauptsächlich an alten abgestorbenen Holunderstämmen, seltener an anderen Laubbäumen, oft dicht gedrängt und gesellig, erscheint von August bis März.

Bemerkungen: Das Judasohr ist in Japan und China sehr beliebt und wird dort mit Erfolg gezüchtet. In beiden Ländern trägt dieser Pilz zur Verfeinerung vieler Speisen bei und wird deshalb hoch geschätzt. Die Fruchtkörper lassen sich trocknen. Sie werden dabei sehr hart, quellen aber unter Zugabe von Wasser sofort auf und nehmen dabei ihre ursprüngliche Größe und Gestalt wieder an.

Blutmilchpilz

Lycogala epidendrum

Fruchtkörper: Bis zu 1,5 cm im Durchmesser, jung leuchtendrot, himbeerrosa milchend, später ausblassend, im Alter graubraun, ausgetrocknet pulverig, Oberfläche feinwarzig, kugelig, bovistartig, aber kleiner.

Sporen: 4–6 µm, engnetzig ornamentiert, Sporenpulver blaßrot.

Wert: Kein Speisepilz.

Vorkommen: Auf morschen Strünken, meist in kleinen Kolonien, nach Regenfällen, erscheint von Mai bis September.

Bemerkungen: Der Blutmilchpilz gehört zur Klasse der Schleimpilze *(Myxomycetae)*. Das, was wir als Fruchtkörper bezeichnen, ist oft eine schleimige Masse, das sogenannte Plasmodium. Diese Pilze beziehen ihre Nahrung weder von lebendem noch von totem Holz und gehen auch keine Symbiosen mit Pflanzen ein. Sie ernähren sich von Bakterien, Pilzsporen und verschiedenen anderen Mikroorganismen. Die Unterlage wird dabei nicht angegriffen. Wenn die Pilze genügend Nährstoffe aufgenommen haben, erhärtet sich die schleimige Masse und im Innern bilden sich Sporen, die bei Reife entlassen werden. Dieses Stadium ähnelt kleinen Fruchtkörpern der Bauchpilze.

Gelbe Lohblüte

Fuligo septica

Fruchtkörper: 3–15 cm im Durchmesser, 1–2 cm hoch, jung kräftig zitronengelb, dann goldgelb, schließlich bräunlich und sich pulverig auflösend, kissenförmiges, schleimiges Gebilde, das sich langsam fortbewegen kann.

Sporen: 6–9 µm, glatt, Sporenpulver schwärzlich.

Wert: Kein Speisepilz.

Vorkommen: Auf faulendem Holz und auf dem Erdboden, überall häufig, erscheint von Juni bis Oktober.

Bemerkungen: Sie gehört zu den in Form und Lebensweise sehr eigentümlichen Schleimpilzen. Manche Autoren stellen diese in die Nähe des Tierreiches. Die gelbe Lohblüte kann im frischen, noch gelb gefärbten Zustand freie Ortsbewegungen vornehmen. Sie besteht aus einem nackten Plasmahaufen miteinander verschmolzener Zellen mit vielen Zellkernen, die sich ähnlich wie tierische Einzeller amöboid fortbewegen können. Dies ist aber nur bei entsprechender Luftfeuchtigkeit möglich, wie z. B. in Wäldern. Bei Reife verfestigt sie sich zu einer braunen, derben Masse, während sich im Innern die Sporen bilden, die für die Verbreitung sorgen.

Informationszentralen für Notfälle

Deutschland

Landesberatungsstelle für Vergiftungserscheinungen und Embryonaltoxikologie
Pulsstr. 3–7
14059 **Berlin**
0 30/3 02 30 22

Informationszentrale für Vergiftungen
Universitäts-Kinderklinik
Adenauerallee 119
53113 **Bonn**
02 28/2 87 32 11, 28 70

Medizinische Klinik II des Städtischen
Krankenhauses
Salzdahlumer Str. 90
38126 **Braunschweig**
05 31/6 22 90

Giftnotrufzentrale
Intensivstation des Zentralkranken-
hauses
St.-Jürgen-Straße
28205 **Bremen**
04 21/4 97 52 68, 4 97 36 88, 49 71

Gemeinsames Giftinformationszentrum
(GGIZ)
Klinikum Erfurt
Nordhäuserstraße 74
99089 **Erfurt**
03 61/73 07 30

Vergiftungsinformationszentrale
Universitäts-Kinderklinik
Mathildenstraße 1
79106 **Freiburg**
07 61/2 70 43 61, 27 01

Universitätskinderklinik
Robert-Koch-Str. 40
37075 **Göttingen**
05 51/39 62 39, 39 62 10, 3 91

Giftinformationszentrale I. Medizinische
Abteilung des Krankenhauses
Barmbeck, Rübenkamp 148
22307 **Hamburg**
0 40/63 85 33 45, 63 85 33 46, 6 38 51

Vergiftungszentrale
der Universitäts-Kinderklinik
66421 **Homburg-Saar**
0 68 41/16 22 57, 16 28 46

Zentralstelle zur Beratung bei Vergiftungsfällen an der I. Medizinischen
Universitätsklinik
Schittenhelmstraße 12
24105 **Kiel**
04 31/5 97 42 68, 59 70

Toxikologischer Auskunftsdienst
Härtelstraße 16–18
04107 **Leipzig**
03 41/31 19 16

Beratungsstelle für Vergiftungen
II. Medizinische Klinik und Poliklinik
der Universität
Langenbeckstraße 1
55131 **Mainz**
0 61 31/23 24 66

Giftnotruf München, II. Medizinische
Klinik rechts der Isar der TU
Ismaninger Straße 22
81675 **München**
0 89/41 40 22 11, 4 14 01

Toxikologische Abteilung des Klinikums
Nord der Stadt Nürnberg
Flurstr. 17
90419 **Nürnberg**
09 11/3 98 24 51

Beatmungs- und Vergiftungszentrale
des Städtischen Krankenhauses
Winterberg
Theodor-Heuss-Straße
66119 **Saarbrücken**
06 81/9 63 25 44, 96 30

Schweiz

Schweizerisches Toxikologisches
Informationszentrum
Klosbachstraße 107
8030 **Zürich**
01/2 51 51 51, 2 51 66 66

Fachausdrücke

anastomosierend – mit Querverbindungen versehen (bei Lamellen und Leisten).

Ascus – schlauchartige Zelle der Schlauchpilze *(Ascomycetes)*, in der meist acht Sporen entstehen.

Basidie – flaschenförmige Zelle der Ständerpilze *(Basidiomycetes)*, auf der sich meist vier Sporen entwickeln.

bereift – wie mit Rauhreif überzogen.

berindet – mit harter Schale.

Cortina – Haarschleier, spinnwebenartiges Velum partiale.

exzentrischer Stiel – ein nicht zur Hutmitte verlaufender Stiel.

Fruchtkörper – Teil des Pilzkörpers, an oder in dem die Sporen gebildet werden.

Fruchtschicht, Hymenium – sporenbildende Schicht am Fruchtkörper.

Gleba – das Innere der Fruchtkörper einschließlich der Sporenmasse bestimmter Pilze, beispielsweise der Bovistartigen *(Lycoperdales)*.

Guttationstropfen – Wassertröpfchen, die an der Stielspitze, den Röhren oder den Lamellen ausgeschieden werden und dort bis zum Eintrocknen haften.

Habitus – äußeres Erscheinungsbild.

hygrophane Pilzhüte – Pilzhüte, die bei einer Änderung des Feuchtigkeitszustandes die Farbe ändern.

Hyphen – Pilzfäden aus hintereinandergereihten Zellen, Durchmesser kleiner als 1 mm; diese bilden das Mycel sowie den Fruchtkörper.

Lamellen – blattartige Träger der Fruchtschicht bestimmter Hutpilze, verlaufen auf der Hutunterseite vom Stiel zum Hutrand.

Lamellenschneide – äußere Kante der Lamelle, vergleichbar der Schneide des Messers.

Leisten – leistenartige Träger der Fruchtschicht bestimmter Hutpilze, in Gestalt dicker, flacher Rippen.

Manschette – Stielring, Reste des Velum partiale.

Mycel – watteartiges Pilzgeflecht aus weißen, dünnen Pilzfäden (Hyphen); durchwächst das Substrat und ist für die Nährstoffaufnahme verantwortlich.

Mykologie – Pilzkunde.

Mykorrhiza – enge Lebensgemeinschaft zwischen Pilzen und den Wurzeln höherer Pflanzen.

Parasit – Schmarotzer; parasitische Pilze entziehen ihre Nährstoffe lebenden Organismen, die meist dadurch geschädigt werden.

Peridie – äußere Hülle der Fruchtkörper von Bovistartigen *(Lycoperdales)*.

Poren – Röhrenmündungen.

Röhren – röhrenartiger Träger der Fruchtschicht bestimmter Hutpilze, welche auf der Hutunterseite vom Stiel zum Hutrand in senkrechter Anordnung verlaufen.

Saprophyt – saprophytische Pilze entziehen ihre Nährstoffe totem organischem Material.

Scheitel – mittlerer Teil der Hutoberfläche, der sich durch die glatte, straffe Haut deutlich von der übrigen Oberfläche unterscheidet (oft als Buckel ausgebildet).

Sporen – Verbreitungseinheit, entsprechen funktionell den Samen höherer Pflanzen.

steril – unfruchtbar.

Substrat – Nährboden, dem die Pilze ihre Nährstoffe entziehen, wie Erde, Holz usw.

Symbiose – enge Lebensgemeinschaft artungleicher Individuen zu gegenseitigem Nutzen, wie zum Beispiel in der Mykorrhiza.

Trama – Grundgewebe, Fleisch des Fruchtkörpers.

Velum – Schutzhülle, die den jungen Fruchtkörper bestimmter Pilze ganz (Gesamthülle, Velum universale) oder nur teilweise (Teilhülle, Velum partiale) umhüllt.

Volva – Scheide; häutige Reste des Velum universale, die an der Stielbasis zurückbleiben.

zentraler Stiel – ein zur Hutmitte verlaufender Stiel.

Literatur

Bücher

AICHELE, D., H.-W. SCHWEGLER: Welcher Baum ist das? Franckh-Kosmos, Stuttgart 1990.

AMANN, G.: Bäume und Sträucher des Waldes. J. Neumann-Neudamm, Melsungen 1992.

BREITENBACH, J., F. KRÄNZLIN: Pilze der Schweiz, Band 1–3. Mykologia, Luzern 1984–1991.

CETTO, B.: Enzyklopädie der Pilze, Band 1–4. BLV, München 1987–1988.

DÄHNCKE, R. M.: 1200 Pilze in Farbfotos. AT Verlag, Aarau, Stuttgart 1993.

DÖRFELT, H.: Lexikon der Mykologie. G. Fischer, Stuttgart 1989.

ENGEL, H.: Dickröhrlinge. Engel-Verlag, Weidhausen 1983.

ENGELBRECHT, J.: Pilzanbau. E. Ulmer, Stuttgart 1987.

GARTZ, J.: Narrenschwämme, Psychotrope Pilze in Europa. Editions Heuwinkel, Basel 1993.

LAUX, H. E.: Eßbare Pilze und ihre giftigen Doppelgänger. Franckh-Kosmos, Stuttgart 1992.

MICHAEL, E., B. HENNIG, H. KREISEL: Handbuch für Pilzfreunde, Band 1–6. Quelle & Meyer, Stuttgart 1958–1983.

MOSER, M.: Kleine Kryptogamenflora, Band 2 Tl b/2: Die Röhrlinge und Blätterpilze. G. Fischer, Stuttgart 1983.

MÜLLER, E., W. LÖFFLER: Mykologie. Thieme, Stuttgart, New York 1992.

PHILLIPS, R.: Der Kosmos-Pilzatlas. Franckh-Kosmos, Stuttgart 1990.

SVRCEK, M.: Dausien's großes Pilzbuch. W. Dausien, Hanau 1983.

WINTERHOFF, W., G. KRIEGLSTEINER: Gefährdete Pilze in Baden-Württemberg. Landesanstalt für Umweltschutz Baden-Württemberg, Karlsruhe 1984.

Zeitschriften

Zeitschrift für Mykologie (früher: Zeitschrift für Pilzkunde). Einhorn Verlag, Schwäbisch Gmünd.

Österreichische Zeitschrift für Pilzkunde. Österreichische Mykologische Gesellschaft, Wien.

Schweizerische Zeitschrift für Pilzkunde (SZP). Verband schweizerischer Vereine für Pilzkunde, Wabern/Bern.

Register

Hutform

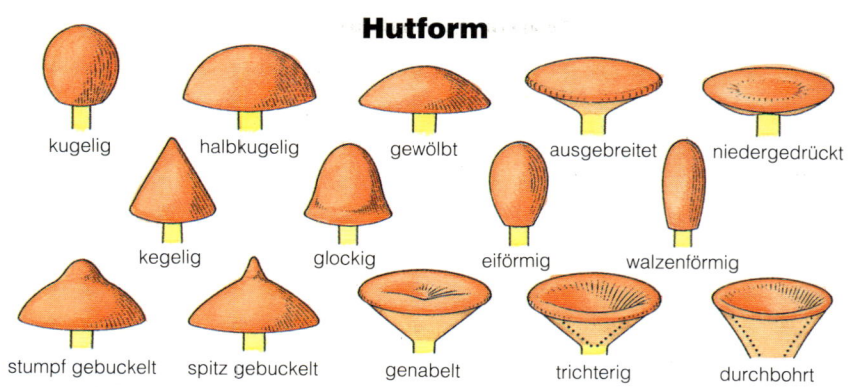

kugelig   halbkugelig   gewölbt   ausgebreitet   niedergedrückt

kegelig   glockig   eiförmig   walzenförmig

stumpf gebuckelt   spitz gebuckelt   genabelt   trichterig   durchbohrt

Hutoberfläche

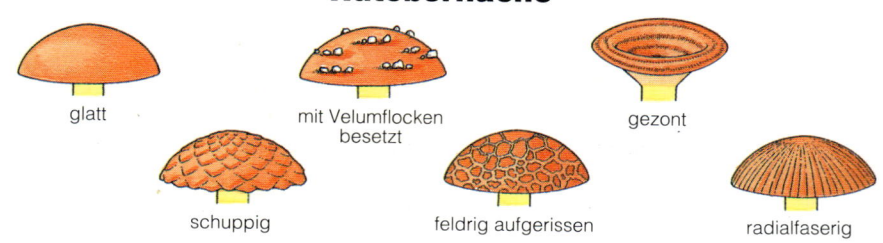

glatt   mit Velumflocken besetzt   gezont

schuppig   feldrig aufgerissen   radialfaserig

Hutrand

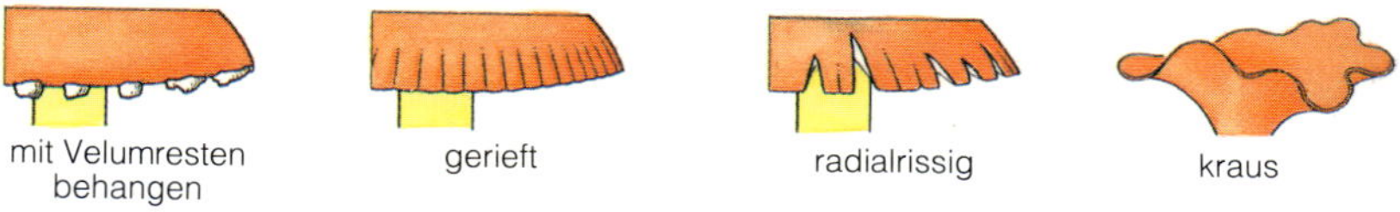

mit Velumresten behangen   gerieft   radialrissig   kraus

Ring, Manschette

herabhängend   aufsteigend   gerieft   doppelt   Schleierreste

Stielform

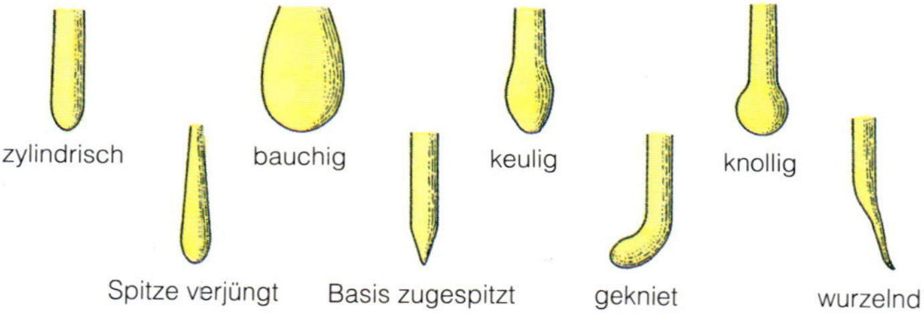

zylindrisch   bauchig   keulig   knollig

Spitze verjüngt   Basis zugespitzt   gekniet   wurzelnd